物流规划原理与方法

张　锦　编著

西南交通大学出版社
·成　都·

内容简介

物流规划是物流专业领域的主要工作之一，是物流类专业的核心课程，物流规划原理与方法是物流学科的主要研究内容。

本书共十一章，分四大部分介绍了物流规划的基础知识、物流规划的理论、物流规划的方法、物流规划的实践等。全书立足于扎实的理论研究和科研实践，消化吸收了国内外的最新研究成果，运用丰富的实例素材，系统深入地阐述了物流规划的原理与方法。

本书可作为物流及相关专业本科生、研究生的教材，也适合从事物流研究、物流项目管理、物流规划设计的专业技术人员与管理人员参考使用。

图书在版编目（ＣＩＰ）数据

物流规划原理与方法 / 张锦编著. —成都：西南
交通大学出版社，2009.10（2021.7 重印）
ISBN 978-7-5643-0469-0

Ⅰ. ①物… Ⅱ. ①张… Ⅲ. ①物流－经济规划 Ⅳ.
①F253

中国版本图书馆 CIP 数据核字（2009）第 181852 号

物流规划原理与方法

张 锦 编著

*

责任编辑 王 旻 孟苏成
封面设计 本格设计
西南交通大学出版社出版发行
四川省成都市二环路北一段 111 号西南交通大学创新大厦 21 楼
邮政编码：610031 发行部电话：028-87600564
http://www.xnjdcbs.com
成都蜀通印务有限责任公司印刷

*

成品尺寸：185 mm×260 mm 印张：24.25
字数：606 千字
2009 年 10 月第 1 版 2021 年 7 月第 5 次印刷
ISBN 978-7-5643-0469-0
定价：49.00 元

前　　言

物流活动伴随商品的出现而产生，随着商品交易规模、交易水平的提升而发展，随着生产力水平的提高而不断变化。人类社会发展的早期，由于商品交易范围、规模处于较低水平，物流需求显现不多。进入 21 世纪后，经济全球化、市场一体化、信息电子化标志着生产力发展到了一个新阶段，新的产业分化成为必然。20 世纪 70 年代末引入中国的物流概念，经过 30 多年的发展，催生并壮大了物流业，并且物流业已被作为生产型服务业的重要内容而优先发展。今天，物流业已成为国家、地区、城市经济发展水平的重要标志，也是衡量经济运行质量的重要指标之一。

目前，国家、地区、城市的物流发展规划、城市物流基础设施的建设与运营、企业物流发展战略规划工作正处于关键时期，物流规划与管理人才成为全社会迫切需要的专业技术人才，物流规划理论与方法成为十分重要的理论基础。基于此，经过多年的教学和科研实践，广泛的国际学术交流与合作，大量的物流科研项目的积累，在国内外广大专家与学者的支持下，笔者对已编著出版的"普通高等教育'十五'国家级规划教材"《物流系统规划》又进行了完善、提炼、再创新，突出科学性、实践性、操作性，并在丰富及扩充物流规划领域中的先进理论与科学方法的基础上，编写了本书。

全书共十一章，分四大部分内容。第一部分是基础篇，介绍物流系统与物流规划，包括第一章物流与物流学、第二章物流系统及其规划。第二部分是理论篇，介绍物流规划的基本原理、物流系统的需求与供应分析思想与方法，包括第三章物流规划原理、第四章物流需求预测方法与模型、第五章物流系统的供应分析等内容。第三部分是方法篇，介绍物流规划的内容与方法，包括第六章物流战略规划、第七章物流节点规划、第八章配送中心的内部设计、第九章物流解决方案设计等内容。第四部分是实践篇，介绍物流规划的评价与实施，包括第十章物流规划的评价，第十一章物流规划的实施。对于有一定物流专业知识的读者来讲，可以跳过第一部分，直接进入第二部分学习。对于来自不同的物流领域的管理技术人员来讲，在方法篇的学习中，可有针对性地选择其中的某些章节学习，也可全面学习以广泛了解物流规划的原理与方法。同时，在本书每章前均有内容提示，每章后均有思考题和相关参考文献，以及部分正文中需注解的国内外物流领域的主要机构、关键名词的注释，以利于读者学习和掌握。

本书由张锦编著，主要完成第一章、第二章、第三章、第四章、第七章以及第九章、第十章、第十一章部分内容的编写，并负责全书统稿。参与本书编写的还有马啸来（参加第五章、第十章部分内容的编写）、李国旗（参加第二章、第五章、第六章、第七章、第十一章部分内容的编写）、何美玲（参加第三章、第八章部分内容的编写）、龚迪（参加第六章部分内容的编写）、颜敏（第八章部分内容的编写）、刘思婧（参加第一章部分内容的编写）以及孙勤琴、杨欣、黄梅等。

本书的物流发展、物流系统、物流系统的供应分析、配送中心的内部设计、物流解决方案设计部分内容，借鉴和参考了台湾东吴大学苏雄义、北京工商大学何明珂、北京交通大学胡思继、东南大学王炜、东南大学过秀成、陕西科技大学刘昌祺、大连海事大学徐天芳等专家学者的相关成果，特别致谢。

在本书的编写过程中，中国工程院院士、西南交通大学学术委员会副主任钱清泉教授，日本大阪产业大学的三木楯彦教授，日本富山大学的李瑞雪副教授，南开大学的刘秉镰教授，北京交通大学的张文杰教授、汝宜红教授，清华大学的缪立新教授，北京物资学院的王之泰教授、邬跃教授，华南理工大学的桂寿平教授，东南大学的赵林度教授、王海燕教授、李文权教授，重庆后勤工程学院的姜大立教授，西南交通大学的徐菱教授、杜文教授、叶怀珍教授、周国华教授、帅斌教授，交通运输部科学研究院物流中心赖仲平主任，国家发展与改革委员会综合运输研究所汪鸣副所长等都给予了支持，使本书得以顺利完成。在此，谨向他们致以真诚的感谢。

在本书的编写过程中，北京市、上海市、天津市、重庆市、成都市、深圳市、杭州市、昆明市、陕西省、贵州省遵义市及四川省绵阳市、攀枝花市、宜宾市、泸州市、遂宁市、南充市等地的领导和交通、国土、规划、商务等部门的领导和专家，为作者提供了许多实践的机会和丰富的资料。中铁第一勘察设计院集团有限公司、中铁第二勘察设计院集团有限公司、中铁第四勘察设计院集团有限公司也提供了研究资助，重庆钢铁集团有限公司、成都传化物流基地有限公司、成都现代农业物流业发展投资有限公司、宜宾安吉物流集团有限公司、雅安市华峰运业有限公司、重庆西南物流中心、四川长虹集团、招商局物流集团有限公司、重庆长安民生物流股份有限公司、四川西联物流有限公司、遵义汇兴物流有限公司等物流企业提供了丰富的研究素材。在此，一并致谢。

本书编写过程中，参考了大量的国内外最新研究成果，在此向有关作者表示衷心的感谢。由于水平与经验的限制，本书的有些内容尚存在不足和值得进一步研究的方面，恳请广大读者提出宝贵的意见和建议，以利完善。在此先致以衷心的谢意。

张　锦

二〇〇九年八月二十日

于成都西南交通大学物流学院

目　　录

第一部分　基础篇

第一章　物流与物流学 1
第一节　物流研究的起源与发展 1
第二节　物流的作用与特征 11
第三节　物流学科的性质与理论体系 16
注释 20
思考题 21
参考文献 22

第二章　物流系统及其规划 23
第一节　系统与物流系统 23
第二节　物流系统的构成要素 27
第三节　物流系统的特征结构 28
第四节　物流系统的功能 31
第五节　物流系统规划 34
思考题 40
参考文献 40

第二部分　理论篇

第三章　物流规划原理 42
第一节　物流供需平衡原理 42
第二节　物流成本效益分析原理 46
第三节　供应链一体化原理 57
第四节　物流动线优化原理 61
注释 65
思考题 65
参考文献 66

第四章　物流需求预测方法与模型 67
第一节　物流需求的特征与需求预测的意义 67
第二节　地区间的物流量预测方法 69
第三节　制造企业的物流需求预测方法 89
第四节　物流企业的市场需求预测方法与模型 96
注释 104
思考题 105
参考文献 106

第五章　物流系统的供应分析 ··· 107
　第一节　物流供应的特征与机理 ·· 107
　第二节　物流节点的供应分析 ·· 109
　第三节　物流线路的供应分析 ·· 114
　第四节　集装箱的供应分析 ··· 154
　注释 ··· 165
　思考题 ·· 166
　参考文献 ··· 166

第三部分　方法篇

第六章　物流战略规划 ·· 167
　第一节　物流战略及其规划 ··· 167
　第二节　城市（区域）物流战略规划 ·· 172
　第三节　制造企业物流战略规划 ·· 176
　第四节　物流企业战略规划 ··· 182
　第五节　物流战略实施 ··· 187
　注释 ··· 192
　思考题 ·· 192
　参考文献 ··· 193

第七章　物流节点规划 ·· 194
　第一节　物流节点的作用与分类 ·· 194
　第二节　物流节点的功能和规模 ·· 199
　第三节　物流节点规划原则与步骤 ··· 206
　第四节　物流节点选址主要方法 ·· 208
　第五节　城市物流节点体系布局 ·· 213
　注释 ··· 221
　思考题 ·· 221
　参考文献 ··· 221

第八章　配送中心的内部设计 ·· 223
　第一节　配送中心的类型 ··· 223
　第二节　配送中心内部功能布局规划与动线设计 ·································· 224
　第三节　物流作业区的设计 ··· 231
　第四节　物流设备的选用 ··· 241
　第五节　配送中心信息系统的设计 ··· 245
　注释 ··· 251
　思考题 ·· 252
　参考文献 ··· 252

第九章　物流解决方案设计 ··········253

第一节　物流解决方案概述 ··········253

第二节　城市区域物流方案 ··········255

第三节　同城配送物流解决方案 ··········265

第四节　国际物流解决方案 ··········268

思考题 ··········278

参考文献 ··········278

第四部分　实践篇

第十章　物流规划的评价 ··········279

第一节　评价的意义与作用 ··········279

第二节　物流规划方案的综合评价 ··········280

第三节　物流规划的技术性能评价 ··········282

第四节　物流规划的经济评价 ··········284

第五节　物流规划的环境影响评价 ··········292

第六节　评价方法 ··········293

注释 ··········309

思考题 ··········309

参考文献 ··········310

第十一章　物流规划的实施 ··········311

第一节　物流规划实施的工作流程 ··········311

第二节　物流规划实施的具体措施 ··········312

第三节　物流节点的建设与运营措施 ··········322

思考题 ··········328

参考文献 ··········328

附　录 ··········329

附件1-1：2005年日本物流业统计的主要框架 ··········329

附件1-2：物流业调整和振兴规划 ··········331

附件1-3：关于推动农村邮政物流发展的意见 ··········340

附件1-4：关于加快我国现代物流发展的若干意见 ··········343

附件1-5：关于我国现代物流情况的调研报告 ··········346

附件1-6：关于加快发展国内航空货运若干政策措施的意见 ··········350

附件1-7：关于促进我国现代物流业发展的意见 ··········354

附件3-1：关于组织实施社会物流统计核算与报表制度的通知 ··········357

第一部分　基础篇

第一章　物流与物流学

本章主要介绍物流研究的发展和演变的过程，以及物流的作用与特征，物流活动的分类，物流学的主要研究内容、研究目的、学科的属性、与相关学科的关系和物流学科的基本框架等内容，为学习物流规划的理论与方法构建基本的专业和学科背景知识体系。

第一节　物流研究的起源与发展

社会经济领域中普遍存在着诸如运送、搬运、保管、物料控制等物的流动与储存及其相关信息服务的活动，但长期以来这些活动隐藏于生产、流通、消费过程中，直到20世纪初才引起重视。物流概念最早起源于美国，随后在日本、欧洲各国以及亚洲各国引起高度重视。在至今近一个世纪多的时间内，从物流概念的形成到实物配送、后勤管理、物流管理的理论与方法的出现，以及到现代物流的发展，人们对物流活动及其规律的认识呈现由表及里、由浅入深的趋势。

一、物流的定义与内涵

1. 关于物流的定义

世界各国关于物流的定义有从内涵去表达的，也有从外延去描述的。

美国物流管理协会[1]1998年认为：物流是在供应链运作中，对货物、服务及相关信息从起源地到消费地之间有效率、有效益的流动和存储进行计划、执行和控制，以满足顾客要求的过程[2]。该过程包括进向、去向、内部和外部的移动以及以环境保护为目的物流回收。美国工程师学会[3]1974年则认为：物流是与需求、设计、资源供给与维护有关，以支持目标、计划及运作的科学、管理、工程及技术活动的艺术。美国空军1981年曾把物流定义成：物流是计划、执行军队的调动与维护的科学。1997年美国《物流术语词汇》中把物流定义为：是与计划和执行供应链中商品和物料的搬运、储存及运输等有关的全部活动，包括废弃物品的回收再利用，它是一种围绕物料管理和实物流通而对动态和静态库存的管理。

加拿大物流管理协会[4]认为：物流是对原材料、在制品库存、产成品及相关信息，从起源地到消费地的有效率、成本有效益的流动和储存进行计划、执行和控制，以满足顾客要求的过程。该过程包括进向、去向和内部流动。

1997 年日本后勤系统协会[5]专务理事稻束原树在《这就是后勤》中认为："后勤"是一种对于原材料、半成品和成品的有效率流动进行规划、实施和管理的思路,它同时协调供应、生产和销售各部门的个别利益,最终达到满足顾客的需求。日本学者阿宝荣司在 1992 年认为物流有三类功能,包含输送、保管、包装、流动信息、装卸和流通加工在内的功能为物的流通功能;包含物料控制和库存控制在内的功能为制造支撑功能;包含仓库管理和运输在内的功能为采购功能。

中国国家标准《物流术语》[6]对物流定义是:物品从供应地向接受地的实体流动中,将运输、储存、装卸、搬运、包装、流通加工、配送、信息处理等功能有机结合,优化管理来满足顾客要求的过程。中国台湾地区则认为物流是一种物的实体流通活动的行为,在流通过程中,透过管理程序有效结合运输、仓储、装卸、包装、流通加工、咨询等相关物流机能性活动,以创造价值,满足顾客及社会性需求。

2. 物流的内涵

从上述的这些描述中可以发现:第一,物流的研究对象与内容是三类两部分,即物的流动及其服务和其相关信息三类对象,有效率和有效益的移动和储存两部分内容,这里的物包含原材料、在制品、产成品;第二,流动环节是运输、装卸、搬运、包装、存储、配送、流通加工等,且信息贯穿始终;第三,物流的对象的特征是"过程",美国、中国、加拿大等国家的组织与机构都认为物流是一个过程,并且是包含"从起点到终点"的全部活动的过程;第四,物流活动的方法与内容包括规划与设计、管理与控制;第五,物流的最终目的是满足顾客的要求,这里的顾客应该是广义的,包括消费者、供应商、制造商以及生产中的下游流程,甚至也会包括物流服务商。

二、物流研究的起源与物流发展

从历史上看,物流发展的进程与社会经济发展、生产力水平以及科学技术水平有着非常密切的联系。分析国内外学者的学术思想和研究成果,可以看出物流理论发展和物流业态发展有各自的阶段特征。

1. 物流理论的发展阶段

物流理论的发展过程可分为五个阶段:

第一阶段为物流概念形成时期。1901 年,John F. Crowell 在《美国农产品流通产业委员会报告》中第一次论述了农产品流通的影响因素及其原因,揭开了对物流活动认识的序幕。1905 年,美国陆军上校 Chauneey B. Baker 在其所著《军队和军需品运输》一书中认为"作战艺术的一个分支 ——关于军队调动和保障供给的工作称为后勤"。1929 年,Fred E. Clark 在《市场营销的原则》中,把市场营销定义为经营所有权发生的各种活动以及包含物流在内的各种活动,将物流纳入市场经营行为之中,并将流通机能划分为"交换机能"、"物流机能"、"辅助机能"三部分。1935 年美国销售协会把销售商品的流通称为实物分配,指出"实物分配是包含于销售之中的物质资料和服务在从生产场所到消费场所的流动过程中所伴随的种种活动"。这一时期,物流活动从流通领域、军需保障、市场营销中逐渐显现出来,引起社会的关注,其研究的重点主要还是在实物分销方面。

　　第二阶段为后勤管理时期。从 1939 年到 1945 年的第二次世界大战中，美国及盟军为了保证前方战场的需要，对横跨欧洲、美洲、大西洋乃至太平洋、非洲大陆的广阔空间范围内军需物资的原材料和成品的采购、调运、保管、养护等进行统筹安排，优化调拨、全面管理，形成了所谓的后勤管理。1946 年美国成立全美运输与物流协会[7]，专门针对专业运输者进行考试、发证，并将后勤管理纳入到培训之中。1954 年，在美国第 26 次波士顿流通会议上，鲍尔·D·康柏斯发表了《市场营销的另一半》的演讲，指出学术界、实业界应该重视和研究市场营销中的后勤管理，真正从战略的高度来管理、发展物流。日本受美国的影响，战后开始关注后勤管理。1956 年，日本生产效益本部派"流通技术专门考察团"赴美国专题调研后，发表了《流通技术报告》，首次提到"物的流通"。这一时期，实践证明了物流在战争中的重要作用，同时初步形成了专业化的物流，这使得战后的学术界和实业界十分关注和重视物流活动。

　　第三阶段为物流学科形成时期。1961 年，Edward W. Snykay 等人出版了物流专业的第一本物流教科书《物流管理》，该书论述了物流系统及其整体成本。同一时期，美国的密西根州立大学（Michigan State University）开设了物流课程，俄亥俄州立大学（Ohio State University）在研究生院开设了物流课程，这两所大学成为首先把物流教育纳入到大学的课程体系中的学校。1962，美国著名经济管理学家 Peter F. Drucker 在《财富》杂志上发表了《经济的黑暗大陆》一文，明确指出物流是节约成本的最后领域，是一块经济界的黑暗大陆，是一块未开垦的处女地，强调应当高度重视流通以及流通过程中的物流管理。对正处于发展初期的物流管理以及处于"灰色带"的物流理论界产生了震动。1963 年美国成立了美国物流管理协会，集中了物流领域的专家与技术人员、管理人员，专门提供教育、培训活动。同年，日本丰田公司在生产管理中实行看板管理，在不断改进和完善之后，又提炼发展成为一种生产运作方式，即准时制[8]。这一时期，物流管理的专业著作出版，大学物流专业的开设，行业物流组织的出现，标志着物流学正式诞生。

　　第四阶段为物流管理时期。1964 年 6 月，日本日通综合研究所所长金古璋在《输送展望》杂志上发表了《物的流通的新动向》，正式在日本用 Logistics 取代 P.D。1967 年，在美国麻省理工学院的丹尼尔卢斯领导下，全面研究以及时生产方式为代表的日本生产方式，提出了精益生产的管理理论。1969 年，J·鲍尔索克斯在《市场营销杂志》上发表了《物流的发展——现状与可能》，对综合物流概念的过去、现状以及未来发展做出了全面分析。1976 年，Douglas M. Lambert 在《库存会计方法论的开发：库存维持费用研究》中对库存评价的各种方法进行了分析，他认为在整个物流费用中库存费是最大的一部分。1973 年"第一次石油危机"的爆发，日本与西方其他资本主义国家不同，通过有效的物流管理实施减量经营，巧妙地度过了危机。1977 年，日本运输省流通对策部颁布了《物流成本算定统一基准》，这对当时致力于控制物流成本的企业界是一个极大的支持，使各企业核定的物流成本有可比性，从而为日本成为高水平物流管理的国家奠定了基础。这一时期物流管理思想与技术迅速发展，推动了经济的发展。

　　第五阶段为现代物流时期。从 20 世纪 80 年代中期开始一直到现在，由于生产力的不断提高和科学技术的飞速发展，物流进入一个新的发展阶段。1980 年美国管理专家 O. Whight 研究了 MRP II [9]的系统，实现了财务账与实物账同步生成，通过资金流动来监控企业效益和指导生产经营。同年，美国通过《斯塔格斯铁路法》全面放松对铁路运输业的管制，奠定了美国铁路运输业走向市场化的基础。1990 年美国 Gartner Group 公司推行 ERP[10]系统，实现了企业内外、供需链合作伙伴之间的信息集成。这也适应了物流外包和第三方物流的发展，进一步导致物流专业化、技术化和集成化，实现了生产和物流的分工合作，提高了各自的核心竞争力。1985年，供应链理论的诞生、供应链管理系统的形成进一步导致物流管理的联合化、共同化、集约化和协调化。随着科学技术的突飞猛进，计算机技术、通讯技术以及网络技术也获得了极大的发展，1991年美国国会颁布《地面交通效率法》（简称 ISTEA）[11]，利用高新技术和合理的交通分配提高了整个路网的效率。1997年美国针对国内繁忙机场制定了《航空竞争促进法案》，规定了机场起降时刻的分配、拍卖等规则，促进了美国国内航空运输企业的竞争。这一时期物流服务的专门化、社会化、信息化以及物流活动的显性化等成为标志与潮流。

中国在改革开放中经济持续高速增长，物流的专业化、社会化需求越来越显著，2001年，中国原国家经济贸易委员会、信息产业部、铁道部、交通部、对外贸易经济合作部、中国民用航空总局等联合发出《关于加快我国现代物流发展的若干意见》的文件推动了中国物流产业的快速发展。2004年，中国国家发展和改革委员会（简称发改委）等九部门又颁布了《关于促进我国现代物流业发展的意见》，明确了发展物流产业机制，以及与其有关的市场、国土、规划、交通、工商、税务等方面的对策。2005年日本颁布最新的《综合物流施策大纲》，其基本方向是适应经济社会的变化和结构改革的发展，所确立的今后发展目标是：实现快速、衔接顺畅并且价格低廉的国际国内一体化物流；实现"绿色物流"等与环境有效相适应的物流；实现重视顾客方的高效的物流系统；实现有利于国民生活安全、安心的物流系统。大纲以2009年为目标年实现推进物流施策的综合化、一体化。在物流施策的推进体制方面，大纲的规定涉及了货主企业和物流企业的联合、协作，提出的具体要求如下：要有效适应构建友好同盟的社会性课题；地域关系者之间的联合、协作，相关行政机关、民间企业等要积极参与，摆脱和解除物流发展瓶颈问题；加强物流相关省厅的联合、协作，积极推进有利于实现物流系统全体效率化的物流施策的综合化、一体化。2005年日本物流业统计的主要框架见附件1-1。2009年3月，为了应对全球金融危机，中国政府出台了包括物流业在内的十大产业调整和振兴规划，在《物流业调整和振兴规划》中，明确了未来3年内物流业的目标与对策，并提出了十大任务、九项工程、九条对策，具体内容见附件1-2。2009年5月，为了推动农村物流服务体系的建设，交通运输部、发改委、财政部、农业部、商务部、工商总局联合出台了《关于推动农村邮政物流发展的意见》，明确了发展农村邮政物流的意义、指导思想、发挥目标、主要任务及具体措施，具体内容见附件1-3。各阶段发展的标志性成果和意义如表1.1所示。

表 1.1　物流理论的形成与发展阶段

阶段	时间	主要成果	意　义
物流概念的形成时期	1901 年	John F. Crowell 在《美国农产品流通产业委员会报告》中第一次论述了农产品流通的影响因素及其原因，揭开了对物流活动认识的序幕	物流研究的重点主要在实物分销方面
	1905 年	美国陆军上校 Chauneey B. Baker 在其所著《军队和军需品运输》一书中写到"关于军队调动和保障供给的工作称为后勤"	
	1929 年	Fred E. Clark 在《市场营销的原则》中，将物流纳入市场经营行为之中并将流通机能划分为"交换机能"、"物流机能"、"辅助机能"三部分	
	1935 年	1935 年美国销售协会对销售商品的流通称为实物分配，指出"实物分配是包含于销售之中的物质资料和服务在从生产场所到消费场所的流动过程中所伴随的种种活动"	

续表 1.1

阶段	时间	主要成果	意　义
后勤管理时期	1939—1945年	第二次世界大战中，美国为保证前方战场的需要，对军需物资的制造原材料和成品的采购、调运、保管、养护等进行统筹安排，优化调拨、全面管理，形成了"后勤管理"	初步形成了专业化的物流活动,学术界、实业界开始关注和重视物流
	1946年	美国成立全美运输与物流协会，主要职能是对专业运输者进行考试、发证，将物流的培训纳入到规范的管理之中	
	1954年	在美国第26次波士顿流通会议上，鲍尔·D·康柏斯发表了题为《市场营销的另一半》的演讲，指出无论是学术界还是实业界都应该重视认识、研究市场营销中的物流，真正从战略的高度来管理、发展物流	
	1956年	日本生产效益本部发表了《流通技术报告》,首次将 Physical Distribution 译为"物的流通"	
物流学科的形成时期	1961年	Edward W. Snykay 等人撰写了第一本物流教科书《物流管理》。美国的密西根州立大学（Michigan State University）开设了物流课程，俄亥俄州立大学（Ohio State University）在研究生院开设了物流课程，这两所大学成为首先把物流管理教育纳入到高等院校教育体系中的学校	物流专业著作出版,大学物流专业的开设,物流行业组织的出现,标志着物流学正式诞生
	1962年	美国著名经济管理学家 Peter F. Drucker 在《财富》杂志上发表了《经济的黑暗大陆》一文，明确提出物流是节约成本的最后领域	
	1963年	美国成立了世界上第一个物流专业组织——美国物流管理协会，集中了物流领域的专家与技术人员、管理人员，提供教育、培训活动。丰田公司在看板管理的基础上，总结提炼出准时制生产方式	
物流管理时期	1964年	日本日通综合研究所所长金古璋在《输送展望》杂志上发表了《物的流通的新动向》，正式用 Logistics 取代 P.D	物流管理思想与技术迅速发展
	1967年	美国麻省理工学院的丹尼尔卢斯全面研究以日本及时生产方式为代表的日本生产方式在西方发达国家以及发展中国家应用的基础上提出精益生产理论	
	1969年	J·鲍尔索克斯在《市场营销杂志》上发表了《物流的发展——现状与可能》，对综合物流概念的过去、现状以及未来发展做出了全面分析	
	1973年	现代物流在日本"第一次石油危机爆发"发挥重要效用，帮助日本巧妙地度过了危机	
	1976年	Douglas M. Lambert 在《库存会计方法论的开发:库存维持费用研究》中对库存评价的各种方法进行了分析	
	1977年	日本运输省流通对策部颁布了《物流成本算定统一基准》	
现代物流时期	1980年	美国管理专家 O. Whight 提出 MRP Ⅱ 实现了财务账与实物账同步生成，通过资金流动反映的效益监控和指导经营生产活动，使之符合企业的总体目标。 美国通过《斯塔格斯铁路法》全面放松对铁路运输业的经济管制，奠定了美国铁路运输业走向市场化的基础	物流服务专门化、市场化、信息化
	1980—1985年	物流外包和第三方物流的产生	
	1985年	美国人 Michael Porter 首先提出了"价值链"的概念，并在此基础上，形成了比较完整的供应链理论从而进一步导致物流管理的联合化、共同化、集约化和协调化	

续表 1.1

阶段	时间	主要成果	意义
现代物流时期	1990 年	美国 Gartner Group 公司提出 ERP 实现了企业内外、供需链合作伙伴之间的信息集成	物流服务专门化、市场化、信息化
	1991 年	美国国会颁布《地面交通效率法》,利用高新技术和合理的交通分配提高了整个路网的效率	
	1997 年	美国颁布《航空竞争促进法案》针对国内繁忙机场制定了机场起降时刻的分配、拍卖等规则,促进了美国国内航空运输企业的竞争	
	2001 年	中国原国家经济贸易委员会、信息产业部、铁道部、交通部、对外贸易经济合作部、中国民用航空总局等联合发出《关于加快我国现代物流发展的若干意见》	
	2004 年	中国国家发改委等九部门联合印发了《关于促进我国现代物流业发展的意见》	
	2005 年	日本经济产业省和国土交通省颁布最新一期的《综合物流施策大纲》	
	2009 年	中国国务院《物流业调整和振兴规划》出台,提出了未来三年物流业发展的目标、主线、思想、任务、工程、对策	
	2009 年	交通运输部、发改委、财政部、农业部、商务部、工商总局联合出台了《关于推动农村邮政物流发展的意见》,明确了发展农村邮政物流的意义、指导思想、发挥目标、主要任务及具体措施	

2. 物流业态的发展阶段

物流业态是指物流产业的主流模式,其发展可以分为四个阶段,如图 1.1 所示。

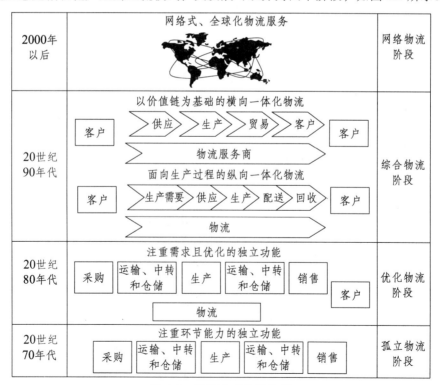

图 1.1　物流业态发展阶段

第一阶段是孤立物流阶段，大约在 1960—1980 年期间，物流的活动基本上是孤立的，即运输、中转、仓储、包装和分拣等是分散独立的。虽然由于产品生产量增加导致运输量、仓储量、分拣、包装作业量的大幅增加，且生产过程中及时供货的要求逐渐增长，但因认识、组织、技术等方面原因，社会注重企业的功能结构使生产能力存在工作结构复杂、部分环节经济效益低以及订单处理时间长等低效率现象，因而重复运输、大量库存等现象较普遍存在。

第二阶段是优化物流管理阶段，重复运输、大量库存等问题引起社会关注，开始在分散孤立的基础上优化各种功能，从注重单个功能转变成为注重整个流动过程。这样可以更好地组织和优化企业内部的生产和外部服务，改善采购、生产和销售环节，提高企业效益且满足顾客的需求。

第三阶段是综合物流阶段，在 20 世纪 90 年代，由于生产组织优化的需要，物流功能的整合趋势越来越明显，企业在信息技术的支持下，把多个环节、多个部门甚至产品开发、废物回收等纳入统一规划和管理中，形成了从企业入口到出口的纵向一体化的物流。随着供应链管理的需要日益增强，生产与销售对专业化、协同化的物流服务要求不断增长，物流企业利用专业物流技术和先进的物流理念同时为多个供应链上的客户提供仓储、运输、信息等服务，形成面向供应链的横向一体化的物流。

第四阶段是网络物流阶段，随着经济的全球化、市场的一体化以及信息化的推进，物流服务呈现出全球化、网络化的特征。大型的专业的国际物流企业利用在供应链管理一体化形成的专业优势，已经渗透到世界各地，物流市场的地区边界已被打破，制造商、贸易商、开发商对面向全球的物流服务的重视达到前所未有的程度。

三、中国物流的发展现状

由于计划经济体制和社会发展水平的影响，中国物流的产生比较晚，20 世纪 70 年代末开始从国外引入一些物流概念，大多引入了日本的"物的流通"技术与方法。20 世纪 80 年代中期由于大力推进改革开放，经济发展迅速，市场经济体制逐渐建立，物流逐渐从潜隐状态显现出来。一些经济发达地区，如深圳、北京、上海等地，率先有了发展专业物流的需要。21 世纪初，中国加入 WTO，物流及相关产业逐渐开放，如表 1.2 所示。具有先进水平的国际物流企业逐渐开始进入中国市场，同时国内外企业对物流服务社会化与专业化的需求迅速膨胀，中国传统物流业也受到国外高水平的需求的冲击和国外高水平物流服务的挑战。

表 1.2　加入 WTO 后外资进入交通运输市场的时间进度表

服务项目 ＼ 时间 外资所占比例	加入时	2003.1.1	2005.1.1	2006.1.1	2008.1.1
铁路货运	49%		51%		100%
公路卡车、汽车货运	49%	51%	100%		
仓储服务	49%	51%	100%		
货物运输代理服务	49%	51%		100%	

注：表中数据 51%是允许外资拥有多数股权，100%是指允许设立外资独资子公司。

　　虽然中国物流起步晚，但政府对物流业的发展给予了极大的关注与支持。2001 年，九届全国人大四次会议批准的《中华人民共和国国民经济和社会发展第十个五年计划纲要》进一步明确了"发展主要面向生产的服务业，积极引进新型业态和技术，推行连锁经营、物流配送、代理制、多式联运，改造提升传统流通业、运输业和邮政服务业"。2001 年 3 月 1 日，原国家经济贸易委员会、信息产业部、铁道部、交通部、对外贸易经济合作部、中国民用航空总局等联合发出《关于加快我国现代物流发展的若干意见》的文件（见附件 1－4）。2001 年，吴邦国副总理在国家经贸委和世界银行联合主办的"现代物流发展国际研讨会"上发表有关物流发展重要讲话。2002 年 2 月 25 日江泽民总书记在省级主要领导干部"国际形势与 WTO"专题研讨班上的讲话中指出："由于长期受计划经济的影响，'重生产、轻流通'的观念烙印很深，这也是影响经济发展的一个重要原因。发展社会主义经济，搞好流通极为重要，是消费通过流通来决定生产，只有现代流通方式才能带动现代化的生产，大规模的流动方式才能带动大规模生产。因此，要大力支持和推动连锁经营、集中配送等现代流通方式，推动经济发展，提高竞争力。"2003 年，全国政协经济委员会提出《关于我国现代物流情况的调研报告》（见附件 1－5）。2004 年，民航总局发布了《关于加快发展国内航空货运若干政策措施的意见》（见附件 1－6），同年 8 月，国家发改委等九部委局联合印发了《关于促进我国现代物流业发展的意见》（见附件 1－7）。全国现代物流工作部级联席会议制度的建立和运作，标志着我国政府推进现代物流业发展的综合协调机制已经形成。我国现代物流业开始进入理性、快速发展的新阶段。2006 年，在《中华人民共和国国民经济和社会发展第十一个五年计划纲要》第四篇"加快发展服务业"的第十六章"拓展生产性服务业"的第二节"大力发展现代物流业"中提到了：推广现代物流管理技术，促进企业内部物流社会化，实现企业物资采购、生产组织、产品销售和再生资源回收的系列化运作。培育专业化物流企业，积极发展第三方物流。建立物流标准化体系，加强物流新技术开发利用，推进物流信息化。加强物流基础设施整合，建设大型物流枢纽，发展区域性物流中心。2007 年温家宝总理在政府工作报告中指出加快推进产业结构升级和自主创新：坚持走新型工业化道路，着力优化产业结构。重点是大力发展服务业，提升工业层次和水平，继续推进国民经济和社会信息化。要从改革体制、加大投入、完善政策等方面，鼓励和支持服务业加快发展，尤其要发展物流、金融、信息、咨询、旅游、社区服务等现代服务业。2008 年美国次贷危机引发全球金融危机爆发，给中国的出口加工带来重大影响，从而严重影响刚刚进入快速发展的物流业，为了迎击危机，振兴物流业，直至振兴加工制造业和整体经济，2009 年 3 月国务院通过了《物流业调整和振兴规划》，明确到 2011 年，培育一批具有国际竞争力的大型综合性物流企业集团，初步建立其布局合理、技术先进、节能环保、便捷高效、安全有序并具有一定国际竞争力的现代物流服务体系，物流服务能力进一步增强；物流的社会化、专业化水平明显提高，第三方物流的比重有所增加，物流业规模进一步扩大，物流业增加值年均递增 10%以上；物流整体运行效率显著提高，全社会物流总费用与 GDP 的比率比目前的水平有所下降的发展目标；提出了积极扩大物流市场需求、大力推进物流服务的专业化、加快物流企业兼并重组、推动重点领域物流发展、加快国际物流和保税物流发展、优化物流业发展的区域布局、加强物流基础设施建设的衔接与协调、提高物流信息化水平、完善物流标准化体系、加强物流新技术的开发和应用等十项任务；多式联运、转运设施工程、物流园区工程、城市配送工程、大宗商品和农村物流工程、制造业与物流业联动发展工程、物流标准和技术推广工程、物流公共信息平台工程、物流科技攻关工程、应急物流工程等九项工程；加强组织和协调、改革物流管理体制、完善物流政策法规体系、制订落实专项规划、多渠道增加对物流业的投入、完善物流统计指标体系、继续推进物流业对外开放和国际合作、加快物流人才培养、发挥行业社团组织的作用等九项对策。

　　总体上讲，近年来中国物流业快速发展的主要标志是物流规模稳步提升。社会物流总费用增速有所加快，占 GDP 的比重进一步下降。统计测算表明，自 1994—2008 年，反映物流需求规模的全社会物流总值从 8 万亿元上升到 89.9 万亿元，增长了 11 倍，年均以 18.9%的速度递增，高于同期 GDP 的年均增速，如图 1.2 所示。

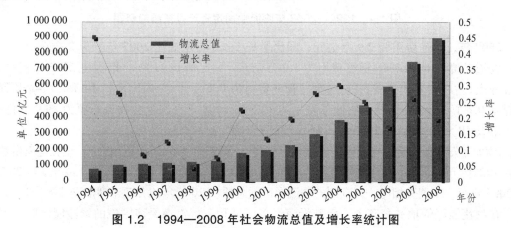

图 1.2　1994—2008 年社会物流总值及增长率统计图

　　从 1994—2008 年，中国物流成本占 GDP 的比例缓慢下降，从 22.6%下降到 18.1%，降低了 4.5 个百分点，社会物流总成本与 GDP 的比例呈现逐渐降低的趋势，如图 1.3 所示。在物流需求规模增长明显快于 GDP 增长的情况下，这一比例逐渐降低的趋势，表明中国物流业的运行质量有所提高，但物流成本总体水平仍然偏高，说明中国物流成本下降的空间巨大。

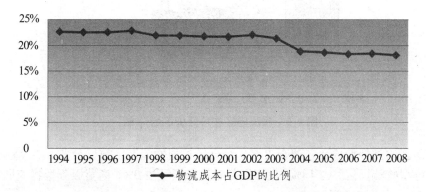

图 1.3　1994—2008 年物流成本占 GDP 的比例趋势图

　　中国物流业固定资产投资一直保持着较快增长。从 1994—2008 年，物流业固定资产投资额从 1 527 亿元增长到 17 508 亿元，增长高达近 11.5 倍，如图 1.4 所示。

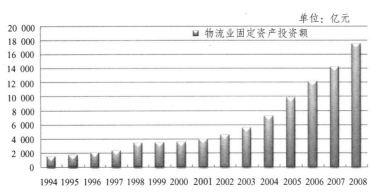

图 1.4　1994—2008 年物流业固定资产投资额趋势图

2008 年，运输费用为 2.9 万亿元，同比增长 16.2%，增幅比 2007 年下降 2 个百分点，占社会物流总费用的 52.7%；保管费用为 1.9 万亿元，同比增长 21.8%，增幅比 2007 年提高 0.6 个百分点，占社会物流总费用的 34.5%；管理费用为 0.7 万亿元，同比增长 14.3%，增幅比 2007 年提高 0.7 个百分点，占社会物流总费用的 12.8%。2008 年全国社会物流总额为 89.9 万亿元，同比增长 19.5%，增幅比 2007 年下降 6.7 个百分点。

2008 年发布的《全国物流园区发展调查报告》，调查的 475 个物流园区中，正在运营的物流园区 122 个，占 25.7%；在建的物流园区 219 个，占 46.1%；规划中的物流园区 134 个，占 28.2%。与 2006 年第一次调查相比，调查到的物流园区的总量从 2006 年的 207 个增加到 475 个。

在物流园区的地域分布上，南部沿海经济区域和东部沿海经济区域的物流园区的总量占到全国物流园区总量的 41%，接近一半。这在某种程度上表明：

第一，这两个经济区域的经济发展水平在全国来说处于领先位置，交通基础设施的建设相对于其他的经济区域来说比较发达。第二，这两个经济区域的现代物流发展的水平比较高，物流市场的需求量大，如图 1.5 所示。

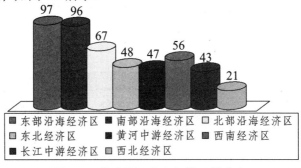

图 1.5　物流园区在各经济区的分布

在物流园区的类型构成上，调查表明，综合服务型物流园区数量最多，占 75%；然后依次是货运服务型物流园区，占 18%；生产服务型物流园区占 3%；商贸服务型物流园区占 2%；其他选项占 2%，如图 1.6 所示。

在物流园区的开发建设方式上，政府规划、企业主导开发的物流园区最多，有 289 个，占 60.8%；政府规划、工业地产商主导开发的物流园区 115 个，占 24.2%；企业自主开发的物流园区 71 个，占 15%，如图 1.7 所示。

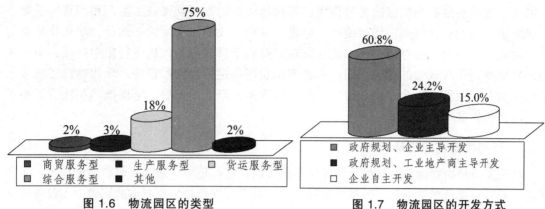

图 1.6　物流园区的类型　　　　　　图 1.7　物流园区的开发方式

由于中国物流业逐渐全面开放，外资已快速进入中国物流市场，以国际货邮及快递企业为例，截至 2006 年底，FedEx[12]在中国的服务网络已覆盖 220 多个城市，并计划在未来 4～5 年内再新增 100 多个城市；UPS[13]已拿到直飞北京、上海的 6 个航班，目前，在深圳、青岛、厦门等 20 多个城市设立了代表处；TNT[14]的服务已覆盖我国 200 多个城市，网点超过 2000 个，使中国市场成为欧洲以外的最大市场；DHL[15]已覆盖中国 318 个城市，开设了 50 家分公司；日本商船三井株式会社[16]与宝钢、鞍钢、武钢合作，初步完成了全中国范围内的钢材加工配送网络；以普洛斯[17]为代表的新型物流地产业，也已基本完成中国东部、中部的布局，推动了中国物流园区建设的进程。

第二节　物流的作用与特征

一、物流的作用

物流是对物的移动和储存及其服务和信息的综合活动，它对经济与社会的发展，对城市建设，对企业的生产经营，对消费服务水平等都有着十分显著的影响，具体体现在：

1. 降低制造业成本，提高制造业核心竞争力

随着现代生产组织模式的发展，供应链一体化管理使原料供应商、生产商、批发零售商不再单兵作战，而是形成协作的联合体，使整个供应链的抗风险能力大大提高。未来市场的竞争，将是供应链与供应链之间的竞争，而不是单纯企业之间的竞争。这种供应链之间的竞争促使供应链节点上的企业寻求专业化和规模化的物流服务。现代制造业通过将物流业务外包给专业的物流公司，在一定程度上可利用其专业化的设备、技术以及信息上的优势实现专业化以及规模化经营，利用物流管理的理论与技术整合社会资源，提高物流设施、设备的利用率，从而降低制造业的成本。制造业将物流业务外包后，在自己核心的业务上投入更多的精力和财力，提高产品质量，降低产品成本，开发出更多规格的产品，以占领市场充分发挥竞争优势。

2. 促进第三产业的发展，推动产业结构的优化

物流业是服务性产业，是现代经济分工和专业化高度发展的产物。物流产业的发展将

对第三产业的发展起到积极的促进作用。现代物流业的发展既保证了生产和消费的需要，又能解决当地的就业问题，增加税收，促进了其他行业的协调发展。此外，现代物流业会带来商流、资金流、信息流、技术流的集聚，有利于对分散的物流进行集中处理，量的集约必然要求利用现代化的物流设施、先进的信息网络进行协调和管理。现代物流还将带来交通运输业、商贸业、金融业、信息业和旅游等第三产业的发展，进而推动和促进了地区社会经济的发展。

3. 改善投资与建设环境

物流系统是由物流设施与物流服务体系组成的，它们是一个地区或城市建设环境、生产环境、经营环境乃至发展环境的重要基础，对于投资开发商和生产制造商来讲，不仅要依靠价格较低的土地，还需要低廉的劳动力，更需要方便、迅速、低成本的物流。所以在发展物流的过程中必然有利于投资与建设环境质量的改善。

4. 提高消费服务水平

随着社会经济的发展，人们对产品的个性化、对产品需求的多样化、对产品需求的实时性，使物流需求呈现多品种、小批量快速化的特性，对物流系统提出了更高的要求，发展物流能促进高效率的物流配送系统如：宅急送、宅配、同城配送、冷链物流等的发展。有利于快速、敏捷、准确地对消费者需求做出反应，有利于消费者服务水平的提高。

5. 有利于非常规突发事件的应急响应与处置

全球气候的变化和人类活动的加剧，各种自然、社会及人为因素所导致的非常规突发事件发生次数日益增多，时常造成重大的人员伤亡和财产损失，对人类的生存和社会的发展构成重大威胁。非常规突发事件具有形成机理复杂、预测难度大、发生概率小、突发时间短、造成后果重、演化速度快、处置任务急等特征，需要高效的物资保障和物流配送体系作为强有力的支撑，构建应对非常规事件的应急效应与处置物流平台，第一时间对事件进行高效率的处置，最大限度地减少损失或影响，具有重大的实际意义。同时，在当前的社会经济活动中，对机要物流、危化品物流、逆向物流等的需求表现得越来越显著。发展物流，有利于建立起适应人类活动和发展需要的各种特殊物流体系，满足应对各类特殊情况的需求，保障全人类的生存和发展。

6. 促进交通运输服务的市场化

交通运输业是物流活动的载体，又是物流业的重要组成部分，在物流业中扮演着重要的角色。运输水平的高低直接关系到物流业整体服务水平。随着物流管理和物流技术的发展以及货主对运输服务质量要求的提高，物流作为一个提高物资流通速度、节省仓储费用和加速资金周转的有效手段，其地位为许多物流企业认同。现代物流已开始重视仓储及各种运输的多式联运服务的整体性和系统性，经营业务已从单一的运输方式延伸到水陆空物流运输系统各方面。许多运输企业加强对路上运输和流通行业的渗透，大量投资于公路运输、仓储、铁路网，甚至内河运输、航空和海洋运输。交通运输在物流业的影响下逐步走上市场化道路，向专业化、系统化、网络化、信息化、规模化迈进。

二、物流活动的分类

物流活动按照物流的环节与属性可分为采购物流、销售物流、生产物流、回收物流；按照物流活动空间的范围可分为地区物流、国内物流、国际物流；按照物流系统的性质可分为社会物流、行业物流、企业物流；按照物流主体可分为自理物流、第三方物流、第四方物流；按照物流处理温度控制的要求，可分为常温物流、低温物流（冷链物流）。在中国台湾地区，低温物流又可分为冷气物流、冷藏物流、冷冻物流。如表1.3所示。

表1.3 物流活动分类

分类标准	分类名称	特点与内容
按照物流的环节与属性	采购物流	在采购过程中所发生的物流活动，如运输、仓管、库存控制等。其采购过程、管理与合理化水平直接影响企业生产成本
	销售物流	生产企业、流通企业销售产品时，在供方和需方之间的实体流动与信息储存、信息活动，如库存管理、配送、包装、装卸、搬运等
	生产物流	在企业内部的生产过程中原材料、在制品、半成品、产成品等的物流活动，如取送、物流控制、传输、分拣、包装等。其合理化影响生产秩序、成本
	回收物流	多种原因引致的不合格物品和报废物品的返修、退货、回收，以及周转使用的包装容器从需方返回到供方所形成的物流活动，称为逆向物流
按照物流活动的空间范围	地区物流	在地区内及地区之间所产生的物流活动
	国内物流	在一个国家范围内产生的物流活动
	国际物流	国与国之间因贸易、交流等需要而产生的物流活动
按照物流系统的性质分类	社会物流	某区域全社会物流活动的总称
	行业物流	某产业部门或特定物品的物流活动
	企业物流	在企业经营范围内由生产或服务活动所形成的物流活动
按照物流的主体	自理物流	物流作业与管理由企业本身承担的物流活动
	第三方物流	由供方与需方以外的物流企业提供物流服务的业务模式
	第四方物流	是物流服务系统中的供应集成商，提供组织物流服务所需设施、信息装备等资源和资金、技术，以及物流方案等
按照物流处理温度控制的要求	常温物流	常温环境下提供各项物流活动的总称
	低温物流	低温环境下提供各项物流活动的总称

三、物流的特征

在经济全球化、市场一体化的信息时代，物流的作用日渐突出，广受世界各国的重视。随着观念的更新和技术的进步，物流呈现出以下新特征：

1. 物流服务全程化

物流提供从采购原材料开始到制成中间产品以及最终产品，直至最后由销售网络把产品送到消费者手中的全过程的服务，不仅包括仓储、运输、信息、包装、装卸、搬运等基本物流服务，还包括物流咨询及系统方案设计等其他服务，是一种全过程、全方位的服务。这一过程包含了生产商到用户[18]和生产商到供应商[19]这两种基本模式。

2. 物流活动专业化

物流活动的专业化、社会化是经济高速发展和竞争日益激烈的必然产物，企业"大而全"、"小而全"的模式也不再适应竞争激烈的市场，企业必须集中精力，经营核心业务，提高自身的核心竞争力，因此，通过对物流资源的重新组合，使原来的物流资源、物流活动从生产企业和商业企业中分离出来，成为一种社会化的资源和专业化的活动。企业的物流服务需求转而依靠社会的第三方物流企业来实现。随着竞争的剧烈、社会分工日趋细化，物流服务也在向专业化方向发展。物流活动由原来的供货方和需求方的直接联系转变为由专业化的第三方物流公司通过市场化的行为，向整个社会对所有需要物流服务的企业提供物流服务，这种专业化的服务依靠物流公司专业的信息、技术、设施的规模效应降低了制造业的物流成本，也降低了全社会的物流成本。

3. 物流管理信息化

物流从潜隐状态中凸现出来，是生产力发展的需要。从某种意义上讲现代信息技术的发展是物流演变成专业的社会活动的直接原因。无论在现代的制造过程中，还是在现代经营管理中，还是在消费领域中，越是信息化程度高就越需要物流的支持，所以离开了信息的物流是不存在的。随着现代通讯网络、计算机技术的日新月异，物流的需求越来越大，需求的信息化特征越来越显著。

4. 物流功能综合化

传统的物流活动一般是指只从事基本上属于单一功能的活动，如运输、仓储、配送等。而现代物流则是以一个或两个基本活动为中心，同时从事其他活动，包括运输、仓储、配送、流通加工等多种功能的综合服务且必然包括信息活动。作为物流企业，除了向货主提供货物实体的运输、保管活动以外，还以中介代理者的身份向货主提供全方位的物流代理服务。同时还具有向货主企业提供物流系统设计，代理企业从事物流管理的能力。

5. 物流方案个性化

物流企业为客户提供个性化的物流解决方案是物流营销观念逐步走向成熟的必然结果，传统的物流服务受到观念、需求和模式上的种种局限，不必要也不可能做到完全个性化服务。客户需求的差异扩大，物流则要求必须以客户具体需求作为提供服务的基本前提，也就是以需求的个性化来决定服务方案的个性化。物流企业必须专门为不同的客户度身定制设计并提供一整套运行流程和操作方案，才能完全适应客户的实际需求。

6. 物流作业自动化

随着竞争的加速和满足服务的需求，物流的效率显得越来越重要，自动化的管理与作业成为物流活动的重要方式，而物流技术的快速发展为物流作业活动的自动化提供了可能，自动输送装备、自动传输带、自动拣选装备、自动存储装备的批量运用，有效降低了人工作业强度、减少了作业的差错率、提高了作业效率，实现了物流作业的自动化。

7. 物流网络全球化

全球经济的一体化改变了企业传统的采购、生产、销售活动，许多企业开始在全球范围内寻找最便宜、最适用的原材料、半成品，寻找生存制作成本最低的加工工厂、寻找最广阔的消费市场来获取最大的利润。这种贸易、经济、生产的全球化导致了物流活动的跨国界，催生了物流网络的全球化。跨国界的运输与仓储活动、采购活动、信息处理活动、顾客服务活动已经成为物流服务商关注的问题。物流快递领域的领头羊联邦快递正是通过在全球范围内提供高速便捷的货物包裹投递业务能力而著称。庞大的运输网络、跨国界的员工团队、有效地融入地区文化、先进的信息技术是其取得成功的重要保证。

四、物流活动的主要表现形式

物流活动的表现形式与经济水平、技术水平，特别是制造模式、贸易模式、消费模式有密切关系，当前其主要表现形式有五种：

1. 与物的位移相关的活动

这类活动主要包括了运输、配送、输送和装卸搬运等。位移活动创造了物品在空间上、时间上甚至形式上的价值，它将物品在恰当的时机、恰当的地点送到目的地，以满足顾客的需要。同时，位移活动将生产者与消费者联系了起来，并且扩大了物流系统的其他功能。与位移相关的活动是物流最基本的表现形式之一。

2. 与物的储存相关的活动

在物流活动中堆放、仓储管理、库存控制、分拣、分拨、物料控制等都属于与储存相关的活动。储存是物流活动环节中十分重要的组成部分。产品离开生产线后到最终消费之前，一般都要有存放、保养、维护和管理的过程，这是克服生产与市场在季节上、时间上的差异，创造时间效益的活动，并在一定程度上保持了生产的连续性。与物的储存相关的活动也是物流最基本的表现形式之一。

3. 与物的信息相关的活动

物流本身包含各种要素，同时它还要与生产、销售紧密结合，它们之间的联系主要是靠信息流来完成，这也是物流活动的主要表现形式之一。通过收集与物流活动相关的信息，使物流活动能有效、顺利地进行。随着信息通讯技术的发展，物流信息出现高度化、系统化发展，有很多企业都采用了系统的物流管理信息系统，如电子数据交换系统、仓储管理系统、企业资源计划等。

4. 与增值服务相关的活动

物流增值服务是指在完成物流基本功能的基础上，根据客户需要包括现代制造中的需求、贸易中的需求、消费中的需求，而提供的各种延伸业务活动。这种活动一般不改变物品的商品特性和化学特性。常常根据需要进行包装、分割、组装、商品检验、贴标签、清洗、分拣等一系列操作，以及直达运送、越库配送、流程优化重组、集中采购、仓单质押、存货质押等一系列的服务。物流的这种增值服务是物流的重要形式，是物流的生命力所在。

5. 与物的贸易有关的活动

这类活动主要是指在电子商务和物流配送模式下的物品的交易活动。此类模式的形成与发展得益于电子商务带来的高交易效率、低交易成本、舒适的交易环境和物流服务带来的方便、迅速、节省、周到。这种模式还衍生出了许多类型的增值服务，主要包括集中采购、展示交易、平台开发、流通加工、组装服务、包装服务以及集中配送服务等。

第三节　物流学科的性质与理论体系

物流学科的理论体系是逐渐形成的，随着社会经济的发展、科学技术的进步，以及物流实践的深入，在不断完善。

一、物流学科的性质

根据物流学科的研究对象、研究内容和研究方法可以看到，物流学科属于管理学、工学、经济学和理学等相互交叉的新兴学科，是一门兼有自然科学和社会科学多重属性的综合应用型学科。

1. 管理学属性

物流活动是由物流组织来完成的，而"管理是一切组织的根本"，无论是制造企业还是物流业的物流系统规划与设计、物流业务的具体运作、物流过程的控制、物流效益的考核与评估等等都是管理学研究的内容，需要管理学理论的指导。物流与许多管理学类专业有关，如管理科学与工程、工程管理、工业工程、信息管理、工商管理、市场营销、会计学、财务管理等。从这些方面看出，物流学与管理学的关系最为密切，它属于泛管理类学科。

2. 工学属性

运输、仓库等系统的设施、设备的建设需要进行科学的规划设计和开发制造，物流是一个技术含量很高的产业。如大型配送中心一般都是高度自动化的，建设前需要大量的工程技术人员进行分析和工程设计，建成后需要工程技术人员进行维护和管理。物流系统分析、设计、建设和管理都涉及大量的工程和技术，因此它涉及工学类的许多专业，比如机械、电子、信息、材料、交通运输、土木建筑与城市规划等。

3. 经济学属性

物流学科研究大量的物资资源配置优化、物流市场的供给与需求、政府对物流的管理、物流的发展与增长等问题，而解决这些问题靠的是经济学理论在物流中的具体应用。物流涉及许多经济学类专业，比如微观经济学、产业经济、金融学、技术经济、国际贸易等。

4. 理学属性

物流的流体是商品，各种商品的物理、化学、生物特征不完全相同，服务好顾客就要照顾好将要配送给顾客的商品，商品的检验、养护、鉴定、流通加工等作业环节都需要诸如数学、物理、化学等的指导。同时，研究流体的理学属性，可以为设计、制造承载流体的载体，为用户使用商品提供依据和指导。

二、物流学科的主要研究内容及基础理论

物流学科的研究内容主要集中在原材料的供应、制造、分销，以及产成品的消费等四个主要领域中的储存、包装、物料控制、运输、装卸搬运、配送等物流功能环节，以及物流信息的规划设计和管理中，如图 1.8 所示。

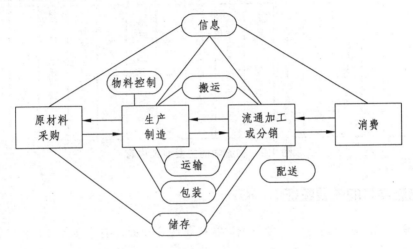

图 1.8 物流的研究领域

物流学科的基础理论有流线组织学和物流学（或物流工程学）。流线组织学主要是研究经济社会活动、生产制造活动、消费活动等各类物流规律，描述物流供需网络的基本特征及相互关系，研究网络匹配度、综合权、超网络优化模型等问题，以及效益型模型与算法、弱经济型模型与算法、综合模型与算法等特殊问题。物流学（或物流工程学）以系统分析与系统工程、供应链管理、微观经济学、市场营销、运筹学、信息技术与科学等理论和方法为基础，研究物流系统的流体、载体、流向、流量、流程、流速等特征和相互关系，以及物流流体理论、物流系统规划、物流管理及优化、物流设备系统集成、信息系统与管理等。

物流学科可以看成由物流管理、物流工程、物流经济、物流信息等主要研究领域组成。其中，物流管理主要研究物流系统优化、物流与供应链管理、采购与库存管理、资源管理与优化、非常规状态下物流系统组织管理等；物流工程主要研究物流需求分析、流线优化、物流中心设计、城市区域物流，物流设备系统集成与优化、货物自动识别跟踪和调度技术、集装技术，项目管理；物流经济主要研究物流产业经济分析、物流及供应链金融理论与方法、物流营销技术、物流企业战略管理等；物流信息主要研究物流 IS/IT 战略与管理、物流信息资源管理、物流信息技术应用、物流信息系统架构与集成、物流业务信息系统、物流信息系统运营管理、物流信息化研究方法论等，如图 1.9 所示。

图 1.9　物流学的主要研究内容

三、物流学科的主要特征

根据物流学科的研究内容、基础理论、学科属性等分析，物流学科具有明显的综合性、系统性、动态性等特征。

1. 综合性

从研究的对象上看，物流学包括物、车、库、信息等。物是指流动的物的性质、规模、流量、方向、生成与分布规模、起终点及径路（流程）；车是指实现物流位移的车辆等载具或搬运工具，分拣系统的特性、能力、组织与管理方式等；库是指储存物的设备的容量、管理与控制等；信息是指物流活动全过程中所产生的各种数据、表格、文件的电子处理与传输模式、自动化与网络化的模式等。

从研究的内容上看，物流学主要包含有发展战略的规划、用地的布局、设施的配置、组织模式与经营策略的制订、管理与控制、成本与效益的分析等。

从涉及的学科领域上看，有宏观经济学、微观经济学、技术经济学等经济学；有营销学、组织行为学、企业管理、现代管理等管理学；有交通信息工程、计算机与应用、通信工程、土木工程、汽车工程、机械工程等工科类学科；有高等数学、线性代数、概率论与数理统计、运筹学、数学规划、普通物理、普通化学等理科类学科；还有系统科学等。

2. 系统性

物流学是一个复杂的大系统。从原材料的采与购，到生产，直至消费终点的全过程中，物资、设施与设备、信息等要在人或在人操纵的企业的组织协调下，完成物在时间、空间上的移动，以实现物的使用价值。这个集合体及其子集都有目标、层次与序列。在内部以及内部与环境之间有信息、物质交换。符合系统的整体性原则、层次性原则、开放性原则、目的性原则。这个大系统又包含若干子系统，从过程上分，有采购物流系统、生产物流系统、销售物流系统、回收物流系统；从经济活动的领域上分，有运输、仓储、包装、配送、信息等子系统。

3. 动态性

物流学是动态的。从物流的定义上分析，无论美国物流管理协会、加拿大物流管理协会，还是中国、日本、中国台湾等国家与地区的物流协会组织的定义，都清楚地描述了物流主体是：从起点到终点的物的移动。因而物流活动中的主体是运动着的。表现在物流的性质上，其流量、流向、流程、流动特性是实时变化的。涉及的物流活动与管理是动态的。相应研究的方法、支持物流活动的技术、手段都是变化的、不同的。

四、物流学科的基本结构

物流学科体系由核心、支撑、基础理论、关联理论与领域四个层次构成，如图 1.10 所示。

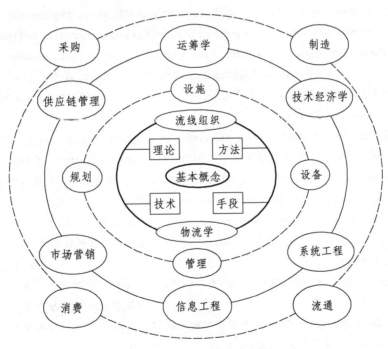

图 1.10　物流学科体系框架

第一层是物流学科体系的核心，它是由一组最关键的基本概念组成的，如物流、流线、配送、运输、仓储、物流信息、物流园区、物流中心、配送中心等。这一层是物流学科体系的基本内核。

第二层是物流学科体系的支撑，支撑的内核是支撑物流科学研究的理论、方法、技术、手段。支撑的外壳是规划、管理、设施、设备，是物流学科的应用对象。

　　第三层是物流学科体系的基础理论，即流线组织学和物流学，是揭示物流系统内在运行规律、揭示各类物流现象的重要理论工具。

　　第四层是物流学科体系的关联理论与领域。物流学科的关联理论是系统工程、运筹学、供应链管理、微观经济学、市场营销学和信息工程，是物流学研究的理论和方法基础，也代表了物流与数学、经济学、管理学、系统工程质检的紧密联系。采购、制造、流通和消费四大环节是物流学科研究问题的土壤，因为物流活动发生在供应、制造、流通和消费所有环节，也可以说，物流学科的研究对象就是供应、制造、流通和消费活动中的各类物流问题。

注　释

[1]　美国物流管理协会（Council of Logistics Management，简称 CLM），成立于 1963 年，协会一直致力于推动物流业的发展，为物流从业人员提供教育的机会和信息，向行业人士提供了种类繁多的项目、服务、相关活动，促进从业人员的参与，了解物流业，从而对物流事业作出贡献。前身是全国（美国）物流协会（National Council of Physical Distribution Management，简称 NCPDM），于 2005 年 1 月更名为美国供应链管理协会（Council of Supply Chain Management Professional，简称 CSCMP）。

[2]　原文是 "Logistics is that part of the supply chain process that plans, implements, and controls the efficient, effective forward and reverse flow and storage of goods, services, and related information between the point of origin and the point of consumption in order to meet customers requirements."

[3]　美国工程师协会（The Society of Logistics Engineer，简称 SOLE），成立于 1966 年。该协会积聚了大批物流工程师，学会的技术背景很强，于 1999 年更名为国际物流学会（The International Society of Logistics，简称 ISOL）。

[4]　加拿大物流管理协会（The Canadian Association of Logistics Management，简称 CALM），成立于 1967 年，前身是加拿大分销管理协会（The Canadian Association of Physical Distribution Management，简称 CAPDM），于 2000 年更名为加拿大供应链与物流管理协会（The Canadian Association of Supply Chain & Logistics Management，简称 CASCLM）。

[5]　日本后勤系统协会（The Japan Institute of Logistics Systems，简称 JILS），成立于 1992 年，由拥有 22 年经验的日本物流管理协会（JLA）和日本物流管理委员会联合成立，主要从事类如研究、培训和交流等项目。

[6]　《物流术语》（GB/T 18354—2006）于 2006 年颁布，由全国物流标准化技术委员会和全国物流信息管理标准化技术委员会提出并归口。本标准起草单位包括中国物流与采购联合会、中国物流技术协会等 14 家单位。2006 年颁布的《物流术语》是 2001 年颁布的《物流术语》的修订本。共收录 314 条术语及其定义。

[7]　美国运输与物流协会（American Society Transportation and Logistics，简称 AST&L），成立于 1946 年，旨在确保和推广运输、物流和供应链管理领域的高标准职业化教育。AST&L 的成员包括运输商、承运商、教育机构、咨询机构、第三方物流服务提供商，他们致力于推动行业的标准化进程和高标准职业教育的普及。

[8]　准时制（Just In Time，简称 JIT）是指在准确测定生产各工艺环节作业效率的前提下，按订单准确计划，以消除一切无效作业与浪费为目标的一种管理模式。它是供应链管理方法之一，是一

种组织生产的新方式，是一种旨在消除无效劳动与浪费、实现企业资源优化配置、全面提高企业经济效益的物质资源配置技术。

[9]　制造资源计划（Manufacturing Resource Planning，简称 MRPⅡ）是从整体最优的角度出发，运用科学的方法，对企业的各种制造资源和企业生产经营各环节实行合理有效的计划、组织、控制和协调，达到既能连续均衡生产，又能最大限度地降低各种物品的库存量，进而提高企业经济效益的管理方法。

[10]　企业资源计划（Enterprise Resource Planning，简称 ERP）是在 MRPⅡ的基础上，通过反馈的物流和反馈的信息流、资金流，把客户需要和企业内部的生产经营活动以及供应商的资源整合在一起，体现完全按用户需要进行经营管理的一种全新的管理方法。

[11]　地面交通效率法（Interrmodel Surface Transportation Efficiency Act，简称 ISTEA），又称"冰茶法案"，目标都是实现高效、安全和利于环境的现代交通体系。

[12]　联邦快递（Federal Express，简称 FedEx），创立于 1971 年，连续运作始于 1973 年 4 月 17 日，是全球最具规模的快递运输公司，为 220 个国家及地区提供快递服务。

[13]　联合包裹服务公司（United Parcel Service，简称 UPS），创立于 1907 年，作为一家信使公司成立于美国，拥有 426 亿美元资产，为 200 多个国家和地区提供服务。

[14]　荷兰邮政-天地（TNT Post Group，简称 TNT），成立于 1988 年，拥有 137 间仓库，共占地 155 万平方米，为全球超过 200 个国家和地区提供邮递、速递及物流服务。

[15]　敦豪全球速递（Adrian Dalsey，Larry Hillblom 和 Robert Lynn，简称 DHL），来源于三个公司创始人姓氏的首字母，创立于 1969 年，为 229 个国家提供全球快递、洲际运输和航空货运的服务。

[16]　商船三井株式会社（Mitsui OSK Lines，简称 MOL），创立于 1964 年，为客户提供一体化的物流管理，多元化的海上运输服务，业务网络遍及全球。

[17]　普洛斯创立于 1993 年，全球最大的物流配送设施开发商和服务商，目前业务遍及北美、欧洲、亚洲 20 个国家 105 个市场，拥有 2 669 栋物业，设施面积达到 4 490 万平方米，总资产 344 亿美元，服务全球客户超过 4 700 位。

[18]　生产商到用户（Business to Customer，简称 B to C），主要指零售业务，如卓越网，当当网。

[19]　生产商到供应商（Business to Business，简称 B to B），从企业到企业，买卖双方都是企业，如阿里巴巴网站。

思 考 题

1. 什么是物流？如何理解中国、美国、日本、加拿大等国在物流定义上的差别？
2. 物流的研究与发展经历了哪些过程？
3. 美国、日本在物流方面有什么行业组织？
4. 我国的物流是如何发展起来的？举例说明我国物流发展的现状。
5. 现代物流与传统物流的主要区别在哪些方面？
6. 为什么说现代物流是全程物流？
7. 物流如何分类？
8. 发展现代物流业有什么意义？
9. 物流学与哪些学科有密切关系又有区别，其主要的研究内容有哪些？

10. 物流学科的性质及物流学科的特征分别是什么？

11. 介绍一个第四方物流的案例。

12. 通过调查研究，写出一个物流增值模式的案例。

参考文献

[1]　何明珂. 物流系统论[M]. 北京：中国审计出版社，2001.

[2]　王槐林，刘明菲. 物流管理学[M]. 武汉：武汉大学出版社，2002.

[3]　苏雄义. 企业物流导论[M]. 台北：华泰文化事业公司，1998.

[4]　骆温平. 第三方物流理论、操作与案例[M]. 上海：上海社会科学院出版社，2001.

[5]　周玉清，刘伯莹. ERP 理论、方法与实践[M]. 北京：电子工业出版社，2006.

[6]　MICHAEL PORTER（美）. 物流与竞争战略[J]. 物流技术，1998（4）.

[7]　陈志祥. 供应链管理模式下的企业再造工程[J]. 物流技术，1998（3）.

[8]　张锦. 基于 L-OD 预测理论与现代物流规划方法与研究[D]. 成都：西南交通大学，2004.

[9]　张锦，刘洋. 商业业态发展与 ECL 模式[J]. 中国市场现代商业，2006（6）.

[10]　张锦. 现代物流学及其研究[J]. 中国物流与采购，2004（40）.

[11]　马光复. 中国入世各产业开放时间表与对策[M]. 上海：上海文化出版社，2002.

[12]　中国物流与采购联合会、中国物流学会. 第二次全国物流园区（基地）调查报告[R]. 北京：2008.

第二章　物流系统及其规划

本章主要从系统以及物流系统的概念出发，介绍系统分析的一般思想与方法，分析物流系统的各个要素，并详细介绍物流系统的各种结构、功能。在此基础上，介绍物流系统规划的意义、特点、主要研究内容及技术路线，为学习物流规划原理与掌握物流规划方法打下思想基础。

第一节　系统与物流系统

一、系统与物流系统的定义与特点

系统是由两个或两个以上相互区别并相互联系的要素为了一定的目的而形成的有机整体。系统具有整体性、相关性、目的性以及环境适应性等特点。系统的整体性是指作为系统子单元的各个要素组成系统的整体后，具有独立要素所不具有的新的性质和新的功能，表现出的整体的性质和功能不仅仅等于各个要素的性质和功能的简单相加，正如亚里士多德所说的"整体大于它的各个部分的之和"。系统的相关性是指构成系统的各个要素之间存在着一定的联系，它们之间相互作用、相互影响。在一个有效率的系统中，各要素之间互相补充、互相促进，使得系统保持稳定，具有生命力。系统的目的性是指系统具有为了特定目的而使各个要素集合在一起，它是通过系统对环境产生的功能而实现的。无目的的元素的集合不能称之为系统。系统的环境适应性是指系统都是处于一定的外部环境之中的，并与外部环境相互作用、相互依存。系统与其外部环境不断地交换物质、能量、信息等，以适应外部环境的变化，促进系统的完善与发展。

物流系统是指在一定的时间和空间里，由所需位移与服务的物、提供服务的设备（含包装设备、装卸搬运机械、运输工具、仓储设施）、组织服务的人和信息等若干相互制约的动态要素所构成的具有特定功能的有机整体。

物流系统是由运输、储存、包装、装卸、搬运、配送、流通加工、信息处理等子系统组成的复杂的大系统。系统输入的是运输、储存、搬运、装卸、包装、物流信息、流通加工等环节所消耗的人力、设备、材料等资源，经过处理转化，变成全系统的输出即物流服务。

对物流系统来说，它具有一般系统的基本特征，符合系统活动的规律，系统工程的思想与方法已经渗透在物流中，指导着物流的规划、设计、管理、组织运营。

二、系统与物流系统的模式

系统是相对外部环境而言的。外部环境向系统提供资源、能量、信息，即为"输入"；系统以自身所具有的特定功能，将"输入"进行必要的转化处理活动，使之成为有用的产品或服务，供外部环境使用，称之为系统的输出。输入、处理和输出是系统的三要素。外部环境因资源有限、需求波动、技术进步以及其他各种变化因素的影响，对系统加以约束或影响，成为外部环境对系统的限制或干扰。此外，输出可能偏离预期目标，因此要将输出结果返回给输入，以便调整和修正系统的活动，即是"反馈"。系统的一般模式如图 2.1 所示。

　　物流系统的正常活动需要投入大量的人力、物力、财力、信息，然后通过物流管理、物流信息处理、物流技术措施以及物流设施设备的应用等，为客户提供了一定的服务，同时这一服务也对环境产生了一定的影响，这些信息将反馈给系统，以便能够调整和修正物流系统的活动，如图 2.2 所示。

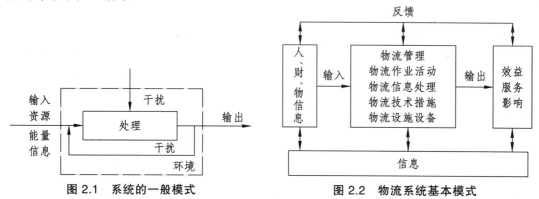

图 2.1　系统的一般模式　　　　　　　　图 2.2　物流系统基本模式

三、系统分析

　　系统分析是从长远和总体最优出发，在选定目标和准则的基础上，分析构成系统的各个层次子系统的功能和相互关系以及系统与环境的相互影响。在调查研究，收集资料和系统科学理论的指导下，产生对系统的输入、输出及转换过程的种种假设，在确定和不确定的条件下利用定性与定量的方法，探索出若干可能相互替代的方案，建立模型或用模拟的方法分析对比不同方案，并研究探讨可能产生的效果。

　　系统分析的目的是为了改进现有系统的效率和效能，或者为了设计更有效地实现预定目的或目标的新系统。

　　系统分析的六个要素是系统目的、资料收集、制订方案、效用分析、模型与模拟以及系统评价与推荐方法，要素的组成如图 2.3 所示。

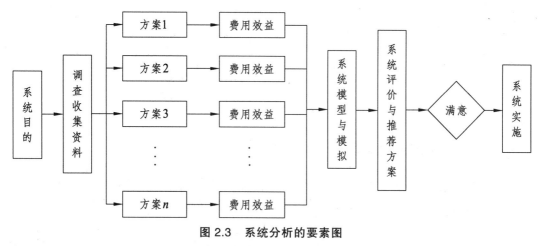

图 2.3　系统分析的要素图

　　在系统分析中，主要步骤有：

1. 明确问题、目的和目标

在进行系统分析时，首先要明确定义系统及其范畴，弄清各组成部分之间的关系及系统的环境；通过调查收集数据确定系统的边界后，再确定系统的评定指标和评价标准以便对现有系统作出定性的描述和定量的评价；然后，对系统目前和未来的需求进行调查和预测，确定系统需解决问题的内容和范围，提出系统目的和目标。

2. 提出可供选择的方案

为了实现系统的目的和目标，可提出若干个在技术上、经济上和环境上是可行的解决方案以供分析和选择。

3. 分析和评价选择方案

对于各个比较方案应考虑技术（系统的性能）、经济（费用和效益）和可操作性三个方面的指标进行综合评判，确定出各个方案的优劣顺序。

4. 方案选择与决策

系统分析实质上是替决策人理清所存在的问题，提供有关解决问题方案的选择信息。因而，系统分析员在结束分析工作后，应向管理者提出可供考虑和选择的方案及各个比较方案的实施效果等，决策者再权衡各方面的利弊作出最后的选择。

5. 实施与反馈

在选定方案后，应在实际工作中应用实施，并在执行过程中和结束后对系统分析的结果进行验证，以便对方案进行调整。

四、物流系统的环境因素

物流系统总是处于一定的内外部环境当中的，它受环境中各个因素的影响与限制，它只有在适应环境的情况下采取相应的措施才能够发展，如图 2.4 所示。

1. 内部环境

在物流系统的内部环境中，影响其运行效率的是销售系统、采购系统、生产系统以及财务系统。

1）销售系统

销售系统是企业采用计划、执行、控制的方法，进行调查、分析、预测、产品发展、定价、推广、交易、实体配销等活动，以便能挖掘、扩大及满足社会各阶层的需要，从而获得利益的一系列活动。例如，增加一种新的产品将增加销售物流的运作；定价策略会影响销售量，从而间接改变物流需求。由此可见，销售系统和物流系统是密切相关的。

2）采购系统

为了保证企业生产活动的正常运转，需要进行物资的采购，由采购物资所引发的一系列活动构成采购系统。采购系统主要由供应商选择与关系管理、采购流程制订、采购计划制订、采购人员管理等构成。采购工作是供应物流与社会物流的衔接点，是依据生产企业生产—供应—采购计划来进行原材料外购的作业层，负责市场资源、供货厂家、市场变化等信息的采集和反馈。

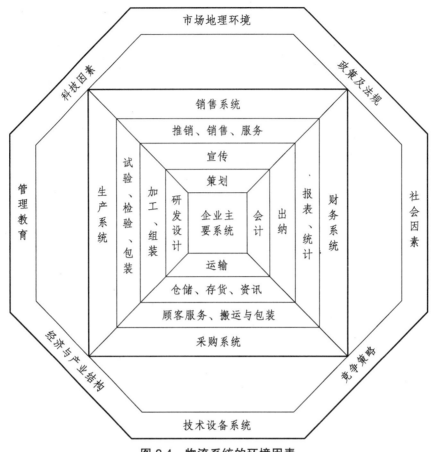

图 2.4　物流系统的环境因素

3）生产系统

生产系统的活动过程具体如图 2.5 所示。

在生产过程中，往往涉及物流系统中的某

图 2.5　生产系统的运作过程

些因素（如仓储及运输等），因而当生产系统

发生变化时（如厂房、设备布置的变化、厂址的变化等），物流系统也将随之发生改变。

4）财务系统

企业的财务系统是支持生产、销售以及物流活动的幕后活动，投资决策、资金结构以及融资政策等活动均会影响生产、销售以及物流体系。因此财务系统也是物流系统的一个重要的组织内部环境。

2. 外部环境

外部环境包括影响厂商与其市场间交易的有关因素和机构，主要有八种。① 市场地理环境：市场所处的地理环境，如气候、地形以及生产地区的位置等都将会影响到物流的成本以及运输方式的选择、仓储地点的决策；② 政策及法规：主要指各种规定、汇率问题、贸易保护以及区域经济圈整合等；③ 社会因素：主要包括各种社会各阶层的关系，如人口老龄化、国民收入增长以及消费水平的变化等；④ 竞争策略：企业之间的相互竞争将对物流系统有着直接或者间接的限制，其竞争策略主要有产品策略、价格策略、推广策略以及配送销售策略四个方面；

⑤ 实体设备系统：实体设备系统主要指的是铁路、公路、航空以及水运运输设施，它将影响到物流系统线路和方式的选择；⑥ 经济条件及产业结构：物流企业效益的好坏与经济条件是息息相关的，当经济发展良好时将会促进物流系统的发展，反之则阻碍物流系统的发展，同时产业结构的形态（垄断市场或是自由竞争的市场）将会产生不同的交易方式，从而影响到物流系统的发展；⑦ 科技因素：科学技术的不断发展将会影响到产业结构的发展，从而间接地影响到物流系统的发展；⑧ 管理教育：对物流企业的员工进行良好的管理教育将不断地提高人才的素质，进而增强了企业的生产力和竞争力。

第二节　物流系统的构成要素

物流系统同一般的普通系统一样，是由人、财、物、设备、信息和任务目标等要素组成的有机整体。根据物流系统的特点，物流系统的要素包括物流系统的物质基础要素和支撑要素。

一、物流系统的物质基础要素

物流系统的物质基础要素包括物流设施、技术装备、运输及信息等，其中，物流设施、物流技术装备是专门为物流提供物质基础的；运输设备与工具、信息技术及网络是物流活动不可缺少的，但不专门为物流提供支撑。

1. 物流设施

物流设施是指从事物流活动所需的物质空间的集聚体，包括如物流园区、物流中心、配送中心，及其内部的仓库、道路、停车场等，物流设施具有空间固定性，是物流系统的空间基础要素。

2. 物流技术装备

物流技术装备是指从事物流活动的各种工具、机器设备与技术的总称，包括仓库货架、进出库设备、配送车辆、装卸机械、冷藏设备、流通加工设备、包装设备等，物流技术装备不具有空间固定性，是物流系统的运营要素。

3. 运输设备与工具

运输设备与工具是指综合运输与配送、传输系统的总称，包括车站线路桥梁隧道等固定设施、车辆机车汽车船舶飞机等移动设备、交通运输组织管理方式等。运输设备与工具常常形成特定的通道和节点，是物流系统的支撑要素之一。

4. 信息技术及网络

信息技术及网络是指采集和传递、处理物流信息的信息技术、设备、系统的总称，包括信息技术、通信设备和线路、计算机及网络、信息管理系统等，是物流系统的支撑要素之一。

二、物流系统的支撑要素

物流系统的支撑要素有两大类，一类为硬件支撑要素；另一类为软件支撑要素。

1. 硬件支撑要素

硬件支撑要素是指具有物质基础特征的支撑体系，表现出实物活动，包括交通运输系统和信息技术及系统。

1）交通运输系统

交通运输系统包括铁路线网、公路道网、水运航线网、管道网、航空线网及完成交通运输任务所需的列车、车辆、船舶、飞机等载体。

2）信息技术与系统

信息技术与系统包括物流信息平台、全球卫星定位系统、地理信息系统、条形码、无线射频识别技术等现代信息手段。

2. 软件支撑要素

软件支撑要素是指不具有实物表现形态但其作用胜似物质支撑要素的要素，如体制、制度、法律、规章、规范、标准等。

1）体制、制度

物流系统的体制、制度决定物流系统的结构、组织、领导、管理方式，体制、制度是物流系统的重要保障。有了这个支撑条件，物流系统才能确立其在宏观经济和微观经济中的地位。

2）法律、规章

物流系统的运行，不可避免会涉及企业或人的权益问题。法律、规章一方面限制和规范物流系统的活动，使之与更大系统协调；一方面是给予保障，合同的执行、权益的划分、责任的确定都需要靠法律、规章维系。

3）规范、标准

物流环节的协调运行需要统一的、规范的技术标准、作业标准、支撑体系，这些规范与标准是物流系统与其他系统在技术上区别的重要特征。

第三节　物流系统的特征结构

各种物流相关要素在时间和空间上的集合构成了物流系统。物流系统的目标是通过以一定形式组织起来的要素实现的，通长把这个以一定形式组织起来的要素叫结构。常见的结构主要有：流动结构、网络结构、产业结构等。

一、物流系统的流动结构

物流系统就像是一个完整的流体，它具有流的五个流动要素：流体、载体、流向、流量、流程。不同类型的物流，都有这五个流动要素，但可能它们的流体不同、所用的载体不同、流向不同、流量和流程也不尽相同。物流的五个流动要素是相关联的，这种关联性体现在如下几个方面。

第一，流体的自然属性决定了载体的类型和规模，如化工产品中的磷，需要装在密封的与空气隔离的容器中（如浸在煤油中）才能进行运输和储存。

第二，流体的社会属性决定了流向、流量和流程，如成都与重庆之间的大型发电设施的大件运输就是因为四川德阳是大型发电机的制造基地，同时海外市场和长江流域的水电工程是需求地，而重庆是长江上游最大的内河水运枢纽，必然会形成成都到重庆间的大件运输。而由于公路、铁路、内河航运的技术经济特征，导致大件运输在德阳—乐山段采用公路运输，乐山—宜宾—重庆段采用内河水运。

第三，流体、流量、流向和流程决定采用的载体的属性，如成都发往东欧的猪肉需使用冷藏集装箱或铁路冷藏车来运输。

第四，载体对流向、流量和流程有制约作用，载体的状况对流体的自然属性和社会属性也可能会产生影响，如山西的煤炭流向与流量常常受铁路装货数量的影响而改变等。

因此，物流系统一般应该根据流体的自然属性和社会属性、流向、流程的远近及具体运行路线、流量的大小与结构来确定载体的类型与数量。在网络型的物流系统中，一定的流体从一个点向另一个点转移时经常会发生载体的变换、流向的变更、流量的分解与合并、流程的调整等情况，如果这种调整和变更是必要的，那么也应该尽量减少变换的时间和环节从而降低变换的成本等。

二、物流系统的网络结构

物流系统网络的组成要素是点和线，点和线之间的联系构成了物流系统的网络结构，根据结构复杂程度，物流系统中的网络结构可分为五类，如图 2.6 所示。

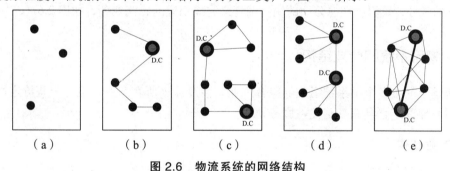

图 2.6　物流系统的网络结构

1. 点状结构

点状结构由孤立的点组成的物流网络，这是物流系统网络结构的一种极端情况。实际上，这种点状图只在封闭的、自给自足的系统中才存在，但这样的系统，除了像荒废的仓库、站台等这样的情况以外，在现实生活中基本上不存在，如图 2.6（a）所示。

2. 线状结构

线状结构由点和连接这些点的线组成的，且满足以下两个条件，即两个点之间只有一条线且没有连成圈的简单网络。一个农副产品供应链可能是这样的，在产地建立配送中心先将农副产品收集起来，然后卖给沿线上的各个销售点，如图 2.6（b）所示。

3. 圈状结构

圈状结构由至少包含一个连接成圈的线组成的物流网络，但同时至少有一点没有包含在圈中。四川长虹集团的物流服务类似圈状物流网络，为了精简物流网络，提升物流作业效率，长虹集团将全国的 203 个分公司库房进行整合，在主要产地及销售地建立了 4 个中央配送中心和 66 个区域配送中心，仓储、配送一体化运作框架基本形成，每个配送中心覆盖各自的市场区域，区域内部各供货点之间的货品可以调剂，它们是连通的，同时不同配送中心通过干线连接起来。这是一种物流效率比较高的物流网络结构，如图 2.6（c）所示。

4. 树状结构

树状结构是无圈但能够连通的网络，汽车行业的销售物流常常采取这种方式。如成都市聚龙实业有限公司和中国汽车工业配件销售总公司规划建设的中汽西南汽配物流配送基地及服务网络就是此种树状网络。它主要面向西南地区，公司将市场层层细分，每个细分市场选择一个经销商。为了便于市场管理，不同经销商的市场范围之间有严格的界限，公司设置的配送中心之间通过干线运输连接，每个配送中心覆盖一定的市场区域，从一个配送中心发出的汽车不能流向另一配送中心负责供应的经销商，因此，经销商之间的物流是不连通的，如图 2.6（d）所示。

5. 网状结构

网状结构由点点相连的线组成的网络。其最大优点可能是方便销售，最大缺点可能是物流效率较低。上海远成集团采取的就是网状的物流网络结构，公司根据物流业务的需要建立物流中心、配送中心来建立面向全国服务的物流网络，各物流中心、配送中心之间的业务区域没有十分严格的区分，可以按照总公司的统一调度来完成相应的物流业务，如图 2.6（e）所示。

三、物流系统的产业结构

物流是一个由多个子系统组成的综合产业，涉及几乎所有产业，但与一些特定产业最为密切，因而导致了它具有基础性、服务性。

1. 产业结构

按照现行的产业标准来看，物流产业涵盖了铁路运输行业、公路运输行业、航空运输行业、水路运输行业、管道运输行业、包装行业、装卸行业、邮政行业、电信行业、商贸流通业甚至一些制造业等。

从物流系统的各项作业活动来看，物流产业覆盖了运输、仓储、信息、装卸搬运、流通加工、顾客服务等多个服务行业。

2. 产业特征

1）基础性

物流业是国民经济的基础性产业，是支撑制造业特别是现代制造业的基础，是支撑现代消费的基础。同时，物流的运作必然依靠技术设施，这些设施作为固定的基础设施，不仅对物流活动有影响，同时还会影响到旅客服务、顾客服务、信息服务等。

2）服务性

所有物流环节都是生产、商贸、消费的后勤保障，是服务于国民经济各行业发展的，当然这种服务只有被消费才能得以实现。

第四节　物流系统的功能

不同国家的机构、专家对物流系统的功能有不同的认识，我国关于物流的功能的认识可以参照物流术语国家标准（GB/T 18354—2006），美国关于物流的功能的认识比较权威的有鲍尔索克斯教授的论述，日本关于物流的功能的认识比较有代表性的是阿保荣司教授的论述。

一、我国物流的功能

依照物流术语国家标准（GB/T 18354—2006），物流系统的功能要素有：运输、储存、装卸、搬运、包装、流通加工、配送、回收、信息处理等。

二、日本物流的功能

日本阿保荣司教授把物流功能细分为物的流通功能、制造支撑功能、采购功能，如图 2.7 所示。

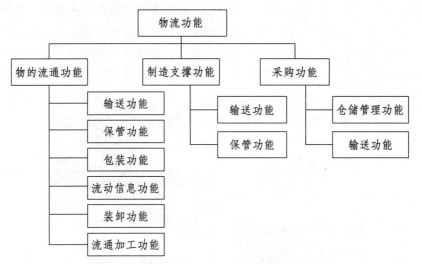

图 2.7　阿保荣司（日本）的物流功能分类图

三、美国物流的功能

美国鲍尔索克斯教授把物流功能细分为订单处理、库存、设施网络、运输、库存原料的搬运与包装五种，如图 2.8 所示。

四、物流系统的增值服务功能

增值服务是指根据客户需要，为客户提供的超出基本服务范围的服务，或者采用超出常规的服务方法提供的服务。创新、超出常规、满足客户需要是增值物流服务的本质特征。

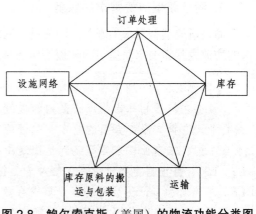

图 2.8　鲍尔索克斯（美国）的物流功能分类图

物流服务的增值功能并没有固定的组成要素，一般而言，只要不属于物流的基本功能和组织功能的，并不改变物品的商品特性的，均属于增值服务功能。

增值物流服务功能一般有以下几种形式：

1. 适应新型制造流程的服务

适应新型制造流程服务，即制造企业为适应市场发展新特点、业务流程重组、组织结构变更、工艺技术革新等形势，其物流运作模式、作业方式等进行变革所形成的物流服务。如德国大众汽车德累斯顿的制造物流模式。

【案例 2.1】 德国大众汽车德累斯顿的制造物流模式

德国大众汽车在德国德累斯顿建设了一个生产辉腾（PHAETON）品牌汽车的制造中心。该制造中心有独特的顾客服务让顾客可以在透明工厂中亲身参与从订车、组装、交付、使用的全过程。在建厂时，根据客户服务组装生产工艺流程的需要，特将物流中心 B 设于客户服务中心与总装厂 A 以西 4.5 km 处，紧邻铁路车站与码头，并专设轨道 C 连接。在具有体验功能和丰富产品信息的客户服务中心，对具有顾客特征的大量有差异的订单进行拆分处理后，物流中心根据拆分后的订单和在库零部件清单和库存状态，决定配送策略和采购策略。根据生产需求，物流中心每天向总装厂发出装载汽车组装所需的零部件。在组装厂的车侧设有与列车对接的全自动提升、装卸、运载装置将零部件传到组装线上，顾客在 72 h 左右就可以看到一辆辉腾的诞生。

2. 满足新型消费需求的服务

满足新型消费需求的服务，即为满足网络经济时代、电子商务时代、消费个性化时代所带来的物流服务新要求而提出的物流增值服务。如德国柏林南物流中心的服装物流增值模式。

【案例 2.2】 德国柏林南物流中心的服装物流增值模式

设立在德国柏林南物流园区内的瑞维克（Riwrich）公司是专门从事全球服装物流服务的企业，它拥有服装专用的汽车、先进的服装处理技术与设备、专用服装货架和仓库。当来自中国、东南亚、东亚服装到达配送中心后（见图片 L1），就开始卸箱、上架（见图片 L2、L3），再根据需要进行高压喷冲（见图片 L4）、自动熨烫（见图片 L5）、拉冲（见图片 L6）等流通加工，然后根据客户要求存放（见图片 L7），或重新装箱（见图片 L8），或用挂式集装箱运送（见图片 L9）。瑞维克公司的集装箱会发到欧洲各国甚至欧亚交界地区。

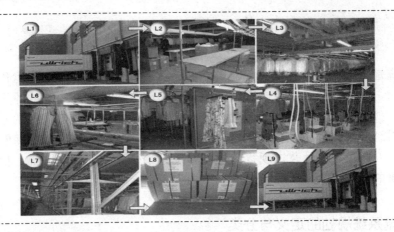

3. 适应产品特性、提升产品品质的服务

适应产品特性、提升产品品质的服务，即考虑产品的特性而导致的物流服务差异化、个性化，提高产品在物流过程中的品质，增加附加价值而提供的增值服务。如成都聚合果蔬交易中心的物流运作模式。

【案例 2.3】 农产品的物流增值服务

成都聚合（国际）果蔬交易中心总规划面积 450 亩，一期工程占地 325 亩。交易中心内部设有果蔬展示交易厅、果蔬交易区、拍卖大厅、3 000 t 气调保鲜冷藏库、1 h 精选 8 t 的果蔬光电分选线、商务办公楼、果蔬无公害检验检测中心、大型 LED 显示屏、固定泊车位等相关配套设施，并搭建了果蔬交易中心公共信息平台和网络交易平台。在交易中心内部还建立了内部局域网管理平台、安全防卫和消防监控系统、车辆 IC 卡管理等系统。交易中心实行统一的中央结算和会员制，使先进的管理体系与软硬件设施配套成龙。

在果蔬的物流服务功能上，交易中心不仅能够实现果蔬产品的运输、储存、信息处理、分选、包装等基本功能，而且还能实现电子商务交易、分拣、无公害检验检测、拍卖、车辆管理、商务办公等增值服务，提高了农产品的品质，增加了交易的便利性，提升了市场的管理水平与服务能力，创造了更多的附加价值。

交易中心将以建设西部规模最大、配套设施最完备、辐射区域最广、管理最完备、交易最公平的大型果蔬批发市场为目标，通过不断完善配套功能，使交易中心的产业带动功能得到最大程度发挥，以四川果业为起点，带动产地农产品的产销一体化，建成西南地区果蔬产品开发体系和流通体系，实现果蔬批发的专业化、网络化、规模化，实现农产品流通的现代化、智能化和有序化。

交易大厅 管理大楼

成都龙泉聚和果蔬交易中心布局鸟瞰图

第五节　物流系统规划

物流系统是一个覆盖领域非常广泛的综合系统，涉及交通运输、货运代理、仓储管理、流通加工、配送、信息服务、营销策划等。物流系统又是一个开放的复杂系统，影响其发展的内外部因素多且变化快，其依托的外部环境的变化也有很大的不确定性。规划则是运用系统分析的思想、科学的方法，确定系统的目标，协调系统间的关系，提高系统的性能。因此，不论是改进现行的物流系统还是开发新的物流系统，物流系统规划都是非常重要的。

一、物流系统规划的定义与分类

1. 物流系统规划的定义

规划是指确定目标与设计实现该目标的策略和行动的过程。物流系统规划是指确定物流系统发展目标，以及设计实现物流发展目标的工程、措施、解决方案、管理模式、政策保障等的过程。

2. 物流系统规划的分类

物流系统规划按照规划时间可分为近、中、远期规划；按照规划层次可分为发展规划、布局规划、工程规划；按照规划内容可分为城市的、企业的、行业的物流规划；按照物流节点可分为物流园区的、物流中心的、配送中心的物流规划；按照城市规划的工作阶段可分为总体规划、控制性详细规划、修建性详细规划等。

二、物流系统规划的意义

1. 物流系统规划有利于城市建设与发展

物流领域容易出现低水平的重复建设现象，需要有规划制约和指导。物流领域进入的门槛比较低，而发展的技术要求比较高，这就使物流领域容易在初期出现在低水平层次上的重复建设现象，如仓储设备的建设、物流园区的建设等。物流领域的建设投资，尤其是基础建设的投资规模是比较大的，需要有规划的引导。如果没有科学的规划，就不能有效地利用土地及市政资源，就可能给国家、社会、企业造成巨大损失。物流系统规划能进一步优化协调社会物流需求与物流供应，将有利于改善城市交通运输状况、促进城市用地模式的合理化；物流系统规划有利于设计合理的投资和建设方案，减少资源浪费，提高资源利用率，是城市建设与发展的需要。

2. 物流系统规划有利于物流业的健康持续发展

物流系统规划能为物流业的发展提供可行的方向选择。物流业的发展首先是社会有物流需求，其次是需要有一定的公共的和非公共的基础设施为依托。社会有什么样的物流需求、需求的数量多少、需求的分布情况等都需要进行科学分析，另外物流业发展所依托的基础设施利用情况、未来规划情况也需要物流系统规划辅助决策。因此有必要对物流业发展的各阶段进行物流系统规划，为物流业走上正确的发展轨道提供科学的依据。

3. 物流系统规划有利于物流用地的合理布局和物流设施的合理配置

土地资源的利用是物流业发展在城市空间上的主要约束条件，对物流的影响主要体现在物流基础设施对物流用地的选择、各种物流需求在不同用地功能上的分布状况。因此，只有通过物流系统规划才能整体把握物流用地分布、数量情况，物流用地中仓储、车场的布局和规模以及配送中心和物流园区的选址、用地规模、功能设置等。

4. 物流系统规划有利于物流企业经营管理

物流企业是物流市场的供给主体，通过科学、合理的物流规划，有利于政府转变职能，增强服务意识，出台有利于物流企业投资、建设、运营管理的政策措施，形成规范、有序的物流市场竞争格局。同时，物流系统规划通过对现有物流市场的调查和分析，以及对企业发展方向、模式、措施的研究，有助于物流企业制订合理的经营管理模式，有助于形成标准化和个性化的物流模式，实现协同化、差异化发展，推动物流企业的健康发展。

5. 物流系统规划有利于制造业的生产组织与优化

物流业是与制造业关系最为密切的行业之一物流活动，渗透于制造业的各项生产环节和流程中。通过物流系统规划，全面准确地把握制造行业的自身物流需求特点、与制造流程相适应的物流服务模式，实现并引导制造企业物流服务外包，促使制造业和物流企业的协同发展，实现制造活动的精细化、全程化，制造流程的定制化、延迟化，制造计划的实时化、敏捷化，最终促进制造业核心竞争力的提升，加快物资周转、节约生产成本，从而有利于制造企业的生产组织和优化。

6. 物流系统规划有利于消费者的消费服务质量与水平的提升

随着社会进步和生产力的提升，人们的消费需求呈现多样化、多层次发展趋势。物流系统规划有利于构建面向流通企业和消费者的社会化共同配送体系，促进流通的现代化、扩大居民消费的城市物流配送网络，需要完善批发市场建设，完善鲜活农产品储藏、加工、运输和配送等冷链物流设施，提高鲜活农产品冷藏运输比例，支持发展农资和农村消费品物流配送中心建设，以提高向消费者提供配送服务的时效性、安全性，满足城乡居民消费的日益多样化，注重质量、品质、个性化的新要求。

三、物流系统规划的特点

物流系统规划是将规划对象视为一个相互联系的有机整体，从全局和长远出发，进行系统分析，从整体上进行宏观控制，从操作上进行具体指导。物流系统规划要遵循局部服从全局、个别服从整体、微观服从宏观、治标服从治本、眼前服从长远、子系统服从大系统的原则。只有重视了全局、整体和大系统的要求，使系统整体上合理、经济、最优，才能提高规划的综合效益和整体效率。物流系统规划有三大特点：综合规划、动态规划和过程规划。

1. 物流系统规划是综合规划

首先是物流系统规划的涉及面非常广泛，需要有各方共同遵循的目标与原则。物流涉及生产领域、流通领域、消费及后消费领域，甚至军事领域，涵盖了几乎全部社会产品在社会与企业中的运动过程，是一个非常庞大而且复杂的领域。仅以社会物流部的共同基础设施而言，我国相关的管理部门，就有国家发展与改革委员会、铁道部、交通运输部、海关总署、民用航空总局、工业和信息产业部等，还涉及更多的行业。这些领域和行业在各自的发展规划中，都包含有局部与物流有关的规划。其次，物流系统规划的使用方法涉及运筹学、管理学、经济学，以及城市规划、交通规划、工程建设与管理等多个学科和技术领域。

2. 物流系统规划是动态规划

物流系统本身以及其所处的环境是复杂多变的，这决定了物流系统规划的动态性。从宏观上看，与物流业有关的社会经济政策的不断调整，城市建设和发展的不断推进，以及国际政治经济的变化要求物流系统规划有适应变化发展的空间和能力；从微观上看，物流企业内部的发展不仅受宏观政策的影响，还受科学技术发展的影响，政策和技术的刺激促使物流企业生产管理、基础设施和物流技术不断变化。因此，物流系统规划要有发展的、动态的眼光。

3. 物流系统规划是过程规划

其一，物流系统规划是确定一个长远目标，并制订分期实施措施的工作，随着内外部条件的变化，各期实施措施会不断调整，甚至中长期目标也会有适当的调整，所以物流规划是一个制订目标、实施、修正、再实施、再修正的不断循环的过程。其二，物流业的发展本身也要经过萌芽期、起步期、发展期，再逐步走向成熟期。物流系统规划要注重物流业发展各阶段的发展过程，制订相应的发展目标、发展方案和实施办法。

四、物流系统规划的程序与主要内容

遵循现代规划理念，物流系统规划由调查分析、需求预测、系统规划、评价与实施四个阶段构成，具体程序如图 2.9 所示。

1. 调查分析

对物流系统规划所需的各项资料进行调查分析，是物流规划的基础性工作。调查资料是否全面、准确、真实，将直接影响到物流需求预测及现状物流系统评价的准确性，进而影响物流系统规划的合理性。调查分析是一项十分繁重的工作，资料的获取涉及物流的源和流、物流设施以及与物流有关的社会、经济、自然、土地利用等方面。城市或区域物流不仅其自身是一个相互联系的系统，而且它还是城市或区域大系统中的一个子系统。因此，城市或区域物流的发展变化不仅与物流自身的发展变化有关，而且会受到社会经济发展变化的影响。调查分析的主要内容包括：社会经济发展情况、物流设施现状、物流流动情况。对社会经济发展情况的调查分析主要是确定物流系统规划的目标和发展阶段；对物流设施现状情况的调查分析主要是规划物流系统的服务水平和服务能力；对物流流动情况的调查分析可以确定物流活动的现状与发展趋势。

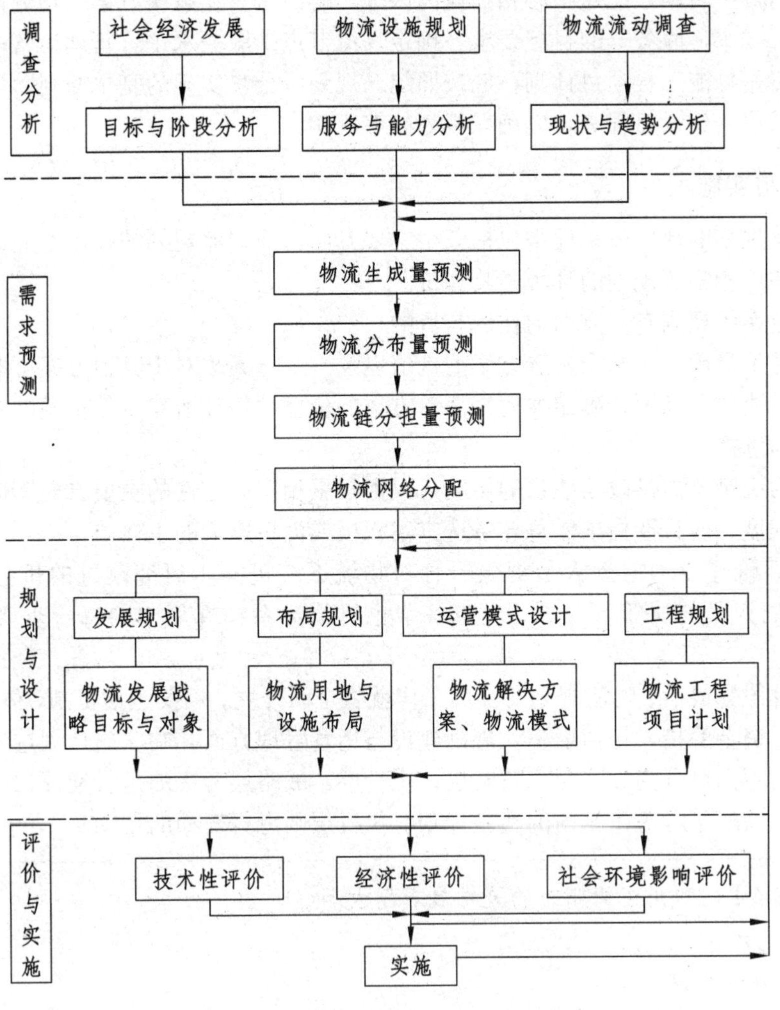

图 2.9　现代物流系统规划的主要程序

2. 需求预测

物流需求预测是物流系统规划的主要部分，物流需求预测是利用调查与分析的成果建立各种预测模型，并运用这些模型预测各时期物流需求量及服务水平等，其目的是为物流系统的规划和评价提供依据。物流需求预测包括物流生成量预测、物流分布量预测、物流链分担量预测、物流网络分配四个阶段。

3. 规划与设计

现代物流系统规划的内容主要有发展规划、布局规划、运营模式设计、工程规划四个方面，具体包括物流发展战略目标与阶段、物流用地与设施布局、物流解决方案、物流模式、物流工程项目计划等。

物流系统规划，首先要进行物流发展战略规划，即根据调查分析和物流需求的预测结果确定物流未来发展目标方向、发展速度和发展规模。其次，根据物流的整体发展规划确定物流用地与设施的布局，包括分布模式和数量；同时，相应地布置物流相关基础设施，包括道路、仓库、物资中转站、配送中心和物流园区等。再次是物流解决方案、物流模式设计，应按照"时间、成本、服务"的目标要求，确定物流节点的服务水平、管理运营模式以及管理制度等。最后是物流工程项目计划，应按照统一规划、分步实施的基本原则，确定物流工程项目的建设秩序、建设日程等，以确保规划能够落实。

4. 评价与实施

物流系统规划的评价体系通常包括三个主要方面，即物流规划的技术性能评价、物流规划的经济性评价和物流规划的环境影响评价。

评价物流系统规划有三方面的作用与目的：

第一，评价是确定每一个备选方案的价值以及一个方案相对于其他方案可取性的过程，其中关键要解决两个问题：确定如何来衡量方案的价值；估计所建议的措施的费用与效益的来源和时机的选择。

第二，为决策者提供政策建议的影响、权衡轻重和不确定性的主要方面等信息。不仅要明确影响的程度，而且要指出受每一备选方案积极或消极影响的主体。

第三，评价还要为规划人员提供一种对物流系统进一步研究改进的机会。因此，评价不仅将规划人员与决策人员联系了起来，也将物流系统规划中的每一步研究工作联系了起来。

在评价阶段完成后，物流规划的实施工作就将全面开展，不仅包括机制、体制建设方面，还包括人才、资金筹措、招商引资、规划建设与运营管理方面。在实施计划过程中，根据考虑时间长短的不同可分为战略层、策略层、执行层。战略层考虑的是长期计划的制订，时间在 1 年以上；策略层考虑 1 年内的实施计划；执行层则考虑短期的行动。

【案例2.4】　　四川省德阳市物流发展规划大纲

第 1 章　概　述

　　1.1　规划背景

　　1.2　规划依据

　　1.3　规划原则

　　1.4　规划年限和范围

　　1.5　整体规划的技术路线

第 2 章　我国现代物流的发展

　　2.1　我国现代物流发展的概况与趋势

　　　　2.1.1　我国现代物流发展的概况

　　　　2.1.2　我国现代物流发展的趋势

　　2.2　各级政府对物流发展的政策支持

　　2.3　四川省物流发展概况

　　　　2.3.1　总体概况

　　　　2.3.2　取得的成绩

　　　2.3.3　主要存在的问题

　　　2.3.4　发展条件

第 3 章　德阳市物流发展现状及评价

　3.1　德阳市物流发展环境分析

　3.2　德阳市物流发展现状基础

　　　3.2.1　交通运输设施现状基础

　　　3.2.2　仓储设施现状基础

　3.3　物流需求调查与分析

　3.4　德阳市分类物流需求调查与分析

　3.5　德阳市全年物流调查数据统计

　3.6　德阳市物流调查分析结论

第 4 章　德阳市发展物流业的意义与作用

　4.1　是德阳市社会经济可持续发展的需要

　4.2　是保障建设国家重大水电能源项目的需要

　4.3　是德阳市改善交通运输网络的需要

　4.4　是提高德阳市制造业核心竞争力的需要

　4.5　是促进德阳市产业结构合理化的需要

　4.6　是改善德阳市投资与建设环境的需要

第 5 章　德阳市物流需求预测

　5.1　预测情况概述

　5.2　物流生成预测

　5.3　物流分布及分担方式预测

第 6 章　德阳市物流发展功能定位与战略目标

　6.1　规划理念

　6.2　功能定位

　6.3　战略目标

　6.4　物流体系构架

第 7 章　德阳市物流节点布局及设施规划

　7.1　德阳市物流节点建设规模与选址

　　　7.1.1　物流节点建设总规模

　　　7.1.2　物流通道选择

　　　7.1.3　物流量分配

　7.2　物流节点布局规划

　7.3　物流节点建设模式

第 8 章　德阳市物流支撑平台规划

　　8.1　物流运输通道与站场建设规划

　　　　8.1.1　道路网完善与专用货运通道规划

　　　　8.1.2　铁路枢纽布局与货运站场规划

　　　　8.1.3　水运码头布局与港口建设规划

　　8.2　物流信息平台规划

　　　　8.2.1　建设物流信息平台的作用与意义

　　　　8.2.2　物流信息平台的规划方案

　　　　8.2.3　物流信息平台的建设与实施

第 9 章　德阳市现代物流发展的对策与建议

　　9.1　管理机制与体制

　　9.2　工商与税务

　　9.3　国土规划与实施

　　9.4　企业与市场

　　9.5　技术装备

　　9.6　专业人才

思 考 题

1. 什么是系统？有哪些特点？如何来理解系统的整体性？

2. 如何理解物流系统的概念以及特点？

3. 举例说明物流系统的环境因素有哪些？

4. 物流系统的外部因素主要有哪些？对物流系统有何影响？

5. 如何来理解物流系统的流动结构？

6. 物流系统的网络结构有哪些？对其分别举例说明。

7. 物流的产业结构是如何来划分的？

8. 物流系统的基本功能有哪些？它们对物流系统分别有何影响？

9. 如何理解物流系统的增值服务功能？请举例说明。

10. 物流系统规划有哪些重要特点？其意义如何体现？

11. 物流系统规划的主要程序及内容包括哪些？

参考文献

[1]　何明珂著. 物流系统论[M]. 北京：中国审计出版社，2001.

[2]　丁立言，张铎主编. 物流系统工程[M]. 北京：清华大学出版社，2000.

[3]　张有恒著. 物流管理[M]. 台北：华泰文化事业公司，1998.

[4]　方仲民主编. 物流系统规划与设计[M]. 北京：机械工业出版社，2003.

[5]　张国伍主编. 交通运输系统分析[M]. 成都：西南交通大学出版社，1991.

[6]　姚祖康主编. 道路与交通工程系统分析[M]. 北京：人民交通出版社，1996.

[7]　邓爱民，沈文编. 国内外物流经典案例 ——企业家之桥[M]. 北京：人民交通出版社，2001.

[8]　张锦. 基于 L-OD 预测理论与现代物流规划方法与研究[D]. 成都：西南交通大学，2004.

[9]　[日]阿保荣司著. 物流基础[M]. 黎志荣，译. 北京：人民交通出版社，1989.

[10]　BOWERSOX D J，CLOSS D J. Supply chain logistics management[J]. McGraw-Hill International Ed.，2st，2002.

[11]　魏际刚，施祖麟等编著. 现代物流管理基础[M]. 深圳：海天出版社，2004.

第二部分 理论篇

第三章 物流规划原理

本章主要介绍物流供应和需求的关系及其平衡原理、物流成本和效益分析方法、供应链一体化的基础与核心，以及物流动线设计的原则、方法，为学习物流系统规划的方法提供思想基础，为掌握物流系统规划的技术路线和工作过程提供知识基础。

第一节 物流供需平衡原理

从一定意义上讲，物流规划的主要目的就是解决如何提供物流供应以满足物流需求。物流供应适应需求，物流需求反过来也适应供应，即物流的供应与需求平衡，是物流规划的一个基本指导思想。应用供需平衡原理规划设计物流系统，能保证以尽可能少的投入最大限度地满足物流发展的要求。

一、物流供给

物流供给是物流系统性能的综合表示，一般指节点与通道的能力与服务，如运输能力、仓储的库容量、物流中心的处理能力、配送的速度等。

通常，物流节点的供给主要指在物流园区（或物流中心）、车站、码头、航空港的存放场所进行的包装、装卸、保管和流通加工等设施设备的容量及服务水平；物流通道的供给主要指运输网络中线路等设施的能力及服务水平。上述供给也包含信息系统的能力与水平。

二、物流需求

物流需求是社会经济活动特别是制造与经营活动所派生的一种物的移动和储存的服务需求。物的流动的服务需求是由于社会生产与社会消费的需要，它受生产力的分布、资源与生产资料的分布、生产制造过程、消费的分布、仓储运输布局等因素的影响。

宏观上，经济建设与发展的不同阶段对物资需求的数量、品种、规模的要求是不同的；生产力布局、社会经济水平、资源分布、用地规模也使物流需求呈现出地域差异和分布形态上的差异。

微观上，物流需求的数量和品种往往随季节的变化而变化，此外，现代科技更新周期的不断缩短和人们消费观念的日益变化，也提高了物流需求随时间变化的敏感性。

三、物流系统供需平衡分析

1. 物流系统的内部分析

物流系统的目的是实现物流的空间效益和时间效益。具体讲，是在保证社会再生产顺利进行的前提下，实现各种物流环节的合理衔接，并取得最佳的经济效益。

物流系统是由运输、储存、包装、装卸、搬运、配送、流通加工、信息处理等各环节组成的，它们也称为物流的子系统。作为系统的输入是输送、储存、搬运、装卸、包装、物流情报、流通加工等环节所消耗的劳务、设备、材料等资源，经过处理转化，变成整个系统的输出，即物流服务。物流系统运作的目的就是使输入最少，即物流成本最低，消耗的资源最少，同时输出最大，即输出的物流服务的数量与质量要最佳。

物流系统可以划分为作业子系统和信息子系统，前者包括输送、装卸、保管、流通加工、包装等，以力求省力化和效率化；后者包括订货、发货、在库、出库管制等，力求完成商品流通全过程的信息活动。这两大子系统的机能不是互相分割、互不联系的，而是一个有机的整体，它们相互结合，充分利用资源，开展物流服务，促进经济活动高效、合理的展开。

在一定意义上，物流系统的内在特征可以描述为以物流的效率和效益为目标，将适当的物品以适当的数量、适当的价格、适当的质量在适当的时间送到适当的地点。

2. 物流系统和外部系统的关系模式

物流作为社会系统中的一个子系统，是由社会经济活动的需要而派生出的，流的模式又是受物流系统影响的。所以流的模式是社会经济活动系统与物流系统共同作用的结果，同时又反作用于物流系统和社会经济活动系统，如图 3.1 所示。物流系统与社会经济活动系统的关系表现在以下三个方面：

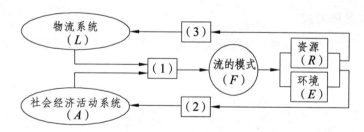

图 3.1　物流系统与社会经济活动系统的关系

（1）$F = f(A, L)$，表示流的模式取决于物流系统与社会经济活动系统的共同作用。

（2）$A = g(F, R, E)$，表示随着时间的变化，流的模式可以通过改变物流系统（如服务水平、物流成本等）来改变社会经济活动系统。

（3）$L = h(F, R, E)$，表示流的模式的变化可以改变物流系统，以适应社会经济活动系统的不断变化。

其中，L 表示物流系统，它是由运输、仓储、装卸搬运、流通加工、信息处理等构成，具有一定服务能力和水平的子系统；A 表示社会经济活动系统；F 表示流的模式，包括物流的大小、方向、时间分布、空间分布规律等；E 表示环境，包括自然环境、人文环境、经济环境、政策环境等；R 表示资源。

3. 物流系统供需平衡

物流需求是社会经济活动（A）所派生出来的，所以，物流需求量（V）可以用社会经济活动系统（A）和所提供的物流服务特性（S）的需求函数（D）来表示。

$$V = D(A,S) \tag{3.1}$$

影响物流需求的服务特性（S）不仅仅有价格与时间，还包括物流处理的能力、方便性、安全性等多个特性构成的向量。另一方面，所提供的物流服务的特性（S），不仅依赖于物流系统（L），而且也随物流需求量（V）而变化。物流服务特性（S）可用服务函数（J）来表示。

$$S = J(L,V) \tag{3.2}$$

在所给定的社会经济活动系统（A）和物流系统（L）之下，根据物流服务的需求与供应的相互作用，可实现物流供需的平衡，平衡模式用 F 表示。这里，物流平衡模式（F）可以用物流需求量（V）和物流服务特性（S）来表示。

$$F = F(A,L) = [V,S] \tag{3.3}$$

因此，满足式（3.1）及式（3.2）两者的物流平衡点（F_0）可表示如下：

$$F_0 = F_0(A,L) = [V_0,S_0] \tag{3.4}$$

式中　F_0——物流平衡点；

　　　S_0——物流服务特性，$S_0 = J(L,V_0)$；

　　　V_0——物流需求量，$V_0 = D(A,S_0)$。

物流平衡模式如图 3.2 所示，即在一定条件下，对应的物流需求量为 V_0，物流服务特性为 S_0 时，即达到物流供需平衡点 F_0。这里的服务特性常为时间或费用等特征值，当服务特性增大时意味着能力的下降。若服务特性是能力等特征值的话，曲线的情形会发生变化。

4. 物流供需发展方式

一般地，物流活动从人工到机械化、自动化，物流系统的供给就呈现阶段性的提升，物流业就得到发展，如图 3.3 所示。

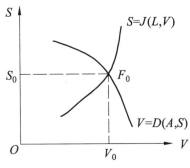

图 3.2　物流平衡模式图

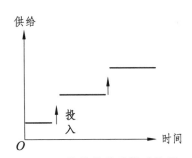

图 3.3　物流供给阶梯式发展

同时，在物流供给中物流服务随着物流能力呈阶跃变化，即在每一阶段物流服务水平随着时间的推移在拥挤和等待或多支付费用中出现下降，直到下一次突变，如图 3.4 所示。因而在研究微观问题时，常常可以用物流服务水平来代指物流供给。

物流供给与需求相互制约和促进，在经济发展的过程中，物流供给与物流需求经历从不平衡到平衡再到不平衡的循环，实现物流供需共同发展，从而推动物流业发展并推动经济发展。这是一种螺旋推进的方式，如图 3.5 所示。

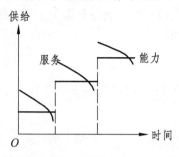

图 3.4　服务水平随供应能力变化

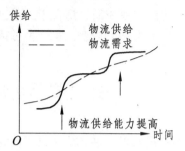

图 3.5　物流供需平衡螺旋式发展

5. 物流供需平衡模式

物流的供需平衡有两种典型模式。

模式一是供给适应需求。在初始状态时，物流需求为 D_0，物流供给为 S_0，随着经济的发展，物流需求增加，打破了原来的平衡，一定时期内，通过增加物流供给，如加强物流基础设施的规划与建设、购置物流设备等，使得物流供给和物流需求再次达到平衡，如此循环往复不断发展，如图 3.6 所示。

这种物流供给和物流需求的平衡模式适用于物流业处于起步阶段或初级发展阶段的地区或国家。在这个阶段，由于物流供给能力严重不足，只有通过规划建设一定规模的物流基础设施和增添物流设备，才能缓解供需之间的矛盾，从而满足不断增长的物流需求。在一定的时期内，这种方式能让供需之间达到平衡，可以解决因基础设施和技术设备落后而制约物流发展的问题。但由于未考虑资源与环境问题，包括土地资源问题、能源问题和污染问题，以及社会发展的限制，容易忽视对平衡点的限制，因此这种平衡模式不能持久。

模式二是需求管理。在初始状态时，物流需求为 D_0，物流供给为 S_0，随着经济的发展，物流需求增加，将打破原来的平衡，通过对需求的合理引导使得需求增长相对缓慢，同时采用技术手段使得供给适度的增长，并且在信息化、自动化等技术上和社会、经济、环境等效益上构建新的价值体系，即新的平衡点，从而使供需相互适应，如此循环发展，如图 3.7 所示。

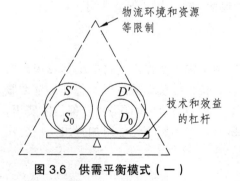

图 3.6　供需平衡模式（一）

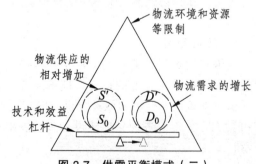

图 3.7　供需平衡模式（二）

这种物流供给和物流需求的平衡模式适用于物流业相对成熟的发达地区或国家，如我国深圳、上海等地区，美国、日本等国家及欧洲国家。这种模式虽然对物流技术和物流政策要求较高，但是充分考虑了环境和资源的制约，从供需两个方面入手，一方面通过种种政策和策略对需求进行合理的引导和控制，另一方面采用先进的技术手段使得供给适当的增长。该模式可以平衡物流业与社会和环境的关系，有利于构建低碳经济[1]发展的模式，有助于缓解社会与自然界的尖锐矛盾，适合于当今世界在面临人口膨胀、能源紧张和大气变化、环境污染问题下的物流发展的需要，是一种可持续发展模式。

第二节　物流成本效益分析原理

在规划中投入多少供给才能很好地满足需求，在各种方案中选择何种方案才能使得投入少、产出多，这必须对物流的成本以及效益进行分析。在物资、资金、人力、环境等资源有限的情况下，规划必须找到投入产出效益最佳的方案，使最可能的投入产生最大的效益，是物流规划的基本指导思想之一。物流成本效益分析原理就是运用经济学原理与方法来研究物流的成本、物流的效益，并评判规划的经济合理性。

一、物流成本分析

物流成本有宏观层面和微观层面之分，宏观物流成本是指社会物流成本，微观物流成本是指企业物流成本、物流项目成本。

1. 社会物流成本

社会物流成本是一个国家或地区一定时期内发生的物流总成本。目前，美国、日本以及欧洲一些国家已经形成了一套非常完整的社会物流成本核算体系，以随时掌握国家物流总成本情况。与美国、日本等国家相比，我国对社会物流成本核算的研究较为迟缓。

根据 2006 年国家发改委关于组织实施《社会物流统计核算与报表制度的通知》（见附件 3－1），我国的社会物流总费用是指一定时期内，国民经济各方面用于社会物流活动的各项费用支出。其内容应包括：运输、储存、装卸搬运、包装、流通加工、配送、信息处理等各个物流环节的费用；社会物流活动中发生的物品损耗；社会物流活动中因资金占用而应承担的利息支出；社会物流活动中发生的管理费用等。具体包括运输费用、保管费用和管理费用三部分内容。

1）运输费用

运输费用是指社会物流活动中，国民经济各方面由于物品运输而支付的全部费用。它包括支付给物品承运方的运费，即承运方的货运收入；支付给装卸搬运保管代理等辅助服务提供方的费用，即辅助服务提供方的货运业务收入；支付给运输管理与投资部门的费用，即由货主方承担的各种交通建设基金、过路费、过桥费、过闸费等运输附加费用。用公式表示：

$$W = \sum_{i=1}^{3} W_i \tag{3.5}$$

式中　W——运输费用；

　　　W_i——$i = 1$，2，3，分别代表运费、装卸搬运等辅助费、运输附加费。

具体计算时，根据铁路运输、公路运输、水上运输、航空运输和管道运输不同的运输方式及对应的业务核算办法分别计算。

2）保管费用

保管费用是指社会物流活动中，物品从最初的资源供应方向最终消费用户流动的过程中，所发生的除运输费用和管理费用之外的全部费用。其内容包括：物流过程中因流动资金的占用而需承担的利息费用；仓储保管方面的费用；流通中配送、加工、包装、信息及相关服务方面的费用；物流过程中发生的保险费用和物品损耗费用等。其基本计算公式为：

$$S = \sum_{j=1}^{9} S_j \tag{3.6}$$

式中　　S——保管费用；

S_j——$j=1$，2，…，9，分别代表利息费用、仓储费用、保险费用、物品损耗费用、信息及相关服务费用、配送费用、流通加工费用、包装费用、其他保管费用。

3）管理费用

管理费用是指社会物流活动中，物品供需双方的管理部门因组织和管理各项物流活动所发生的费用。主要包括管理人员报酬、办公费用、教育培训、劳动保险、车船使用等各种属于管理费用科目的费用。其计算公式为：

$$M = P \times m \tag{3.7}$$

式中　　M——管理费用；

P——社会物流总额；

m——社会物流平均管理费用率。

社会物流平均管理费用率，是指一定时期内，最初的各供给部门在完成全部物品从供给地流向最终需求地的社会物流活动中，管理费用额占各部门物流总额比例的综合平均数。

2. 企业物流成本

按企业类型的不同，企业物流成本分为生产制造企业物流成本、流通企业物流成本和物流企业物流成本。生产制造企业的主要目的是生产能够满足市场和消费者需要的物品，以此获取利润，生产制造企业的物流成本贯穿于供应、生产、销售、回收这一物流全程；流通企业的经营活动主要是组织物品的购销活动来获取利润，其业务以购、存、销活动为主，不涉及复杂的生产过程，物品实体也较为单一，多为产成品；物流企业，就其服务类型而言，可以分为提供功能性物流服务的物流企业和提供一体化服务的第三方物流企业两种。前者一般只提供一项或者某几项主要的物流服务功能，如仓储服务、运输服务、装卸搬运服务等；而后者提供综合性的物流服务，无论哪种类型的物流企业，其在运营过程中发生的各项费用支出，都不能简单地一概定为物流成本，而应按物流成本的定义及内涵进行分离和计算。

1）企业物流成本构成

尽管不同类型企业在经营目的以及经营领域和范围方面有很大差异，但就物流成本构成的主要内容而言却是大同小异的，尤其是从物流功能角度来谈物流成本的构成内容，不同类型的企业基本是相同的。按照国家标准 GB/T 20523—2006《企业物流成本构成与计算》，企业物流成本构成包括企业物流成本项目构成、企业物流成本范围构成和企业物流成本支付形态构成三种类型。

从企业物流成本项目构成类型来看，企业物流成本包括运输成本、仓储成本、包装成本、装卸搬运成本、流通加工成本、物流信息成本、物流管理成本等物流功能成本和与存货有关的流动资金占用成本、存货风险成本以及存货保险成本；从企业物流成本范围构成类型来看，企业物流成本包括供应物流成本、企业内物流成本、销售物流成本、回收物流成本和废弃物流成本；从企业物流成本支付形态构成类型来看，企业物流成本包括材料费、人工费、维护费、一般经费、特别经费等自营物流成本和委托物流成本，如图 3.8 所示。

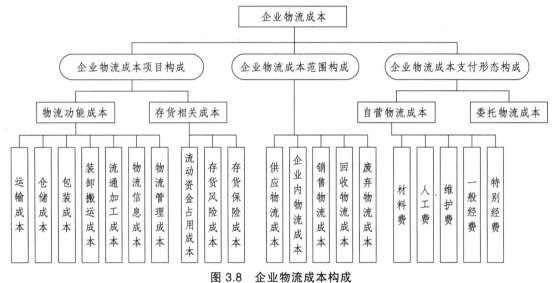

图 3.8　企业物流成本构成

企业物流成本计算出来后，需要通过一种载体披露物流成本信息，这个载体就是企业物流成本表。按披露物流成本信息内容的不同，企业物流成本表可分为企业物流成本主表和企业自营物流成本支付形态表。

2）企业物流成本主表

企业物流成本主表是根据企业物流成本构成，按成本项目、物流范围和成本支付形态三维形式反映企业一定期间各项物流成本信息的报表，如表 3.1 所示。其编制方法如下：

第一，根据会计明细账发生额汇总填列。企业物流成本主表中各项委托物流成本，一般可根据会计明细账发生额汇总填列，例如，对于生产制造和流通企业而言，委托运输成本和委托装卸搬运成本，可根据会计明细账中的"销售费用 —— 运费"、"销售费用 —— 装卸费"分别汇总填列；对于物流企业而言，委托运输成本和委托装卸搬运成本，可根据会计明细账中的"主营业务成本 —— 运费"、"主营业务成本 —— 装卸费"分别汇总填列。

第二，根据会计明细账发生额分析汇总填列。例如，对于生产制造企业来说，可根据会计明细账"制造费用 —— 折旧费"来具体分析其中有哪几项、多少数额是用于包装设备折旧费的，根据会计明细账"制造费用 —— 保险费"来具体分析其中有哪几项、多少数额是用于包装设备保险费的，从而获取和计算包装成本的有关信息，最后将与包装成本有关的信息汇总填列。

表 3.1 企业物流成本主表

企业详细名称：_____　　企业法人代码：_____　　计量单位：元　____年____月

成本项目		代码	范围及支付形态																	
			供应物流成本			企业内物流成本			销售物流成本			回收物流成本			废弃物流成本			物流总成本		
			自营	委托	小计	自营	委托	小计	自营	委托	小计	自营	委托	小计	自营	委托	小计	自营	委托	小计
甲		乙	01	02	03	04	05	06	07	08	09	10	11	12	13	14	15	16	17	18
物流功能成本	运输成本	01																		
	仓储成本	02																		
	包装成本	03																		
	装卸搬运成本	04																		
	流通加工成本	05																		
	物流信息成本	06																		
	物流管理成本	07																		
	合　计	08																		
存货相关成本	流动资金占用成本	09																		
	存货风险成本	10																		
	存货保险成本	11																		
	合　计	12																		
其他成本		13																		
物流总成本		14																		

单位负责人_____　　　　填表人_____　　　　填表日期____年____月____日

第三，根据会计明细账发生额分析计算汇总填列。企业物流成本主表中的多数项目都属于间接物流成本，其填列都需根据会计明细账的有关资料进行分析，并采用一定的标准和方法进行分摊和计算，最后汇总为与某一成本项目有关的所有细目后加以填列。例如，在填列仓储成本时，首先要看企业仓储成本包括哪些内容，假设经查企业会计明细资料，得知企业仓储成本主要包括人工费和维护费两部分内容，这时需要分别计算人工费和维护费的数额，经查"销售费用——工资"明细账，发现这部分工资费用支出既包括仓库管理人员也包括仓库运作人员的工资，这时需要进一步分析和计算仓库运作人员的工资以确定仓储成本中人工费的支出数额；经查"销售费用——折旧费"明细账，发现这部分内容既包括仓库也包括营业用房的折旧费支出，这时需要进一步分析计算仓库的折旧费，以确定仓储成本中维护费的支出数额。然后再将仓储成本——人工费、仓储成本——维护费两部分内容相加，才能得到仓储成本的有关信息。

3）企业自营物流成本支付形态表

企业自营物流成本支付形态表是按成本项目和自营物流成本支付形态两维形式反映企业一定期间自营物流成本信息的报表，如表 3.2 所示。其编制方法如下：

首先，根据会计明细账发生额分析汇总填列。例如，计算仓储成本 —— 人工费时，需要对"销售费用 —— 工资"明细账进行分析，分析在销售费用列支的工资额中，有多少数额或多大比例是仓储作业人员的工资支出。同时，还需要进一步搜集和分析仓储成本 —— 人工费有关的其他信息，例如为仓储作业人员支付的奖金、福利费、保险费、住房公积金支出等，最后将与仓储成本 —— 人工费有关的信息汇总填列。

其次，根据会计明细账发生额分析计算汇总填列。例如，在"销售费用 —— 办公费"明细账中含有物流作业现场管理人员的办公费支出，由于办公费的列支没有按人员明细记账，通过查询明细数据无法直接获得物流管理人员的办公费支出，这时需要计算物流管理人员在全部人员中所占的人数比例，从而计算出物流管理人员所耗用的办公费支出，获取物流管理成本 —— 一般经费的内容较多，因此，在填列该项内容之前，需要将属于物流管理成本 —— 一般经费的内容进行汇总。

表 3.2　企业自营物流成本支付形态表

企业详细名称：_____　　企业法人代码：_____　　计量单位：元　____年____月

成本项目		代码	内部支付形态					
			自营	委托	小计	自营	委托	小计
甲		乙	1	2	3	4	5	6
物流功能成本	运输成本	01						
	仓储成本	02						
	包装成本	03						
	装卸搬运成本	04						
	流通加工成本	05						
	物流信息成本	06						
	物流管理成本	07						
	合　计	08						
存货相关成本	流动资金占用成本	09						
	存货风险成本	10						
	存货保险成本	11						
	合　计	12						
其他成本		13						
物流总成本		14						

单位负责人_____　　填表人_____　　填表日期____年____月____日

总之，企业自营物流成本支付形态表的填列大多是要对有关的会计成本费用明细账进行分析计算，与企业物流成本主表的填列相同，也要获取成本费用类明细账数据，设物流成本四级辅助账户，分析、计算、汇总和填写表格。

3. 物流项目成本

物流项目成本是指物流建设项目的建筑工程费、设备与工器具费、安装工程费、工程建设其他费的总和。物流项目成本的估算是规划设计中的一项重要工作，应按照项目建设管理部门、行业主管部门及相关部门制定的办法、标准、定额等进行科学计算。

一般讲，建筑工程费是指为建设永久性和大型临时性建筑物和构筑物所需的费用，可采用单位建筑工程投资估算法、单位实物工程量投资估算法、概算指标投资估算法等来计算。

设备与工器具费包括设备的购置费、工器具购置费、现场自制非标准设备费、生产用家具购置费和相应的运杂费。设备类应根据项目主要设备表、价格、费用等，分国内设备、国外设备统计，而工器具类可按台设备费的比例计取。

安装工程费包括需要安装的各种机电设备的装配、安装工程、与设备相连的工作台、梯子及其装设工程，附属于被安装设备的管线及其敷设工程，被安装设备的绝缘、保温、防腐工程费等，以及单位试运转和联动无负荷运转的费用。

工程建设其他费包括土地使用费、建设单位管理费、勘察设计费、监理费、建设期贷款利息、保险费、涨价预备费、培训费等。

【案例 3.1】 贵州省遵义汇兴物流园区的项目成本估算

贵州省遵义汇兴物流园区总投资 38 595.73 万元（含流动资金），建设投资 33 503.64 万元。其中，固定资产费用 29 653.87 万元，占建设投资的 88.51%；无形资产费用 2 212.89 万元，占建设投资的 6.60%；递延资产费用 503.91 万元，占建设投资的 1.50%；预备费 1 132.97 万元，占建设投资的 3.38%。建设期贷款利息 1 592.09 万元；流动资金 3 500 万元。项目投资成本包括土建工程费、设备购置费、安装工程、其他工程费、预备费、建设期贷款利息。

1. 土建工程

采用估算指标法测算。估算指标依据《贵州省建筑工程计价定额》（2004）、贵州省装饰装修工程计价定额（2004）、《贵州省市政工程计价定额》（2004），并根据本工程结构及装饰情况和同类工程造价，进行测算。

2. 设备购置

根据设备目前报价，加运输、包装和保险费测算。

设备购置费用主要包括物流信息系统费用、存储设备费用、搬运设备费用等。项目中只给出一定的估价，最终选择购买由企业决定。

3. 安装工程

依据《全国统一安装工程预算定额》及《贵州省常用定额项目及基价》，并参照同类工程造价，测算出估算指标进行测算。

4. 其他工程费用

该项目土地系公司所有，不需另外征地，故其他工程费用主要指自来水接管费 60 万元。勘察设计费按工程费用的 2.5%，工程施工监理费按工程费用 1.039%，筹建费按工程费用的 1.5%计。培训费人均 3 000 元。

5. 预备费

基本预备费按固定资产费用、无形资产和递延资产的 3.5%计，不计涨价预备费。

6. 建设期贷款利息

贷款资金年利率按 5.94%计（贷款期 5 年以上）。

总投资估算表，如表 3.3 所示。

表3.3 贵州省遵义汇兴物流园区总投资估算明细表

序号	工程和费用名称	估算值（万元）				合 计
		土建工程	设备购置	安装工程	其他费用	人民币（万元）
一	建设投资					33 503.64
（一）	固定资产费用					29 653.87
1	工程费用	26 341	3 253			29 593.87
1.1	煤炭装卸作业区					
1.1.1	流通加工区					314.91
1.1.2	堆场					200.10
1.1.3	交易区					252.13
1.2	集装箱作业区					
1.2.1	集装箱处理区					188.09
1.2.2	仓储配送区					487.44
1.2.3	流通加工区					142.69
1.3	农产品及城市配送服务区					
1.3.1	流通加工区					1 359.24
1.3.2	仓储配送区					413.55
1.3.3	冷库					456.23
1.3.4	交易区					1 200.60
1.4	建材交易与配送区					
1.4.1	交易区					1 332.67
1.4.2	流通加工区					558.28
1.5	综合配套服务区					
1.5.1	综合服务区					796.30
1.5.2	公共停车场					1 328.66
1.5.3	职工宿舍区					5 117.56
1.6	管理办公区					
1.6.1	商务区					4 415.81
1.6.2	办公区					2 536.01
1.7	保税仓库区					2 032.47
1.8	铁路专用线建设					43.07
1.9	设备购置					3 253.00
1.10	绿化用地					3 165.07
2	固定资产其他费用					60.00
2.1	征地费用					0.00
2.2	自来水接管费		60			60.00
（二）	无形资产费用					2 212.89
1	勘察设计费				740	739.85
2	工程监理费				307	307.48
3	工程报建费					1 165.56
（三）	递延资产费用					503.91
1	筹建费				444	443.91
2	培训费				60	60.00
（四）	预备费					1 132.97
二	建设期借款利息					1 724.05
三	流动资金					3 500.00
四	项目总投资					38 727.68

【案例3.2】 A企业和B企业的相关资料

A企业、B企业物流成本信息表如表3.4所示。

表3.4 A企业、B企业物流成本信息表（单位：万元）

成本项目		A企业2005年度	A企业2004年度	B企业2005年度
物流功能成本	运输成本	20	18	16
	仓储成本	10	11	12
	包装成本	6	6	7
	装卸搬运成本	11	9	12
	流通加工成本	8	7	8
	物流信息成本	9	8	11
	物流管理成本	12	10	10
	合 计	76	69	76
存货相关成本	流动资金占用成本	6	7	5
	存货风险成本	2	3	2
	存货保险成本	11	13	9
	合 计	11	13	9
其他成本				
物流总成本		87	82	85

根据上述数据，可以编制A企业2004年度、2005年度及B企业2005年度物流成本项目结构总体分析表，如表3.5所示。

表3.5 A企业、B企业物流成本比较表（单位：%）

成本项目	A企业2005年度比重	A企业2004年度比重	B企业2005年度比重
物流功能成本	87.36	84.15	89.41
存货相关成本	12.64	15.85	10.59
物流总成本	100	100	100

根据表3.5的资料，可进行物流成本项目结构分析：

（1）A企业2005年度物流成本的总体是物流功能成本占87.36%、存货相关成本占12.64%。从表层看，物流功能成本在物流总成本中占有相当大的比重，是今后降低和控制物流成本的主要取向，但存货相关成本是否有下降潜力，仍需做进一步的细化分析后才能确定。

（2）与2004年度相比，A企业2005年物流功能成本和存货相关成本在物流总成本中所占的比重差异不大，物流功能成本比重上升了3.21个百分点，存货相关成本比重下降了3.21个百分点。

（3）2005年A企业与B企业相比，物流功能成本和存货相关成本在物流总成本中所占的比重差异也不大，物流功能成本比重比B企业少了2.05个百分点，存货相关成本比重比B企业多了2.05个百分点，与B企业相比，A企业存货相关成本比重上升，初步分析可知A企业期末存货余额加大，导致流动资金占用成本上升。

二、物流效益分析

1. 宏观效益

从宏观上讲，物流效益主要包括空间效益、时间效益和规模效益。

1）空间效益

空间效益是在物品的流动过程中由于物品的空间转换所产生的效益。从供给方的角度来看，空间效益就是物品实现空间转换前后给供方带来的收益的差额，如产品在外地的销售价格高于本地所带来的额外收益，外地的原材料价格低于本地所带来的额外收益等。从需求方的角度来看，空间效益则是由于物品的空间转换所带来的效用满足或消费者剩余的增加。这里，效用满足是指由于物品的移动使得当地没有的但又是消费者需求的产品流到当地，产生了相应的效用，体现了从无到有的过程，如粮食运输满足了非粮食区居民的日常生活需要，或者是基于特殊需要或紧急需要而通过物流体系使部分产品流入某地所产生的效用，如国防、战备品的流动、救灾物资的流动等。消费者剩余的增加源于经济资源的比较优势所产生的、区域之间的替代品或同质产品的价格差，如消费者以比本地商品低的价格购买到了外地生产的同质产品，消费者剩余增加。

物流的空间效益是物品实现空间转换前后带来的收益的差额，它直接源于实现物品的空间转换所产生的相关收益大于所发生的相关成本费用的部分。因此，度量空间效益的关键就是对实现物品的空间转换所产生的相关收益和所发生的相关成本费用的考察，两者的差额就是空间效益。

与空间效益相关的收益可以从两个方面加以考察，即收益的显性部分与隐性部分。显性部分是物品在异地实现的销售收入，这部分主要受物品的价值含量、市场的空间位置及相关市场环境等因素的影响。收益的隐性部分是指因产品空间转换而带来的不容易直接计量的那部分收益。例如借助物流服务体系使供给方的销售渠道得到拓展，营销网络进一步完善，市场范围不断扩大，能够在更大的市场空间内搜寻获利机会或者合作伙伴，等等。虽然这部分收益不容易计量，因为它可能是诸多因素共同作用的结果，很难将产品空间转换的因素单独剥离开来，但是这部分收益显然又是对供给方十分有诱惑力，物流企业应该给予足够的关注。

2）时间效益

从形式上看，时间效益就是把握物的流动时机形成的效益。从构成实质上看，时间效益的内涵主要包括资金使用效率的提高和更好地把握商机形成的增量效益。综合考虑，时间效益的内涵可理解为与物流时间相关收入的增加、资源占用及资源消耗成本的减少。需要强调的是效益特征，而不能单独追求其中某一个单独的变量，如仅仅收入增加或资源消耗的减少等。时间效益形成的最基本特征是通过把握最佳的物流时机实现最佳的整体效益。

物流时间效益的类型主要分为以下几种：

（1）缩短时间创造的效益。

在物流作业中，缩短物流时间，可获得多方面的优势，如减少物流损失、降低物流消耗、增加物的周转、节约资金等。从全社会物流的总体来看，加快物流速度，缩短物流时间，是物流必须遵循的一条经济规律。

在现代生产条件下，市场竞争日趋激烈，各生产商面临着众多的竞争者，各企业技术水平、组织方式的水平在一定时间内大致在同一水平上，因此，要提高资金利润率，对于企业来说绝非易事。但是提高资本周转率却可通过缩短物流时间获得。据英国的一项研究表明，在制造领域，物流时间几乎占到整个产品从生产到消费的95%的时间。这一方面说明在制造领域物流时间的重要性，但另一方面，也同时说明了物流具有巨大的优化空间。通过优化物流时间，可能会给企业带来巨大的效益，从而确定竞争优势。

（2）延长时间差创造效益。

在经济一体化和强调速度、效率的经济社会中，物流遵循"加速物流速度，缩短物流时间"这一规律，以尽量缩小时间间隔来创造效益，尤其是针对物流的总体来讲。但在某些具体物流中也存在人为地能动地延长物流时间来创造效益，这是因为通过延迟物流时间，使得商品能在更好的时点上获得更高的实现价值。这种物流的时间效益对于某些季节性的商品的效益实现十分重要，因为其在不同的时间点上的实现价值可能相差巨大。因而，这种利用时间差来创造时间效益已成为物流服务的又一效益创造手段。

通过延长时间差来创造时间效益现象的存在，是由于产品生产的特征和自然条件、生产方式等的限制，造成生产与消费之间存在时间差所致。这种现象在农产品中最为典型。例如，粮食只能集中一两个月产出，而粮食的消费是全年的每一天，因而需求与供给之间不可避免地存在时间差：这种时间差是由产品生产的技术经济特征所决定，在现有科学技术条件下不可能通过即时生产和配送来消除，或者即使能通过科学技术的发展实现即时生产、配送，但却不经济。因此，只能通过延长时间差来实现产品的效益，即通过物的储备有意识地延长物流时间，以均衡人们的需求，从而成为物流企业创造效益的一种重要的途径。

（3）错位时间效益。

在现代生产中，物流创造时间效益采用的另一种方法则是错位时间效益。

所谓错位时间效益，即本来在某个时间应该进行相应的经济活动，但是人为地通过相关的物流活动，将这一经济活动改变发生时间，以求取得较高的经济效益，这其间的效益增值即为错位时间效益。

错位时间效益的创造是建立在市场调节的基础上，遵循市场"无形的手"的调节规律，利用供需之间的不平衡时机，通过相应的物流活动，努力塑造时间效益。其基本思路就是在市场竞争中采取"人无我有，人有我优"的竞争策略，使得自己的产品在市场上总是处于供不应求的状态，以求取得较好的经济效益。这种思想在一些季节性的农产品中应用得尤为广泛。如蔬菜的"抢早市"，一般来说，早上市的蔬菜就比晚上市的蔬菜更能实现高效益。通过物流活动，人为地争取物流时间差，可以创造这种错位时间效益。此种经济效益仅仅通过相关的物流活动就可以获得较高的效益，是值得探讨的一种时间效益。

错位时间效益创造的另一个例子是配合待机销售的囤积性营销活动的物流活动：其本质也是一种有意识地创造错位时间差、寻找供需不平衡的时机来创造时间效益。比如一些季节性的产品在生产旺季，产品供给量大量增加，而需求是相对固定的，往往使得在生产旺季产品供给大大超过产品需求。在市场规律"无形的手"的调节下，势必将引起价格的下降，使得同样的产品收益大大减少。而假如通过仓储等物流活动做针对性的存储，在生产旺季时购进产品，而在旺季过后售出，这时由于市场上的供给大大减少，而需求仍是相对固定，于是出现供不应求的情况，在市场规律的调节下，产品的价格势必上扬，企业可能因此获得更多的效益。

3）规模效益

规模效益分析，是根据规模效益生成的机理具体分析物流企业通过调整可能生成的效益。物流业是一种规模效益明显的行业，其规模经济源主要是由物流业的专用性和网络特征决定的。

物流业是一种资本密集型的产业，需要投资购建专用性强的设施、设备，一旦投入，就不能将之转做其他用途，从而产生巨额的沉没成本。只有充分使用这些设施设备，才有可能获得应有的效益，这对企业的规模提出了较高的要求。

物流业具有很强的网络经济特性。物流网络包括两个方面，一个是地域上的业务网络，一个是物流环节上的业务网络。地域网络是指营业网点的空间分布；业务网络是物流企业的功能网络，是指一个物流企业要具备满足客户需求的各种业务功能，如储运、增值服务、海运、空运等各个环节的报关代理、采购代理、金融保险、售后服务等。随着企业经营网点的扩大，网络的可能通道呈大幅增长。

凭借完善的物流网络开展共同配送，通过物流环节紧密联成一个有机整体加以运营管理，消除分散库存造成的各种浪费，实行集中库存、协同配送等大生产形式，取代户户储运、层层设库的"大而全、小而全"等分散低效运行的物流局面，可以实现与社会化大生产相适应的物流网络化，实现物流企业的低成本运营和规模效益。从经济分析上看，当有一个足够大的物流网络时，随着业务量的增加，边际成本迅速下降，促使边际利润快速上升。

2. 微观效益

从微观上讲，物流效益就是规划建设的物流项目的收益。一般包括经济效益和社会效益。

1）经济效益

物流规划方案带来的经济效益一般可分为直接经济效益和间接的社会经济效益，直接经济效益指物流规划方案产出物产生并在规划方案范围内计算的经济效益，间接的社会经济效益是指物流规划方案对社会作出了贡献，而规划中的项目本身并没有得到的那部分效益。

物流项目的直接经济效益主要有：

（1）出售性收益，包括仓库、堆场出售，交易摊位出售，办公场所出售等收益。

（2）经营性收益，包括仓储管理、配送、装卸搬运、信息服务、流通加工、集装箱管理等物流业务，停车服务、物业服务、商务服务（餐饮、住宿、会务、金融等）、会展服务等公共服务及配套服务的收益。

（3）租赁型收益，包括仓库租赁、堆场租赁，交易摊位租赁，办公场所租赁等收益。

2）社会效益

物流项目建设的社会效益主要有：

（1）增加就业，是指通过物流项目的建设带来的工程建设人员、项目管理人员、内部单个项目的运营管理人员、物业管理人员等，衡量单位为人数。

（2）节约时间，是指通过物流项目的建设，实现运输、仓储、装卸搬运等各作业环节的时间节约，可以通过单位小时带来的 GDP 成本的节约量来衡量，衡量单位为 $\sum T_n \times GDP$ 元/h。

（3）节约里程，是指通过物流项目的建设，合理安排运输路径带来的公里数节约，可以通过公里数减少实现的燃油节约带来的排放量节约来衡量。单位燃油排放量的计算公式为：

$$SO_2 排放量的估算 = 2 \times 耗油量（t）\times 燃油中的含硫分（\%）\times（1 - 脱硫效率\%）$$

其中耗油量以 1 t 为基准，油中的含硫分为 2%，1 t 油的 SO_2 产生量=2×1×2%=0.04 t。

$$NO_x 排放量（t）=1.63×耗油量（t）×（燃油中氮的含量\%×$$
$$燃油中氮的 NO_x 转化率\% + 0.000\ 938）$$

（4）减少库存，是指通过物流项目的建设实现科学的库存管理，加快库存周转，减少库存占用带来的和减少流通资金占有带来的节约。存货流动资金占用率＝存货/流动资金×100%，存货流动资金占用率的降低，最直接的收益就是利息的收益，间接的收益是资金用以其他投资带来的收益，衡量单位为收益率（%）或元。

（5）提高物流服务吸引投资，是指通过物流项目的建设，改善当地物流基础设施条件带来的投资吸引量。

第三节　供应链一体化原理

在现代物流规划中，如何提供与现代制造模式和市场模式相协调的物流服务体系以满足来自制造、消费领域中的物流需求，是一个十分重要的问题，是物流规划的基本指导思想之一。供应链一体化是物流系统规划的客观环境，同时供应链一体化管理理念也是物流系统规划的指导思想。

一、供应链一体化与物流

1. 供应链的运作特征

供应链有两种不同的运作特征，一种称为推动式（Push），一种称为拉动式或牵引式（Pull），如图 3.9 所示。

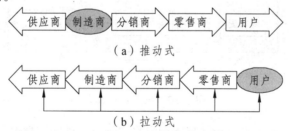

图 3.9　两种不同性质的供应链

推动式的供应链运作方式以制造商为核心，产品生产出来后从分销商逐级推向用户。分销商和零售商处于被动接受的地位，各个企业之间的集成度较低，通常采取提高安全库存量的办法应付需求的变动，因此整个供应链上的库存量较高，对需求变动的响应能力较差。

拉动式供应链的驱动力产生于最终用户，整个供应链的集成度较高，信息交换迅速，可以根据用户的需求实现定制化服务，反应快速。采取这种运作方式的供应链系统库存量较低。

2. 供应链一体化的运行基础

供应链一体化的运行基础，首先是建立在对信息技术的有效利用上。例如，供应链上的上、下游企业之间是否能够顺利地实现对接，是否能够结成战略联盟，是否能够实现市场目标，一个很重要的因素就是信息是否能够顺畅地流通和共享。

其次是供应链伙伴关系的构建。供应链中的本企业与上下游相关企业所建立的以信任、合作、双赢为基础的关系就是供应链合作伙伴关系[2]。通俗而言，供应链合作伙伴关系主要是供货商与制造商、制造商与制造商，制造商与销售商之间，在一定时间内共享信息、共担风险、共同获利的战略联盟。

再者是顾客关系管理。顾客价值驱动供应链的改变和改善，而顾客价值是顾客关系管理的核心问题。一方面，通过完善顾客服务，提高顾客价值来提高核心竞争力是企业的内在追求，另一方面，顾客需求和市场竞争的压力也迫使企业不遗余力地去争取顾客，维持顾客，提高顾客价值。要做到这些，供应链必须能够适应顾客关系的变化而调整。同时，供应链的高效运行又促进了企业与顾客关系的改善和加强。

最后是物流模式的专业化和现代化。物流与供应链中企业内部的业务流程优化与重组，合作伙伴的资源共享与服务，客户服务有十分密切的关系，必须由具有现代物流技术、现代物流服务理念的专业化物流企业做支撑。

3. 供应链中物流活动的范围

供应链一体化管理是物流管理模式的高级阶段，其基本思想是企业通过企业间的物流服务的协同与合作，达到提高物流效率、降低物流成本的目的。这既是现代制造供应中供应链管理理念的应用，也是物流管理的一个目的之一。供应链一体化下的物流是全程物流，从企业采购、物料控制和实物配送，延伸到包括顾客和供货商在内的供应链联盟内的物流活动，也就是采购物流、生产物流、销售物流的一体化，即实现整个供应链的一体化，如图 3.10 所示。

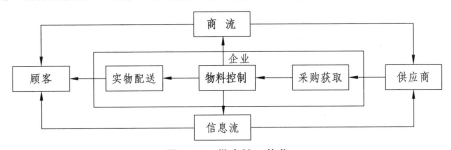

图 3.10　供应链一体化

集中优势专注于核心业务，对非核心业务采取剥离、外购、外包是供应链一体化思想的精髓。在供应链一体化模式产生之前，主导企业管理的模式是"纵向一体化"，它的结果是导致众多企业"麻雀虽小，五脏俱全"。随着经济的全球化和市场一体化的发展，越来越激烈的市场竞争导致企业采取"横向一体化"的模式。这种模式是指企业内部管理或企业之间的协同采用强化核心竞争力、非核心竞争力外包外购，从而在生产与服务领域形成专业化的、特色化的各种功能层或企业。例如，福特汽车公司的 Festiva 车就是在美国设计，在日本生产发动机，在韩国制造零件并进行装配，最后再在美国及全球市场销售。公司把零部件生产和整车装配都放在了企业外部，目的是利用其他企业的资源促使产品快速形成，避免自己投资带来的基建周期长的问题，赢得产品在低成本、高质量、早上市等多方面的竞争优势。

因此，基于核心竞争力的管理也是供应链一体化的本质，只有当核心企业拥有独特优势，并且将其目标统一为以自身优势来培育供应链整体的核心竞争力、以供应链整体竞争力加强各自企业的核心竞争力时，利益共同体才能形成，供应链管理才能实现。

二、供应链一体化下的现代管理技术与方法

一般地说，支持供应链系统运行的现代管理技术与方法是多种多样的。

（1）在顾客服务方面，以 CRM 作为服务的理论或基础，并以此作为拉动力促进企业在供应链管理中的各种资源的协同。在顾客驱动的市场中，不再是产品和服务起作用了，而是与公司交往的整个过程中的顾客感知价值在起作用。

客户关系管理是一种新颖的管理机制，实现这种管理机制的目的是为了改善企业与客户之间的关系。它始终强调以客户为中心，是一种客户驱动的模式，建立完善的客户支持平台、客户交互平台、企业生产平台，最大限度地实现客户交付价值，从中找出有价值的客户，并且不断挖掘客户的潜力，不断拓展企业的市场和利润空间。图 3.11 是企业客户关系管理简图。

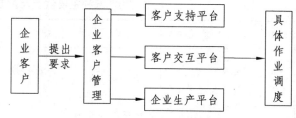

图 3.11　企业客户关系管理简图

（2）在生产制造方面，主要有看板管理、虚拟制造和延迟制造等技术与方法，如表 3.6 所示。

表 3.6　生产制造管理技术与方法简介

技术与方法	原理	特点/过程
看板管理	适时、适量、适度生产	积极动态的系统，拉动式的思想
虚拟制造	制造系统运行过程的计算机化	以软件模拟形式进行产品开发，无需制造实物样机就可以预测产品性能，大提升产品对市场变化的敏捷反应和适应性
延迟制造	将生产过程分为通用化阶段与差异化阶段，将差异化的按订单生产延迟	推动式的大规模通用化生产阶段，拉动式的差异化定制阶段

（3）在库存管理方面，主要有零库存管理、工作流管理库存、连续补充库存、虚拟库存、供应商管理库存、联合库存管理等技术与方法，如表 3.7 所示。

表 3.7　库存管理技术与特点简介

管理技术	原理	特点
零库存	保证恰当的时间、恰当的地点、恰当的物品，以恰当的质量提供给恰当的顾客	建立长期、稳定、高标准的供应商合作伙伴，交货及时，库存接近零
工作流管理库存	以工作流过程管理为对象，实现库存控制与优化	按照工作流程要求，进行库存的作业管理，消除不合理库存
连续补充库存	对销售时点信息和预发货清单信息进行分析，把握销售和零售商的库存，实时快速补充库存	信息处理准确、及时，供应商及客户关系密切，高频度小批量的快速补给
虚拟库存	以计算机网络技术进行库存运作与管理，实现企业间物料资源共享和优化配置	信息网络与技术先进，有效整合外部资源，快速响应市场变化
供应商管理库存	在供应链中，由产品的供应商进行集中库存管理，面向多个顾客，进行优化配送	集中库存管理，共同配送
联合库存	由上游企业和下游企业建立责权利平衡和风险共担的库存管理模式	利益风险共担，信息共享，共同制订库存计划

（4）在合作伙伴关系方面，主要有供货商伙伴关系、生产商伙伴关系以及销售商伙伴关系的建立与管理等。以供货商伙伴关系为例，从合同期的长短、信息共享程度、信任程度、与竞争者的交易数量和文化融合程度几个方面考虑，可以把供货商关系按照合作的密切程度由低到高分为：市场交易关系、共同发展关系、战略合作伙伴关系、战略联盟关系、后向一体化关系。表 3.8 是五种主要供货商关系类型及特点一览表。企业应充分考虑自身实际情况，确定符合本企业利益需要的供货商关系类型。

表 3.8　五种主要供货商关系类型及特点一览表

类型	市场交易关系	共同发展关系	战略合作伙伴关系	战略联盟关系	后向一体化关系
特点	保持距离；明确的技术规范；与竞争者存在大量交易	由中期合同；一定信息共享；与竞争者有某些交易	较长期合同；广泛信息共享；信任程度加深；与合作伙伴有优先交易	长期合同；全面信息和计划共享；广泛信任和文化融合；与竞争者无交易	对供货商有所有权；全面信息和计划共享；共构企业文化

（5）在信息管理方面，有基于 EDI、Internet/Intranet、GPS/GIS、RFID 等技术的信息系统管理等，如：EAM、MRPⅡ、ERP、CRM 等。

三、供应链一体化下的物流模式

供应链一体化思想强调快速反应、战略管理、高柔性、低风险、成本-效益目标等优势，将供应链上、下游企业连成一个资源共享的整体，使供应链上的企业分担的采购、生产、分销和销售的职能协调配合。

在供应链一体化思想影响下，物流的模式发生了深刻变化，体现在：

（1）物流的需求形式发生了变化。一体化要求物流的服务全程化，需求在采购、生产、销售、服务的每个领域均发生。

（2）物流的服务水平要求更高。供应链的无缝连接，要求物流服务的时间性更强、效率更高，物流服务更周到、更人性化。如快速反应物流运作模式、有效客户反应物流运作模式，均有助于提升供应链的整体反应速度，降低供应链的运行成本，提高顾客满意度。

（3）物流的技术装备要求更加现代化、自动化。只有现代化的设施和设备才能提供符合供应链一体化要求的服务，自动化程度高的技术装备才能提供符合供应链上制造与销售的要求。

（4）物流的信息化程度更高。供应链一体化管理必须要有准确及时的信息，因而物流信息的采集、处理、发布、管理等必须在最新信息技术支持下做到实时、准确。

（5）物流的敏捷性更高。作业流程的快速重组能力极大地提高物流系统的敏捷性，通过消除不增加价值的过程和时间，使供应链的物流系统进一步降低成本，为实现供应链的敏捷性、精细运作提供了基础性保障。

四、供应链一体化中物流规划的要点

物流系统规划必须在供应链环境的基础上进行，供应链一体化也是物流系统规划的指导思想之一。因此，在供应链环境下进行物流系统规划与设计，不能独立或局部地进行，而要充分运用供应链一体化管理的思想，采用自上而下和自下而上相结合的方法，系统地去思考和分析问题，应注意以下要点：

（1）物流发展的定位与模式。要充分考虑全球供应链的构建及其在本地区、本企业可能的分工。要尽快使物流链、信息链、价值链结合，有利于构建体现经济特征、适应产业发展的物流模式。

（2）供应链管理的内部业务流程和组织重构。根据供应链的特点优化企业业务运作流程，对供应链上的不同企业、在不同地域的多个部门进行重构，确定出相应的供应链管理组织系统的构成要素及应采取的结构形式。基于业务流程重组[3]的企业组织结构如图 3.12 所示。

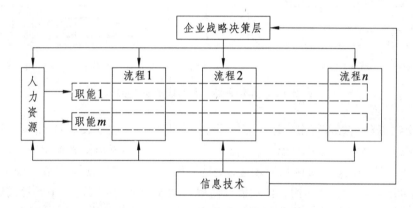

图 3.12　企业业务流程重组的企业组织结构示意图

（3）供应链数据信息的集成。应充分利用 EDI、Internet、GPS/GIS、RFID 等技术手段实现供应链的分布数据库信息集成，集中协调不同企业的关键数据 —— 订货预测、库存状态、缺货情况、生产计划、运输安排等数据，达到共享采购订单的电子接收与发送、多位置库存控制、批量和系列号跟踪、周期盘点等重要信息。

（4）建立适应供应链管理要求的绩效评价系统。供应链绩效评价系统应能够反映供应链整体运营状况以及上、下节点企业之间的运营关系，而不是孤立地评价某一供货商的运营情况。因此，现行的基于职能部门的绩效评价指标不适用于供应链绩效的评价，应建立基于业务流程的绩效评价指标。

第四节　物流动线优化原理

物流动线是在物流活动中，物流作业流程的空间表现形式，只有具备科学合理的组织方案，才能够减少不必要的作业，从而降低物流作业事故的风险，提高物流作业效率。在物流

园区、物流中心或配送中心的内部设计时，应优化物流动线，这对物流作业区域布置是否合理具有重要的指导意义。

一、物流动线

物流动线是物流作业中物品的移动路线的空间表现形式，是物流流线的形式之一。配送中心的物流动线表明了配送中心内部物流的总体走向，是其作业流程的物理表现。根据物流作业的机械化水平、技术水平的高低，以及物流作业中设备、人员的移动，物流动线可分为平面物流动线和立体物流动线。

1. 平面物流动线

基本的平面物流动线类型主要有 I 形（又称直线形）、L 形、T 形、U 形、S 形等，如图 3.13 所示。

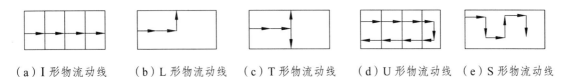

（a）I 形物流动线　　（b）L 形物流动线　　（c）T 形物流动线　　（d）U 形物流动线　（e）S 形物流动线

图 3.13　基本平面物流动线的主要类型

（1）I 形物流动线直入直出，运作流向是呈直线形的，如图 3.13（a）所示，各运作动线平行进行。在 I 形物流动线中，无论是人流还是物流，相互的碰撞交叉点相对来说是最少的，它存在的最大问题是出、入货区相距较远，这就增加了物品的整体运输距离，使得效率降低。这种动线适合出、入货区在两侧，作业流程简单，规模较小，主要进行集装箱或是物品转运业务的配送中心。目前较典型的采用直线形概念设计出来的配送中心有香港国际货运中心、香港机场货运中心，以及深圳盐田港美集物流配送中心等。

（2）L 形物流动线的运作流向呈 L 形，如图 3.13（b）所示，与其他类型相比，在 L 形物流动线中，物品出入配送中心的路线是最短的。它存在的主要问题是除了 L 形流向范围内的物品外，其他功能区的物品的出入效率会相对降低。这种动线适合需处理的物品停留时间短，仓储与转运各半的配送中心。L 形配送中心与 I 形配送中心有些类似，拥有两个独立货区，碰撞交叉点相对较少，适合处理快速流转的物品。深圳嘉里盐田港物流中心就是采用 L 形物流动线的概念设计出来的。

（3）T 形物流动线运作流向呈 T 形，如图 3.13（c）所示，它适合出货区在配送中心的两对侧，因储区特性把订单分割在不同区域拣货后再进行集货作业的配送中心。按照 T 形物流动线布置的要求，应尽可能地多为出货车辆安排一些停车泊位。

（4）U 形物流动线运作流向呈 U 形，如图 3.13（d）所示，出、入货区集中在同侧，交叉点比较多，进出物品容易造成混淆，特别是在繁忙时段及处理类似物品的情况下。另外，由于出、入货区集中在同侧，只需在配送中心其中一侧预留货车停泊位及装卸货车道，可以更有效地利用配送中心外围空间。U 形物流动线特别适合进出货互补的配送中心，应根据物品进出频率大小安排靠近进出口端的储区，缩短拣货、搬运路线。香港亚洲货柜配送中心内的佐川急便、泛亚班拿、捷迅等就是采用 U 形物流动线设计出来的。

（5）S 形物流动线运作流向呈 S 形，如图 3.13（e）所示，在一定面积上，可以安排较长的生产线，通常适用于多排并列的库存货架区内。

实际物流动线常常是上述几种形式组合而成。在配送中心的设计时可以根据作业流程及各作业单位之间物流关系选择动线形式，进而确定建筑物的外形及尺寸。

2. 立体物流动线

基本的立体物流动线形式包括同端出入式、贯通式和旁流式等，如图 3.14 所示。

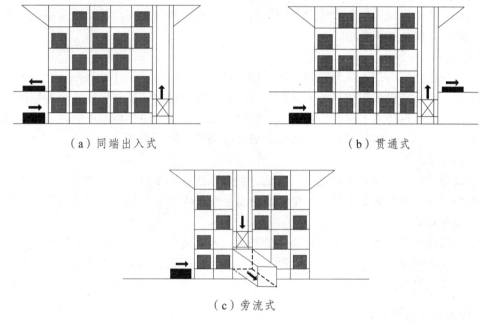

（a）同端出入式　　　　　　　　　（b）贯通式

（c）旁流式

图 3.14　立体物流动线类型

（1）同端出入式即物品的入库区和出库区在同一端（或侧面）的布置形式，如图 3.14（a）所示。这种布置的最大优点是在仓库存货经常比较满时，方便高层物品出库，缩短搬运路程，提高整体物品出库效率。

（2）贯通式即物品从配送中心的一端入库，从另外一端出库，如图 3.14（b）所示。这种方式总体布置比较简单，便于管理操作和维护保养。但是，对于每一个物品单元来说，要完成出、入库的全过程，作业的路线要贯穿整个配送中心。

（3）旁流式即物品从配送中心的一端入库，从侧面出库，如图 3.14（c）所示。这种方式中配送中心内部主要通道与侧门相通，便于组织多个方向的搬运，提高了搬运效率，方便了不同方向的出入库作业。

二、物流动线优化的原则与内容

为实现物流的高效率，动线优化应符合合理性、经济性、安全性、系统性等原则的要求，使配送中心的物流、人流和器材流等不发生阻断、迂回、绕行和相互交叉等现象。

1. 物流动线优化的原则

1）合理性

物流动线优化应该保证各项作业流程是必要的、合理的，简化可能出现的不必要的流程和步骤。动线的优化应能使物料搬运和储存按自然顺序逐步进行，使各区域之间联系方便，物流顺畅，避免内部运输与堆放等作业的迂回、重复、倒流、阻滞的发生。

2）经济性

物流动线优化要满足系统经济性方面的要求，主要是指能够充分利用土地面积和配送中心建筑面积，最大限度地提高空间的使用率及运作效率，能够正确而迅速地出入库，节约设备、人力等成本。保持内部各项作业之间的最经济距离，物料和人员流动距离尽量缩短，以节约物流时间，降低物流费用。

3）安全性

物流动线优化能够使人员与机械设备、运输路径间没有频繁的作业往来与交叉，运输路线保持顺畅，设有专供搬运物料或人员行走的通道；作业过程中能够保证人身和物品安全；能够在发生意外时保障人员迅速安全撤离；能够保证在设备发生任何故障时，可迅速修复或有备用系统代替等；能够保障物品在搬运和储存过程中不发生损坏。

4）系统性

物流动线优化要运用系统的观点和方法，整个系统各个要素之间合理匹配，发挥最大的效能，使配送中心整体效益最优化；能够维持整个配送中心各区域的生产力的均衡，保持一个合理的速度运行。

物流动线优化具有满足系统弹性需要的能力。当系统作业发生变更时，动线能够适应存取空间、设备等的变更和系统作业的变动，便于在必要时设备能适当做重新安排或增加，并留出一定的供人员活动用的空间。

2. 物流动线优化的内容

物流动线主要是进行配送中心内部物流的移动方向和路径的优化，包括形式的选择和各区域之间具体的动线优化。

各种动线形式各有优劣，进行动线优化时应同时考虑配送中心的土地资源及所处理物品的特性，包括其性能、对储存环境是否有特别要求、所需储存量、预计的周转频率等因素。

确定动线形式后，在配送中心设备平面布置的基础上具体布置各个区域之间的物流动线。

三、物流动线分析步骤

配送中心内由进货到发货的物流动线优化应该在配送中心性质、对外道路连接和空间范围大小确定的基础上进行。

首先是根据配送中心的性质与规模、出入货区的位置、对外连接道路等确定进出货区的位置，选择物流动线的基本形式，并对其进行初始化；其次是规划主要通道，并根据中心内确定主要机械设备的方向，计算其占用的面积，来分析各区域间的物流动线；最后是检验物流动线是否满足需求和限制条件，通过科学合理的调整使物流动线最终达到合理、完整、顺畅。

物流动线一般分析步骤如图 3.15 所示。

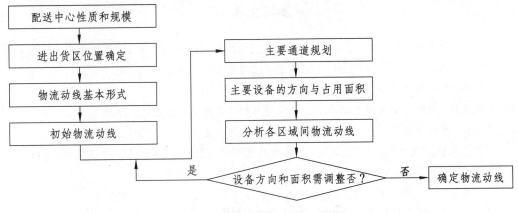

图 3.15　物流动线一般分析步骤

注　释

[1]　低碳经济是指以低能耗、低排放、低污染为基础的经济模式，其实质是提高能源利用效率和创建清洁能源结构，核心是技术创新、制度创新和发展观的转变。

[2]　供应链合作伙伴关系（Supply Chain Partnership，简称 SCP），在供应链内部两个或两个以上独立的成员之间形成的一种协调关系，以保证实现某个特定的目标或效益。

[3]　业务流程重组（Business Process Reengineering，简称 BPR），是 20 世纪 90 年代初兴起于美国的最新管理思想，它的基本思想就是必须彻底改变传统的工作方式，也就是彻底改变传统的自工业革命以来、按照分工原则把一项完整的工作分成不同部分、由各自相对独立的部门依次进行工作的工作方式。

思　考　题

1. 请分析物流供给和物流需求之间的关系。

2. 物流供需平衡模式有几种？请分别介绍其原理和特点。

3. 请分析宏观物流成本的含义与构成？

4. 试介绍一个具体的单体物流项目，分析其微观物流成本的组成。

5. 一般而言，物流项目的效益包括哪些？

6. 供应链一体化的运行基础是什么？

7. 简单介绍供应链一体化下的现代管理技术与方法，并比较连续补充库存、虚拟库存、供应商管理库存、联合库存管理的区别与联系。

8. 在供应链一体化下，物流的运作模式有什么变化？

9. 在供应链一体化下的物流规划要点包括哪些？

10. 什么是物流动线？它的类型有哪些？

11. 物流动线优化原则有哪些?

12. 为什么要进行物流动线优化? 物流动线优化的主要内容包括哪些?

参考文献

[1]　冯耕中,李雪燕,汪应洛,汪寿阳. 企业物流成本计算与评价[M]. 北京:机械工业出版社,2007.

[2]　骆温平. 物流与供应链管理[M]. 北京:电子工业出版社,2002.

[3]　王之泰. 现代物流管理[M]. 北京:中国工人出版社,2001.

[4]　王斌义等. 现代物流实务[M]. 北京:北京对外经济贸易大学出版社,2003.

[5]　方仲民. 物流系统规划与设计[M]. 北京:北京机械工业出版社,2003.

[6]　张锦,王蓉,迟永林,傅彦. 城市物流系统的规划方法及其应用研究[J]. 西部物流,2003(1).

[7]　刘舒燕. 交通运输系统工程[M]. 北京:人民交通出版社,1998.

[8]　马士华,林勇,陈志祥. 供应链管理[M]. 北京:机械工业出版社,2002.

[9]　徐章一. 基于供应链一体化的物流敏捷化实现机制研究[D]. 武汉:华中科技大学,2004.

[10]　葛存山. 供应链管理环境下物流管理的一体化[D]. 北京:首都经济贸易大学,2003.

[11]　王浣尘. 交通发展与旋进原则[J]. 交通运输系统工程与信息,2002(2).

[12]　王丰元,陈荫三,宋年秀. 交通需求管理及其在中国的应用[J]. 交通运输工程学报,2002(2).

[13]　庞大连. 广西中小企业电子商务及其成本效益分析[J]. 中国管理信息化,2006(11).

[14]　唐纳德 J·鲍尔索克斯,戴维 J·克劳斯. 物流管理:供应链过程的一体化[M]. 林国龙等,译. 北京:机械工业出版社,1999.

[15]　张晓川. 物流配送系统规划[M]. 北京:中国水利水电出版社,2007.

[16]　刘昌祺. 物流配送中心设计[M]. 北京:机械工业出版社,2002.

[17]　李安华. 物流系统规划与设计[M]. 四川:四川大学出版社,2006.

[18]　程国全,柴继峰,王转,王华. 物流设施规划与设计[M]. 北京:中国物资出版社,2003.

[19]　王转,张庆华,鲍新中. 物流学[M]. 北京:中国物资出版社,2006.

[20]　和宏明,薄立馨. 投资项目可行性研究工作手册[M]. 北京:中国物价出版社,2002.

[21]　孙勤琴. 物流建设项目风险分析与风险管理[D]. 成都:西南交通大学,2007.

[22]　帅斌. 交通运输经济[M]. 成都:西南交通大学出版社,2006.

第四章 物流需求预测方法与模型

本章从物流需求的特征入手，介绍三种情形下常用的物流需求预测方法与模型。一是地区间的物流需求预测方法与模型，主要分析物流出行需求预测的基本原理与过程、物流需求预测四个阶段的主要模型，为物流发展战略规划及基础设施规划提供支撑；二是制造企业的物流需求预测的方法与模型，主要分析基于制造资源计划的需求分析方法与模型，为制造企业的原材料、半成品、产成品等的独立需求与相关需求的分析与预测提供方法；三是物流企业的需求预测方法与模型。通过学习，了解物流需求的作用与特征，掌握地区间制造企业、物流企业的需求预测原理与过程，主要方法与模型，为物流规划提供科学手段和依据。

第一节 物流需求的特征与需求预测的意义

一、物流需求的特征

物流需求既来源于社会经济活动，又受到物流系统本身的影响，它具有以下显著特性：

1. 派生性

派生性即物的位移和储存及其服务、信息的需要是社会经济活动所产生的。物流需求是社会经济活动，特别是制造与经营活动所派生的一种次生需求。物的流动与储存是社会生产与社会消费的需要，它受生产力、生产资源分布、生产制造过程、消费分布、运输仓储布局等因素的影响。可以说物流是社会经济活动及其发展派生出来的一种经济活动。因而物流的数量、方向、构成、始发点、目的地等是受社会经济活动影响的。

2. 复杂性

复杂性即影响物流需求变化规律的因素是多样、多变的；物流需求既有一定规律性，又有随机性。物流与社会生产、经济生活有着密切的联系，社会劳动生产率的提高、经济发展的增长、收入与消费的增加以及新的政策的实施等都会使物流需求发生变化；人们生活方式、消费习惯的不同，物流基础设施的制约以及供应链企业间的平行、垂直和重叠关系的相互影响又使物流需求在一定趋势变化基础上相对物流供应上下波动。这就导致物流需求变化既有一定规律，又存在随机性特点。

3. 时效性

时效性即物流需求是随时间的移动而变化的，宏观上与微观上的阶段与时间变化都会影响物流的品类、空间分布、对服务的要求、对费用的适应、对时机的要求。宏观上，经济建设与发展的不同阶段对物资需求的数量、品种、规模是不同的。微观上，物流需求的数量和品种往往随季节变化。此外，现代科技更新周期的不断缩短和人们消费观念的日益变化，也提高了物流需求随时间变化的敏感性。

4. 地域性

地域性即物流需求与空间环境有密切的关系，不同的自然环境、社会环境、经济环境决定了不同的物流特征与规律。生产力布局、社会经济水平、资源分布、用地规模使物流需求呈现出地域上和分布形态上的差异。物流需求的空间分布影响物资流动的流量和流向，对物流设施规划有巨大影响。

由于物流需求的这些特性，使物流需求成为有规律可预测的，但也是复杂的、随机的，这既对预测的内容、精度、方法提出了很高的要求，又造成了物流需求预测工作有很大难度。

二、各种情形的物流需求的特点

无论是宏观经济活动还是微观经济活动均有物流需求产生，但它们有不同的特点。

1. 城市及区域的物流需求

城市及区域物流需求的产生与社会经济活动（制造、消费）相关联，其分布受生产力布局、生产资源分布、生产制造模式、消费者分布、运输仓储设施布局等影响，且呈现特定空间形态，同时物流需求与供给相互影响互相制约。

2. 制造企业的物流需求

制造企业的物流需求与生产流程密切相关。在传统的制造业生产流程中，每个环节均保有库存，制造流程周期长，物料需求随机性大，难以控制。融入了电子商务技术、先进制造技术的生产流程，实现了生产的并行化、流程的简单化、需求的实时化，中间环节的库存水平低，制造流程周期短，需求预测较为容易实现，面向订单式的生产流程更是实现了物流需求的实时化。

3. 物流企业的物流需求

物流企业的物流需求与市场需求和企业发展目标相关联。物流市场需求主要由行业（产业）需求量、需求结构、需求种类等体现，企业发展目标决定着企业物流服务对象、物流服务范围、物流服务水平与物流服务规模。

三、物流需求预测的意义

预测是对事物的演化或时间的发生预先做出推测，即从已知事件去推测未知事件的过程。预测有静态和动态之分，有狭义与广义之分。静态是指在同一时期根据已知推测未知，动态是指根据历史已知推测未来事件。狭义预测一般是指动态预测。物流需求预测是根据历史和现状的已知情况去推测未来的发展变化及其规律。这对于物流领域的各种决策是十分重要的，其重要性表现在以下四个方面：

1. 物流需求预测是分析物流业发展变化规律的基础

物流发展成为国民经济的主要的、新兴的产业，是因为社会经济活动中存在着一定规模的物流需求。这种需求的产生与生产力的发展水平、社会专业化分工有密切关系。物流需求的数量、分布及发展变化规律影响着物流产业的发展方向、发展模式和发展规模，影响着与物流业相关的政策、规范、标准的制定与实施，影响着物流相关行业（如交通、运输、通信、信息等）的发展。进行物流需求预测能进一步把握物流现状及发展趋势，有利于制定合理的产业发展政策，有利于对整个社会物流资源进行合理配置和布局，能促进社会的可持续发展、产业结构的合理化，同时也将改善交通状况、提高运输效率。

2. 物流需求预测是制造企业及物流企业经营管理决策的依据

物流企业的市场份额不但受企业处理物流业务能力的影响，更重要的是受市场需求及其变化的影响。物流企业的经营目标、经营模式、发展方向、管理机制、组织结构、成本预算和效益分析等实际上都是由物流需求决定的。进行物流需求预测能为物流企业制订合理发展计划、经营策略和管理模式提供依据，提高物流企业的竞争力和效益。

3. 物流需求预测是物流规划与设计的依据

物流供应系统中的仓储和场站的布局、数量和规模，物流园区的选址、用地规模、功能设置、设施布局以及各发展阶段的目标都需要根据物流需求的规律来考虑物流的流向、流量、流程、分布及其发展。进行物流需求预测可以掌握需求变化发展的规律，从而合理规划和设计物流供给，保证物流需求与供给协调发展，保持物流活动较高的效率与效益。

4. 物流需求预测是物流技术设备配置设计的依据

物流需求预测能够确定物品类型、所占比例等，这些对设施的技术水平、设备数量的确定与设备的配置紧密相关。科学合理的需求预测能够充分发挥设施的利用率，减少资源浪费，降低运营成本，为设施的采购与选用提供科学的支撑。

第二节　地区间的物流量预测方法

地区间的物流量预测是揭示城市或区域内各个地区之间物流大小、方向、品类及使用方式的基本方法。借鉴美国、日本等国家的成功经验，借助于地区间客流或交通流预测的思想，在城市或区域的物流量预测中，可采用物流起讫点（Logistics Origination Destination，简称L-OD）预测的方法。

一、物流需求的基本概念

1. 物流纯流动与 L-OD

物流纯流动是单位物品从始发地（Origination，简称 O 点）到达目的地（Destination，简称 D 点）的流动过程，也可以简称 L-OD。L-OD 不同于运输量，如从生产地 A 经 B 站到 C 站最后到达消费地 D 的 10 t 货物，途中使用了汽车运输（AB：20 km；CD：10 km）和铁路运输（BC：200 km）。从运输上看，总流量为 30 t；从货运周转量上看为 2 300 t·km；从纯流动上看，仍为 10 t。纯流动统计形态示意图如图 4.1 所示。

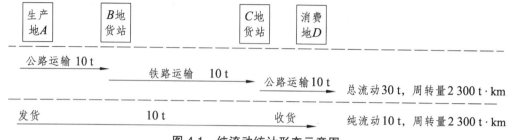

图 4.1　纯流动统计形态示意图

2. 物流期望线与 L-OD 表

物流期望线是指物流各个区域间连线，它反映了发生的物流量及到达的目的地的愿望，通常线条的宽度代表物流区之间的物流交换量的大小。图 4.2 为各区之间的物流分布图，图中实线代表物流的期望线，实线的宽度代表起点物流区 i 与讫点物流区 j 间的物流交换量 l_{ij}，如表 4.1 所示，表中：

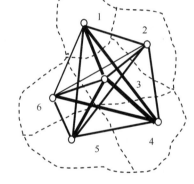

$$P_i = \sum_{j=1}^{n} l_{ij} \ (i = 1, 2, 3, \cdots, n) \qquad (4.1)$$

$$A_j = \sum_{i=1}^{n} l_{ij} \ (j = 1, 2, 3, \cdots, n) \qquad (4.2)$$

$$L = \sum_{i=1}^{n} P_i = \sum_{j=1}^{n} A_j = \sum_{i=1}^{n} \sum_{j=1}^{n} l_{ij} \ (i, j = 1, 2, 3, \cdots, n) \qquad (4.3)$$

式中　P_i——i 区的发生量；

　　　A_j——j 区的吸引量；

　　　i、j——任意正整数，$i, j = 1, 2, \cdots, n$。

图 4.2　各区之间的物流分布图

表 4.1　L-OD 表

i＼j	1	2	3	…	n	$\sum$
1	l_{11}	l_{12}	l_{13}	…	l_{1n}	P_1
2	l_{21}	l_{22}	l_{23}	…	l_{2n}	P_2
3	l_{31}	l_{32}	l_{33}	…	l_{3n}	P_3
⋮	⋮	⋮	⋮	⋮	⋮	⋮
n	l_{n1}	l_{n2}	l_{n3}	…	l_{nn}	P_n
$\sum$	A_1	A_2	A_3	…	A_n	L

【案例 4.1】　四川省攀枝花市 2020 年分布期望线

图 4.3 为四川省攀枝花市 2020 年分布期望线图，反映了物流区发生的物流量到达的目的地，它的宽度代表了物流区间的物流交换量的大小，其对应的 L-OD 表如案例 4.5 中的表 4.10 所示。

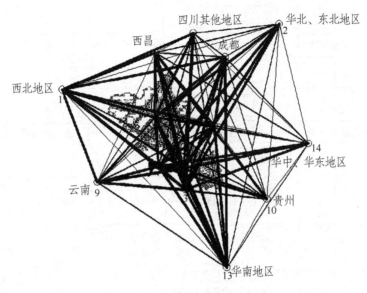

图 4.3　四川省攀枝花市 2020 年物流分布期望线图

二、基于 L-OD 的物流需求预测基本原理与过程

由于地区经济增长和社会发展，导致物流需求的增长，而物流的增长则会影响经济的进一步增长和社会的发展。物流流动需求预测也称基于 L-OD 的物流需求预测，是包含各类预测方法和模型在内的一种以物流分区为对象的集聚分析，通常包括物流生成预测、物流分布预测、物流链选择、物流网络分配四个阶段。物流生成预测，是预测物流发生量与吸引量；物流分布预测，是预测物流各个区域之间的物流交换量；物流链选择，是对物流活动各中间环节所基于的流动方式、流动路线的选择和组合；物流网络分配，是将由不同物流链所支撑的各种物流量分配到物流网络上。通过"物流生成、物流分布、物流链选择、物流网络分配"四个阶段，将未来各区的物流发生总量，分配到物流网络上，以此来获得各物流线路和物流节点的流量，为物流项目的规划和物流流向的实时调整提供依据。

基于 L-OD 的物流需求预测方法，一般要通过对目前各地区社会经济、物流设施与物流状况进行调查，按照地区经济的增长趋势及目标，利用预测方法推导出未来各区的物流发生量和吸引量，即表 4.1 中各区的物流发生量 P_i 和物流吸引量 A_j，再进行区与区之间物流空间交换量 l_{ij} 的预测，接着进行物流链的选择，最后将所有的物流量分配到物流网络的各线路和节点上。基于 L-OD 的物流需求预测的基本原理如图 4.4 所示。

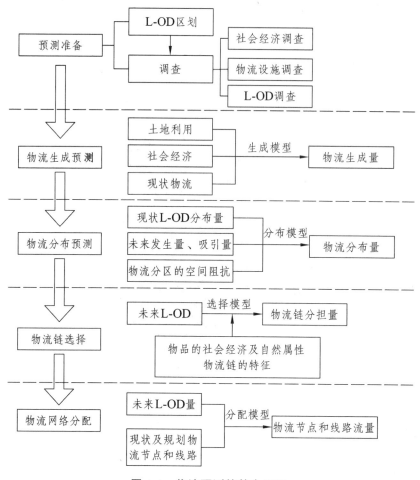

图 4.4　物流预测的基本原理

三、物流分区划分及物流调查

1. 物流区划及物流分区原则

所谓物流区划是指将物流项目所在地区及其影响区域细分为小的区域的工作过程,其目的是为了更准确地确定物流发出地(O 点)与目的地(D 点)的位置。物流分区的原则如下:

(1)尽量按照行政区划进行划分,以利于调查资料的收集,如按邮编、街道办、村镇等划分。

(2)在必要时也可将人工边界(铁路线、隧道等)、自然边界(河流、山脉等)作为小区的边界。

(3)分区数量要与规划预测工作相协调,合理安排工作量。

(4)每个区域的用地性质尽可能保持一致。

(5)以调查区为研究重点,结合调查点的分布情况将物流分区细化,可分为直接与间接影响区,一般间接影响区的划分可粗一些,尽量按方向合并成大一些的区域。

【**案例 4.2**】 四川省攀枝花市物流分区划分

根据物流分区原则及四川省攀枝花市特点和物流调查的需要，将攀枝花市划分为 14 个物流区，分区情况如表 4.2 所示。

表 4.2 调查物流区的划分

序号	地域范围	区、市、县
1	攀枝花市	东 区
2		西 区
3		仁和区
4		米易县
5		盐边县
6	直接影响区	成都市
7		西昌市
8		四川其他地区
9		云南省
10		贵州省
11	间接影响区	西北地区
12		华北及东北地区
13		华南（广东、福建、广西、湖南）
14		华 东

2. 物流需求预测的调查

（1）物流需求预测所需基础资料。物流需求预测的主要目的是为制订满足物流需求的物流供应方案提供定量依据。在物流规划调查中首先必须全面掌握自然环境、社会经济环境、城市总体规划或区域规划、城市用地布局或土地规划、物流基础设施状况与情况，并对与物流需求密切相关的商贸网点、制造企业、连锁流通业以及物流相关企业的流量、流向、载体、流程等进行全面调查与分析。常见的物流需求预测所需的基础资料通常包括以下五大类：

第一类：自然环境资料。包括所在地区的地理位置、地理环境、地形地貌、工程地质、水文地质、自然生态、矿产资源、土壤资源、风象、气温、降雨、日照、旅游资源 13 项。第 1~8 项可从国土部门获得，第 9~12 项可从气象部门获得，第 13 项可由旅游部门活动提供。

第二类：社会经济资料。分社会资料与经济资料两个方面。经济资料的调查主要涉及整体经济状况及一、二、三产业经济状况的调查。整体经济状况调查包括城市经济总量及其增长变化情况、城市整体的产业结构、三次产业的比例、工农业总产值及各自的比重以及就当地资源状况而言的优势产业与未来发展状况。一、二、三产业经济状况的调查包括：第一产业，主要是农业的经济状况及主要农产品的地区优势等；第二产业，主要是工业的经济状况及产业的构成以及主导产业、主要工业产品的地区优势等；第三产业，如商业、金融业、房地产业等的经济状况。社会资料的调查主要内容包括规划城市的总人口、城区的总人口，人口的历年变化情况，城镇人口总数，年龄及性别构成、文化构成、行业构成，人口和流动人口数量以及镇域范围内各行政村、总人口、耕地面积、生产总值等。经济调查所需的资料可以从统计部门、发改委、商务部门、规划建设部门获得。社会调查所需资料可以从统计部门、国土部门获取。

第三类：城市总体规划或区域规划资料。主要包括城市城镇体系现状及规划、基础设施规划、现状及用地综合评价、远景轮廓规划、用地布局规划、风貌及园林绿地规划、道路规划、交通规划、给水燃气规划、排水规划、电力电信规划、防灾及环保环卫规划、规划区综合发展规划、近期建设规划等。获得单位为规划建设部门。

第四类：土地利用规划也称土地规划，是指在一定地域范围内，根据国家社会经济可持续发展的要求和自然经济条件，对土地资源开发、利用、整治、保护所做的总体部署和安排。目前，我国已形成国家级、省级、市（地）级、县（区）级和乡（镇）五个层次较为完整的体系。主要内容包括土地利用宏观研究（社会经济发展计划、土地利用现状调查、土地利用战略研究），土地质量评价（土地适宜性评价、土地生产力潜力评价、土地人口承载力研究），土地利用现状分析和评价，土地需求量预测，土地利用结构，供选规划方案的拟订与方案优化，土地利用布局（土地利用分区模式、土地利用类型模式），用地配置。获取单位为国土资源部门。

第五类：物流基础设施状况与物流相关企业的现状及未来发展情况。对物流基础设施状况的调查主要包括公路、铁路、航空、水运、仓储、公共信息平台、邮电设施。与物流需求密切相关的调查主要包括商贸网点、连锁流通业、制造企业以及物流相关企业的流量、流向、载体、流程等。物流基础设施状况的获得单位可以是交通部门、铁路部门、航空管理部门、水运管理部门、交通部门、信息化办公室、邮政部门等。物流需求密切相关资料可由工商部门、商务部门、发改委获取。

【案例 4.3】　四川省泸州市物流规划资料清单

为了充分了解四川省泸州市物流发展现状，分析物流需求特征，预测物流需求发展变化规律，泸州市物流规划课题组按照工作计划即日开展物流调研工作，调研收集的资料清单如下：

一、交通部门

1. 城市交通综合规划（包括对外公路、铁路、水运、航空、城市道路，需要提供文本及 CAD 图）；

2. 泸州市城市道路交通路网图；

3. 泸州市公路路网图（CAD 图）；

4. 泸州市港口总体规划（CAD 图）；

5. 泸州市公路主枢纽总体布局规划；

6. 近十年泸州港口的运量统计资料（包括各品名、来源和流向等）。

二、统计部门

1. 近五年泸州市统计年鉴；

2. 近五年泸州市各区县统计年鉴。

三、工商部门

1. 近五年泸州市规模以上企业汇总表（包括企业名称、法人代表、注册时间、注册资本、行业属性、服务范围、所在位置、企业的销售额和利税值、企业联系人、联系电话）；

2. 近五年泸州市机械、化工及酒类产品分类产销量；

3. 泸州市各大专业市场资料，包括市场名称、所属行业、所在地址、负责人以及负责人联系电话、市场占地面积及规模、近五年年销售收入以及销售量等。

四、铁路部门

1. 近十年泸州市境内铁路火车站的运量统计资料（包括各品名、来源和流向等）；

2. 泸州市现状及未来重要物资的流量和流向统计及预测资料。

五、发改委及经委或商贸局

1. 泸州市社会经济发展"十一五"规划；

2. 泸州市工业发展规划；

3. 泸州市商业网点规划。

六、规划建设部门

1. 市域土地利用规划；

2. 主城区用地布局图（CAD 图）；

3. 城市总体规划（文本及 CAD 图）。

七、其他相关资料

（2）全年物流量调查。为了把握全年物流总输入量和总输送量，应以企业为单位对全年分种类的出入货重量、输送方式的使用比例、发货的重量比例、月发货的重量比例等进行逐一统计并汇总。常见调查表的样式如表 4.3 所示。

（3）三日流动抽样调查。为了详细把握货物的流动情况，对近期某连续的 3 个平常日内的物流企业的发货情况包括每件货物的品名、收货人企业种类、收货地、发货重量、运输路线（利用的运输企业、利用的运输设施）、发货时间、在途时间、运输费用等进行调查。常见调查表的样式如表 4.4 所示。

四、基于 L-OD 的物流需求预测主要模型

物流需求量预测原理是以物流分区为基础的集聚分析，其基本思想是将各分区作为研究对象，着眼于研究各分区出行总体的出行特征，来建立模型进行预测。

1. 物流生成预测

物流生成预测是分析计算各分区的物流生成量，即根据当前各分区的物流发生量与吸引量、当前的社会经济特征值等，找出它们之间的相互关系，然后根据未来各区的社会经济发展值，预测出各分区的发生物流量、吸引物流量。影响物流生成量的因素可以分为间接因素和直接因素，间接因素常常包括人口数量、GDP、产业结构比值、人均收入水平、人均消费水平等，直接因素常常包括制造能力、工业产值、产品规格与规模、交易市场规模、流通环节能力、生活消费品总量、批发额、零售额等，如图 4.5 所示。

表 4.3 全年物流量调查表（主要是矿产业、制造业、批发业的全年物流情况统计）

请将一年中的收发货情况，按照各货物的货物名称及其重量进行分别填写。

货物名称	重量（t）				运输工具				
		出口重量	合计	普通铁路	铁路集装箱	自有卡车	普运卡车	海运	航空
发货			100%						
			100%						
			100%						
			100%						
			100%						
合　计			100%						

货物名称	重量（t）				运输工具				
		进口重量							
收货									
合　计									

运输工具使用情况

*在使用了两个以上的运输工具时，请按运输距离填写使用情况；
*在填写出口货物时，请只填写货物从贵企业始发港到港口或机场的运输工具利用情况；
*在填写收发货进出口重量时，请将其计算在发货各自的重量之内。

小区 货物到达地重量重量或重量比 重量 重量比

重量比为：该小区向某企业发货量同某问题的比值。

重量比为：该企业某月发货量占全年的比值；

月	重量比
1	
2	
3	
6	
7	
8	
9	
11	
12	
合计	100%

对于出口货物发货时，请将货物发往港湾或机场作为货物到达地，请参考物流调查分区附图。

小区	货物到达地重量重量 或重量比	重量	重量比
1			
2			
3			
4			
5			
6			
7			
8			
9			
10			
14			
15			
16			
17			
18			
19			
20			
21			
22			
23			
合计			100%

请将运输时，所使用的铁路货站港湾和机场高速公路站口名称填写于下表。

① 国内路段收发货使用

分类	设施 铁路货站	港湾	机场	高速公路出入站口
发货				
收货				

② 进出口货物使用

分类	设施	港湾	机场
出口			
进口			

表4.4　三日流动调查表

企业编号 ☐

请填写下表：

总运送费用出货日	货物名称	收货企业种类	收货地 收货地地址	发货重量	主要运输工具	运送路径 中途 途径地点1 请填写利用过的货物站、港口、机场及货物中转站	运输工具	途径地点2 请填写利用过的货物站、港口、机场及货物中转站	运输工具	途径地点3 请填写利用过的货物站、港口、机场及货物中转站	运输工具	请填写使用高速公路出入口名称 入口	出口	是否利用集装箱	有无指定到货日期	发货时间	所需时间	总运送费用
日			省市县（区）	t												点	h	元
日			省市县（区）	t												点	h	元
日			省市县（区）	t												点	h	元
日			省市县（区）	t												点	h	元
日			省市县（区）	t												点	h	元
日			省市县（区）	t												点	h	元
日			省市县（区）	t												点	h	元
日			省市县（区）	t												点	h	元
日			省市县（区）	t												点	h	元
日			省市县（区）	t												点	h	元
日			省市县（区）	t												点	h	元

请填写从贵公司到收货地所经由的设施名称

请填写 1是 2否

请填写 1是 2否

1普通铁路；2铁路集装箱；3自有卡车；4营运卡车；5海运；6航空

1工厂；2租借仓库；3自有仓库；4中间商；5零售商；6批发商；7建筑工地；8回收中心；9私人住宅；10其他

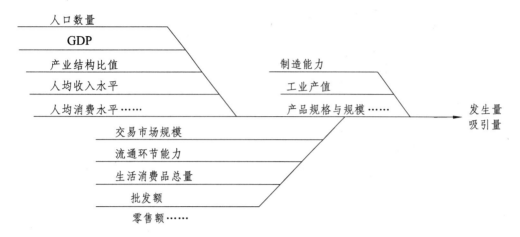

图 4.5　物流生成量的影响因素示意图

常用的预测方法有回归分析法和弹性系数法两类。

1）回归分析法

回归分析法是根据因变量和自变量的因果关系来预测事物未来的因变量。回归分析法使用的模型成为回归模型，回归模型按照变量之间的关系，可分为线性回归模型和非线性回归模型；按变量的个数，可分为一元回归模型和多元回归模型。

一元线性回归是描述一个自变量与一个因变量之间线性关系的分析模型，又称回归方程或回归直线。一般形式为：

$$P \text{ 或 } A = a + bx \tag{4.4}$$

式中　P 或 A —— 预测区的物流发生量或吸引量（后同）；

　　　a —— 常数；

　　　b —— 回归系数；

　　　x —— 影响物流产生的因素。

模型中的 a，b 值的确定，采用最小二乘法计算，最小二乘法的求解步骤为：

考虑函数：$y = ax + b$，其中 a 和 b 是待定常数。如果 $P_i(i = 1, 2, \cdots, n)$ 在一直线上，变量之间的关系为 $y = ax + b$。但一般说来，这些点不可能在同一直线上。记 $E_i = y_i - (ax_i + b)$，它反映了用直线 $y = ax + b$ 来描述 $x = x_i$，$y = y_i$ 时，计算值 y 和实际值 y_i 产生的偏差。当然要求偏差越小越好，但由于 E_i 可正可负，因此不能认为总偏差 $\sum_{i=1}^{n} E_i = 0$ 时，函数 $y = ax + b$ 就能很好地反映变量之间的关系，因此此时每个偏差的绝对值可能很大，为了改进这一缺陷，就考虑用 $\sum_{i=1}^{n} E_i$ 来代替 $\sum_{i=1}^{n} |E_i|$。但由于绝对值不易做解析计算，因此，进一步用 $\sum_{i=1}^{n} E_i^2$ 来度量总偏差。因偏差的平方和最小可以保证每个偏差都不会很大，于是问题归结为确定 $y = ax + b$ 中常数 a 和 b，使 $F(a, b) = \sum_{i=1}^{n} E_i^2 = \sum_{i=1}^{n} (y_i - ax_i - b)^2$ 值最小。用这种方法确定 a 和 b 的方法为最小二乘法。

由极值原理 $\dfrac{\partial F}{\partial a} = \dfrac{\partial F}{\partial b} = 0$，即：

$$\left.\begin{array}{l} \dfrac{\partial F}{\partial a} = -2\sum_{i=1}^{n} x_i(y_i - ax_i - b) = 0 \\[4mm] \dfrac{\partial F}{\partial b} = -2\sum_{i=1}^{n}(y_i - ax_i - b) = 0 \end{array}\right\} \tag{4.5}$$

解此联立方程得：

$$\left.\begin{array}{l} a = \dfrac{n\sum\limits_{i=1}^{n} x_i y_i - \sum\limits_{i=1}^{n} x_i \sum\limits_{i=1}^{n} y_i}{n\sum\limits_{i=1}^{n} x_i^2 - \left(n\sum\limits_{i=1}^{n} x_i\right)^2} \\[8mm] b = \dfrac{1}{n}\sum\limits_{i=1}^{n} y_i - \dfrac{a}{n}\sum\limits_{i=1}^{n} x_i \end{array}\right\} \tag{4.6}$$

多元线性回归模型是描述多个自变量与因变量的因果关系的模型。物流的发生量或吸引量并非是一个因素决定的，事实上往往是受两个或两个以上因素的影响，为了更准确地解释这种复杂的关系，就要建立多元回归模型进行更深入和系统的分析。

多元线性回归模型和一元线性回归模型基本相同，变量更多，因而计算也更为复杂。一般形式为：

$$P \text{ 或 } A = k + k_1 x_1 + k_2 x_2 + \cdots + k_n x_n \tag{4.7}$$

式中　P 或 A —— 预测区的物流发生量或吸引量；

　　　x_i —— 影响物流产生的因素，如人口数、工厂建筑面积、仓库面积、GDP、车辆数量、人均消费水平、人均收入水平等，确定参数 k 时，x_i 取现值，预测 P 或 A 时，x_i 取未来规划值，这里 $i = 1, 2, \cdots, n$；

　　　k_i —— 参数，根据现状资料由最小二乘法确定，这里 $i = 0, 1, 2, \cdots, n$。

非线性回归模型描述的是自变量与因变量之间存在非线性关系的因果模型。在实际问题中，有时因变量和自变量之间的关系并非都是线性形式，而是非线性形式，这时，模型就不再是一个直线表达式，而是一个曲线，称之为回归曲线。曲线模型的一般形式为：

$$P \text{ 或 } A = k_0 + k_1 x_1^{t_1} + k_2 x_2^{t_2} + \cdots + k_n x_n^{t_n} \tag{4.8}$$

式中　t_i —— 表示影响因素 x_i 的指数，通过资料拟合获得具体值，这里 $i = 1, 2, \cdots, n$。

通过式（4.8）会脱化成抛物线模式（P 或 $A = a_0 + b_1 x + b_2 x^2$）或指数模型（$P$ 或 $A = dc^x$），也可对式（4.8）两端取对数把非线性模型转换成线性模型进行计算。

2）弹性系数法

弹性系数是物流量的增长率与国民经济发展的增长率之间的比例，即：

$$\gamma = \frac{\alpha}{\beta} \tag{4.9}$$

式中　γ —— 弹性系数；

α —— 物流量增长率；

β —— 国民经济发展的增长率。

若已知 γ 及 β，则 α 可知，未来的 P 或 A 就可计算，即：

$$P \text{ 或 } A = P_0(\text{或 } A_0)(1+\alpha)^{\Delta t} \tag{4.10}$$

式中　P_0（或 A_0）—— 现状的物流发生量或吸引量；

　　　Δt —— 预测年限。

弹性系数与社会经济的发展水平、地区特点、发展战略等均有一定的关系。因此，弹性系数的确定应综合分析预测地区的历史、状况、发展趋势，通过历史现状资料分析其不同时期的弹性系数，并通过与其他地区的类比分析等确定。在实际规划工作中经常使用的是分区域、分阶段的弹性系数法。

【案例 4.4】　四川省攀枝花市物流生成量预测

四川省攀枝花市物流生成量预测选用弹性系数法进行物流发生量和吸引量的预测。根据各小区国内生产总值（GDP）和货运总量间的弹性系数预测未来小区物流生成量。

根据已获得的调查资料考虑该市的发展情况，在物流发生量和吸引量预测中应用弹性系数分析。弹性系数影响因素采用 GDP 增长率与物流量增长率之间的比例关系，攀枝花市各年 GDP 增长速度情况如表 4.5 所示，物流量增长率如表 4.6 所示。

表 4.5　攀枝花市 GDP 预计增长率汇总表（单位：%）

区　号	2001—2005	2006—2010	2011—2020
1～5 小区	11.8	12	9.5
6 小区	13.2	11.5	9
7、8 小区	11.2	9	8
9 小区	8.9	8.5	7.5
10 小区	10.2	10	8
11～14 小区	8.5	7.5	6.5

表 4.6　攀枝花市物流量增长率汇总表（单位：%）

区　号	2001—2005	2006—2010	2011—2020
1～5 物流区	9.086	9.6	8.075
6～14 物流区	7.488	6.789	5.85

结合物流量与社会经济的关系，考虑攀枝花市及其他地区的历史与现状相关数据，确定弹性系数如表 4.7 所示。

表 4.7　各区预测年度弹性系数

区　号	2001—2005	2006—2010	2011—2020
1～5 小区	0.77	0.8	0.85
6～14 小区	0.72	0.73	0.75

应用弹性系数法预测的攀枝花市直接影响区的物流发生量及吸引量的结果如表 4.8 所示。

表 4.8 应用弹性系数法预测的物流发生量和吸引量（单位：t）

区　号	2010 年		2020 年	
	发生量	吸引量	发生量	吸引量
1	21 659 114	21 648 932	47 086 148	47 064 012
2	6 590 850	6 588 159	14 328 272	14 322 422
3	14 450 972	14 452 009	31 415 896	31 418 156
4	5 189 384	5 170 328	11 281 534	11 240 110
5	5 478 134	5 417 996	11 909 270	11 778 530
6	1 360 192	1 331 784	2 613 840	2 559 249
7	7 623 139	7 646 131	13 651 882	13 693 056
8	1 288 515	1 338 072	2 307 535	2 396 283
9	1 298 197	1 374 373	2 243 923	2 375 592
10	763 737	778 177	1 367 737	1 393 596
11	605 072.9	599 152.7	973 929	964 400
12	806 764.3	799 816.1	1 298 573	1 287 389
13	6 522 842	6 488 450	10 499 208	10 443 850
14	1 787 509	1 778 948	2 877 186	2 863 407
合　计	75 424 421	75 412 326	153 854 932	153 800 053

2. 物流分布预测

物流分布预测是分析计算各分区之间的物流交换量，即根据各分区现状的物流交换量以及未来的发生、吸引量，找出各分区未来的空间交换量。影响分区之间物流交换量的因素很多，如两个分区自身的经济发展水平，生产与消费水平，两个分区之间的资源、生产、消费的互补性，两个分区之间的空间距离和物流通道的能力与费用等。物流分布预测常用的方法有增长系数法和综合法。增长系数法是在现状分布量的基础上按一定的增长率推算未来的分布量。此法简单、方便，常见的有常系数法和平均系数法。当经济发展、土地使用、物流源布局、物流设施等有较大变化时，此法误差较大。综合法是考虑影响物流空间分布的多种因素，从两分区之间物流的形成的原理、可能性、阻挠因素等方面来预测物流的分布量，常见的方法有增长系数法、重力模型等。

1）常增长系数法

常增长系数法是利用全规划区现状物流发生总量或吸引总量与未来物流发生总量或吸引总量之间的增长率，计算分区之间的物流分布量，计算公式为：

$$l_{ij} = l_{ij}^0 \cdot \frac{P_i}{P_i^0} \quad \text{或} \quad l_{ij} = l_{ij}^0 \cdot \frac{A_j}{A_j^0} \quad (i, j = 1, 2, \cdots, n) \tag{4.11}$$

式中　l_{ij}、l_{ij}^0 ——未来及现状 i 分区到 j 分区的物流分布量；

　　　P_i、P_i^0 —— i 区未来及现状分区物流发生总量；

　　　A_j、A_j^0 —— j 区未来及现状分区物流吸引总量。

2）平均增长系数法

实际中，每个分区的发生率与吸引率不平衡，为了减少误差，常采用平均增长系数法，计算公式为：

$$l_{ij} = l_{ij}^0 \cdot \frac{1}{2}\left(\alpha_i + \beta_j\right) = l_{ij}^0 \cdot \frac{1}{2}\left(\frac{P_i}{P_i^0} + \frac{A_j}{A_j^0}\right) \quad (i,j=1,2,\cdots,n) \qquad (4.12)$$

式中　α_i、β_j —— i 区和 j 区的物流量增长率；

　　　P_i、P_i^0 —— i 区未来和现状的物流发生量；

　　　A_j、A_j^0 —— j 区未来和现状的物流吸引量。

用上式计算出的 l_{ij} 一般不会满足约束条件：$\sum_i l_{ij} = A_j$、$\sum_j l_{ij} = P_i$，因此，需要进行反复迭代计算，在第 k 次计算出 l_{ij}^k 之后，得出新的增长系数：

$$\alpha_i^k = \frac{P_i}{P_i^k} = \frac{P_i}{\sum_j l_{ij}^k} \quad (i,j=1,2,\cdots,n) \qquad (4.13)$$

$$\beta_j^k = \frac{A_j}{A_j^k} = \frac{A_j}{\sum_i l_{ij}^k} \quad (i,j=1,2,\cdots,n) \qquad (4.14)$$

则第 $k+1$ 次的计算公式为：

$$l_{ij}^{k+1} = l_{ij}^k \cdot \frac{1}{2}\left(\alpha_i^k + \beta_j^k\right) \quad (i,j=1,2,\cdots,n) \qquad (4.15)$$

如此反复计算，直到 α_i^k、β_j^k 收敛到等于或接近 1 为止，通常可取 5% 的误差，即 α_i^k，$\beta_j^k \in [0.95,1.05]$ 时预测可停止，这时的 l_{ij}^k 即为预测值。实际预测中，要使预测值落到可接受区间需多次计算，即迭代多次。有时甚至趋于无穷次，这种情况称为收敛性差。事实上简单的增长系数法的收敛性是很差的。

3）重力模型

重力模型是运用物理学知识，模仿万有引力定律构造的模拟模式，它是反映 i 区与 j 区的物流交换量与 i 区和 j 区的社会经济活动的乘积成正比，而与 i 区及 j 区之间的阻抗成反比的一种空间模拟模型。其计算公式为：

$$l_{ij} = \frac{k \cdot L_{Oi} \cdot L_{Dj}}{f_{ij}} \quad (i,j=1,2,\cdots,n) \qquad (4.16)$$

式中　l_{ij} —— 分区 i 到分区 j 的物流分布量；

　　　L_{Oi} —— 分区 i 的社会经济、资源分布、生产力布局等情况；

　　　L_{Dj} —— 分区 j 的社会经济、生产力布局、消费分布等情况；

　　　k —— 重力模型系数；

　　　f_{ij} —— 分区 i 与分区 j 之间的阻抗。

分区 i 到分区 j 的物流量所受影响因素如图 4.6 所示。

重力模型考虑的因素较增长系数法更全面，对阻抗的变化能敏感地反应。根据对预测值与目标值的一致性需求，重力模型有三种形式：无约束重力模型、单约束重力模型和双约束重力模型。无约束重力模型是早期最简单的模型，不满足约束条件 $\sum_i l_{ij} = A_j$、$\sum_j l_{ij} = P_i$ 中的任何一个；单约束重力模型可以保证在每一次计算过程中向

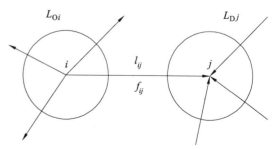

图 4.6　分区 i 到分区 j 的物流量所受影响因素

发生量或者吸引量趋近;双约束重力模型要求在每一次计算过程中向发生量趋近的同时也向吸引量趋近,目前在规划中应用最广泛、精度也最好。

常见的双约束重力模型如式(4.17)所示:

$$l_{ij} = k_1 \cdot k_2 \cdot \frac{P_i \cdot A_j}{f_{ij}} \quad (i,j=1,2,\cdots,n) \tag{4.17}$$

式中 k_1、k_2 ——重力模型系数,它们保证模型计算过程中预测值同时满足等于发生总量及吸引总量;

f_{ij} ——分区 i 与分区 j 之间的阻抗。

【案例4.5】 四川省攀枝花市物流分布预测

四川省攀枝花市物流需求预测中,根据物流流动调查资料,分析增长系数法和重力模型的特点,特别是双约束重力模型法能较好地描述未来物流的分布与社会经济活动、土地利用等的关系,能适应此次物流分布预测,故选用了双约束重力模型,模型如式(4.17)所示。其中,此次规划中OD分区为14个,即 $i=j=14$;f_{ij} 选取各分区之间的距离作为 i 区与 j 区之间的阻抗。

根据采用双约束重力模型法预测的2010年和2020年的物流量分布期望线图如图4.7、4.8所示,表4.9、4.10是2010年和2020年的L-OD矩阵表。

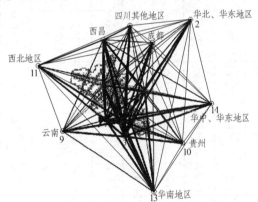

图4.7 2010年攀枝花市物流期望线图

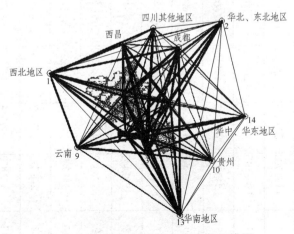

图4.8 2020年攀枝花市物流期望线图

表 4.9　2010 年物流量分布 L-OD 表（单位：t）

区号	1	2	3	4	5	6	7	8	9	10	11	12	13	14	合计
1	2 789 947	1 937 416	4 151 933	1 924 430	1 712 758	571 466	3 137 457	550 518	531 542	317 523	245 902	329 871	2 715 968	738 912	21 655 641
2	1 937 803	159 984	1 371 798	488 643	492 407	132 079	750 818	128 904	122 394	73 387	56 834	76 241	627 723	170 780	6 589 793
3	4 150 708	1 371 119	1 229 669	1 191 045	1 163 330	331 377	1 862 658	322 027	305 342	184 122	142 591	191 282	1 574 910	428 474	14 448 655
4	1 948 013	494 533	1 205 996	77 201	298 222	28 800	372 982	73 168	80 988	44 446	34 421	46 175	380 175	103 431	5 188 551
5	1 730 175	497 315	1 175 506	297 608	118 182	103 897	549 498	99 730	103 288	58 570	45 359	60 847	500 982	136 298	5 477 255
6	563 693	130 256	326 966	74 806	101 452	1 184	73 083	5 230	13 838	4 944	3 264	4 878	45 290	11 088	1 359 974
7	3 128 762	748 587	1 858 044	367 446	542 459	73 886	94 041	68 303	100 140	51 723	34 267	48 816	399 907	105 537	7 621 917
8	530 446	124 180	310 377	69 647	95 126	5 109	65 995	1 350	14 415	4 955	3 500	5 132	46 383	11 693	1 288 309
9	502 457	115 674	288 720	75 630	96 654	13 262	94 924	14 142	2 430	6 175	5 797	7 492	58 268	16 366	1 297 989
10	311 789	72 047	180 851	43 115	56 933	4 922	50 930	5 050	6 414	375	2 204	2 819	20 471	5 693	763 615
11	248 432	57 407	144 101	34 354	45 364	3 343	34 716	3 670	6 196	2 268	364	1 651	18 977	4 133	604 976
12	332 850	76 914	193 067	46 028	60 779	4 990	49 394	5 375	7 997	2 897	1 649	414	20 606	3 677	806 635
13	2 731 131	631 101	1 584 171	377 670	498 708	46 170	403 258	48 407	61 985	20 964	18 889	20 535	37 923	40 884	6 521 796
14	742 726	171 627	430 812	102 707	135 623	11 299	106 377	12 198	17 403	5 828	4 112	3 663	40 866	1 981	1 787 222
合计	21 648 932	6 588 159	14 452 010	5 170 328	5 417 996	1 331 784	7 646 130	1 338 072	1 374 373	778 177	599 153	799 816	6 488 450	1 778 948	75 412 327

表 4.10 2020 年物流量分布 L-OD 表（单位：t）

区号	1	2	3	4	5	6	7	8	9	10	11	12	13	14	合计
1	7 008 292	4 700 463	10 227 920	4 531 019	4 123 882	1 153 086	5 926 099	1 036 884	978 471	598 377	416 060	557 099	4 566 171	1 245 528	47 069 349
2	4 701 219	374 868	3 263 710	1 111 144	1 145 035	257 389	1 369 651	234 483	217 598	133 568	92 872	124 354	1 019 248	278 023	14 323 161
3	10 224 764	3 262 179	2 970 572	2 750 026	2 746 805	655 704	3 450 158	594 793	551 204	340 268	236 593	316 795	2 596 559	708 271	31 404 691
4	4 580 869	1 123 188	2 781 139	170 159	672 187	54 400	659 506	129 009	139 563	78 411	54 520	73 001	598 345	163 212	11 277 510
5	4 165 570	1 156 424	2 775 429	671 593	272 729	200 929	994 775	180 033	182 234	105 789	73 557	98 491	807 268	220 201	11 905 022
6	1 137 879	253 953	647 256	141 536	196 295	1 919	110 929	7 917	20 471	7 488	4 438	6 621	61 188	15 020	2 612 908
7	5 908 912	1 365 460	3 441 214	650 438	981 964	112 086	133 545	96 720	138 592	73 283	43 590	61 983	505 482	133 747	13 647 013
8	998 898	225 856	573 180	122 930	171 702	7 728	93 447	1 906	19 892	7 000	4 439	6 498	58 459	14 775	2 306 711
9	924 730	205 614	521 091	130 463	170 502	19 605	131 361	19 515	3 277	8 526	7 186	9 270	71 773	20 212	2 243 122
10	587 480	131 115	334 175	76 145	102 823	7 450	72 158	7 134	8 857	530	2 798	3 571	25 816	7 199	1 367 249
11	420 286	93 800	239 070	54 474	73 560	4 543	44 161	4 655	7 681	2 879	415	1 878	21 487	4 692	973 582
12	562 066	125 443	319 718	72 851	98 375	6 769	62 717	6 805	9 896	3 670	1 875	470	23 288	4 167	1 298 110
13	4 591 233	1 024 677	2 611 617	595 082	803 575	62 346	509 735	61 015	76 361	26 439	21 388	23 209	42 668	46 119	10 495 463
14	1 251 816	279 382	712 066	162 251	219 098	15 297	134 813	15 415	21 495	7 369	4 668	4 151	46 099	2 241	2 876 160
合计	47 064 011	14 322 421	31 418 156	11 240 110	11 778 530	2 559 249	13 693 055	2 396 283	2 375 592	1 393 596	964 400	1 287 389	10 443 850	2 863 406	153 800 050

从物流期望线图可以看出：

（1）两个年度相比，期望线图的密度随时间的推移有一定程度的提高，可见攀枝花市的物流作业量随时间呈上升趋势，增加的量未出现局部地区的突变，也反映出攀枝花市经济发展较为平稳，在未来相当长的一段时期将保持物流量稳定持续发展，不会出现大的波动。

（2）从两图的对比可以看出，线条集中密集且线条较宽的地区位于分区 1、分区 2 以及分区 1 周边的邻接小区，表明攀枝花市的主要物流需求为城市内物流，且集中于经济水平较高的主城区分区 1、分区 2、分区 3 以及和其有直接联系的区县，即呈现期望线密集程度由中心向外递减的趋势。

（3）期望线明显呈现南北向密集，表明攀枝花市南北向的物流量是比较大的，而东西向线条较稀疏，表明这个方向的物流流动需求较南北方向小。

3. 物流链选择

物流链是指由主要物流通道和若干物流节点组成的物流服务体系，常见的物流链形式有单一链（如基于铁路的物流链、基于公路的物流链、基于航空的物流链、基于水运的物流链）以及综合链两种基本形式。物流链的选择会受到物品的自然属性、经济属性的影响，也受到物流网络线路与节点的技术特征、经济特征的影响，有时候还受到地区的消费水平、服务水平、生产制造水平的影响。决策者选择物流链是遵循效用最大化的行为假设来选择的，事实上每个决策者选择物流链的标准是不相同的。例如，一般产品主要考虑物流的成本，高价值产品主要考虑其物流的安全可靠性与准时性，时效性强的产品主要考虑物流的时间，保鲜产品主要考虑其时间和保鲜技术等。

在物流链选择的方法中有多种模型，如比例模型、分对数模型和概率模型。概率模型也称为 Probit Model，是选择决策中的一种比较常用的模型，其公式可表示：

$$P_{ijm} = \frac{\mathrm{e}^{-\theta r_{ijm}}}{\sum_{k=1}^{l} \mathrm{e}^{-\theta r_{ijk}}} \tag{4.18}$$

式中　P_{ijm} ——分区 i 到分区 j，在 l 种物流链中选择物流链 m 的比重，也称为 m 链的分担率；

　　　θ ——待定系数；

　　　e ——自然对数的底，e=2.718 281 828 459；这里，$\mathrm{e}^{-\theta r_{ijk}}$ 表示了分区 i 到分区 j 的第 k 个物流链的效用值。

　　　r_{ijm} ——分区 i 到分区 j 的第 m 个物流链的阻抗，也可以看成为选择 m 链所支付的广义费用。

广义费用通常由时间、费用、服务水平等因素构成，其计算公式可表达为：

$$r_{ijm} = \alpha T_{ijm} + \beta P_{ijm} + \gamma S_{ijm} \tag{4.19}$$

式中　α、β、γ ——为待定系数，可由调查所获得的若干组测量数据按最小二乘法来确定；

　　　T_{ijm} ——分区 i 到分区 j，物流链 m 所消耗的时间；

P_{ijm} —— 分区 i 到分区 j，物流链 m 的费用；

S_{ijm} —— 分区 i 到分区 j，物流链 m 的服务水平，可以是该物流链在安全、可靠、准确、信息等方面的状态。

4. 物流网络分配

物流网络分配是指确定物流网络上的各线路与各节点承担的物流量。物流网络的分配问题是一个复杂的动态的网络优化问题，理论上讲有两类分配方法，一类是利用数学规划模型来寻找分配量，例如使用最大割最小权的多商品流模型（Multi-Commodity Flow Model，简称 MCFP）来求解网络上的物流分配量；另一类是网络分配中常用的模拟方法，一般有最短路法、静态多路径法、概率分配法、动态多路径法等，这里介绍最短路分配法。

最短路分配法是一种静态的单一路径的物流分配方法，在进行分配工作时，取两节点间的广义费用（出行时间或费用）为常数，即假设两节点间的速度不受网络负荷的影响，运输、装卸和存储费用保持不变。空间上的 L-OD 量被全部分配在连接该起点和终点的最少费用的路径上，即最短路上，其他路径分配不到 L-OD，其分配计算的框图如图 4.9 所示。

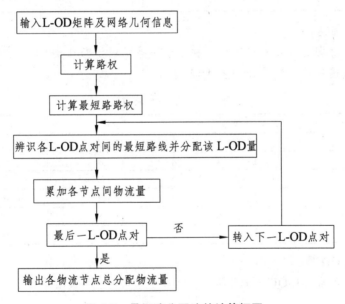

图 4.9　最短路分配法的计算框图

【案例 4.6】　最短路网络物流分配法

在图 4.10 所示的物流网络中，物流节点 1，3，7，9 为 A，B，C，D 四分区的质心，即代表各分区的中心点，四个分区的 L-OD 矩阵如表 4.11 所示。试用最短路法分配该 L-OD 矩阵。

解：（1）确定两物流节点间的广义费用。

在用最短路分配物流量时，先确定两物流节点间物流广义费用 $c(i, j)$，在该法中取 $c(i, j)$ 为常数。本例广义费用如图 4.11 所示。

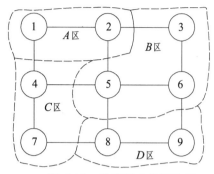

图 4.10 物流供应链网络图

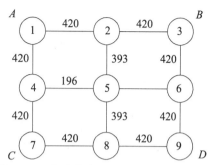

图 4.11 物流节点间物流广义费用（元）

表 4.11 L-OD 矩阵

终点＼起点	A	B	C	D
A	0	200	200	500
B	200	0	500	100
C	200	500	0	250
D	500	100	250	0

（2）确定最短路径。

网络上两点之间的最短路径可用多种方法来寻求，如 Dijkstra 算法、Floyd 算法等确定。通过标号法确定的最短路径如表 4.12 所示。

表 4.12 最短路径

起终点	最短路线节点号	起终点	最短路线节点号
A—B	1—2—3	C—A	7—4—1
A—C	1—4—7	C—B	7—4—5—6—3
A—D	1—4—5—6—9	C—D	7—8—9
B—A	3—2—1	D—A	9—6—5—4—1
B—C	3—6—5—4—7	D—B	9—6—3
B—D	3—6—9	D—C	9—8—7

（3）分配 L-OD 量。

将各起终点之间的 L-OD 量分配到该 OD 起终点相对应的最短路径上并累加，得图 4.12 所示的分配结果。

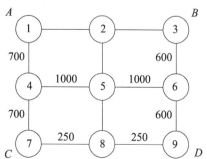

图 4.12 物流节点间分配物流量（t/h）

事实上，在实际问题中，物流网络的分配问题是一个动态的多路径问题，这样就有了静态多路径法、概率分配法、动态多路径法等方法。当得到物流网络的各线路和各节点的物流量后，就能够评判物流网络与物流需求是否协调，为物流设施的布局、物流通道的布局、物流技术的改善提供依据。

第三节 制造企业的物流需求预测方法

一、制造企业的物流需求概述

制造企业的物流需求是指生产制造中各个环节与各流程上的采购量、运输量、零部件及成品库存量、配送量等的总称，如图 4.13 所示。以上这些需求量的预测主要依赖于生产计划。一般来说，制造企业的需求有两种类型，一种为独立需求，一种为相关需求。

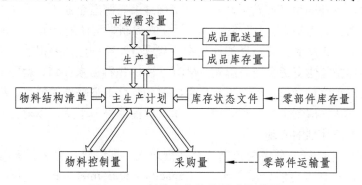

图 4.13 制造企业物流需求构成图

独立需求是指与任何其他的需求没有关系的需求。如最终产品、维修件、半成品销售件等，这些需求一般是连续不断出现的，所以有时也叫连续需求。由于各种因素的影响，独立需求的预测既要依靠市场各种因素的变化情况，也要按照企业生产计划的要求。

相关需求指的是与其他的需求有关的需求，如原材料、零部件等，这些用来制造最终产品的需求。相关需求一般是在某个特定的时间，以批量需求的方式出现，如零部件是一批批的采购或制造、一批批地从库里取出来，而不是连续地一个个地处理，有时相关需求也称为离散需求。一般情况下，它是为满足某项订货而生产的。对于车间作业生产条件下的相关需求，可以进行推算。独立需求与相关需求的区别与联系如表 4.13 所示。

表 4.13 独立需求和相关需求的区别与联系

需求类型		独立需求	相关需求
定 义		在生产组织中不能从对其他项目的需求量计算出来的需求	在生产组织中能从独立需求量推算出来，并且直接与其他项目或者最终产品相关的需求
特 点		通常是指最终项目，但有时也指维修件，可选件或工厂自用件，通常是预测而来的	根据独立需求量推倒而来，不是预测的结果，它是通过运用 MRP 原理计算而来的
举 例		1 支圆珠笔	1 个笔筒、1 个笔帽、1 个笔芯、1 个笔夹、1 个弹簧
		1 000 桶高级石油	5 000 桶原油；焦炭、水
		8 个厨桌	32 条腿、32 个垫片、32 个螺母、8 个桌面板

在生产管理中，对某些项目的需求可能会同时包括独立需求与相关需求。例如：有些零件除了用于装配最终产品外还有一些是用于维修的备品备件。那么对备品备件的这部分独立需求量应当用预测的方法得到，并把它加到计算出来的相关需求上。在实际生产制造中，相关需求通常比独立需求多。

二、基于 MRP Ⅱ 原理的制造企业物流需求预测原理

制造资源计划（Manufacturing Resource Planning，简称 MRP Ⅱ）[1]是从整个制造流程最优的角度出发，运用科学的方法，对企业的各种制造资源和企业生产经营各环节实行合理有效的计划、组织、控制和协调的一种生产管理方法。它既能保持连续均衡生产，又能最大限度地降低各个环节上的物流成本。

MRP Ⅱ 反映了企业的生产经营活动，可以精确地编制制造企业未来的生产计划，更好地编制人力需求计划和人力资源计划，也可以利用它来编制采购计划、库存计划、运输计划等。例如，要开发与推销新产品，应当增加什么物料与设备？哪些产品要提前交货，哪些设备超过负荷，并将对哪些其他交货合同有影响？ MRP Ⅱ 中的物料需求计划，就是根据主生产计划的任务、库存状态和物料清单，模拟未来库存状况和预计未来缺件的情况，编制采购订单按采购到货期提前下达并编制生产计划订单，按生产提前期提前下达，以避免未来生产中出现缺件情况，保证生产计划的实现。

MRP Ⅱ 的计划与执行过程主要包括五个计划层次，即经营规划、销售与运作规划、主生产计划、物料需求计划与能力需求计划（Capacity Requirements Planning，简称 CRP）[2]，如图 4.14 所示。这五个层次的计划实现了由宏观到微观、由战略到战术、由粗到细的深化过程。越接近顶层计划，市场对需求的预测影响越大，计划内容也越粗略和概括，计划展望期也越长。越接近底层，需求就由估计变为现实，因而计划的内容也就具体详细，计划展望期也越短。

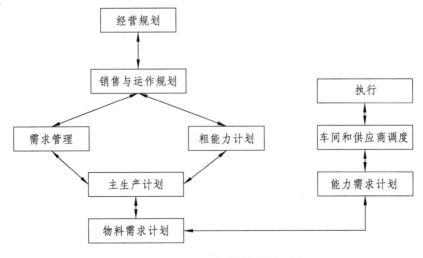

图 4.14　MRP Ⅱ 的计划与执行过程

MRPⅡ利用主生产计划明确了公司将要生产什么？用物料清单明确了公司用什么来生产？用库存记录明确了公司现有什么？用物料需求计划明确了公司还应获取什么？四个制造企业生产管理过程中必须要面对并解决的问题,形成了一套处理制造资源管理与控制的流程。根据 MRPⅡ 描述的过程管理,制造企业各环节的物流需求量的计算可按图 4.15 所示的流程进行,图中,实线表示数量关系,虚线表示工作流程。

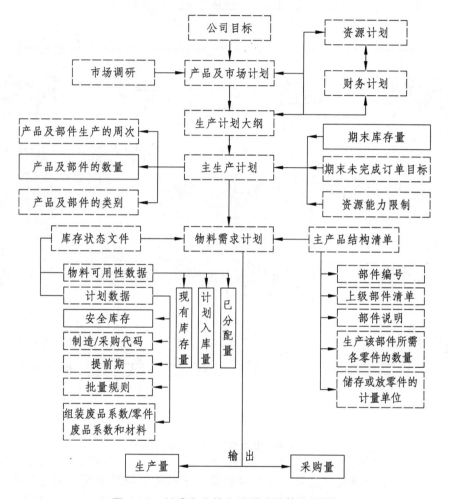

图 4.15　制造企业的物流需求计算流程图

三、基于 MRPⅡ 原理的制造企业物流需求预测的三个步骤

通过制造企业的物流需求计算的流程图可看出,利用 MRPⅡ进行制造企业物流需求预测主要分为三个步骤:

第一步:根据产品和市场计划,确定生产计划大纲及主产品计划,确定产品及部件量,推算出销售量及成品库存量。

第二步:在主产品结构清单及库存状态文件已知的前提下,推算出零部件库存量。

第三步:根据物料需求计划的输出,推算出零部件采购量、运输量。

下面以实际案例的形式详细介绍基于 MRPⅡ 原理的制造企业物流需求预测过程。

某企业依据市场和产品计划确定某时期计划生产电子挂钟 60 件，电子挂钟的产品结构层[3]、时间坐标上的产品结构及主生产计划报表如图 4.16 所示。

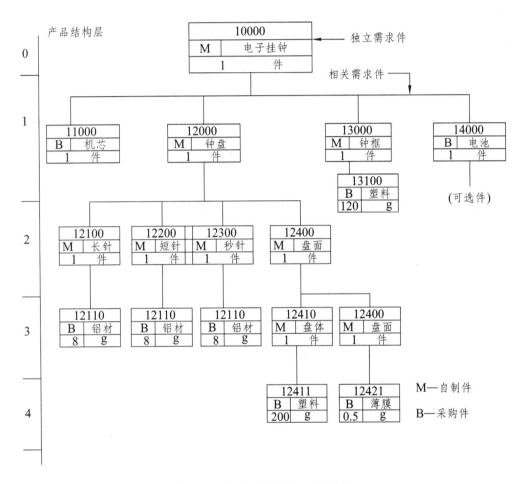

图 4.16 电子挂钟的产品结构框图

最上层即 0 层的物料是最终产品，也就是电子挂钟。它的规格数量是由企业外部，也就是市场需求确定的，称为独立需求件；其余各层（1 层以下）物料，像机芯、盘面、钟框等，它们的规格和数量，是由电子挂钟来确定的；指针、盘面又是根据钟盘的需求量确定（依此类推），换句话说，它们的需求量和需用时间是由其他物料确定的，可以计算得出，这类物料称为相关需求件。其中有些物料还会作为备品或维修件单独出售，就是说，它们既是相关需求件又是独立需求件。最底层的都是外购件，包括原材料和配套件，像图上的铝材、塑料、薄膜、机芯、电池等。所以，产品结构中，不只是加工件，还有采购件。

在预测制造企业的物流需求中，依据图 4.16、图 4.17 可以推算表 4.15 中的物料属性。利用表 4.14、表 4.15，可以推算表 4.16 中库存量与运输量，利用表 4.14、4.16 可以推算表 4.17 中的采购量、表 4.18 中的物料控制量。

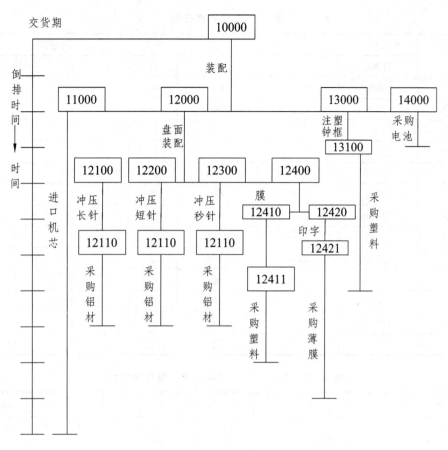

图 4.17 时间坐标上的产品结构图

表 4.14 主生产计划典型报表格式（横式报表）

物 料 号：10000		计划日期：07/01/31
物料名称：电子挂钟 安全库存量：5		计 划 员：CS
提 前 期：1 批 量：10		需求时界：3
现有库存量：8 批量增量：10		计划时界：8

时 段	当期	1 02/03	2 02/10	3 02/17	4 02/24	5 03/03	6 03/10	7 03/17	8 03/24	9 03/31	10 04/07	11 04/14
预测量		5	5	5	5	5	5	5	5	5	5	5
合同量		12	8		2	7	6		13	5		2
毛需求		12	8	5	7	6	5	13	5	5	5	
计划接收量		10										
预计可用	现有量 8	6	−2	−2	−7	−14	−20	−25	−38	−43	−48	−53
库存量		6	8	8	13	6	10	5	12	7	12	7
*净需求[4]			7*		2*		5*		13*		3*	
计划产出量			10		10		10		20		10	
计划投入量		10		10		10		20		10		
可供销售量		6	2			1		4		2		8

*净需求中包括了补充安全库存的需求量。

表 4.15　物料属性表

物料类别	产品编号	物料名称	物料数量	单位	所属产品结构	提前期
采购件	11000	机芯	60	件	1	11
自制件	12000	钟盘	60	件	1	8
自制件	13000	钟框	60	件	1	5
可选件	14000	电池	60	件	1	1
自制件	12100	长针	60	件	2	4
自制件	12200	短针	60	件	2	4
自制件	12300	秒针	60	件	2	4
自制件	12400	盘面	60	件	2	6
自制件	13100	塑料	7 200	g	2	4
外购件	12110	铝材	1 020	g	4	2
自制件	12410	盘面	60	件	4	5
自制件	12420	字膜	60	件	4	5
外购件	12411	塑料	12 000	g	5	3
外购件	12421	薄膜	30	g	5	4

表 4.16　各时间段内产成品库存量与运输量

时　间	0	1	2	3	4	5	6	7	8	9	10	11
库存量	8	6	8	8	13	6	10	5	12	7	12	7
运输量	0	12	8	0	5	7	6	5	13	5	5	5

表 4.17　各时间段内外购件采购量

物料类别	产品编号	物料名称	采购数量	单位	所属产品结构	时间
外购件	11000	机芯	60	件	1	0
外购件	14000	电池	60	件	1	10
外购件	12110	铝材	1 020	g	4	3
外购件	12411	塑料	12 000	g	5	2
外购件	12421	薄膜	30	g	5	1

表 4.18　各时间段内物料控制量

时　间	0	1	2	3	4	5	6	7	8	9	10	11
物料控制量	0	0	0	0	12 000	1 050	120	240	7 200	2 400	0	0
单　位					g	g	件	件	g	件		

　　依据电子挂钟的产品结构框图、时间坐标上的产品结构图可以确定该时期生产电子挂钟的物料类别、数量、产品结构、提前期等，如表 4.15 所示。

　　第一，对产成品的相关需求进行推算，利用主生产计划可以得出该时期内每个时间段末的产成品的库存量，利用每期所需的毛需求量可以推算出每期产成品的运输量。

第二，对每种物料的库存量、采购量进行推算，假定采购物料为一次性采购，不存在分批采购的情况，各种物料的库存量均为零，依据库存量最低的原则，可以推算出每种物料的采购量以及采购时间，物料控制量。

【案例 4.7】　重庆钢铁（集团）有限责任公司的生产结构图

重庆钢铁（集团）有限责任公司（简称重钢）是一个有百年历史的特大型钢铁联合企业。其前身创立于我国清代开启民族工业的洋务运动，即 1890 年 9 月湖广总督张之洞创办的汉阳铁厂。经过一百多年的发展，到"十五"末，重钢已形成年产 300 万 t 钢的综合生产能力。钢铁生产改变了万能化工厂的格局，初步形成普钢的中厚板和薄板，普钢的高线和优质特殊钢生产线"两板两线"的生产体系。重钢实行母子公司管理体制，现有子公司 28 家，其中全资 16 家，控股 12 家，包括重钢控股在香港上市的核心企业 H 股公司——重庆钢铁股份公司。重钢现有在册职工 2.7 万人，资产总额 142 亿元。重钢是重庆市市属工业企业第一家年销售收入突破百亿元的企业。2006 年位列中国企业 500 强第 262 位。

为了实现节能环保，重钢集团将逐步搬迁至长寿，并实现生产工艺的优化升级，图 4.18 为搬迁后新厂的生产结构图。

根据 MRP II 的原理与分析计算可知，重钢集团年产出 615.4 万 t 钢，需采购 1 960.48 万 t 原辅料。

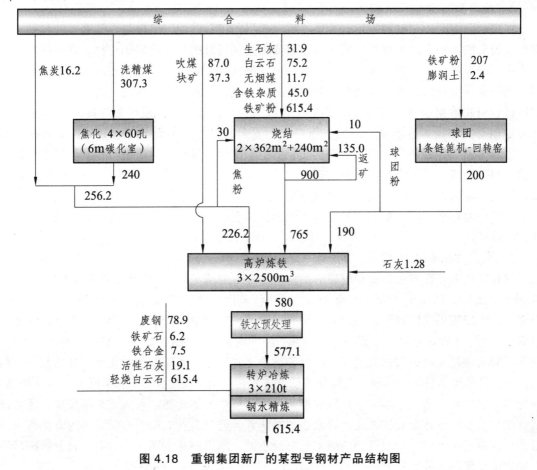

图 4.18　重钢集团新厂的某型号钢材产品结构图

第四节　物流企业的市场需求预测方法与模型

一、物流企业的市场需求预测概述

物流企业的市场需求主要是指企业所在地区既行业领域中的需求量和特征的总称。其市场需求预测就是通过调查，推测物流市场的变化及其规律。

1. 物流市场需求预测的一般思路及步骤

为保证物流市场需求的预测能够为制定决策、编制规划并提高经营管理水平提供科学的依据，必须有组织有计划地安排工作，应进行如下工作：

1）明确问题，制订预测目标与计划

明确预测问题并制订预测目标与计划是预测首先解决的问题。必须明确以下几点：① 预测对象；② 预测目标；③ 预测问题的价值；④ 预测的时间跨度；⑤ 预测的空间跨度；⑥ 预测目标的影响因素及其主次关系。然后，为确保预测工作的顺利进行，必须有组织、有计划地制订预测方案，包括预测的技术路线，预测所需要的资料，准备选用的预测方法，预测的进程和完成时间，编制预测的预算，调配力量，组织实施等。

2）搜集数据并建立数据库

在进行预测时，一般都需要有大量的历史数据和资料。为了掌握与预测有关的各种历史资料以及影响未来发展的资料，要从多方面搜集预测问题的相关数据和资料。资料按来源不同有内部资料和外部资料之分。内部资料，一般是从内部收集到的与预测问题相关的统计资料、市场调查资料和分析研究资料。外部资料，一般是从企业外部搜集到的与预测问题相关的统计资料和数据信息，包括：① 政府统计部门公开发表的物流及相关资料；② 物流企业之间定期交换的经济活动资料；③ 报纸杂志上发表的资料；④ 物流研究机构的调查研究报告；⑤ 国外有关的经济信息和市场商情资料等。为从这些资料中筛选出与预测问题有密切关系的资料，在搜集数据资料时，通常遵循以下三个标准：① 直接有关性；② 可靠性；③ 最新性。为保证数据资料的准确性，要对数据资料进行必要的审核和整理。对于重要预测，应建立资料档案和数据库，数据的采集取决于指标体系和数据源，而数据的建立取决于数据和计算机软件。

3）选定方法和建立模型

选择适当的预测方法和建立模型应根据掌握资料的情况而定，并综合考虑以下基本原则：① 准确性原则；② 经济性原则；③ 时间性原则。当预测相关资料数据不够完备、准确程度较低时，一般采用定性预测方法，并运用数学模型进行定量分析研究。为充分考虑定性因素的影响，在定量预测基础上要进行定性分析，经过调整才能确定。数学模型也称为预测模型，是指反映物流现象过去和未来之间、原因和结果之间相互联系和发展变化规律性的数学方程式。数学模型可能是单一方程，也可能是联立方程；可能是线性模型，也可能是非线性模型。预测模型选择是否适当，是关系到预测准确程度的一个关键问题。要建立数学模型，还必须估计模型参数。估计参数的方法，除最小二乘法外，还有多种专门的方法。不同方法得出的参数估计值可能不同，从而得到的结果也有所不同。所以应从实际出发，在认真分析的基础上决定采用何种参数估计方法。

4）检验模型，进行预测

预测模型建立之后必须经过检验后才能用于预测。模型检验主要是检验参考参数估计值在理论上是否有意义，统计显著性如何，以及模型是否具有良好的超样本特性。不同类型的模型检验的方法、标准有所不同。一般来说，评价模型优劣遵循以下基本原则：① 理论上要合理；② 统计可靠性高；③ 预测能力强且简单适用。对经过检验的模型，按一定的要求对自变量赋值，可算出因变量对应的估计值，称为点预测值。如果点预测结果不能满足要求，还可考虑求出点预测值在一定可靠程度下的误差范围，称为预测区间和置信区间。精确的定量预测方法，能够运用概率论原理计算给定置信度下的预测区间；较为简单、粗略的定量预测难以做到这一点，有时可从主观上依据经验估计点预测值可能的误差范围和相应的可靠程度。

5）分析误差，评价结果

由模型求出的结果并不等于预测结果，还应做仔细分析并做适当的调整和修正。通常应计算、分析预测值偏离实际值的程度及其产生的原因。如果预测误差未超出允许的范围，即认为模型的预测功能合乎要求，否则，就需要查找原因，对模型进行必要的修正和调整。

在预测之前，预测对象的未来实际数值还不知道，所以预测误差分析一般只能是样本数据的历史模拟误差分析。对预测结果进行评价，有时还要组织物流及相关领域的专家对预测过程的科学性进行综合考虑分析和评价。

6）提交预测成果

预测成果将确认可以采纳的预测结果提交给物流规划设计、组织管理的决策人。预测成果应当对假设前提、所用方法和预测结果合理性判断的依据等进行详细说明。

7）预测结果的事后验证

最后，对预测结果与实际发生的情况做比较，总结经验，可以为以后的预测工作提供参考。

2. 物流市场调研

物流市场调研是预测的基础工作，通过调研可以科学地把握市场需求，为服务物流市场的物流企业配置物流设施、确定服务区域、确定服务对象具有积极意义，能降低物流企业经营管理的不确定性，减少经营风险。各物流企业只有充分了解市场动态、掌握市场变化规律，才能获取经营主动权。

1）市场调研的类型

市场调研的范围十分广泛。由于调查者的目的和出发点不同，调研的内容和范围也不一样。作为宏观决策的市场调研不同于微观决策的市场调研，物流调研主体的不同，也就决定了市场调研的范围和内容有很大的区别。一般常用的调研类型主要有以下几种：

（1）描述性调研。是对市场历史的客观情况如实地加以反映的一种调研方法。描述性调研要注重掌握大量丰富的第一手资料，要注意全面、系统地收集、整理市场信息，并对客观资料作出实事求是的认真分析，将分析结果如实叙述表达，从而起到描述市场现状的作用。

（2）因果性调研。是了解市场变化及其原因的专题调研，分析物流市场的各种变量之间的因果关系，以及可能出现的相关原因，如 GDP、市场占有率、成本、周转率、利润等与价格、服务水平、运营效率等诸多因素之间的因果关系，找出因果的直接和间接的关系，以达到控制其因、获取其果的目的。

（3）探测性调研。这类调研是由于物流企业对市场发展了解不确定，为发现问题、了解未来市场动向所作的试探性调研，其调研面广而不深。

2）市场调研的程序

为了使调研取得良好的预期效果，必须制订周密的调研计划，按步骤做好必要的准备工作，认真实施。市场调研一般分为三个阶段，如图 4.19 所示。

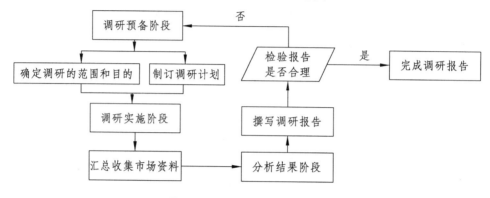

图 4.19　物流市场调研程序

（1）调研预备阶段。这个阶段是对市场进行初步分析，主要分析内容是各地区的统计年鉴公报、城市的总体规划、政府的发展意向、内部的市场调研报告、研究成果等。通过对这些信息的初步分析，掌握市场的一般情况，研究并发现市场问题。确定市场调研的范围和目的，如为什么要作调研？想要调研什么情况？了解情况后有什么用途？这些问题就是这次调研活动的必要依据。制订调研计划，其内容包括调研地点、调研时间、调研人员、调研对象、调研具体项目、调研费用预算、调研方法的选择。制订调研计划后，做好相应的准备工作，如培训调研人员、印制调研表格等。

（2）调研实施阶段。这个阶段主要是开始全面广泛地收集与调研活动有关的信息资料。在实际调研中，要根据各种不同调研方法的要求，采用多种形式，由调研人员分头开展调研活动。

（3）分析结果阶段。这个阶段调研人员将分头收集到的市场信息资料进行汇总、归纳和整理，对信息资料进行分类编号，然后对资料进行初步加工，将调研结果形成书面形式。报告完成后，市场调研人员还要追踪市场调研结果，检查落实情况，了解调研报告中所提的建议在执行中有什么问题。发现新情况后又进行新的一轮市场调研活动，市场调研的三个阶段和若干步骤是必需的，但几个步骤并不是简单、机械地排列，其有简有繁，甚至有交叉、有跳跃。

二、物流企业的市场需求预测的一般方法

1. 定性分析

定性预测技术又称判断预测技术，它是在一种特别的组织形式下，搜集多个人对预测对象所作的判断，然后进行归纳的方法。这种方法简单、易行、实用，适用于数据奇缺或难于做定量分析的情况。这类方法一般用于中长期预测，常用的效果较好的有德尔菲法、主观概率法、市场调查法、部门负责人评判意见法、销售人员估计法及历史类比法等。现以德尔菲法为例说明其步骤和优势。

德尔菲法（Delphi）[5]已广泛用于多个领域，该方法的过程是预测机构或人员预先选定与

预测问题有关的专家 10～15 人，采用信件或电子邮件往来的方式与其建立联系，将他们的意见进行整理、综合、归纳后再匿名反馈给各位专家再次征求意见，按这种方式多次反复，直至使专家们的意见趋于一致，最后得出预测结论。具体步骤为：

（1）选择专家。专家人数的确定依据所预测的问题的复杂性和所需知识面的宽窄，一般以 10～15 人为宜。所选择的专家彼此不发生联系，只用书信的方式与预测人员直接发生联系。

（2）编制并邮寄"专家应答表"。首次交往需向专家介绍预测的目的，提供现有的相关资料，并邮寄"专家应答表"。

（3）分析整理"专家应答表"。收集专家的意见和反应，整理"专家应答表"，进行综合、分析、归纳等工作。

（4）与专家反复交换意见。将整理、分析、归纳和综合的结果反馈给各专家并进一步提供有关资料，让专家修订自己的意见，填写"专家应答表"，如此反复进行直至得出预测结论。

（5）将最终预测结论函告每位专家并致谢。

采用德尔菲法的优势是：

（1）可以消除召开专家讨论会所出现的随声附和、崇拜专家、固执己见和有顾虑等弊病。

（2）可使意见迅速集中。

这种方法是在假设预测项目的各因素之间无交互作用的前提下进行的，因此有一定的局限性，在使用该方法时，必须注意这一点。

2. 定量分析

目前，已有的物流需求定量预测方法，大体上可按时间特征、对象因素特征、构造模型过程这三方面来划分，如图 4.20 所示。

按时间特征分，物流需求预测法分为趋势外推（趋势分析）法和因果分析法。趋势外推法是从事物的时间序列入手，寻找事物的变化特征及变化趋势，并选择适当的模型形式和模型参数建立预测模型。常用的方法有移动平均法、指数平滑法、外延平滑法、适应性平滑法及季节平均法等。因果分析法是对预测对象同其影响因素间的联系进行分析，建立预测对象与其所能观察到的相关度强的变量间的因果预测模型的方法。常用的有一元线性回归分析法和多元线性回归分析法。无论是趋势外推法，还是

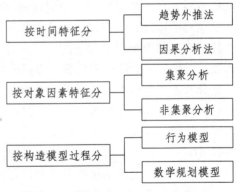

图 4.20 定量分析中常见预测方法分类

因果分析法，都只能局限于一个独立的预测对象。趋势外推法受环境的影响较大，当外界条件发生较大变化时，其预测值可能发生突变；因果分析法对于单一的因果关系有较好的预测效果，而当要素是非单一的、综合性的关系时，就不能达到满意的要素集合分析。

按对象因素特征分，物流需求预测方法分为集聚分析和非集聚分析。集聚分析是将预测对象所在空间集合成分区作为研究对象，着眼于研究分区内物流总体的活动特征，建模基础是各分区的物流活动总况。主要由增长系数模型、弹性系数模型、重力模型、比例模型、最短路模型组成一个预测体系。非集聚分析的核心是效用最大化理论，它着眼于细分的个体的活动行为。主要包括类别生成法，分对数模型、概率模型等。现阶段，这种按对象因素特征

分类的预测方法应用越来越广泛。该类方法应用于实际时，需要根据预测范围、预测时间和预测对象特征的要求进行选择和组合。

按构造模型过程分，物流需求预测方法分为行为模型和数学规划模型。行为模型是以物流活动主体行为特征来建立模型。数学规划模型则是整体优化模型，一般有静态优化和动态优化两类模型。静态优化模型有线性规划和非线性规划，主要运用线性规划解决物资调运、分配和人员分派的优化问题；运用整数规划选择市场的厂址和流通中心位置。动态规划一般用以解决含有时间和空间变量的技术和经济问题。行为模型较微观，其针对性较强，主要运用于短期的、局部的需求预测，不适合中长期的、宏观的规划和设计；数学规划模型较复杂、运算困难，主要用于理论方法和模型算法的研究。

从现阶段国内外已有的物流预测研究来看，经常运用的预测方法有回归分析、指数平滑、马尔科夫分析、时间序列模型以及灰色模型和投入产出分析，其中大多属于趋势外推法和因果分析法。

1）趋势分析 —— 时间序列分析

趋势分析是一种利用包含有相对清楚而又稳定的关系和趋势的数据的统计方法。由于事物的时间序列展示了事物在一定的时期内的发展变化过程，因而，可以从事物的时间序列分析入手，寻找出事物的变化特征及变化趋势，并通过选择适当的模型形式和模型参数建立预测模型。如图 4.21 所示，趋势分析中最具代表性的预测技术是时间序列预测技术，它是用事物过去的变化特征描述和预测未来的变化特征。这种方法适宜对各种事物进行短、中期预测。时间序列预测法基于这样的原理：一方面，承认事物发展的延续性，因为任何事物的发展总是同它的过去有着密切的联系的，

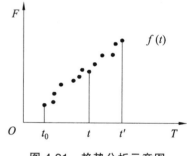

图 4.21　趋势分析示意图

因此，运用过去时间序列的数据进行的统计分析，就能够推测事物的发展趋势；另一方面，又充分考虑到事物发展偶然因素的影响而产生的随机性，为了消除随机波动的影响，利用历史数据，进行加权平均等方法对数据加以适当的处理，进行趋势预测，按历史数据描出事物发展的轨迹，根据事物过去的变化特性的描述和预测未来的变化特征拟合出关于时间变量的函数 $f(t)$。

时间序列预测技术包括各种分析历史数据的类型和动态的方法。常用的方法有时间回归法、移动平均法、指数平滑法、外延平滑法、适应性平滑法及季节平均法等。

（1）移动平均法。

移动平均（Moving Average，简称 MA）预测是使用预测对象的时间序列中最近一组实际值的算术平均值，参与平均的实际值随预测期的推进而更新，并且每一个新的实际值参与到平均值时，都要剔除掉已参与平均值中最陈旧的一个实际值，以保证每次参与平均的实际值都有相同的个数，由此推出移动平均法的计算公式：

$$F_t = \sum_{i=1}^{n} \frac{S_{i-1}}{n} \tag{4.20}$$

式中　F_t —— 时期 t 的时间序列的移动平均值；

　　S_{i-1}——时间序列的第 $i-1$ 个元素；

　　n——参与平均的实际值个数。

　（2）指数平滑法。

　　指数平滑（Exponential Smoothing，简称 ES）是根据以前的需求水平和预测水平的加权平均数估算的未来预测值为基础。它是在移动平均法的基础上发展起来的一种预测方法，包括一次指数平滑法、二次指数平滑法和高次指数平滑法。

　　一次指数平滑法利用时间序列中本期的实际值与本期的预测值加权平均作为下一次的预测值，该模型的基本公式为：

$$F_t = D_{t-1} + (1-a)F_{t-1} \tag{4.21}$$

式中　F_t——时期 t 的一次指数平滑值（时期 t 的预测值）；

　　　　F_{t-1}——时期 $t-1$ 的预测值；

　　　　α——阿尔发因数或平滑常数（$0 \leqslant \alpha \leqslant 1$）；

　　　　D_{t-1}——时期 $t-1$ 的实际值，其计算公式为：

$$D_{t-1} = \alpha \chi_t \tag{4.22}$$

其中　χ_t——时期 t 的实际值。

　　指数平滑的优点在于可以快速计算新的预测，无需大量的历史记录和更新资料。因此，指数平滑高度适合计算机化的预测。根据平滑常数的值，它还有可能监督和改变技术敏感性。

　　使用指数平滑的关键在于选择 α 的值。如果使用的常数为 1，其净效果是将最近时期的实际值作为下一时期的预测值；如果使用非常低的值（如 0.01），产生的净效果是将预测下降到几乎是一种简单移动平均。α 的值越大，预测对变化越敏感，因而具有高度的敏感性。α 的值越小，预测对变化反应越缓慢，也对随机波动的反应减到最低限度。

　（3）外延平滑法。

　　外延平滑（Extended Smoothing）可以外延到包括趋势值和季节波动等要考虑的因素。外延平滑的计算类似于基本指数平滑模型的计算，可用最低限度的记录保存，迅速地计算新的预测。其做出反应的技术能力取决于平滑常数值，较高的数值提供快速的反应，但会导致过度反应。外延技术的主要特点是只考虑了直接趋势值和季节因数成分，没有正确地细分每一预测部分，因而过分敏感，影响预测精度。

　（4）适应性平滑法。

　　适应性平滑（Adaptive Smoothing）提供了定期考察 α 的有效方法。α 可以在每一次预测结束时进行考察，以便确定能产生完美预测的精确数值。更复杂的适应性平滑的形式还包括一种自动跟踪信号，以监视误差。当由于过分误差使信号启动时，该常数就自动增加，使预测对近期的平滑作出更大的反应。如果近期的实际值表现出很大的变化时，所增加的反应将会减少预测的误差。随着预测误差的减少，跟踪信号会自动地将平滑常数 α 返回到其原始数值上去。

　2）因果分析

　　这是一类对预测对象同其影响因素联系起来进行分析，建立预测对象与其所能观察到的相关度强的变量间的因果预测模型的方法。如图 4.22 所示，y 表示预测因子；x 表示预测对象有关的自变量；x_1，x_2，x_3，$\cdots$，x_n 为直接影响因素；x_{nn} 为间接影响因素。在所有预测方法中，这是一类比较复杂的方法，但这类方法可用于预测转折点。这类方法常用的预测技术有计量经济模型、投入产出法及回归模型等。其中，回归预测技术应用最小二乘法建立因变量与一个自变量或多个自变量之间的关系，它根据因果分析的思想，考虑到外部因素对预测目标的影响来探求事物未来的变化规律，它是通过大量收集统计数据，在分析变量间非确定性关系的基础上，找出变量间的统计规律性，并用数学方法把变量间的统计规律较好地表现出来，以便进行必要的预测。回归预测方法预测精度高，适合于短、中期预测。

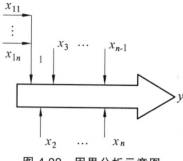

图 4.22　因果分析示意图

三、物流企业的市场需求预测的其他方法

1. 物流细分法

物流细分就是分析和识别每个客户的需求特性，按照一定的标准划分客户群，确定各个客户群的物流需求以及各种物流需求的优先性，从而根据物流企业自身的实力、竞争状况等因素确定目标市场，选择不同的目标市场战略。物流细分是大规模定制物流服务水平设计的基础。物流细分的方法是因素分析，以客户的物流需求和产品的物流特征为基础，这些因素主要包括购买关系性质、订货和账单送交方式、运送和服务支持、订单内容、运送内容等。

2. ABC 分析

1）ABC 分析的基本思想及发展历程

ABC 分类法是由意大利经济学家维尔弗雷多·帕累托首创的。1879 年，帕累托在研究个人收入的分布状态时，发现少数人的收入占全部人收入的大部分，而多数人的收入却只占一小部分，他将这一关系用图表示出来，就是著名的帕累托图。该分析方法的核心思想是在决定一个事物的众多因素中分清主次，识别出少数的但对事物起决定作用的关键因素和多数的但对事物影响较少的次要因素。后来，帕累托法被不断应用于管理的各个方面。1951 年，管理学家戴克（H. F. Dickie）将其应用于库存管理，命名为 ABC 法。1951—1956 年，约瑟夫·朱兰将 ABC 法引入质量管理，用于质量问题的分析，被称为排列图。1963 年，彼得·德鲁克（P. F. Drucker）将这一方法推广到全部社会现象，使 ABC 法成为企业提高效益普遍应用的管理方法。

2）ABC 分析的基本程序

（1）收集数据。即确定构成某一管理问题的因素，收集相应的特征数据。以库存控制涉及的各种物资为例，如拟对库存物品的销售额进行分析，则应收集年销售量、物品单价等数据。

（2）计算整理。即对收集的数据进行加工，并按要求进行计算，包括计算特征数值，特征数值占总计算特征数值的百分数，累计百分数；因素数目及其占总因素数目的百分数，累计百分数。

（3）根据一定分类标准，进行 ABC 分类，列出 ABC 分析表。各类因素的划分标准，并无严格规定。习惯上常把主要特征值的累计百分数在 60%～80%的若干因素称为 A 类，累计百分数在 20%～30%的若干因素称为 B 类，累计百分数在 5%～15%的若干因素称为 C 类。

（4）绘制 ABC 分析图。以累计因素百分数为横坐标，累计主要特征值百分数为纵坐标，按 ABC 分析表所列示的对应关系，在坐标图上取点，并联结各点成曲线，即绘制成 ABC 分析图。除利用直角坐标绘制曲线图外，也可绘制成直方图。

3）ABC 分析在物流企业需求预测中的应用

ABC 分析在物流企业需求预测中的应用，主要分布在库存、运输、客户服务、设施配置与投资等方面，能够全面把握主要物流需求；降低资金占用；实时掌握主要客户动态资料；使物流业务发展结构合理化；节约管理力量等作用。

下面以某物流公司运输的 m 中物流产品的 ABC 分析为例说明，其分析表如表 4.19 所示。

表 4.19　m 种物流产品的 ABC 分析表

一栏	二栏	三栏	四栏	五栏	六栏	七栏
物品名称	累计品品目数（序号）	累计品目数百分比（%）	年物流量（t）	年物流量累计(t)	累计年物流量占总量百分比（%）	分类结果
	1	2.78	1 833 600	1 833 600	60.5	A
	2	5.55	212 000	2 045 600	67.4	A
	3	8.33	181 900	2 217 500	73.3	A
	4	11.11	133 700	2 351 200	77.5	A
	5	13.89	104 005	2 455 205	80.9	B
	6	16.66	68 649	2 523 854	83.2	B
	7	19.44	68 320	2 592 174	85.5	B
	⋮	⋮			⋮	⋮
	m	100			100	

根据 ABC 分析表确定分类。按 ABC 分析表，观察第三栏累计品目数百分比和第六栏累计年物流量占总量的百分比。将累计品目数百分比为 5%～15%，而累计年物流量占总量百分比为 60%～80%左右的前几个物品，确定为 A 类；将累计品目数百分比为 20%～30%，而累计年物流量占总量百分比为 20%～30%左右的几个物品，确定为 B 类；其余为 C 类，C 类情况正好和 A 类相反，其累计品目百分比为 60%～80%，而累计年物流量占总量百分数仅为 5%～15%。

绘 ABC 分析图。以累计年物流量占总量百分比为纵坐标，以累计品目数百分比为横坐标是，按 ABC 分析表第三栏和第六栏所提供的数据，在坐标图上取点，并联结各点曲线，则绘成如图 4.24 所示的 ABC 曲线。按 ABC 分析曲线对应的数据，按 ABC 分析表确定 A、B、C 三个类别的方法，在图上标明 A、B、C 三类，则制成 ABC 分析图。在需求分析时，如果认为 ABC 分析图直观性仍不强，也可绘成如图 4.23 所示的直方图。

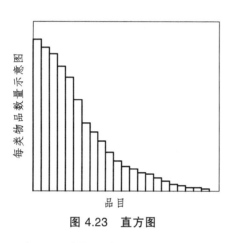

图 4.23　直方图

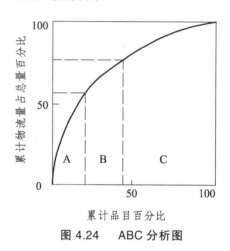

图 4.24　ABC 分析图

通过 ABC 分析得出的结果，公司可以很容易地掌握物流需求的主要类型、数量和特点，根据分析结果，更好地对未来物流运输、库存、订货等环节作出更好的决策，加强主要物流需求管理，减少流动资金占用。

注　释

[1]　制造资源计划，Manufacturing Resource Planning，简称 MRPⅡ：以物料需求计划（Materials Requirements Planning，简称 MRP）为核心，覆盖企业生产制造活动所有领域、有效利用制造资源的生产管理思想和方法的人-机应用系统。

[2]　能力需求计划，Capacity Requirements Planning，简称 CRP：确定为完成生产任务具体需要多少劳力和机器资源的过程。在 MRPⅡ系统中，已下达的车间订单和计划订单是能力需求计划的输入。能力需求计划将这些订单转换成不同时区、不同工作中心上的工时数。有时会出现这样的情况，粗能力计划分析认为企业的现有生产能力足以完成主生产计划，而能力需求计划经过更细致的分析，得出在某些时段生产能力不足的结论。

[3]　层，Level：在产品结构中，每个零件都被指定一个层次代码，标志该零部件的相对层次。通常，最终产品被指定为 0 层，直接组成它的部件被指定为 1 层，依此类推。MRPⅡ展开从 0 层开始，每次向下展开一层。

[4]　净需求，Net Requirements：在 MRPⅡ里，物料的净需求是通过毛需求减去现有库存量和预计入库量计算出来的，根据净需求、订货批量和提前期偏置即可构成计划订单。

[5]　德尔菲法，Delphi Method：又名专家意见法，是采用匿名发表意见的方式，即团队成员之间不得互相讨论，不发生横向联系，只能与调查人员进行交流，通过多次填写问卷，经过反复征询、归纳、修改，最后汇总成专家基于一致的看法，作为预测的结果、应对复杂任务难题的管理技术。

思 考 题

1. 物流需求的特征有哪些?

2. 物流需求预测的意义体现在哪些方面?

3. 简述基于 L-OD 的物流需求预测的基本原理。

4. 试根据物流分区原则对您熟悉的一个城市进行物流分区。

5. 区域物流需求预测调查的主要内容包括哪些,并介绍具体城市说明如何开展物流需求预测的调查工作?

6. 如何理解独立需求和相关需求的区别与联系?

7. 介绍基于 MRP II 原理的制造企业物流需求预测原理。

8. 基于 MRP II 原理的制造企业物流需求预测分为哪几个阶段?

9. 某航空公司过去 10 年物流量的统计资料如表 4.20 所示,试用时间序列预测法预测该公司今年的物流量。分别取 $n=3$ 和 $n=4$ 计算,并进行比较,选择预测模型较好的 n 值。

表 4.20 某航空公司过去 10 年物流量统计资料

周期(年)	1	2	3	4	5	6	7	8	9	10
物流量(万 t)	245	250	256	280	274	255	262	270	273	284

10. 试简述回归分析预测法的预测原理。

11. 某市 1998—2002 年的物流量与该市社会总产值的一组统计资料如表 4.21 所示,试分析该市物流量与社会总产值之间的关系,并用回归分析法预测该市社会总产值达到 52 亿万元时,该市的物流量是多少?

表 4.21 某市 1998-2002 年物流量与社会总产值统计资料

年度(年)	1998	1999	2000	2001	2002
总产值(亿万元)x	15.0	25.8	30.0	36.6	44.4
物流量(千万 t)y	39.4	42.9	41.0	43.1	49.2

12. 物流企业的需求预测的方法分为哪些?

13. 请用 ABC 分类法对下表产品进行分类,如表 4.22 所示。

表 4.22 某企业采购物资储备表

产品	每年使用量(t)	单位成本(万元)	采购额(万元)	占采购总额的比重(%)
1	5 000	1.5	7 500	2.9
2	1 500	8.00	12 000	4.7
3	10 000	10.50	105 000	41.2
4	6 000	2.00	12 000	4.7
5	7 500	0.50	3 750	1.5
6	6 000	13.60	81 600	32.0
7	5 000	0.75	3 750	1.5
8	4 500	1.25	5 625	2.2
9	7 000	2.50	17 500	6.9
10	3 000	2.00	6 000	2.4
合 计			254 725	100

参考文献

[1]　刘舒燕. 交通运输系统工程[M]. 北京：人民交通出版社，1998.

[2]　李旭宏. 道路交通规划[M]. 南京：东南大学出版社，1997.

[3]　王之泰. 现代物流管理[M]. 北京：中国工人出版社，2001.

[4]　董肇君. 系统工程与运筹学[M]. 北京：国防工业出版社，2003.

[5]　尚家尧编著. 管理信息系统分析与设计[M]. 广州：广东人民出版社，2002.

[6]　刘伯莹，周玉清，刘伯钧，等. MRP2/ERP原理与实施[M].（第二版）. 天津：天津大学出版社，2001.

[7]　温咏棠. MRPⅡ制造资源计划系统[M]. 北京：机械工业出版社，1994.

[8]　陈启申. MRPⅡ制造资源计划基础[M]. 北京：企业管理出版社，1997.

[9]　李东著. 管理信息系统的理论与应用[M]. 北京：北京大学出版社，1998.

[10]　张金城主编. 管理信息系统[M]. 北京：北京大学出版社，2001.

[11]　方仲民主编. 物流系统规划与设计[M]. 北京：机械工业出版社，2003.

[12]　张宗成主编. 物流信息化[M]. 广州：中山大学出版社，2001.

[13]　张锦，牟惟仲，张姝慧. 全程物流条件下物流园区信息系统规划与布局的研究[J]. 物流技术，2001(5).

第五章　物流系统的供应分析

现代物流系统的供应主要是由物流网络的节点和线路形成的，一般由能力和服务水平体现。本章首先介绍物流供应的特征、影响因素、供给函数、形成机理。然后对节点、线路，集装箱的能力与服务水平进行了分析。通过学习，了解物流系统的供应来源，掌握物流系统供应分析的一般方法。

第一节　物流供应的特征与机理

一、物流供应的特征

物流供给是物流系统性能的综合表现，一般指节点与线路的能力与服务，通常是由物流服务方以物流节点、线路、信息系统等设施和技术为基础，按照客户的需要，组织各种方案来实现的。如运输能力、仓储的库容量、物流中心的处理能力、配送的速度等。

节点的供给主要是指在物流园区（或物流中心、配送中心）、车站、码头中的存放场所进行的包装、装卸、保管和流通加工的设施设备的容量及服务水平，主要体现形式是仓库及堆场；线路的供给主要是指运输网络中设施及其线路的能力及服务水平。

一般情况下，物流供给也应包含信息系统的能力与水平，只是由于信息系统的特殊性，常常独立分析，单独规划设计。

1. 物流供应的关联性

物流供应与需求是相互关联，互相制约的，与需求共生存、共发生、共消失。物流需求的增加会促进物流供应设施的建设，同样，物流供应质量的提高会激发潜在的物流需求。在物流供应中，诸如仓库、货运场站、码头、航空港等硬件设施需要发挥作用依赖于经营管理、组织协调等软件机制，硬件与软件具有极强的关联性，只有两者相互配合，才能实现供应的目的。

2. 物流供应的时效性

物流供应系统提供的服务产品是物的时间转移与空间位移，产品在服务过程中同时被消费，产品不具实物形态，不能储存及移动。

3. 物流供应的经济性

物流供应系统是一个投入产出系统，需要消耗资源，产出的产品为服务。在服务过程中，如何经济合理地利用供应系统中的资源，尽可能提高供应能力和服务水平是供应系统追求的目标。

4. 物流供应的连续性

物流供应系统是一个连续系统，它的连续性表现为物流过程的连续性与服务时间的连续性。以物流供应系统中典型的交通运输系统为例，其货物运输生产过程是由集、装、运、卸、散诸环节所组成的生产全过程。在时间上，交通运输系统必须全年、全月、全日地运转，而不能发生任何中断，如果发生运输中断，就破坏了运输的正常运转，从而给经济带来影响。

二、物流供应的影响因素

物流供应系统的运行及改善有赖于以下几个主要影响因素：

1. 社会经济发展水平

物流是经济社会发展到一定阶段的产物，物流供应受经济社会发展水平的制约。例如，经济发展水平很低的地区或时期，社会生产力低下，就不存在完整意义的物流服务供应。随着经济社会的发展，贸易范围的扩大，分工的进一步深化，特别是工业革命和现代科技革命以后，物流需求大量涌现，物流供给的基础设施和技术装备不断加强，现代化的物流服务体系才得以建立起来。

2. 价　　格

价格是影响物流市场上物流服务供应量的重要因素。在一定时期内，价格高，物流服务供应总量就会增加；价格低，物流服务供应总量就会下降。合适的物流服务价格是一个健康物流市场的前提条件。

3. 技　　术

物流技术和基础设施是物流系统供应的基础性条件。技术是物流系统供应的重要决定因素，物流技术与装备水平的提高，能对物流系统供应能力产生革命性的影响。进入 21 世纪后，以计算机网络为代表的信息技术的广泛应用，才使得人们能够以更加精确、迅捷的方式实现空间位移。

4. 物流需求

物流需求规模的大小和变化方向决定了物流系统供应的可能空间和发展方向。物流需求缺乏，则会使物流系统供应缺乏动力。物流需求旺盛，物流系统供应相对就会充足。如果存在潜在巨大的物流需求，则对未来的物流系统供应有很强的诱导作用。

5. 制度和政策

制度和政策是影响物流系统供应的重要因素。例如，市场准入的条件决定了物流企业进入市场的难易程度，严格的市场准入条件将会提高企业从事物流服务的技术门槛，从而影响市场物流节点供给的总量，但也会提高物流服务的质量。而消除一些制度壁垒，如近年来全球范围内放松运输管制，对全球贸易和全球物流产生了重大影响。

三、供给函数

供给函数反映了物流供应系统特征和物流供应系统输出水平之间的关系，或者说它是一

个反映需求函数的逆函数关系的函数，如图 5.1 所示。需求函数建立了物流需求量受物流服
务水平等因素影响的关系；而供给函数则建立了服务
水平是如何受物流需求量等因素影响的关系。如果认
为大多数服务水平特征都是物流成本的组成部分，那
么供给函数就类似于使用者平均总成本函数。同样，
供给函数给出了物流服务与可见成本之间的关系也是
很重要的。一般来说，分析者是通过经验观察来确定
物流系统的可见价值和实际价值的不同。由数据估计
出来的需求和供给模型还代表了使用者的行为，因而
应考虑使用者对物流供应特征的感觉问题。

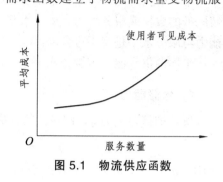

图 5.1　物流供应函数

四、物流供应系统的形成机理

物流供应与物流需求存在共发生、共消失的关联性，物流需求是由社会经济活动，特别是
制造与经营活动所派生的一种服务需求，因此，物
流供应与社会经济活动也是紧密相关的。另外，外
界环境与资源也是影响物流系统供应的主要因素。
物流系统的供应形式由物流市场的服务价格、服务
水平、物品类型、流量、流向、流程等决定。物流
供应系统的形成机理如图 5.2 所示。其中：R 代表资

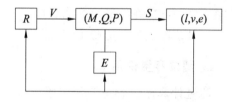

图 5.2　物流供应系统的形成机理

源；E 代表环境；V 代表物流需求；S 代表物流供应；M 代表物品类型；Q 代表物品数量；P 代
表物品价格；l 代表流量；v 代表流向；e 代表流程。

第二节　物流节点的供应分析

物流节点是物流系统中物流园区、货运场站、物流中心、配送中心中关键设施的总称。
物流节点设施的供应分析，通常所指的是对如上设施的能力进行计算、服务水平进行评价。
从本质上来说，仓库及堆场是物流节点中的关键设施，不同的节点内部均是由单个（多个）
仓库或堆场加上附属设施构成的。仓库主要分为两类，一类是平库，一类是立体仓库。堆场
是用来存放不怕湿的散堆装货物、粗杂品、集装箱和阔大货物的场地。堆场可以分为平货位、
低货位两种基本类型。

一、平库能力分析

平库是指各类建筑中的单层式库房，也就是传统的普通库房。一般有钢筋混凝土结构和
钢架金属屋面结构等，主要有基础、站台、骨架、柱、顶、墙、地面、门、窗、装卸货平台、
雨棚、通风装置、防潮、防火、电气、照明、保温等设施。在平库中，货物可以堆码存放，
也可以货架形式存放。

平库的供应能力与服务水平从不同角度反映了仓储的性质与功能，供应能力主要反映仓储服务的数量或服务能力，服务水平主要反映仓储的服务质量或服务的满意度。仓储的供应能力与服务水平是密不可分的。

平库的供应能力与服务水平主要通过以下指标描述。

1. 仓储能力

货位的储存能力 q，即货位的存货量，是所选用的货位能堆存计划安排货物的总数量。

$$q = ps \tag{5.1}$$

式中　q——某货位的储存能力，t；

　　　　p——该类货物的仓储定额，t/m²；

　　　　s——该类货物所存放货位的有效占用面积，m²。

仓储能力 Q，包括某一仓库或整个库区对特定货物的存放能力。

$$Q = \sum ps \tag{5.2}$$

式中　Q——仓库的储存能力，t；

　　　　其余符号含义同式（5.1）。

2. 储位容量使用率

通过计算储位容量的使用率可以用来衡量储位空间应用是否合理。

$$CU = \frac{SV}{CV} \times 100 \tag{5.3}$$

$$US = \frac{AS}{A} \tag{5.4}$$

式中　CU——储位容量使用率，%；

　　　　SV——存货总体积，m³；

　　　　CV——储位总体积，m³；

　　　　US——单位面积保管量，件/m²；

　　　　AS——平均库存量，件；

　　　　A——可保管面积，m²。

3. 库存周转率

库存周转率是反映物品周转状态的指标，也是仓库利用状态的指标，可衡量现货存量是否合理。库存周转率是一个重要的指标。

$$TR = \frac{CQ}{AS} = \frac{T}{AI} \times 100 \tag{5.5}$$

式中　TR——库存周转率，%；

　　　　CQ——发货量，件；

　　　　AS——平均库存量，件；

　　　　T——某库存成本下的年销售额，元；

AI —— 平均库存投资，元。

二、立体仓库能力分析

立体仓库一般为单层式建筑，建筑结构高度比普通仓库高。立体仓库的建筑高度一般在 5 m 以上，最高的可达 40 m，常用的一般在 7～25 m；它通常是机械化仓库，配置多层货架，货架的形式多种多样，常见的是储存单元货物（以货箱、托盘为一单元组合）的立体仓库。立体仓库中的自动化立体仓库是当前技术水平较高的形式。它的主体由货架、巷道式堆垛起重机、入出库工作台和自动运进及操作控制系统组成。

立体仓库根据货架、建筑物构造、库中机械和功能可分为以下几种：

（1）按货架高度分类。立体仓库可分为高层立体仓库（货架高度在 15 m 以下）、中层立体仓库（货架高度在 5～15 m）、低层立体仓库（5 m 下）。

（2）按货架构造分类。立体仓库可分为单元货格式立体仓库，是一种标准格式的通用性较强的立体仓库，每层货架都是由同一尺寸的货格组成，货格开口面向通道，装取货机械在通道中行驶并能对左、右两边的货架进行装、取作业；贯通式货架，是一种密集型的仓库，货架之间没有间隔，不留通道，货架紧靠在一起，形成了一个货架组合整体；自动化柜式立体仓库，是小型可移动的封闭式立体仓库，由柜外壳、控制装置、操作盘、储物箱及传动机构组成；条形货架立体仓库，它的每层都伸出支臂，专门利用侧式叉车进行出货。

（3）按建筑物构造分类。立体仓库可分为一体型立体仓库，它的高层货架与建筑物是一体，高层货架不能单独拆装；分离式立体仓库，它的建筑物与高层货架不是联为一体的，而是分别建造。

（4）按立体仓库装取货物机械种类分类。立体仓库可分为货架叉车立体库和巷道堆垛机立体库。

（5）按功能分类。立体仓库可分为储存式立体仓库和拣选式立体仓库。

为了介绍立体仓库的供应能力与服务水平的计算原理，这里选取配置堆垛机的立体仓库来分析。堆垛机一般通过以下指标来反映其供应能力和服务水平。

1. 堆垛机的作业循环时间

堆垛机的作业循环时间分为平均单一作业循环时间和平均复合作业循环时间。

（1）平均单一作业循环时间是指堆垛机从某一出入库站开始，向所有货格进行入库作业循环（或出库作业循环）的平均时间。如图 5.3 所示，对于单货叉、单伸长式的堆垛机，当货架为 m 列、n 层时，作业时间为：

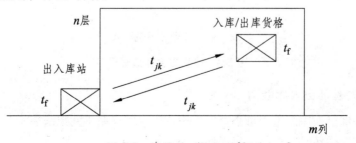

图 5.3　平均单一作业时间

$$T_s = \frac{2\sum\limits_{j=1}^{m}\sum\limits_{k=1}^{n} t_{jk}}{mn} + 2t_f + t_i \tag{5.6}$$

式中　T_s —— 平均单一作业循环时间，s；

　　　　t_{jk} —— 从入库站开始到 j 列 k 层单程移动时间，s；

　　　　t_f —— 叉货时间，在出入库站或货格处货物移动的时间，s；

　　　　t_i —— 停机时间，控制延迟时间等，s。

（2）平均复合作业时间是指入库作业后，进行出库作业时的作业循环时间。

计算方法是：随机确定入库货格和出库货格，计算适当次数的货格移动时间。把其平均值加在平均单一作业循环时间里，在入库站和出库站的位置不同时，还应加上它们之间的移动时间。如图 5.4 所示，对于单货叉、单伸长式的堆垛机作业时间为：

$$T_D = \frac{2\sum\limits_{j=1}^{m}\sum\limits_{k=1}^{n} t_{jk}}{mn} + 4t_f + t_t + t_s + t_i \tag{5.7}$$

式中　T_D —— 平均复合作业循环时间，s；

　　　　t_t —— 平均货格间移动时间，随机确定入库货格和出库货格，作为适当次数货格间移动求得所需时间的平均值，s；

　　　　t_s —— 出入库站间移动时间，s。

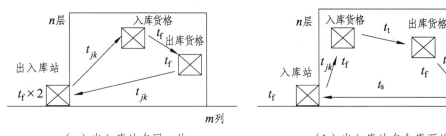

　　（a）出入库站在同一处　　　　　　　　　（b）出入库站在仓库两端

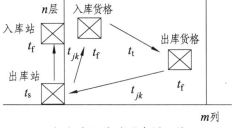

（c）出入库站不在同一处

图 5.4　平均复合作业时间

2. 堆垛机的基准出入库能力

堆垛机的基准出入库能力用每小时内入库或出库的存储单元数来表示。

平均单一作业循环时间的基准出入库能力：

$$N_s = \frac{3\,600}{T_s} \tag{5.8}$$

式中　N_s ——每小时的入库或出库的存储单元数,单位为最小存货单位(Stock Keeping Unit,简称 SKU);

平均复合作业循环时间的基准出入库能力:

$$N_D = \frac{3\,600}{T_D} \tag{5.9}$$

式中　N_D ——每天的入库或出库的存储单元数,SKU。

三、堆场能力分析

1. 散货堆场

散货堆场一般有堆池、台式堆放、锥式堆放等形式,如图 5.5 所示,一般以台式堆放作为计算参考。

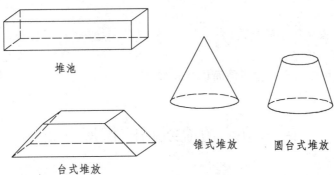

堆池

台式堆放

锥式堆放　　圆台式堆放

图 5.5　散货堆放形式

散货堆场所需面积大小可由下式进行估算:

$$A_1 = \frac{E_1}{\alpha h} \tag{5.10}$$

式中　A_1 ——堆场的估算面积,m^2;

　　　E_1 ——堆场的日平均堆存量,t;

　　　α ——堆放 1 m 高时的单位面积(1 m^2)存放量,t/m^3;

　　　h ——堆放的平均高度,m。

一般堆场的单位面积存放量可参考如下取值:黑色重金属类 2.4~3.0 t/m^3;矿石类 1.2~2.0 t/m^3;非金属材料类 0.5~0.7 t/m^3;化工材料类 0.4~0.6 t/m^3;煤炭类 0.6~0.8 t/m^3;建筑材料(砂、石、水泥)类 0.8~1.2 t/m^3;木材类 0.4~0.6 t/m^3。

实际估算时,可以根据堆场物流量结构的情况,不分货物品类,并考虑堆垛间的通道和容积利用系数等,取综合平均值,一般考虑范围在 0.5~1.5 t/m^3 内。

堆场的堆放高度应根据作业方式和作业设备来进行,如选用桥式起重机,其层高可以达到 6~7 m,人工堆码,堆垛高度不超过 3 m。一般层高可以在 2~3 m 的范围内考虑。

2. 集装箱堆场

集装箱堆场的面积主要取决于集装箱到发量。根据集装箱到发量，以及场内存放的重、空集装箱数量，根据每日作业量、作业方式、存放集装箱数、保管期限、堆放层数、"门到门"运输比重和集装箱场地的备用系数等条件来计算办理站需要的箱位数，再综合考虑自动化程度、装卸机械类型、通路布置形式等因素可得出集装箱堆场的面积。

集装箱堆场各分区面积由集装箱实际占地面积、过道和龙门吊作业用地构成。集装箱堆场各分区面积与集装箱堆存期、堆码高度、堆存需求量、每集装箱所占用的堆场面积等因素有关，如式 5.11 所示：

$$S_{分区} = S_i \times (Q_i D_i k t_i / H_i k_H T) \tag{5.11}$$

式中　$S_{分区}$——集装箱堆场分区所需堆场的面积，m^2；

　　　Q_i——进入该物流中心集装箱堆场分区的年总集装箱物流量，单位为标箱（Twenty-foot Equivalent Unit，TEU）[1]；

　　　D_i——分区集装箱平均堆存期，d；

　　　kt_i——堆存不平衡系数；

　　　T——堆场营运天，d；

　　　H_i——分区集装箱堆码层数；

　　　k_H——高度利用系数；

　　　S_i——分区单位平面箱位所需面积，m^2/TEU。

第三节　物流线路的供应分析

物流线路的供给主要指运输网络中设施及其线路的能力及服务水平，依据交通运输方式的不同，可以分为基于水运的线路、基于铁路的线路、基于公路的线路、基于航空的线路及综合线路。在分析供应时，各运输方式的线路或场站的能力是关键。

一、水路运输能力

水运的供给能力包括航道通过能力和港口通过能力。

1. 航道通过能力

航道通过能力是指在一定的船舶技术性能和一定的运行组织方法条件下，一定航道区段在单位时间（昼夜、月、年或航期）内可能通过的货吨或船吨数，它取决于各困难航道的通过能力及其相互影响。

影响航道通过能力的因素很多，它包括航道和船舶的技术性能、经济因素、自然因素及运行组织方法等方面。

（1）航道和船舶的技术性能包括：天然航道区段的通航尺度（深度、宽度、弯曲半径）和人工运河及船闸的尺度与设备；航道通航及枯、中、洪水位的水深，历期的流速；天然航道的航标设置和过滩设备能力；航道困难地段（如急流、浅滩、单行水道）的长度、数量及分布；船舶尺度（长、宽、吃水）；船舶和船队的速度。

（2）经济因素主要是指航区的客流结构及船舶性能与货物性能的适应情况。

（3）自然因素主要是指风、雨、雾等自然气象因素。

（4）运行组织因素包括：所采取的发船方法、船舶（船队）通过困难地段的方法和驾驶人员的技术水平。

上述四方面的影响因素，前三者属于客观条件，后者主要取决于人的因素。因此，提高管理人员素质，充分发挥人的积极因素，对提高航道通过能力也有重要意义。

1）天然航道通过能力的确定

天然航道包括自由行驶区段和受限制区段（困难区段）。自由行驶区段是指船舶可以自由对驶和超越的航段，其通过能力一般不受限制。困难区段是指航道狭窄、弯曲半径小、水流急、有险滩、暗礁的航段或浅水航段，船舶通过这些航段会受到不同的限制。例如，有的航段船舶不能夜航；有的航段只能单船（船队）行驶，不能对驶和超越，船舶要在统一指挥下顺序地通过；在浅水地段船舶吃水要受限制，不仅如此，如果船舶行使在有几个困难地段的航道上，这些限制条件还可能互相制约。因此，某航道区段的通过能力，必须在全面分析各困难地段通过能力的基础上才能确定。

确定天然航道通过能力的方法有计算分析法和图解分析法两种。图解分析法较为方便，其大致步骤为：

（1）收集和掌握资料，如区段内不同水位时期的禁止夜航地段和禁航时间，单行水道位置和长度，过滩设备（或工作拖船）的有关资料，自然因素资料等。

（2）确定通过航道区段的航线，航线上营运的标准船型及其负载率指标，船舶的发船方法。

（3）计算区段内困难区段的通过能力。

（4）全面分析区段内各困难区段的相互制约关系，确定整个区段的通过能力。

对于单行水道，为了保证船舶（船队）的航行安全，在它的两端设有警戒标志，在警戒线范围内，船舶不得对驶和超越。这段限制距离称为单行水道控制长度，它大于单行水道的实际长度[因为行驶中的船舶（船队）之间必须保持一定的行驶间隔]。它的长度由安全管理部门根据航道特点、船舶（船队）尺度、驾驶技术等条件规定。在困难航道分布图上，单行水道的长度用控制长度表示。

通过航道区段的船型很多，为了计算方便起见，可分客货船、货船和船队不同类型来确定其平均航速、平均载重量和平均负载率指标。另外，由于内河在不同水位时，上水与下水船舶的载重量和航速都不相同，也需要分别确定。

通过困难区段的发船方法主要有两种，即单对发船（见图5.6）和成批对发船（见图5.7）。从图5.6可以看出，通过单行水道单对发船同向连续发船的间隔时间为：

$$t_{单对间} = t_{上航} + t_{下航} = \frac{L_{控}}{v_{上}} + \frac{L_{控}}{v_{下}}$$

(5.12)

式中　$t_{上航}$、$t_{下航}$——通过单行水道上水和下水的航行时间，h；

$v_{上}$、$v_{下}$——通过单行水道上水和下水的航速，km/h；

$L_{控}$ —— 单行水道的控制长度，km。

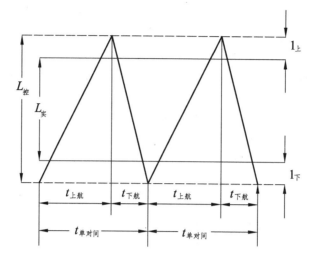

图 5.6　单行水道单对发船图

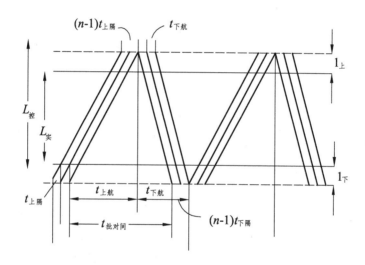

图 5.7　单行水道成批对发船图

从图 5.7 可知，通过单行水道成批对发船同向连续两批发船的间隔时间为：

$$t_{批对间} = t_{上航} + t_{下航} + (n-1)t_{上隔} + (n-1)t_{x下隔} = t_{单对间} + (n-1)(t_{上隔} + t_{下隔}) \qquad (5.13)$$

式中　$t_{上隔}$、$t_{下隔}$ —— 上水和下水成批发船同一批中前后两船（船队）之间的时间间隔，h；

　　　　n —— 同一批中连发的船艘（队）数。

在图解一昼夜内通过各类型船舶的对数时，可先将要通过的客货船、机动货船对数和木排个数绘于图上。这样，根据图上的剩余时间即可决定能通过的船队对数，如图 5.8 所示。由图 5.8 可知，可通过的船队批对为：

$$M_{批对} = \frac{t_{隔}}{t_{批对间}} \qquad (5.14)$$

式中 $t_隔$ ——一昼夜内通过其他类型船舶后剩余的时间，h。

求得的批对数乘以每批中的船队数，即可得昼夜内剩余时间可通过的船队对数。

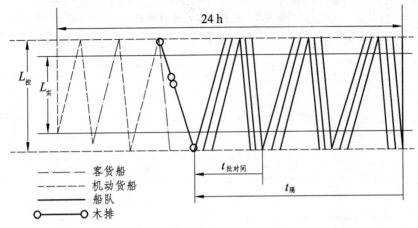

图 5.8 单行水道昼夜通过各类船舶（木排）分配图

求得通过的各类船舶（船队）及其平均载重量和平均负载率指标后，即可得出某困难地段的昼夜通过能力（$\sum Q$，用货吨表示）：

$$\sum Q = m_客 \bar{\alpha}_客 \bar{D}_客 + m_货 \bar{\alpha}_货 \bar{D}_货 + m_排 \bar{Q}_排 + m_队 \bar{\alpha}_队 \bar{D}_队 \tag{5.15}$$

式中 $m_客$、 $m_货$、 $m_排$、 $m_队$ ——客货船、货船、木排、驳队昼夜通过的数量；

$\bar{D}_客$、 $\bar{D}_货$、 $\bar{D}_队$ ——客货船、货船、驳船的平均载重量，t；

$\bar{\alpha}_客$、 $\bar{\alpha}_货$、 $\bar{\alpha}_队$ ——客货船、货船、驳船的货运平均负载率指标。

如果不采用平均载重量和平均负载率的方法，而采用通过的各类型船舶（船队）分别计算，则可运用如下公式：

$$\sum Q = \sum \alpha_客 D_客 + \sum \alpha_货 D_货 + \sum Q_排 + \sum \alpha_队 D_队 \tag{5.16}$$

式中 $\alpha_客$、 $\alpha_货$、 $\alpha_队$ ——客货船、货船、驳队的货运负载率指标。

同理，只要知道通过其困难区段的作业程序和作业时间，也可求出其他困难区段的通过能力。当各困难区段的通过能力计算出来后，还应检查分析各困难区段的相互制约关系，才能确定出整个区段的通过能力。同时，还要根据历史统计资料，考虑自然气象因素的影响，对通过能力进行必要的修正。

2）人工航道通过能力的确定

人工运河及渠化河段，为保证船舶顺利通过航道上的集中水位落差，一般都建有称为通航船闸的箱形水工建筑物。根据沿船闸轴线方向的闸室数，船闸可分为单级船闸、双级船闸和多级船闸（或称单室船闸、双室船闸和多室船闸）；根据同一枢纽中布置的船闸数，船闸又可分为单线船闸、双线船闸和多线船闸。通常情况下一个枢纽只布置一个船闸（即单线船闸），且多为单室船闸。

船舶通过船闸要受到一定限制，不能自由行驶，这就是说人工航道的通过能力主要取决于船闸的通过能力。因此，要确定人工航道的通过能力，首先要研究船舶通过船闸的作业程序和各项作业所需的时间。船舶通过单室船闸的作业及其作业程序如表 5.1 所示。

表 5.1　船舶过闸作业程序表

单向通过单室船闸	双向通过单室船闸
1. 船舶驶进闸室	1. 甲船驶进闸室
2. 关闭闸门	2. 关闭闸门
3. 调整闸室水位（通过输水管路）	3. 调整闸室水位
4. 开放闸门	4. 开放闸门
5. 船舶驶离闸室	5. 甲船驶离闸室
6. 半闭闸门	6. 对驶乙船驶进闸室
7. 调整闸室水位	7. 关闭闸门
8. 开放闸门	8. 调整闸室水位
	9. 开放闸门
	10. 乙船驶离闸室

要确定船闸的通过能力，除了应先计算出通过船闸的作业时间外，还应计算同向过闸的间隔时间。而同向过闸的间隔时间，与船舶通过船闸的方法有关。因此，还必须先决定船舶通过船闸的方法。

船舶通过船闸的方法有单对通过（见图 5.9）和成批对发通过（见图 5.10）两种。将图 5.9、图 5.10 与表 5.1 加以对照可知，$t'_单$ 是单向通过单室船闸的作业总时间，$t'_{单对闸}$ 是双向通过单室船闸的作业总时间，显然，$t'_{单对闸} < 2t'_单$。从图 5.10 可以看出，通过单室船闸的同向连续两批的间隔时间（$t'_{批对闸}$）应为：

$$kt'_{批对闸} = kt'_{单对闸} + 2(n'-1)t'_单 \qquad (5.17)$$

式中　n' —— 同向同批的过闸次数；

　　　k —— 闸室数。

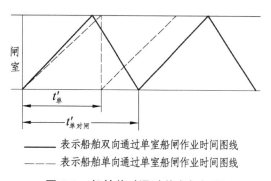

—— 表示船舶双向通过单室船闸作业时间图线
---- 表示船舶单向通过单室船闸作业时间图线

图 5.9　船舶单对通过单室船闸图

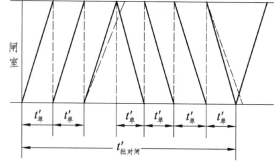

图 5.10　船舶成批对发通过单室船闸图

船舶单对通过多室船闸的情况如图 5.11 所示。若把船舶通过每个闸室的作业时间都看做是 $t'_{单对闸}$ 的一半，则单对通过多室船闸同向连续过闸的间隔时间（$t'_{单对闸多}$）为：

$$t'_{单对闸多} = kt'_{单对闸} \cdot t'_{单} \tag{5.18}$$

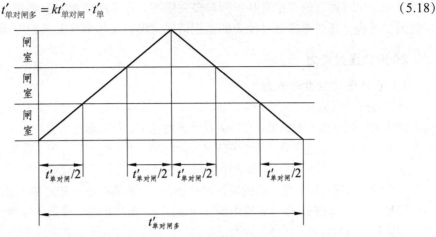

图 5.11 船舶单对通过多室船闸图

船舶成批对发通过多室船闸的情况如图 5.12 所示。从图中可以看出，成批对发通过多室船闸同向连续两批过闸的间隔时间（$kt'_{批对闸多}$）为：

$$kt'_{批对闸多} = kt'_{单对闸多} + 2(n'-1)t'_{单} \tag{5.19}$$

在一昼夜内成批对发通过多室船闸单向的过闸次数（p）为：

$$p = \frac{24n'}{kt'_{批对闸多}} = \frac{24n'}{kt'_{单对闸多} + 2(n'-1)t'_{单}} \tag{5.20}$$

最后根据确定的通过方法，并分配好各类船舶的过闸次数，确定出每闸通过的船吨数或平均船吨数以及负载率指标或平均负载率指标，即可按相应公式计算出以货吨表示的通过能力。

从以上的图解和公式可知，单室船闸（$k=1$）昼夜内过闸的次数，与同向同批连续过闸的次数呈递减变化关系，而多闸室船闸与向同批连续过闸的次数则是呈递增变化关系。过闸次数 p 随同同批向过闸次数 n' 和闸室数 k 变化关系如图 5.13 所示。因此，对单线船闸的单室

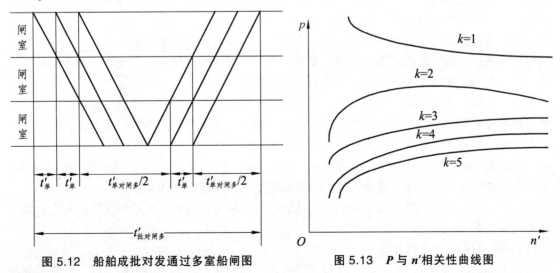

图 5.12 船舶成批对发通过多室船闸图　　　　图 5.13 P 与 n' 相关性曲线图

船闸，采用单对通过的方法有利，而对多室船闸，则采用成批对发通过有利。当然，采用怎样的通过方法，还要考虑通过能力的适应情况、港口工作情况及其他方面的影响。

2. 港口通过能力

1）港口通过能力的概念

港口通过能力是港口企业的生产能力。它是在外部环境条件为一定时的港口各项生产要素和经营管理条件综合作用的结果。它分为理论通过能力、营运通过能力和后备通过能力。理论通过能力是港口最大的通过能力，是指港口在一定时期（通常是一年）内，在港口设施和劳动力一定时，在一定的组织管理条件下，最大限度利用港口各生产要素所能装卸的一定结构的货物的自然吨数。港口营运通过能力是港口的实际通过能力，是指港口在一定时期（通常是一年）内，在港口设施和劳动力一定时，在一定的组织管理条件下，港口各生产要素在得到合理利用时所能装卸的一定结构的货物吨数。它与理论通过能力的区别在于生产要素的利用程度不同。后备通过能力则是应付运输工具或货物密集到港时的那部分生产能力，在非高峰时则以闲置状态存在着。

2）影响港口通过能力的主要因素

（1）港口通过能力通常是指货类结构一定时的通过能力。在港口生产要素一定的前提下，不同时期通过能力的变化，主要是由货类结构的变化引起的。货类结构对通过能力的影响主要表现为货物种类、批量、单件重量、运输形式（如散装、包装等），以及货物在流向和时间上的分布特征等。

（2）港口设施和设备是港口企业进行生产活动的物质基础，其数量和规模、性能和技术状态是影响港口通过能力的主要因素。进港航道的水深、宽度、曲率半径及其可利用的潮位将限制进港船舶的最大尺度和来港船舶的艘数；锚地的规模、水深、掩护程度及其距港池或装卸泊位的距离决定着港口水上过驳能力、船舶让档时间及内河港口对船队的编解能力；泊位的数量、结构、水深及其装备情况，包括岸壁机械的数量、技术性能和技术状态都决定着泊位的通过能力；仓库和堆场的面积及其布置，仓库的结构特征，进出库场的方便程度和库场使用的机械，不仅决定着库场的能力，而且决定着装卸效率，它们是影响港口通过能力的主要因素；其他辅助设施和设备，如供电能力、港内运输能力、装卸机械的维修能力、港内导航设备等都会影响到主要设施和设备能力的充分发挥。

（3）港口的总体布置对通过能力的影响主要表现在码头的布置，码头前沿、堆场和仓库的相对位置；水域、路域面积是否满足需要；港内外交通的方便程度。此外，有水中转的港区，船舶之间的换装是否方便等，也会影响通过能力。

（4）装卸工人和机械司机的技术水平、数量和积极性的发挥程度是通过设备在时间上的利用程度及装卸效率的高低体现出来的。此外，装卸工人与司机的劳动组织形式，如轮班制度及工组的组成等，对港口通过能力也有影响。

（5）港口的自然条件，如风、雨、雪、雾、气温、水深，都会对港口通过能力产生影响。如有些货种雨天不能装卸，遇有大雾船舶不能进出港，使港口无法作业。

此外，港口的经营管理水平及港口系统和外部环境之间的协调发展程度等，对港口通过能力也起着重大的作用。

3）港口通过能力的计算

由于港口各环节的功能不同，计算单位也不一样，在计算港口通过能力时，首先需要分别计算各环节的能力，然后再把它们化为自然吨进行平衡，从而确定港口综合通过能力。

（1）各环节能力。

① 泊位装卸能力。泊位装卸能力用装卸船舶的货物吨数表示，计算公式为：

$$P_{泊营} = P_{泊理} \times K_{合泊} \qquad (5.21)$$

式中 $P_{泊营}$ —— 以装卸吨数表示的泊位营运装卸能力，t；

$\qquad$ $P_{泊理}$ —— 以装卸吨数表示的泊位理论装卸能力，t；

$\qquad$ $K_{合泊}$ —— 合理泊位利用率。

泊位理论装卸能力用下式计算：

$$P_{泊理} = N_{年} \times \bar{Q}_{船} \qquad (5.22)$$

式中 $\bar{Q}_{船}$ —— 每艘船平均在港装卸货物吨数，t；

$\qquad$ $N_{年}$ —— 全年所能装卸船舶艘数。

泊位全年所能装卸船艘数可用下式计算：

$$N_{年} = \frac{T_{年}}{t_{占} + t_{让}} \qquad (5.23)$$

式中 $T_{年}$ —— 泊位全年工作天数，指泊位全年可用以停泊船舶的天数，d；

$\qquad$ $t_{让}$ —— 船舶让档时间，指一般船舶离开泊位后，下一艘船舶开始靠泊以前，因技术原因必需的间隔时间，d；

$\qquad$ $t_{占}$ —— 船舶占用泊位时间，指船舶开始靠码头到船舶离开码头的延续时间，d。

以上计算的泊位装卸能力是在单一货种、单一船型的情况下进行的。由于不同货种、不同流向或不同船型，计算所用的参数不一样。因此，泊位理论装卸能力应先分货种、分流向和船型分别计算，然后再按下式计算泊位的综合理论通过能力：

$$P_{泊理综} = \frac{1}{\sum \dfrac{\alpha}{p}} \qquad (5.24)$$

式中 α —— 分货种、分船型、分流向的货物吨数占该泊位装卸货物总吨数的比重；

$\qquad$ p —— 与 α 对应的泊位理论装卸能力，t。

② 库场堆存能力。库场堆存能力（$P_{库场堆}$）是指库场在计算期内可以堆存的货物数量，它以货物堆存吨数表示，计算公式为：

$$P_{库场堆} = A_{库场总} \times K_{总利} \times \bar{P}_{堆} \times T_{库场} \times P_{库场运} / \bar{T}_{堆存} \qquad (5.25)$$

式中 $A_{库场总}$ —— 库场总面积，指仓库或堆场地面总面积，m²；

$\qquad$ $K_{总利}$ —— 库场总面积利用率，指库场有效面积与总面积的比值；

$\qquad$ $\bar{P}_{堆}$ —— 单位面积堆存定额，指同一时间内平均每平方米有效面积上所能堆存的货物吨数，t/m²；

$\qquad$ $T_{库场}$ —— 库场年工作天数，它等于港口年营运期减去仓库和堆场因为修理不能堆存货物的时间，d；

$P_{库场运}$ ——库场运用率，指平均每天在库场内堆存货物的数量和库场容量之比；

$\overline{T}_{堆存}$ ——平均堆存期，指平均每吨货物在库场内堆存的天数，d。

计算库场通过能力时，仓库和堆场能力要按泊位分别计算。在同一库场堆存若干种不同货物时，要先分货种计算库场的堆存能力，然后用调和平均的方法计算平均的堆存能力。

③ 铁路线装卸能力。铁路线装卸能力（$P_{装卸线}$）是指计划期内在铁路装卸线上可以装卸货车的货物吨数，它以铁路作业吨表示，计算公式为：

$$P_{装卸线} = N_{停车} \times N_{车次} \times \overline{Q}_{车} \times T_{装卸线} \times K_{合线} \tag{5.26}$$

式中　$N_{停车}$ ——装卸线可以同时进行装卸及等待装卸的车辆数；

$N_{车次}$ ——装卸线每昼夜最大可能的取送车次数，车/d；

$\overline{Q}_{车}$ ——平均每车载货数量，t/车；

$T_{装卸线}$ ——装卸线每年可以进行装卸作业的天数，d；

$K_{合线}$ ——装卸线合理利用率。

④ 工人装卸能力。工人装卸能力（$P_{工人操}$）是以一定时期内完成的操作吨表示，其计算公式为：

$$P_{工人操} = N_{工人} \times T_{营} \times (1 - K_{轮}) \times K_{装出} \times K_{工利} \times (1 - K_{辅}) \times T_{班} \times P_{工时} \tag{5.27}$$

式中　$N_{工人}$ ——在册工人数，人；

$T_{营}$ ——港口营运期，d；

$K_{轮}$ ——装卸工人轮休率；

$K_{装出}$ ——装卸出勤率；

$K_{工利}$ ——工时利用率；

$K_{辅}$ ——辅助作业率，指装卸工人从事辅助作业工时与实际工作工时之比；

$T_{班}$ ——班制时间，指装卸工人出勤后每班最大可能的工作时间，h/班；

$P_{工时}$ ——工时效率，是指每个装卸工人（不包括司机及其助手）平均小时装卸的货物吨数，t/（人·h）。

⑤ 机械装卸能力。机械装卸能力（$P_{机起}$）是以起运吨表示，计算公式为：

$$P_{机起} = N_{机} \times T_{营} \times N_{班} \times T_{班} \times K_{机使} \times \overline{P}_{台时} \tag{5.28}$$

式中　$N_{机}$ ——装卸机械台数，仅指用于装卸作业的机械台数，台；

$N_{班}$ ——昼夜班次数，班/d；

$K_{机使}$ ——机械使用率，指进行装卸作业的台时数与企业实际按制度作业时间和台数乘积之比；

$\overline{P}_{台时}$ ——平均台时产量，t/（台·h）。

（2）各环节能力的换算。

港口综合通过能力在一般情况下是指通过能力最小环节的能力。港口各环节能力的含义分别为：泊位能力是指可以装卸船舶的货物吨数；库场能力是指可以堆存的货物吨数；铁路装卸线能力是指可以装卸车的货物吨数，等等。为确定综合通过能力，需要把它们均换算成装卸自然吨。

把泊位能力换算成装卸自然吨需要经过两次变换。第一次变换首先将其换算为可以完成的吞吐量的数量，即从船舶装卸的吨位中减去港内运输船舶装卸的数量；然后，将在码头上进行水水直接换装的吨数计算为两个吞吐量，即：

$$P_{泊营吞} = P_{泊营} \times (1 - K_{驳} + K_{水直})$$ (5.29)

式中　$P_{泊营吞}$ ——泊位能承担的吞吐量，t；

　　　$K_{驳}$ ——驳运系数，即按库（场）驳运方案装卸的货物数量与船舶装卸吨数（包括驳船装卸）的比重；

　　　$K_{水直}$ ——水水直接换装系数，即在码头上进行水水直接换装的货物数量占船舶装卸货物数量（包括驳船装卸吨数）的比重。

第二次变换是将吞吐量换算为装卸自然吨，即扣除水水中转每自然吨多计算的一个吞吐量，计算公式为：

$$P_{泊} = P_{泊营吞} \times (1 - K_{水水} / 2)$$ (5.30)

式中　$P_{泊}$ ——泊位能承担的装卸自然吨，t；

　　　$K_{水水}$ ——水水中转系数，指水水中转的吞吐量在吞吐量中所占比重。

库场堆存能力的换算可按如下公式进行：

$$P_{库} = P_{库堆} / K_{库}$$ (5.31)

$$P_{场} = P_{场堆} / K_{场}$$ (5.32)

式中　$P_{库}$、$P_{场}$ ——仓库和堆存能承担的自然吨，t；

　　　$K_{库}$、$K_{场}$ ——入库系数和入场系数，即经过仓库和堆存的货物吨数与装卸自然吨数之比。

铁路装卸线装卸能力的换算可按下式进行：

$$P_{铁路} = P_{装卸线} / K_{铁路}$$ (5.33)

式中　$P_{铁路}$ ——铁路装卸线所能承担的装卸自然吨，t；

　　　$K_{铁路}$ ——铁路运输系数，即通过铁路集疏运的吨数与装卸自然吨之比。

装卸工人装卸能力的换算方法为：

$$P_{工人} = P_{工人操} / K_{操}$$ (5.34)

式中　$P_{工人}$ ——装卸工人能承担的装卸自然吨，t；

　　　$K_{操}$ ——操作系数。

机械装卸能力的换算方法为：

$$P_{机} = P_{机起} / K_{起}$$ (5.35)

式中　$P_{机}$ ——装卸机械能承担的自然吨，t；

　　　$K_{起}$ ——起运系数，指机械起运吨与装卸自然吨之比。

（3）确定综合通过能力。

确定港口的综合通过能力，要根据各生产要素的共用程度来确定平衡的范围，通常按照泊位—装卸企业（或装卸区）—全港的顺序进行，即：

$$P_{泊综} = \min\{P_{泊}, \ P_{工人}, \ P_{机}\} \tag{5.36}$$

$$P_{企} = \min\{\sum P_{库场}, \ P_{铁路}\} \tag{5.37}$$

$$P_{港} = \min\{\sum P_{泊综}, \sum P_{企}, \ P_{港运}, \ P_{进}\} \tag{5.38}$$

式中　　$P_{企}$ —— 装卸企业综合通过能力，t；

　　　　$P_{港}$ —— 全港综合通过能力，t；

　　　　$P_{港运}$ —— 港内运输工具运输能力，t；

　　　　$P_{进}$ —— 进港航道通过能力，t。

二、铁路运输能力

1. 铁路运输能力的基本概念

铁路为完成国家运输计划，充分满足人民生活水平的需要、国民经济发展和国防建设的需要，应具备一定的运输能力。铁路运输能力的大小，主要取决于以下因素：

（1）固定的（不能移动的）设备，如线路、站场、桥隧、信号、供电设备等。

（2）活动的（可以移动的）设备，如机车、车辆、燃料、电力等。

（3）技术设备运用和行车组织方法。

（4）行车人员（机车及列车乘务人员，车站办理行车工作的有关人员）的数量及业务素质、技术水平等。

运输能力是通过能力和输送能力的总称。铁路通过能力是指该铁路线，在一定的机车车辆类型和一定的行车组织方法的条件下，根据其现有的固定设备，在单位时间（通常指一昼夜）内最多能够通过的列车对数或列车数。通过能力也可用车辆数或货物吨数来表示，客运专线还可用旅客人数来表示。铁路输送能力是指该铁路线在一定的固定设备、一定的机车车辆类型和一定的行车组织方法的条件下，根据现有的活动设备数量和职工配备情况，在单位时间内最多能够通过的列车对数或列车数、车辆数或货物吨数。

铁路运输能力也就是铁路的生产能力，它既体现了生产资料，如线路、桥隧、站场、信号通信、机车车辆等各项技术设备在实现运输生产过程中的作用，同时也体现了劳动者，即铁路职工在运输生产过程中的作用，特别是铁路职工的积极性、技术水平及所采用的行车组织方法、技术作业过程等，这对铁路运输能力也有着很大影响。

通过能力和输送能力这两个术语，相互之间既有区别，又有联系。通过能力着重从现有固定设备方面指明该铁路线可能通过的列车数量。由于它没有考虑现有活动设备（运载工具）数量和职工配备情况的因素，通过能力的实现将受这些因素的制约。输送能力着重从现有活动设备和职工配备情况方面指明该铁路线能够通过的列车数或货物吨数，它需以铁路通过能力为依托并将受其限制。这就是说，输送能力一般等于或小于通过能力；当机车、车辆、电力、燃料及职工配备足够时，输送能力的极限值也就是该铁路线的通过能力的数值。因而，有时我们也把该铁路线在一昼夜时间内所能通过的最大行车量（以列车对数或列数计）称为该铁路线的通过能力，把该铁路线在一年内所能通过的最大货流量（以万 t 计）称为该铁路线的输送能力。

2. 铁路通过能力计算原理

1）铁路通过能力的影响因素

决定铁路区段通过能力的固定技术设备及其主要因素包括以下几个方面。

（1）区间。其通过能力决定于区间正线数目、区间长度、线路的平纵断面、线路上部建筑和桥隧建筑物的类型、信号、联锁、闭塞设备的种类等。

（2）车站。其能力决定于到发线数量，咽喉区的布置，信号、联锁、闭塞设备的种类，以及驼峰和牵出线的类型、数量与技术装备等。

（3）机务段设备和整备设备。其通过能力决定于蒸汽机车洗修台位、内燃或电力机车的定期检修台位、机车整备和转头设备、机务段内的走行线设置等。

（4）给水设备。其能力主要决定于水源的涌水量，抽水、扬水、配水设备的生产率等。

（5）电气化铁道的供电设备。其能力主要决定于牵引变电所的容量和配置，接触网、馈电线的供电能力。

在铁路区段的各种固定设备中，通过能力最薄弱设备的能力，即为该区段的最终通过能力。在各项技术设备中，限制铁路线通过能力的设备，常常是区间和车站。

通过能力的计算应一般以所有技术设备的充分利用为出发点，必要时应进行综合调整，使各项技术设备的能力达到最佳匹配，同时也要考虑设备日常保养维修所需时间及其工作的可靠性和运输工作质量等因素。

在铁路实际工作中，通常把通过能力区分为三个不同的概念，即现有通过能力、需要通过能力和设计通过能力。在现有技术设备和现行的行车组织方法条件下，铁路各种固定设备可能达到的通过能力称为现有通过能力；为了适应一定时期国民经济发展和人民生活在客货运输上的需要，铁路各种固定设备所应具有的通过能力，称为需要通过能力；预计铁路固定设备修建后或现有设备技术改造后所能实现的通过能力，称为设计通过能力。计算需要通过能力和设计通过能力时应考虑留有必要的后备。

每一单项技术设备通过能力的计算方法，有图解法和分析计算法两种。图解法较精确，但因图解作业量大，费时费力，一般只用于通过能力利用程度接近饱和时或个别特殊情况的图解验算。近年来，图解法已被计算机模拟法取代。分析计算法简便易行，为通常使用的方法。通过能力的计算方法又可分为直接计算法和利用率计算法两种。

2）铁路通过能力直接计算法

设某种设备一昼夜所能生产的产品总量为 A（或总的工作时间为 T，通常为 1 440 min）；一昼夜不因主要作业量变化而增减的固定作业所需消耗该产品的总量为 $A_固$（或占用该种设备的总时间 $\sum t_固$）；办理一列货物列车或一次作业所需消耗该种产品的加权平均数量为 $a_均$（或所需加权平均占用时间为 $t_占均$）；由于生产或列车到达不均衡、作业间不协调，以及设备故障等原因所引起的技术损失及空费系数为 α；可平行进行同一种作业或生产同种产品的设备数量为 M，则该项设备的通过能力（N）可按下列一般公式计算：

$$N = \frac{(AM - A_固)(1-\alpha)}{a_均} + n_固 \tag{5.39}$$

或

$$N = \frac{(1\,440 - \sum t_固)(1-\alpha)}{t_均} + n_固 \tag{5.40}$$

式中
$$\alpha_{均} = \beta_1\alpha_1 + \beta_2\alpha_2 + \cdots + \beta_i\alpha_i + \cdots + \beta_k\alpha_k = \sum_{i=1}^{k} \beta_i\alpha_i$$

$$t_{均} = \beta_1 t_1 + \beta_2 t_2 + \cdots + \beta_i t_i + \cdots + \beta_k t_k = \sum_{i=1}^{k} \beta_i t_i$$

其中　　α_i、t_i——对应第 i 种货物列车的每列消耗定额及第 i 项作业的每次占用时间标准；

β_i——计算时采用的第 i 种货物列车数 n_i 在货物列车总数 n 中所占的百分比或第 i

项作业次数 n_i 在作业总次数 n 中所占的百分比，$\beta_i = \dfrac{n_i}{n} \times 100\%$，并有

$$\sum_{i=1}^{k} n_i = n , \quad \sum_{i=1}^{k} \beta_i = 1 。$$

于是，该种货物列车或作业应分配的通过能力为：$N_i = N\beta_i$，而 $n_{固}$ 仍为计算 $A_{固}$ 或 $\sum t_{固}$ 时所取的数值，即 $N = N_1 + N_2 + \cdots + N_k + n_{固}$。

3）铁路通过能力利用率计算法

采用此法时，首先要查定一昼夜内该种产品的总消耗量 $A_{总}$，或全部作业占用该设备的总时间 T：

$$A_{总} = n_1 a_1 + n_2 a_2 + \cdots + n_k a_k + A_{固} \tag{5.41}$$

或
$$T = n_1 t_1 + n_2 t_n + \cdots + n_k t_k + \sum t_{固} \tag{5.42}$$

于是，按下式计算通过能力利用率 K：

$$K = \frac{A_{总} - A_{固}}{(AM - A_{固})(1 - \alpha)} \tag{5.43}$$

或
$$K = \frac{T - \sum t_{固}}{(1\,440M - \sum t_{固})(1 - \alpha)} \tag{5.44}$$

最后，按下式计算该项设备的通过能力 N：

$$N = \frac{\sum n_i}{k} + n_{固} = N_1 + N_2 + \cdots + N_k + n_{固} \tag{5.45}$$

直接计算法和利用率计算法形式虽异，但原理相同，计算结果一致。通常办理的作业性质单一时，宜采用直接计算法；当作业性质复杂、种类繁多时，则以利用率计算法较为方便。

3. 铁路区间通过能力计算方法

1）铁路区间通过能力的影响因素

铁路区间通过能力是指铁路区段的每一区段，在一定的行车组织条件下，一昼夜内最多所能通过的列车数量（列数或对数）。区间通过能力的大小，主要受下列诸多因素的影响。

（1）区间内正线数目。显然，单线区间的通过能力低于双线或多线区间的通过能力。

（2）区间长度。当客货列车运行速度一定时，区间长度的大小对区间通过能力往往起着决定性的影响。

（3）线路平纵断面。当列车重量一定时，线路的坡度和曲线半径不同，将影响列车的运行速度，从而影响列车占用区间的时间。

（4）牵引机车类型。各类机车的构造、牵引性能、功率等的不同，构造速度、计算速度及牵引力均有差别，因此在以各种不同类型的机车牵引一定重量的列车在同一区间运行时，将有不同的速度，从而产生不同的运行时间。

（5）信号、联锁、闭塞设备。各种信联闭设备制式的性能、操纵方式、办理作业所需时间及列车占用区间的时间大有不同。

（6）线路及供电设施日常保养维修的机械设备。使用小型机械或人工操作进行线路维修时扣除的固定占用区间时间短，甚至可以利用列车运行间隙进行工作；使用大型机械进行线路整修，以及电气化铁道的供电设备需要停电进行维修时，扣除的固定占用区间时间长，对区间通过能力的影响很大。

（7）行车组织方法，即采用列车运行图类型，对区间通过能力大小影响很大。

2）非平行运行图扣除系数计算铁路区间通过能力的方法

采用非平行运行图扣除系数计算方法计算铁路区间通过能力时，通常需要先计算平行运行图的通过能力，然后在此基础上再确定非平行运行图的通过能力。

（1）平行运行图通过能力。

① 运行图通过能力的基本原则。在平行运行图上，同一区间内同方向列车的运行速度都是相同的，并且上下行方向列车在同一车站上都采用相同的交会方式。从这种运行图上可以看出，任何一个区间的列车运行线，总是以同样的铺画方式一组一组反复地排列。一组列车占用区间的时间，称为运行图周期 $T_周$。不同运行图周期如图 5.14 所示。不同类型的运行图周期所包含的上下行列车数可能是不同。若一个运行图周期内所包含的列车对数或列车数用 $n_周$ 表示，则放行一列或一对列车平均占用该区间时间（$t_{占均}$）应为：

$$t_{占均} = \frac{T_周}{n_周} \quad (\text{min}) \tag{5.46}$$

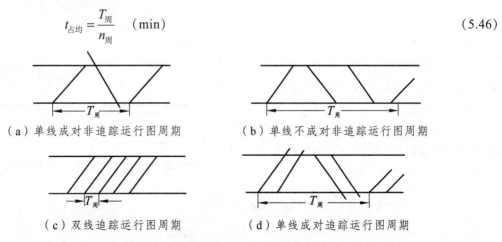

（a）单线成对非追踪运行图周期　　　　（b）单线不成对非追踪运行图周期

（c）双线追踪运行图周期　　　　　　（d）单线成对追踪运行图周期

图 5.14　不同类型运行图周期示意图

对于一定类型平行运行图区间通过能力 n，应用直接计算法可按下式计算。

当不考虑固定作业占用时间有效度系数时：

$$n = \frac{1\,440}{t_{占周}} = \frac{1\,440 n_{周}}{T_{周}} \tag{5.47}$$

当考虑固定作业占用时间而不考虑有效度系数时：

$$n = \frac{(1\,440 - T_{周})n_{周}}{T_{周}} \tag{5.48}$$

当同时考虑固定作业占用时间和有效度系数时：

$$n = \frac{(1\,440 - T_{周})n_{周}d_{有效}}{T_{周}} \tag{5.49}$$

式中　$T_{固}$——固定作业时间，指为进行线路养护维修、技术改造施工、电力牵引区段接触
　　　　　　网检修等作业，须预留的固定占用区间时间，以及必要的列车慢行和其他附
　　　　　　加时分，min；

　　　$d_{有效}$——有效度系数，是指扣除设备故障和列车运行偏离、调度调整等因素所产生的
　　　　　　技术损失后，区间时间可供有效利用的系数，一般可取 0.91～0.88。

运行图周期系由列车（一个或几个列车）区间纯运行时分 $\sum t_{运}$、起停车附加时分 $\sum t_{起停}$ 及车站间隔时间 $\sum \tau_{站}$ 所组成，即：

$$T_{周} = \sum t_{运} + \sum t_{起停} + \sum \tau_{站} \quad (\text{min}) \tag{5.50}$$

一般情况下列车在各区间的运行时分不相同，各车站的间隔时间也可能不同，所以每一区间的 $T_{周}$ 常常是不等的。从上述公式可以看出，通过能力大小与 $T_{周}$ 成反比，$T_{周}$ 越大，通过能力越小。在整个区段内 $T_{周}$ 最大的区间也就是通过能力最小的区间，称为该区段的限制区间。限制区间的通过能力即为该区段的区间通过能力。

列车区间运行时分，对运行图周期的大小起主要作用。在运行图周期里 $\sum t_{运}$ 最大的区间，称为困难区间。大多数情况下，困难区间往往就是限制区间，但有的区间虽然本身不是困难区间，由于车站间隔时间数值较大，而成了限制区间。

在不同类型的运行图里，$T_{周}$ 的组成及 $n_{周}$ 的数值是不同的，因此必须对不同类型的运行图分别计算其通过能力。

②　单线成对非追踪平行运行图。在单线区段，通常采用成对非追踪平行运行图(见图 5.15)。单线成对非追踪平行运行图周期可用下式表示：

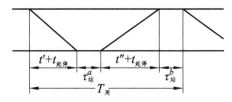

图 5.15　单线成对非追踪平行运行图周期示意图

$$T_{周} = t' + t'' + \tau_{站}^{a} + \tau_{站}^{b} + \sum t_{起停} \quad (\text{min}) \tag{5.51}$$

式中　t'、t''——上、下行列车的区间纯运行时分，min；

　　　$\tau_{站}^{a}$、$\tau_{站}^{b}$——a、b 站的车站间隔时间，min；

　　　$\sum t_{起停}$——列车起停附加时分，min。

由于一个周期内所包含的列车数为一对（即 $n_{周}=1$），因此只要将 $n_{周}=1$ 代入区间通过能

力计算一般式，即可得相应区间通过能力。

为了使区段通过能力达到最大，应当使限制区间的 $T_周$ 数值尽量缩小。在采用一定类型机车和一定的列车重量标准的条件下，区间运行时分 $\sum t_运$ 是固定不变的。因而想要缩小 $T_周$，只有设法缩小 $\sum t_{起停} + \sum \tau_{站}$ 的数值。通过在限制区间合理地安排列车运行线的铺画方案，是可以达到上述目的的。如图 5.16 所示，运行图上列车运行线的可能铺画方案有四种。

上下行列车不停车通过车站而进入区间，如图 5.16（a），运行图周期为：

$$T_周 = t' + t'' + \tau_不^a + \tau_不^b + 2t_停 \quad (\min) \tag{5.52}$$

上下行列车不停车通过车站进而开出区间，如图 5.16（b），运行图周期为：

$$T_周 = t' + t'' + \tau_会^a + \tau_会^b + 2t_起 \quad (\min) \tag{5.53}$$

下行列车不停车通过区间两端车站，如图 5.16（c），运行图周期为：

$$T_周 = t' + t'' + \tau_不^a + \tau_会^b + t_起 + t_停 \tag{5.54}$$

上行列车不停车通过区间两端车站，如图 5.16（d），运行图周期为：

$$T_周 = t' + t'' + \tau_会^a + \tau_不^b + t_起 + t_停 \tag{5.55}$$

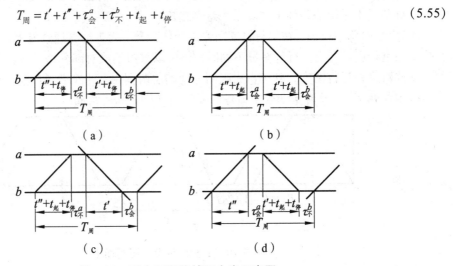

图 5.16　列车运行线铺画方案示意图

在选择限制区间列车运行线的合理铺画方案时，应考虑到区间两端车站的具体条件。例如，在图 5.16 中 a 站下行出站方向有较大上坡道时，如果采用下行列车在 a 站停车进入区间的方案，就有可能造成下行列车出发起动困难，这时就应选择下行列车通过 a 站而 $T_周$ 又是较小的方案。

③ 单线不成对运行图。在上下行行车量不等的区段为了适应运量增长的需要，可以采用不成对运行图。如图 5.17 所示，在单线不成对运行图中，若行车量较小方向列车数为 n'，行车量较大方向列车数为 n''，则有：

$$n'T_周 + (n'' - n')T_列 = 1\,440 \tag{5.56}$$

若令

$$\beta_不 = \frac{n'}{n''}$$

则可得不考虑 $T_固$ 和 $d_{有效}$ 的区间通过能力计算公式，即：

$$n'' = \frac{1\,440}{T_{周}\beta_{不} + T_{列}(1-\beta_{不})}$$ 　　　　　　(5.57)

式中　$\beta_{不}$——不成对系数。

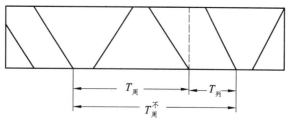

图 5.17　不成对运行图周期图

　　单线不成对运行图行车量较大方向的区间通过能力，比成对运行图高，并且不成对系数愈小，通过能力愈大。但是，采用单线不成对运行图，将明显降低旅行速度，需要增添车配线，并且不成对系数越小，这种不良影响越显著。因此只有在需要少量增加通过能力，并且上下行行车量不平衡的条件下，才采用这个措施。

　　④　单线追踪运行图。在装有自动闭塞的单线区段，为了提高通过能力，也可以采用成对部分追踪运行图。当上下行行车量不同时，还可以采用不成对部分追踪运行图。如图 5.18 所示，在成对追踪运行图中，列车占用限制区间的总时间由若干个普通的运行图周期（即非追踪运行图周期 $T_{周}$）及若干个列车追踪间隔时间 $(I'+I'')$ 所组成。

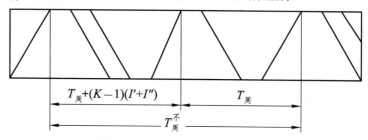

图 5.18　部分追踪运行图周期图

　　普通运行图周期数 $N_{周}$ 为：

$$N_{周} = n - n_{追}N_{追组}$$ 　　　　　　(5.58)

式中　n——列车总对数；

　　　$N_{追组}$——追踪运行列车组的对数；

　　　$n_{追}$——每一个追踪运行列车组的追踪列车数。

　　当不考虑 $T_{固}$ 和 $d_{有效}$ 时，一昼夜列车占用区间的总时间为：

$$(n - n_{追}N_{追组})T_{周} + n_{追}(I'+I'')N_{追组} = 1\,440$$ 　　　　　　(5.59)

　　设追踪列车数与总列车数之比为 $\gamma_{追}$（称为追踪系数），即：

$$\gamma_{追} = \frac{n_{追}N_{追组}}{n}$$ 　　　　　　(5.60)

　　因而也有：

$$N_{追组} = \frac{\gamma_{追} n}{n_{追}} \tag{5.61}$$

将上式的 $N_{追组}$ 代入占用区间总时间计算式，即可得不考虑 $T_{固}$ 和 $d_{有效}$ 时的成对部分追踪运行图通过能力：

$$n = \frac{1\,440}{(1-\gamma_{追}) T_{周} + (I' + I'') \gamma_{追}} \tag{5.62}$$

在单线自动闭塞区段，如果上下行行车量不同，也可采用不成对部分追踪运行图。在这种运行图中，列车占用区间的总时间由若干个普通运行图周期及上下行若干个追踪间隔时间所组成。普通运行图周期数为：

$$N_{周} = n'' - n''_{追} N''_{追组} = n' - n'_{追} N'_{追组} \tag{5.63}$$

式中　n'、n''——行车量最大的方向列车总数与反方向列车总数；

　　　$N''_{追组}$、$N'_{追组}$——行车量大的方向追踪运行列车组数和反方向追踪运行的列车组数；

　　　$n''_{追}$、$n'_{追}$——行车量大的方向和反方向每一追踪运行列车组的追踪列车数。

当不考虑 $T_{固}$ 及 $d_{有效}$ 时，全部列车占用区间的总时间为：

$$(n'' - n''_{追} N''_{追组}) + n''_{追} N''_{追组} I'' + n'_{追} N'_{追组} I' \tag{5.64}$$

式中　I''、I'——行车量大的方向和反方向的列车追踪间隔时间，min。

由于

$$N''_{追组} = \frac{\gamma''_{追} n''}{n''_{追}} \tag{5.65}$$

$$N'_{追组} = \frac{\gamma'_{追} n'}{n'_{追}} \tag{5.66}$$

所以，当 $n''_{追} = n'_{追} = 1$ 及 $I'' = I' = I$ 时，不成对部分追踪运行图通过能力应为：

$$n'' = \frac{1\,440}{(1-\gamma'') T_{周} + I'' \gamma''_{追} + \beta_{不} \gamma''_{追} I'} \tag{5.67}$$

$$n' = \beta_{不} \gamma''_{追} I' \tag{5.68}$$

如把 $N'_{追组}$ 及 $N''_{追组}$ 式代入 $N_{周}$ 计算式，则可得 n' 与 n'' 的比值（$\beta_{不}$），即：

$$\beta_{不} = \frac{1 - \gamma''_{追}}{1 - \gamma'_{追}} \tag{5.69}$$

当给定不成对系数 $\beta_{不}$ 及行车量大的方向的追踪系数 $\gamma_{追}$ 时，利用上一关系式可以求得行车量小的方向应具有的追踪系数 $\gamma'_{追}$，即：

$$\gamma'_{追} = 1 - \frac{1 - \gamma_{追}}{\beta_{不}} \tag{5.70}$$

⑤ 双线平行运行图。在未装设自动闭塞的双线区段，通常采用连发运行图，如图 5.19 所示。

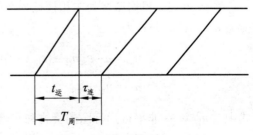

图 5.19　双线连发运行图

双线连发运行图的运行图周期 $T_\text{周}$ 为：

$$T_\text{周} = t_\text{运} + \tau_\text{连} \quad (\text{min}) \tag{5.71}$$

因而，当不考虑 $T_\text{固}$ 和 $d_\text{有效}$ 时，区间通过能力上下行方向可按下式计算：

$$n = \frac{1\,440}{t_\text{运} + \tau_\text{连}} \tag{5.72}$$

应该指出，由于区间线路断面的关系，上下行方向的限制区间可能不是同一个区间。因而，上下行方向区间通过能力不一定相同。

在装有自动闭塞区段，通常采用追踪运行图，如图 5.20 所示。双线追踪运行图的运行图周期 $T_\text{周}$ 等于追踪列车间隔时间 I，因而每一方向的区间通过能力为：

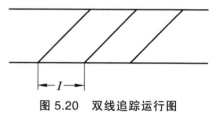

图 5.20　双线追踪运行图

$$n = \frac{1\,440}{I} \tag{5.73}$$

由上式可以看出，在自动闭塞区段，当 $I = 10$ min，且不考虑 $T_\text{固}$ 和 $d_\text{有效}$ 时，平行运行图的通过能力每一个方向可以达到 144 列；当 $I = 8$ min 时，每一个方向可以达到 180 列。因此，在双线区段上装设自动闭塞并采用追踪运行图，可以显著地增加通过能力。

（2）非平行运行图通过能力计算方法。

采用平行运行图可以达到最大的通过能力，但这种运行图只有能力特别紧张的特殊情况下使用。通常情况下，采用非平行运行图。在非平行运行图上，铺有速度较高的旅客列车和快运货物列车，也有一般货物列车，以及停战次数较多和停站时间较长的摘挂列车等。

非平行运行图的通过能力是指在旅客列车数量及其铺画位置既定的条件下，该区段一昼夜内所能通过的货物列车和旅客列车对数（或列数）。在一般情况下，铁路上开行的旅客列车和快运货物列车数远比一般货物列车数少，在运行图上只占一小部分，而运行图的大部分仍具有平行运行图的特征。因此，在计算非平行运行图的通过能力时，仍可以利用平行运行图所具有的明显规律性，先确定平行运行图的通过能力，然后根据开行快速列车对快速列车的影响，扣除由于受各种影响而不能开行的货物列车数，以及因开行摘挂列车而减少的开行的货物列车数，即可求得非平行运行图的通过能力。计算非平行运行图通过能力的方法有以下两种。

① 图解法。在运行图上首先铺画旅客列车运行图，然后在旅客列车间隔内，再铺画其他货物列车运行图（包括摘挂列车）。在运行图上能最大限度铺画的客货列车总数即为该区段非平行运行图的通过能力。

② 分析法。根据旅客列车和摘挂列车的扣除系数，可以近似地计算非平行运行图的通过能力 $n_\text{非}$，计算公式为：

$$n_\text{货}^\text{非} = n - \varepsilon_\text{客} n_\text{客} - (\varepsilon_\text{快货} - 1) n_\text{快货} - (\varepsilon_\text{摘挂} - 1) n_\text{摘挂} \tag{5.74}$$

$$n_\text{非} = n_\text{货}^\text{非} + n_\text{客} \tag{5.75}$$

式中　$n_\text{货}^\text{非}$ ——非平行运行图的货物列车通过能力（包括快运货物列车、沿零摘挂列车和摘挂列车在内）；

$n_客$——在运行图上铺画的旅客列车对数或列数；

$n_{快货}$——在运行图上铺画的快运货物列车对数或列数；

$n_{摘挂}$——在运行图上铺画的摘挂列车的对数或列数；

$\varepsilon_客$——旅客列车扣除系数；

$\varepsilon_{快货}$——快运货物列车扣除系数；

$\varepsilon_{摘挂}$——摘挂列车扣除系数。

所谓扣除系数，是指因铺画一对或一列旅客列车、快运货物列车或摘挂列车，需从平行运行图上扣除货物列车对数或列数。有公式可以看出，分析法的精确性，主要取决于扣除系数熟知的规定是否合理。

扣除系数应就单、双区段及不同的信号、联锁、闭塞设备条件，通过分析计算或计算机模拟的方法确定。

3）以非平行运行图平均最小列车间隔时间计算铁路区间通过能力方法

当已知非平行运行图平均最小列车间隔时间（$\bar{I}$）时，铁路区段通过能力（n）可按下式计算：

$$n = \frac{T}{\bar{I} + \bar{t}_{rerf}} \tag{5.76}$$

式中　T——一昼夜内列车运行有效时间，min；

$\bar{t}_{rerf}$——平均必要列车运行图缓冲时间，min。参数 $\bar{t}_{rerf}$ 在当前列车运行秩序条件下，按照列车运行质量要求确定。

4. 铁路车站通过能力计算方法

1）车站通过能力的意义

车站通过能力是指在一定设备和行车组织方法条件下，车站（指技术站）一昼夜能够通过的最大有改编和无改编列车数和车辆数。它包括进出站线路、到发咽喉道岔和到发线三项通过能力，并取其中最小者作为车站通过能力。

查定车站通过能力的方法有分析计算法和图解计算法两种。新建车站一般采用分析计算法；对既有线车站可以采用分析计算法，也可以采用图解计算法。

2）车站通过能力

（1）进、出站线路通过能力。

进出站线路通过能力是指车站每一衔接铁路方向的进、出站线路，一昼夜能够接、发的最大列车数和车数。当衔接铁路方向的进、出站线路，在到发咽喉区前方与其他线路没有平面交叉时，衔接区间的通过能力就是该进、出站线路的通过能力。当衔接铁路方向的进出站线路，在到发咽喉区前方与其他线路有平面交叉时，该进、出站线路通过能力等于交叉点的通过能力，即：

$$n_线 = \frac{1440 - \sum n_敌 t_敌}{T_隔} \tag{5.77}$$

式中　$n_线$——有线路平面交叉的进站或出站线路通过能力；

$\sum n_敌 t_敌$——每昼夜敌对进路通过平面交叉点占用的总时间；

$T_隔$——前后列车运行图间隔，min。

对于衔接区间均为单线的横列式车站，它的衔接线路既是进站线路，又是出站线路。在这种情况下，衔接线路在到发咽喉区前方，一般不允许与其他线路有平面交叉时，固不存在计算进、出站路通过能力问题。

（2）到发咽喉道岔通过能力。

咽喉道岔是车场（到达场、出发场及到发场）接、发列车咽喉区中作业最繁忙、通过能力最薄弱的道岔。咽喉道岔通过能力是指车站各接、发车端，一昼夜能够接发的最大列车数和车数，计算方法如下。

① 计算咽喉道岔通过能力利用率：

$$K_{咽} = \frac{\sum NT_{咽} - \sum t_{固}}{1\,440 - \sum t_{固}} \tag{5.78}$$

式中　$\sum NT_{咽}$ —— 每昼夜通过咽喉道岔的各项作业占用咽喉道岔总时间。区别不同情况，可按如下公式计算。

对于只办理列车到达的到达场和到发场接车端咽喉道岔：

$$\sum NT_{咽} = n_{接}t_{接} + n_{机}t_{机} + \sum t_{调} + \sum t_{妨} + \sum t_{固} \quad (\text{min}) \tag{5.79}$$

对于只办理列车出发的出发场和到达场出发端咽喉道岔：

$$\sum NT_{咽} = n_{发}t_{发} + n_{机}t_{机} + \sum t_{调} + \sum t_{妨} + \sum t_{固} \quad (\text{min}) \tag{5.80}$$

对于兼办列车到发作业的到发场两端咽喉道岔：

$$\sum NT_{咽} = n_{接}t_{接} + n_{发}t_{发} + n_{机}t_{机} + \sum t_{调} + \sum t_{妨} + \sum t_{固} \quad (\text{min}) \tag{5.81}$$

式中　$n_{接}$、$n_{发}$、$n_{机}$ —— 占用咽喉道岔的接发货物列车和机车出入库作业次数；

$t_{接}$、$t_{发}$、$t_{机}$ —— 每次接发货物列车和机车出入库作业占用咽喉道岔的时间，min；

$\sum t_{调}$ —— 每昼夜与行车有关调车作业（解体、编组列车）占用咽喉道岔时间，min；

$\sum t_{妨}$ —— 每昼夜由于列车、调车和机车占用与咽喉道岔有关进路上的其他道岔，而妨碍咽喉道岔使用总时间，min；

$\sum t_{固}$ —— 每昼夜固定作业占用咽喉道岔的总时间，min。

在这一计算中，固定作业包括：

a. 货场、车辆段、机务段等处的取送作业；

b. 旅客列车到发及旅客列车机车入出库；

c. 摘挂列车到发、解编及机车出入库作业和其他与行车量无关的调车作业（如调机入库等）；

d. 其他固定作业。

② 就每个方向计算咽喉道岔通过能力：

$$n_{咽} = \frac{n_{接(或发)}}{K_{咽}} + n_{摘} \tag{5.82}$$

式中　$n_{摘}$ —— 该方向的沿零摘挂列车数。

若咽喉岔道通过能力用货物列车数和旅客列车数表示，则有：

$$n_{咽} = \frac{n_{接(或发)}}{K_{咽}} + n_{摘} + n_{客} \tag{5.83}$$

式中　$n_客$——运行图规定的旅客列车数。

（3）到发线通过能力。

到发线通过能力是指到发场中办理列车到发作业的线路，一昼夜能够接发该方向的货物列车数和运行图规定的旅客列车数。

① 确定占用到发线时间标准。无调中转货物列车占用到发线时间（$t_中$）：

$$t_中 = t_接 + t_技^中 + t_{待发} + t_发 \tag{5.84}$$

式中　$t_接$——列车接车占用到发线的时间，min；

　　　$t_发$——列车出发占用到发线时间，min；

　　　$t_技^中$——无调中转列车技术作业占用到发线时间，min；

　　　$t_{待发}$——列车等待出发占用到发线时间，min。

部分改编中转货物列车占用到发线时间（$t_中'$）：

$$t_中' = t_接 + t_技^{中'} + t_{待发} + t_发 \tag{5.85}$$

式中　$t_技^{中'}$——部分改编中转货物列车（包括变更列车运行方向、变更列车重量、换挂车组）技术作业占用到发线时间，min。

到达解体货物列车占用到发线时间（$t_解$）：

$$t_解 = t_接 + t_技^解 + t_{待解} + t_牵 \tag{5.86}$$

式中　$t_技^解$——到达解体列车技术作业占用到发线时间，min；

　　　$t_{待解}$——列车等待解体占用到发线时间，min；

　　　$t_牵$——列车牵出占用到发线时间，min。

自编出发货物列车占用到发线时间（$t_编$）：

$$t_编 = t_转 + t_技^编 + t_{待发} + t_发 \tag{5.87}$$

式中　$t_转$——列车转线占用到发线时间，min；

　　　$t_技^编$——自编出发列车技术作业占用到发线的时间，min。

单机占用到发线时间：按运行图规定接发单机占用到发线的时间 $t_机$ 按写实查定方法确定。

固定作业占用到发线时间：固定作业包括旅客列车占用到发线时间，向车辆段、机务段及货场装卸地点定时取送车辆占用到发线时间。

其他作业占用到发线的时间：其他作业包括接发军用列车占用到发线的时间，保温列车加冰盐占用到发线时间，牲畜列车上水、上饲料占用到发线时间等。

② 计算到发线占用总时间。一昼夜总占用时间（T）按下式计算：

$$T = n_中 t_中 + n_中' t_中' + n_解 t_解 + n_编 t_编 + n_机 t_机 + \sum t_固 + \sum t_{其他} \tag{5.88}$$

式中　$n_中$、$n_中'$、$n_解$、$n_编$、$n_机$——列入计算中一昼夜在该到发场办理到发作业的无调中转、部分改编中转、到达解体、自编出发的列车数和单机数；

$\sum t_{固}$ —— 一昼夜固定作业占用到发线时间，min；

$\sum t_{其他}$ —— 一昼夜其他作业占用到发线的时间，min。

③ 发线通过能力利用率：

$$K = \frac{T - \sum t_{固}}{(1\,440M - \sum t_{固})(1 - \gamma_{空})} \tag{5.89}$$

式中　K —— 到发线通过能力利用率；

　　　M —— 用于办理列车技术作业线路数；

　　　$\gamma_{空}$ —— 到发线空费系数，其值一般可取 0.15~0.20。

④ 计算到发线通过能力。到发线通过能力应按方向和列车各类分别计算接车和发车的通过能力。接发某方向货物列车的通过能力如下：

接发无调中转货物列车：

$$N_{货中} = \frac{n_{中}}{K} \tag{5.90}$$

接发部分改编中转货物列车：

$$N'_{货中} = \frac{n'_{中}}{K} \tag{5.91}$$

接入到达解体货物列车：

$$N_{货解} = \frac{n_{解}}{K} \tag{5.92}$$

发出自编货物列车：

$$N_{货编} = \frac{n_{编}}{K} \tag{5.93}$$

到发线（场）接发该方向货物列车的通过能力如下：

接车：

$$N_{货接} = N_{货中} + N'_{货中} + N_{货解} \tag{5.94}$$

发车：

$$N_{货发} = N_{货中} + N'_{货中} + N_{货编} \tag{5.95}$$

某到发场接发货物列车的通过能力如下。

$$N_{接发} = N_{货中} + N'_{货中} + N_{货解} + N_{货编} \tag{5.96}$$

若该站有几个到发场，则全站接发货物列车的通过能力为各到发场通过能力之和。

三、道路通行能力

道路包括公路与城市道路，因其运行车辆、线路基础、管理技术手段等的相似性，所以并称道路。

1. 通行能力概述

进行通行分析的主要目的是求得在不同运行质量情况下 1 h 所能通行的最大交通量，也即可求得在指定的交通运行质量条件下所能承担交通的能力。因此，通行能力分析过程中同时要进行运行质量的分析，将公路规划、设计及交通管理等与运行质量联系起来，这样可以合理地使用公路工程资金和提高公路工程和汽车运输的综合经济效益。

1）通行能力的种类及其定义

确定道路通行能力的种类主要考虑两点：一是通行能力分析必须与运行质量相联系；二是需要有一种具体公路均能与之对比的基本参照通行能力。因此，通行能力按作用性质分为三种。

（1）基本通行能力，是指公路组成部分在理想的道路、交通、控制和环境条件下，该组成部分一条车道或一车行道的均匀段上或一横断面上，不论服务水平如何，1 h 所能够通过标准车辆的最大辆数；

（2）可能通行能力，是指一已知公路的一组成部分在实际或预测的道路、交通、控制及环境条件下，该组成部分一条车道或一车行道对上述诸条件有代表性的均匀段上或一横断面上，不论服务水平如何，1 h 所能够通过的车辆（在混合交通公路上为标准汽车）的最大辆数。

（3）设计通行能力，是指一设计中的公路的一组成部分在预测的道路、交通、控制及环境条件下，该组成部分一条车道或一车行道对上述诸条件有代表性的均匀段上或一横断面上，在所选用的设计服务水平下，1 h 所能够通过的车辆（在混合交通公路上为标准汽车）的最大辆数。

2）计算通行能力的时间单位、交通量和交通流率

由于时间单位愈大，交通不均匀性也愈大，就愈不能很好地反映交通量与运行质量之间的关系。因此，通常是以小时为单位来计算通行能力和设计交通量。

美国考虑到稳定交通流的最短存在时间为 15 min，因此观测分析出 15 min 的交通流量和运行质量的关系。但设计交通量仍以 1 h 为单位，故美国以交通流率而不是以小时交通量来反映通行能力。我国现阶段仍用小时交通量而不用交通流率。

3）理想条件

理想条件原则上是指对条件更进一步提高也不能提高基本通行能力的条件。各理想条件的内容包括：

（1）道路条件，是指公路的几何特征。它包括车道数，车道、路肩和中央带等的宽度，侧向净宽，设计速度及平、纵线形和视距等。

（2）交通条件，是指交通特征。它包括交通流中的交通组成、交通量以及在不同车道中的交通量分布和上、下行方向的交通量分布。

（3）控制条件，是指交通控制设施的形式及特定设计和交通规则。其中交通信号的设置

地点、形式和预定时对通行能力的影响最大。其他重要交通控制包括"停车"和"让路"标志、车道使用限制及转弯限制等。

（4）环境条件，主要指横向干扰程度以及交通秩序等。

对于混合交通的双车道和单车道公路，一车道中所有车辆基本上不是以一列形式行驶，各类车辆行驶的横向位置的范围有差别，常交错行驶，不宜应用理想条件，固定出了具体路段可与之对比的基准条件。

4）车辆换算系数和换算交通量

（1）车辆换算系数。在分析计算通行能力和服务水平时，需要将标准汽车交通量与实际或预测的交通组成中各类车辆交通量进行换算，需要用到车辆换算系数。此系数的定义是：在通行能力方面某类车辆一辆等于标准车辆的辆数。

（2）换算交通量，也称为当量交通量。就是将总交通量中各类车辆交通量换算成标准车型交通量之和。其计算式如下：

$$V_e = V \sum P_i E_i \qquad (5.97)$$

式中　V_e —— 当量交通量；

　　　V —— 未经换算的总交通量；

　　　P_i —— 第 i 类车交通量占总交通量的百分比；

　　　E_i —— 第 i 类车的车辆换算系数。

5）影响通行能力的主要因素及其对通行能力的修正系数

道路各组成部分的主要影响因素及其对通行能力的修正系数参见有关内容。要说明的是，路面使用质量尤其是不平整度对通行能力有较大的影响；气候尤其是雨、雪、雾以及台风等对通行能力有时也有较大的影响。但路面使用质量及气候的影响程度变化范围很大，且不易用数字具体表示，通行能力和服务水平的各种关系及参数值均是在路面使用质量良好及气候正常情况下得出的。

2. 道路服务水平概述

道路通行能力的分析计算离不开交通运行质量。因此通行能力的分析计算必须与服务水平的分析计算一起进行。

1）道路服务水平的定义

道路服务水平是交通流中车辆运行的以及驾驶员和乘客所感受的质量量度，也即道路在某种交通条件下所提供运行服务的质量水平。

美国将服务水平分为 A 至 F 六级，各级服务水平的一般描述摘要如下：

服务水平 A：交通量很小，交通为自由流，使用者不受或基本不受交通流中其他车辆的影响，有非常高的自由度来选择所期望的速度和进行驾驶，为驾驶员和乘客提供的舒适便利程度极高。

服务水平 B：交通量较前增加，交通在稳定流范围内的较好部分。在交通流中，开始易受其他车辆的影响，选择速度的自由度相对来说还不受影响，但驾驶自由度比服务水平 A 稍有下降。由于其他车辆开始对少数驾驶员的驾驶行为产生影响，因此所提供的舒适和便利程度较服务水平 A 低一些。

服务水平 C: 交通量大于服务水平 B，交通处在稳定流范围的中间部分，但车辆间的相互影响变得大起来，选择速度受到其他车辆的影响；驾驶时需相当留心部分其他车辆，舒适和便利程度有明显下降。

服务水平 D: 交通量又增大，交通处在稳定交通流范围的较差部分。速度和驾驶自由度受到严格约束，舒适和便利程度低下。当接近这一服务水平下限时，交通量有少量增加就会在运行方面出现问题。

服务水平 E: 此服务水平的交通常处于不稳定流范围，接近或达到水平最大交通量时，交通量有小的增加，或交通流内部有小的扰动就将产生大的运行问题，甚至发生交通中断。此水平内所有车速降到一个低的但相对均匀的值，驾驶自由度极低，舒适和便利程度也非常低，驾驶员受到的挫折通常较大。此服务水平下限时的最大交通量即为基本通行能力（对理想条件而言）或可能通行能力（对具体公路而言）。

服务水平 F: 交通处于强制流状态，车辆经常排成队，跟着前面的车辆停停走走，即不稳定。在此服务水平中，交通量与速度同时由大变小，直到零为止，而交通密度则随交通量的减少而增大。

以上六级服务水平的描述是针对非中断性交通流的道路设施的。

我国公路服务水平现分为四级，一级相当于美国的 A、B 两级，二、三级分别相当于美国的 C 级及 D 级，四级相当于美国的 E、F 两级。

2）道路设计采用的服务水平等级

高速公路基本路段、匝道-主线连接处、交织区均采用二级服务水平。但在不得已的情况下，匝道-主线连接处及交织区可降低要求采用三级服务水平。不控制进入的汽车多车道公路路段在平原微丘的地区采用二级服务水平，在重丘山岭地形及在近郊采用三级服务水平。不控制进入的汽车双车道公路路段采用三级服务水平。混合交通双车道公路段采用三级服务水平。

3. 道路通行能力和服务水平的作用

（1）用于道路设计。根据设计通行能力与设计小时交通量的对比，可分析得出所设计公路的技术等级及多车道公路的车道数，以及是否需要设置爬坡车道。也可在道路设计阶段，进行公路各组成部分的通行能力和服务水平分析，发现潜在的瓶颈路段，设计改进后，可在设计阶段就消除将来可能形成的瓶颈段。

（2）用于道路规划。在分析当前交通的质量水平，评估现有公路网承受交通的适应程度的基础上，通过交通量预测及投资效益和环境影响等的评估，提出改善和提高公路网的规模和建设项目及其实施步骤。

（3）用于道路交通管理。根据预测交通量增长情况对运行条件的分析，计算各阶段交通管理措施。

4. 高速公路基本路段通行能力

1）高速公路的定义及其组成

高速公路是有中央分隔带，上下行每个方向至少有两车道，全部立体交叉，完全控制出入的公路。高速公路是彻底的非中断性交通流设施。在正常情况下，高速公路上的车辆可以不停顿地连续行驶。

高速公路一般由以下三部分组成：

（1）高速公路基本路段。

（2）交织区。

（3）匝道，其中包括匝道-主线连接处及匝道-横交公路连接处。

2）高速公路基本路段的定义

高速公路基本路段是指主线上不受匝道附近车辆汇合、分离以及交织运行影响的路段部分。具体讲，是指驶入匝道-主线连接处上游 150 m 至下游 760 m 以外、驶出匝道-主线连接处上游 760 m 至下游 150 m 以外，以及表示交织区开始的汇合点上游 150 m 至表示交织区终端的分离点下游 150 m 以外的主线路段，如图 5.21 所示。

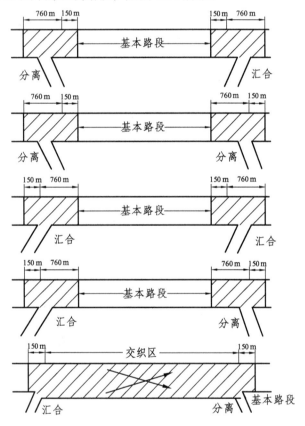

图 5.21　高速公路基本路段示意图

高速公路是多车道公路，和其他多车道公路一样，由于两个方向的交通运行互不依赖，且两个方向在其前进方向上的线形（其中主要是纵断线形上）的不同，因此，两个方向车行道的通行能力和服务水平的分析计算是分别进行的。

高速公路基本路段的理想条件包括：

（1）3.75 m ≤ 车道宽度 ≤ 4.50 m。

（2）侧向净宽 ≥ 1.75 m。

（3）车流中全部为小客车。

（4）驾驶员均为经常行驶高速公路且技术熟练遵守交通法规者。

3）高速公路基本路段服务水平

高速公路基本路段服务水平分级的关键性参数是最大交通密度[标准车辆/（千米·车道），pcu/（km·ln）]。根据交通密度将服务水平分成四级。各种设计速度的基本路段在理想条件下各级服务水平的平均行程速度、V/C 及最大服务交通量如表 5.2 所示。

表 5.2　高速公路基本路段服务水平分级表

服务水平等级	密度[pcu/（km·ln）]	设计速度（km/h）											
		120			100			80			120		
		车速ª（km/h）	V/Cᵇ	最大服务交通量ᶜ	车速ª（km/h）	V/Cᵇ	最大服务交通量ᶜ	车速ª（km/h）	V/Cᵇ	最大服务交通量ᶜ	车速ª（km/h）	V/Cᵇ	最大服务交通量ᶜ
一	≤12	≥94	0.56	1 100	≥81	0.51	1 000	—	—	—	—	—	—
二	≤19	≥86	0.79	1 600	≥75	0.71	1 400	≥69	0.67	1 300	≥59	0.64	1 150
三	≤26	≥73	0.94	1 900	≥68	0.85	1 700	≥62	0.83	1 600	≥53	0.81	1 450
四	≤48 >42	≥48 <48	1.00ᵈ	2 000ᵈ	≥48 <48	1.00ᵈ	2 000ᵈ	≥45 <45	1.00ᵈ	1 900ᵈ	≥43 <43	1.00ᵈ	1 800ᵈ

注：a. 车速指平均行程速度。
　　b. V/C 是在理想条件下，最大服务交通量与基本通行能力之比，基本通行能力是四级服务水平上半部的最大服务交通量。
　　c. 在理想条件下各级服务水平通行的最大交通量[pcu/（h·ln）]。
　　d. 在第四级服务水平下半部，交通处于强制流情况下，V/C 及交通量变化很大且频繁，但最大不会超过四级服务水平上半部的 V/C 及最大服务交通量。

4）高速公路基本路段通行能力

（1）最大服务交通量：

$$M_{SVi} = C_B \cdot (V/C)_i \tag{5.98}$$

式中　M_{SVi}——第 i 级服务水平的最大服务交通量，pcu/（h·ln）；

　　　C_B——基本通行能力，即理想条件下一车道所能通行的最大交通量 pcu/（h·ln）。设计速度为 120、100、80 和 60 km/h 的高速公路基本路段的 C_B 分别为 2 000、2 000、1 900 和 1 800 pcu/（h·ln）；

　　　$(V/C)_i$——第 i 级服务水平最大服务交通量与基本通行能力的比值。

（2）单向车行道的设计通行能力：

$$C_D = M_{SVi} \cdot N \cdot f_w \cdot f_{HV} \cdot f_{wP} \tag{5.99}$$

式中　C_D——单向车行道设计通行能力，即在具体条件下，采用 i 级服务水平时所能通行的最大交通量，veh/h；

　　　N——单向车行道的车道数；

　　　f_w——车道宽度和侧向净宽对通行能力的修正系数；

　　　f_{HV}——大型车对通行能力的修正系数；

　　　f_{wP}——驾驶员条件对通行能力的修正系数。

$$C_D = C_B \cdot (V/C)_i \cdot N \cdot f_w \cdot f_{HV} \cdot f_{wP} \tag{5.100}$$

5）影响高速公路基本路段通行能力的主要因素及修正方法

（1）车道宽度及侧向净向宽度的修正系数 f_w，如表 5.3 所示。

表 5.3　车道宽度和侧向净宽修正系数 f_w

侧向净宽（m）	行车道一边有障碍物		行车道两边有障碍物	
	车道宽度（m）			
	3.75	3.50	3.75	3.50
有中央隔带的 4 车道公路（每边有 2 车道）				
≥1.75	1.00	0.97	1.00	0.97
1.60	0.99	0.96	0.99	0.96
1.20	0.99	0.96	0.98	0.95
0.90	0.98	0.95	0.96	0.93
0.60	0.97	0.94	0.94	0.91
0.30	0.93	0.90	0.87	0.85
0	0.90	0.87	0.81	0.79
有中央隔带的 6 或 8 车道公路（每边有 3 或 4 车道）				
≥1.75	1.00	0.96	1.00	0.96
1.60	0.99	0.95	0.99	0.95
1.20	0.99	0.95	0.98	0.94
0.90	0.98	0.94	0.97	0.93
0.60	0.97	0.93	0.96	0.92
0.30	0.95	0.92	0.93	0.89
0	0.94	0.91	0.91	0.87

注：① 一些高级形式的中央带护栏如已为广大司机所熟悉且基本上不影响其行驶时，可不作为障碍物。

　　② 两边侧向净宽不足且不相等时，取两侧向净宽的平均值。

（2）大型车对通行能力的修正系数 f_{HV}：

$$f_{HV} = \frac{1}{1 + P_{HV}(E_{HV} - 1)} \tag{5.101}$$

式中　P_{HV} —— 大型车交通量占总交通量的百分比；

　　　E_{HV} —— 大型车换算成小客车的车辆换算系数，E_{HV} 值如表 5.4 所示。

表 5.4　高速公路、一级公路路段车辆换算系数 E_{HV}

车　型	平原微丘	重　丘	山　岭	说　明
大型车	1.7/2.0	2.5/3.0	3.0	分子适用于高速公路，分母适用于一级公路
小客车	1.0	1.0	1.0	

注：① 大型车包括：中型及重型载货汽车、拖挂车、单个及通道式大客车；

　　② 小客车包括：吉普车、摩托车、载重≤2 t 载货车、≤12 座面包车。

（3）驾驶员条件对通行能力的修正系数 f_{wP}。

根据驾驶员的技术熟练程度、遵守交通法规的程度、在高速公路上尤其是在所指高速公路或其相似的路段上的行驶经验以及驾驶员的健康状况，在 1.00～0.90 范围内取 f_{wP} 值。

5. 双车道一般公路路段通行能力

在双车道一般公路上，汽车超车时，必须进入对向车道行驶若干距离后，回到本向车道，才能完成超车过程。因此双车道公路的两个方向中任何一个方向的汽车流运行都受到对向交通的制约。故不能对单个方向而必须对车行道双向通行能力和服务水平进行总的分析计算。

双车道一般公路路段理想条件为:

（1）设计速度大于或等于 80 km/h。

（2）车道宽度大于或等于 4.00 m，但不大于 4.50 m。

（3）侧向净宽大于或等于 1.75 m。

（4）在公路上无"不准超车区"。

（5）交通流中全部为中型载重汽车。

（6）两个方向交通量之比为 50/50。

（7）对过境交通没有横向干扰且交通秩序良好。

（8）处于平原微丘地形。

双车道一般公路路段服务水平标准如表 5.5 所示。

表 5.5 汽车双车道公路路段服务水平表

| 服务水平级别 | 不准超车区 [c]（%）
平均行程速度 [b]（km/h） | V/C [a] | | | | | |
		0	20	40	60	80	100
一	≥64	0.27	0.24	0.21	0.19	0.17	0.15
二	≥53	0.43	0.39	0.36	0.34	0.32	0.31
三	≥45	0.63	0.61	0.58	0.56	0.55	0.54
四	≤37 <37	1.00 [d]	0.98 [d]	0.98 [d]	0.98 [d]	0.97 [d]	0.97 [d]

注：a. 是理想条件下各级服务水平最大服务交通量与基本通行能力之比，基本通行能力为 2 000 辆中型载重汽车/h。

b. 表中平均行程速度是设计速度为 80 km/h 时的数值。当计算车行速度小于 80 km/h 时，应减小平均行程速度数值。

c. 不准超车区（%）是指超车视距小于设计速度所要求的最小超车视距的路段长度占区段总长的百分率（双向的平均值）。

d. 四级服务水平的后半段是强制流，V/C 在很大范围内变化，但均小于四级服务水平上半段的 V/C。

车行道最大服务交通量为:

$$M_{SVi} = C_B \cdot (V/C)_i \tag{5.102}$$

式中 M_{SVi} —— 在理想条件下第 i 级服务水平的车行道双向最大服务交通量，mvu/h;

C_B —— 基本通行能力，理想条件下车行道每小时双向合理的期望能通行的最大交通量，$C_B = 2\ 000$ mvu/h;

$(V/C)_i$ —— 第 i 级服务交通量与基本通行能力之比。

车行道的设计通行能力为:

$$C_D = M_{SVi} \cdot f_s \cdot f_d \cdot f_w \cdot f_T \cdot f_L \tag{5.103}$$

式中 C_D —— 行车道设计通行能力，是实际或预测交通和道路等条件下，采用 i 级服务水平的车行道双向最大服务交通量，veh/h;

f_s —— 设计速度小于 80 km/h 时对通行能力的修正系数；

f_d —— 交通量方向分布对通行能力的修正系数；

f_w —— 车道宽度及（或）侧向净宽小于理想条件时对通行能力的修正系数；

f_T —— 交通流中有非中型载重汽车时，交通组成对通行能力的修正系数；

f_L —— 横向干扰及交通秩序处于非理想条件时对通行能力的修正系数。

$$C_D = C_B \cdot (V/C)_i \cdot f_s \cdot f_d \cdot f_w \cdot f_T \cdot f_L \tag{5.104}$$

设计速度修正系数 f_s 如表 5.6 所示。

表 5.6　设计速度修正系数 f_s

设计速度（km/h）	80	70	60	50	40
f_s	1.00	0.98	0.96	0.94	0.92

交通量方向分布修正系数 f_d 如表 5.7 所示。

表 5.7　交通量方向分布修正系数 f_d

交通量方向分布	50/50	60/40	70/30	80/20	90/10	100/0
f_d	1.00	0.945	0.89	0.82	0.75	0.71

车道宽度及侧向净宽修正系数 f_w 如表 5.8 所示。

表 5.8　车道宽及侧向净宽修正系数 f_w

侧向净宽（m） ＼ 车道宽（m）	4.00～4.50	3.50	3.00	侧向净宽（m） ＼ 车道宽（m）	4.00～4.50	3.50	3.00
1.75	1.00	0.96	0.84	0.75	0.84	0.80	0.70
1.50	0.96	0.92	0.80	0.50	0.79	0.76	0.66
1.00	0.88	0.84	0.74	0.00	0.70	0.67	0.58

交通组成修正系数 f_T 为：

$$f_T = 1/[1 + P_{SV}(E_{SV} - 1) + P_t(E_t - 1)] \tag{5.105}$$

式中　P_{SV}、P_t —— 汽车和拖挂车交通量占总交通量的百分比；

E_{SV}、E_t —— 小汽车及拖挂车的车辆换算系数，如表 5.9 所示。

表 5.9　一般二、三、四级公路路段车辆换算系数

车辆类型	中型汽车	小汽车	拖挂车	大中型农用拖拉机	小型农用拖拉机	兽力车	人力车	自行车
换算系数	1.0	0.8	2.0	3.0	1.7	4.0	2.0	0.3

注：① 中型汽车包括：>18 座面包车、单个大客车；

　　② 小汽车包括：小客车、吉普车、三轮摩托车、≤2 t 货车及客货两用车、≤18 座面包车；

　　③ 拖挂车包括：全挂车、单挂车、≥10 t 载货车、通道式大客车。

横向干扰修正系数 f_L 如表 5.10 所示。

表 5.10 横向干扰修正系数 f_L [a]

横向干扰程度	f_L	横向干扰程度	f_L
较 小	$0.85 \leqslant f_L 1.00$	较 大	$0.65 \leqslant f_L 0.75$
中 等	$0.75 \leqslant f_L 0.85$	严 重	b

注：a. 交通秩序较差的路段，f_L 值按干扰程度采用的数值再减小 0.05 至 0.10 取用；
　　b. 干扰严重程度差别较大，f_L 按实际或预测情况采用。

6. 城市道路路段通行能力

1）一条车道的理论通行能力

理论通行能力是指在理想的道路与交通条件下，车辆以连续车流形式通过时的通行能力。其计算公式为：

$$N_0 = 3\,600/h_i \tag{5.106}$$

或

$$N_0 = 10\,000v/L \tag{5.107}$$

式中 N_0——一条车道的理论通行能力，辆/h；

　　　h_i——饱和连续车流的平均车头时距，s；

　　　v——行驶车速，km/h；

　　　L——连续车流的车头间距，m。

连续车流条件下的车头间距 L，可采用下式计算：

$$L = L_0 + L_1 + U + I \cdot v^2 \tag{5.108}$$

式中 L_0——停车时的车辆安全车间距，m；

　　　L_1——车辆的车身长度，m；

　　　U——车辆的制动距离，m；

　　　v——行驶车速，m/s；

　　　I——与车重、路面阻力系数、黏着系数及坡度有关的参数，根据有关研究，I 的取值如表 5.11 所示。

表 5.11 参数 I 与坡度的关系

坡度（%）	5	4	3	2	1	0	−1	−2	−3	−4	−5
$I \times 10^3$	50	51	52	53	53	54	55	56	57	58	59

在通常的城市道路设计范围内（坡度 $\leqslant |4\%|$），其 I 值近似为 0.054，取 $L_0=2$ m，$L_1=5$ m，则一条车道的理论通行能力（小汽车单位）如表 5.12 所示。

表 5.12 按车头间距计算的一条车道理论通行能力

v（km/h）	20	30	35	40	50	60
L（m）	14.32	19.08	21.82	24.78	31.31	38.67
N_0（pcu/h）	1 406	1 572	1 604	1 614	1 597	1 552

我国对一条车道的理论通行能力也进行过专门的研究。《城市道路设计规范》建议的一条

车道理论通行能力（可能通行能力）（小汽车单位）如表 5.13 所示。

表 5.13　《城市道路设计规范》建议的一条车道理论通行能力

v（km/h）	20	30	40	50	60
N_0（pcu/h）	1 380	1 550	1 640	1 690	1 730

通过对城市道路饱和连续车流条件下的车头时距进行观测，观测结果及计算的理论通行能力如表 5.14 所示（车速范围 15～60 km/h）。

表 5.14　按车头时距计算的理论通行能力

车　型	小客车（含三轮卡车）	大客车	卡车	通道车
h_t（s）	2.671	3.696	3.371	4.840
N_0（pcu/h）	1 348	974	1 068	749

由国内外的研究成果可知，对于一条车道的理论通行能力，取 1 500 pcu/h 是比较合理的。

2）路段设计通行能力

城市道路路段设计通行能力（或实用通行能力）可根据一个车道的理论通行能力进行修正而得。对理论通行能力的修正应包括车道数、车道宽度、自行车影响及交叉口影响四个方面，即：

$$N_a = N_0 \cdot \gamma \cdot \eta \cdot C \cdot n' \tag{5.109}$$

式中　N_a——单向路线设计通行能力，pcu/h；

　　　γ——自行车影响修正系数；

　　　η——车道宽影响修正系数；

　　　n'——车道数修正系数；

　　　C——交叉口影响修正系数。

修正系数 γ、η、C 的计算方法如下：

（1）自行车影响折减系数 γ 的确定。

自行车对机动车道机动车的影响，应视有无分隔带（墩）及自行车道交通负荷的大小分三种情况考虑。

① 机动车道与非机动车道之间有分隔带（墩）。当机动车道与非机动车道之间设有分隔带时，路段上的自行车对机动车几乎没有影响，可不考虑折减，故取 $\gamma=1$。

② 机动车道与非机动车道间无分隔带（墩），但自行车道负荷不饱和。当机动车道与非机动车之间没有设置分隔带时，自行车对机动车有影响。但如果自行车道上的自行车交通量小于自行车道通行能力，此时，自行车基本上在非机动车道上行驶，对机动车的影响不大，建议取 $\gamma=0.8$。

③ 机动与非机动车道间无分隔带（墩），且自行车道超饱和负荷。当自行车交通量超过自行车道的通行能力时，自行车将侵占机动车道而影响机动车的正常运行，使机动车的车速、通行能力大大降低，其影响系数可根据自行车侵占的机动车道宽度与机动车道单向总宽之比确定，其影响系数为：

$$\gamma = 0.8 - (Q_{bic}/[Q_{bic}] + 0.5 - W_2)/W_1 \tag{5.110}$$

式中　Q_{bic}——自行车交通量，辆/h；

　　　$[Q_{bic}]$——每米宽自行车道的实用通行能力，辆/h；

　　　W_2——单向非机动车道宽度，m；

　　　W_1——单向机动车道宽度，m。

对于自行车道通行能力，在连续车流条件下（有分隔带），每米宽自行车道的理论通行能力为：

$$[Q_{bic}] = 2\,200 \text{ 辆/h} \tag{5.111}$$

无分隔带时，自行车道的通行能力小于有分隔带的自行车道通行能力，《城市道路设计规范》建议的有无分隔带的自行车道通行能力比为 0.82，即无分隔带时，每米宽自行车道的理论通行能力为：

$$[Q_{bic}]' = 2\,200 \times 0.82 = 1\,800 \text{ 辆/h} \tag{5.112}$$

由于平面交叉口的影响，路段上一般只有 50%的时间能有效通行，故每米宽自行车道的实用通行能力为：

$$[Q_{bic}] = 1\,800 \times 0.5 = 900 \text{ 辆/h} \tag{5.113}$$

该值与《城市道路设计规范》建议值 800～1 000 辆/h 是一致的。

（2）车道宽度影响系数 η 的确定。

车道宽度对行车速度有很大的影响，在城市道路设计中，取标准车道宽度为 3.5 m，当车道宽度大于该值时，有利于车辆行驶，车速略有提高；当车道宽度小于该值时，车辆行驶的自由度受到影响，车速降低。经观测发现，车道宽度不足对车速的影响远远大于宽度富裕对车速的影响，如宽度不足 1 m 引起的车速降低值远远大于宽度富裕 1 m 引起的车速提高值。当宽度不足标准宽度 1 m（此时车道宽 2.5 m）时，小车的车速几乎下降至正常车速的一半，大车已难以通行。当宽度大于标准宽度 2.5 m（此时车道宽 6 m，接近于两个车道的宽度）时，其车速约提高 30%，此时，即使车道宽再增加，由于受到车辆本身性能的限制，其车速不可能再提高。因此可以认为车道宽与车速之间呈下陡上缓的曲线关系，其车道宽度影响系数可由下式确定：

$$\eta = \begin{cases} 50(W_0 - 1.5) & (\%) \quad (W_0 \leqslant 3.5 \text{ m}) \\ -54 + \dfrac{188W_0}{3} - \dfrac{16W_0^2}{3} & (\%) \quad (W_0 > 3.5 \text{ m}) \end{cases} \tag{5.114}$$

式中　W_0——一条机动车道宽度，m。

当车道宽为标准宽度 3.5 m 时，$\eta = 100\%$，车道宽度与影响系数之间的变化关系如表 5.15 所示。

表 5.15　η、W_0 关系表

W_0 (m)	2.5	3	3.5	4	4.5	5	5.5	6
η (%)	50	75	100	111	120	126	129	130

（3）交叉口影响修正系数 C 的确定。

交叉口影响修正系数，主要取决于交叉口控制方式及交叉口间距。当交叉口间距较小时，交叉口的停车延误在车辆行驶时间中所占的比例较小，不利于道路空间的利用、路段通行能

力的发挥及路段车速的提高。交叉口间距的增大，有利于提高路段通行能力及路段车速，有利于充分利用道路空间，经研究表明，交叉口间距从 200 m 增大到 800 m 时，其通行能力可提高80%左右。通行能力与交叉口间距的关系值如表 5.16 所示。

表 5.16　交叉口间距与路段通行能力关系（单位：辆/h）

间距（m） 车道数	200	300	400	500	600	700	800
2	1 258	1 555	1 762	1 912	2 060	2 157	2 240
3	1 780	2 208	2 505	2 720	2 930	3 060	3 180
4	2 310	2 850	3 250	3 520	3 800	3 865	4 130

注：路段交叉口为信号控制，周期为 80 s。

由上表可见，路段通行能力提高值与交叉口间距基本呈线性关系。因此，交叉口影响修正系数可采用下式计算：

$$C = \begin{cases} C_0 & s \leqslant 200 \text{ m} \\ C_0(0.001\,3s + 0.73) & s > 200 \text{ m} \end{cases} \tag{5.115}$$

式中　s——交叉口间距，m；

　　　C_0——交叉口有效通行时间比，视路段起点交叉口控制方式而定，信号交叉口即为绿信比。

如果由式（5.115）计算的 C 大于 1，则取 $C=1$。

式（5.115）也可用于道路空间利用（密度）的修正。

车道数修正系数 n' 可根据车道利用系数确定。前苏联采用的车道数修正系数如表 5.17 所示。

表 5.17　前苏联采用的车道数修正系数

单向车道数	1	2	3	4
n'	1.0	1.9	2.9	3.5

我国通常采用的车道利用系数如表 5.18 所示。

表 5.18　我国常用的车道利用系数

车　道	第一车道	第二车道	第三车道	第四车道
车道利用系数	1	0.8～0.89	0.65～0.70	0.50～0.65

根据表 5.17、5.18 换算的车道数修正系数如表 5.19 所示。

表 5.19　车道数修正系数

车　道　数	1	2	3	4
车道数修正系数	1	1.8～1.89	2.5～2.63	3.07～3.22
平　均　值	1	1.85	2.57	3.15

根据国内外研究结果，在具体规划时，可采用表 5.20 所示的车道数修正系数，即相当于各车道的利用系数为：1，0.87，0.73，0.6。

表 5.20 车道数修正系数采用值

车 道 数	1	2	3	4
车道数修正系数 n'	1	1.87	2.60	3.20

四、航空运输能力

空中交通容量包括机场容量和空域容量两部分,具体体现形式为跑道容量、机位容量,滑行道容量。其中,跑道容量是关键,机场容量受气象条件、跑道状况、空域结构、空管设备、管制员能力等多因素影响,此处,仅就机场容量、跑道容量、机位容量进行详述。

1. 机场容量及其影响因素

1)机场容量

机场容量一般是指在特定的一段时间内,当要求连续服务时,一个机场能够接纳的最大飞机架次数,即活动繁忙时期机场接受飞机的能力。在这里,要求连续服务是指总有飞机准备起飞或着陆。按这一方法定义的机场容量,通常称之为极限容量或饱和容量或容许吞吐率。

机场容量是反映机场性能和吞吐能力的指标。将现有的机场容量与预计的未来需求量加以比较,可以确定是否需要改进机场设施,增加容量;通过比较各种不同构形的机场容量,可借以选择确定有效的构形。

2)影响机场容量的因素

影响机场容量的因素很多,主要有:① 跑道的构形,即跑道的条数、间距和方向;② 滑行道的构形和条数;③ 机位的安排、大小和数目;④ 混合作业(如起飞并着陆)占用跑道的时间;⑤ 使用设施飞机的各种尺寸;⑥ 天气情况,特别是能见度,能见度好的情况下与能见度坏的情况下,将采用不同的空中交通规则;⑦ 风的条件可以妨碍所有可用跑道的使用;⑧ 消减噪声的程序可能限制可用跑道上作业的类别(如着陆、起飞);⑨ 在风和消减噪声的限制下,管制员选择使用跑道的方法(如只准到达或起降混合作业等);⑩ 到达架次和离去架次的关系;⑪ 尾流涡流,空中交通规则要求,轻型飞机跟随重型飞机时的间隔应比重型飞机跟随重型飞机或重型飞机跟随轻型飞机时的间隔大些;⑫ 助航设备,如是否具备仪表着陆系统、高频全向信标、测距仪和雷达等;⑬ 是否具备为飞机到达和离去划定的航路空域;⑭ 空中交通管制设施(如塔台、进近和离去管制)的性质和范围。

前 4 项属于机场构形问题,⑤~⑪项与飞机起降的环境相关,⑫~⑭项指出有无助航设备和空中交通管制设施。

2. 跑道容量

1)跑道容量的含义

跑道容量一般是指在一段规定的时间内(通常为 1 h),当要求连续服务时,一个跑道体系所能承担的最大飞机架次,它等于服务的所有飞机加权平均服务时间的倒数。例如,加权平均服务时间为 60 s,则跑道容量为 1 架次每 60 s,或 60 架次每小时。在这里,将进近航道同跑道一起视为一个跑道体系,并将空中的间隔时间或占用跑道时间中的较大者,作为跑道服务时间。

如果所有飞机在空中的间隔都能精确地符合空中交通规则规定的最小允许时间间隔,而且如果飞机能按管制员规定的到达空中进入点的那一瞬间准确地到达那里,那么就能形成一个没有误差的体系，实际上这是不可能达到的。飞机不可能如此准确地到达其进近航道的空中进入点。也就是说，飞机到达进入点的时间肯定会有误差（即到达进入点时间误差），并假定这一误差服从正常分布，即它以零点为中值有一规定的标准偏差值。在进入点和跑道入口之间也会有误差（特别是进近程度误差），也假定它服从中值为零的正常分布。将进入点误差加到进入点和跑道之间的速度误差上，可得出进入点到跑道入口的空中点误差。假定一架飞机的误差不受其他飞机的影响，则可认为误差是相互独立的。

由于存在误差，所以管制员在使用空中交通规则所允许的飞机间最小间隔时间时，还要增加一定的时间，这一增加时间被称为缓冲时间。已知最小时间间隔，就可计算出要保持离差最小值所要求增加的缓冲时间。例如，若按 3 n mile 的最小间隔规则认为偏离 5%时间是可以允许的话，那么相应的缓冲时间就可以计算出来。

跑道服务时间也被认为服从正态分布，即有一个平均值和一个规定的标准偏差值。例如，对波音 707、道格拉斯 Dc-8 和波音 747 这一级飞机来说，平均占用跑道时间为 50 s，其标准偏差为 5～10 s。

跑道容量受下列诸因素的影响：飞机组合情况，通常按飞机的进近速度把飞机划分为若干级；各级飞机的进近速度；从进入点至跑道入口的共用进近航道长度；最小空中交通时间间隔规划，如果没有规划可循，则为实际观察的时间间隔；到达进入点时间误差和共用进近航道的速度误差；允许最小时间间隔偏差的规定概率；组合中各级飞机的平均占用跑道时间及这些平均时间离差的大小。

2）只有到达的形式

为简化计算，但又不致过多影响其准确性，可将飞机按不同的速度分成几级 $(v_i, v_j, \cdots, v_n)$。为求到达的加权服务时间，首先需将每对飞机在跑道入口的最小时间间隔列成矩阵。有了这个矩阵和飞机组合中各级飞机的百分数，就可算出加权服务时间。加权平均服务时间的倒数就是跑道的容量。

为了求得跑道入口到达时间的相互间隔，必须知道在前面的那架飞机的速度 v_i 是大于还是小于尾随的那架飞机的速度 v_j。在跑道入口的间隔时间，视 $v_i > v_j$，还是 $v_i \leqslant v_j$ 而异。这可用图 5.22 和图 5.23 的距离-时间曲线图来说明。图中 r 为共用进近航道的长度；δ 为沿共用进近航道任何地方的两架到达飞机间的最小允许间隔距离，v_i 为在前的 i 级飞机的速度，v_j 为尾随的 j 级飞机的速度；R_i 为在前面的速度为 v_i 的 i 级飞机占用跑道时间。

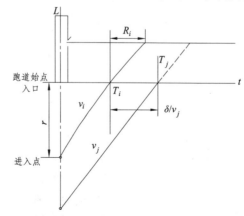

图 5.22　只有到达时，$v_i \leqslant v_j$ 情况下的距离-时间曲线图

当 $v_i \le v_j$ 时（见图 5.22），跑道入口处的最小间隔，用距离表示为 δ，用时间表示为 t_{vi}；当 $v_i > v_j$ 时（见图 5.23），跑道入口处的最小时间间隔为 $[\delta/v_i + r(1/v_j - 1/v_i)]$，相应于沿共用航道的最小距离间隔 δ 是在空中进入点，而不是在跑道入口。

这两种形式是表示没有误差的理想体系的情况。如考虑误差，则需在最小时间间隔上加一个缓冲时间。缓冲时间的大小取决于容许的偏离概率。研究表明：当 $v_i \le v_j$ 时，缓冲时间是一个常数，然而，当 $v_i > v_j$ 时，缓冲时间不一定是一个常数值，而且通常小于 $v_i \le v_j$ 情况下的缓冲时间。有了缓冲时间的形式，就可得出速度级 j 的飞机尾随速度级为 i 飞机情况下缓冲时间的矩阵 $\boldsymbol{B}$。把这个矩阵加上无误差矩阵 $\boldsymbol{M}$ 就组成为组合矩阵。

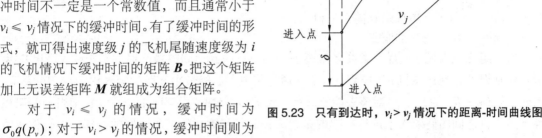

图 5.23 只有到达时，$v_i > v_j$ 情况下的距离-时间曲线图

对于 $v_i \le v_j$ 的情况，缓冲时间为 $\sigma_0 q(p_v)$；对于 $v_i > v_j$ 的情况，缓冲时间则为 $\sigma_0 q(p_v) + \delta(1/v_j - 1/v_i)$，$q(q_v)$ 为累计标准正态分布函数值为 $(1 - p_v)$ 的数值。

3）混合作业的形式

混合作业的形式以下列四条作业规则为基础：到达的优先于离去的；在同一时间内只有一架飞机能占用跑道；如将要到达的飞机离跑道入口小于 δ_d（在仪表飞机规则情况下通常为 2 n mile）则离去的飞机不能放行；连续离去的最小时间间隔等于离去服务时间 t_d。

混合作业情况下的距离-时间曲线如图 5.24 所示。图中 T_i 为到达飞机 i 通过跑道入口的时间；T_j 为到达飞机 j 通过跑道入口的时间；v_i 为到达飞机 i 的进近速度；v_j 为到达飞机 j 的进近速度；δ_d 为为使一架离去飞机能被放行，一架到达飞机距跑道入口的最小距离；δ 为两架到达飞机间的最小间隔；G 为满足第三条规则，一架离去飞机可以放行的一段时间，它等于 $T_2 - T_1$；T_d 为离去的飞机开始起飞滑动时间；T_1 为到达飞机 i 脱离跑道的时间；

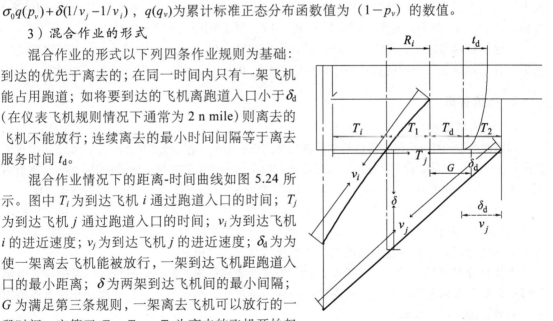

图 5.24 混合作业时的距离-时间曲线图

T_2 为离去飞机再能被放行的时间；t_d 为离去服务时间；R_i 为 i 飞机占用跑道时间，它等于 $T_1 - T_i$。这样，如果在两架飞机到达间有一次起飞，根据四条规则，则有：

$$T_i + R_i \le T_1 \le T_j - \frac{\delta_d}{v_j} \tag{5.116}$$

$$T_j - T_i - R_i - t_d \ge 0 \tag{5.117}$$

由于后一方程式表达的情况常不是关键性的，所以在形式的应用中可略去不计。然而，如果情况不是这样的话，则应予以考虑。假如不考虑这个条件，两架飞机到达间插入离去任何架次 n_d 的表达式可写为：

$$T_j - T_i \geqslant R_i + \frac{\delta_d}{v_j} + (n_d - 1)t_d \qquad (5.118)$$

这是无误差情况。如果把误差包括在内，则有：

$$T_j - T_i = \sigma_G q(P_G) + R_i + \frac{\delta_d}{v_j} + (n_d - 1)t_d \qquad (5.119)$$

式中　P_G —— 与第三条规则有离差的概率；

　　　σ_G —— G 值的标准偏差。

对一组飞机来说，允许一架或多架离去飞机放行的到达间隔最小时间和矩阵，可用 Γ_{ij} 表示。包括误差，到达飞机 j 尾随到达飞机 i 通过跑道入口的最小间距的矩阵用 $(M+B)_{ij}$ 表示。因此，如 $(M+B)_{ij} \geqslant \Gamma_{ij}$，一架离去能够放行。设 P_d 为 $(M+B)_{ij} \geqslant \Gamma_{ij}$ 的概率，它相当于两架相继到达飞机之间的间隔大于进行一架或多架离去放行所需要的最小时间的概率；混合作业情况下的极限容量为 λ，其中到达容量为 λ_1，离去容量为 λ_d。于是，$\lambda = \lambda_1 + \lambda_d$ 和 $\lambda = (1 + P_d)\lambda_1$。这样，如 $P_d = 1$，则 $\lambda_d = \lambda_1$ 和 $\lambda = 2\lambda_1$；如 $P_d = 0.8$，则 $\lambda_d = 0.8\lambda_1$ 和 $\lambda_d = 1.8\lambda_1$。

在这种计算形式下，R_i 和 t_d 为固定值。虽然这两个值会有某些分布类别，但计算形式中引用的为平均值加平均值的两个标准偏差。这样，R_i 和 t_d 这两个值都包括有缓冲时间。

3. 机位容量

1）机位容量的意义

同跑道容量一样，机位容量可定义为在需要连续服务的一段给定的时间内，一个给定的机位数所能接纳的飞机最大数目。机位容量可以按加权平均占用机位时间的倒数计算。例如，飞机占用一个机位的时间平均为 30 min，则机位的容量等于 30 min 一架飞机，或每小时两架飞机。

影响机位容量的因素主要有：机位数目和型别；机位占用时间；需要服务飞机的型别。

机位的型别是指它接纳一架大型、中型或小型飞机的能力，而飞机型别则主要指飞机的大小。这就是说，只有某些型别的机位才能接纳特大型飞机。

占用机位时间是飞机进、出机位，上下旅客，装卸行李，加油，整理客舱及进行其他例行服务和机务维修所用的时间。占用机位时间随飞机的大小而改变，同时取决于该飞机是始发、终到，还是经停航班。

2）机位容量的计算

计算机位容量一般采用两种机位分析形式。一种形式假定全部飞机都能使用一个机场的全部可用机位，而另一种形式则假定某种大小的飞机只能使用专门为这种飞机设计的机位。

当机位的使用没有什么限制，即所有飞机都能使用全部可用机位时，机位容量（F）可用下式表示，即：

$$F = \frac{G}{\sum_{i=1}^{n} M_i T_i} \qquad (5.120)$$

式中 G —— 可使用的机位总数；

$\quad\quad n$ —— 飞机级别数；

$\quad\quad T_i$ —— i 级飞机的占用机位时间；

$\quad\quad M_i$ —— 在需要服务的飞机组合中，i 级飞机的比例$\left(\sum M_i = 1\right)$。

第二种形式假定不是所有需要服务的飞机都能使用全部可使用的机位，但假定一大型飞机用的机位能为全部较小的飞机所使用。在这里，用 i 表示飞机大小的分组等级，$i=1$ 为最大，$i=n$ 为最小；用 G_i 表示能接纳 i 级飞机的机位数目；用 g_i 表示机位总数中能接纳 i 级飞机的比数；用 t_i 表示总的机位时间中为 i 级飞机所需的比数；用 F 表示全部飞机都能使用全部可用机位的机位容量；用 C 表示不是所有飞机都能使用全部可用机位的机位容量；用 X 表示两种机位容量的比值，即 $X = \dfrac{C}{F}$。机位总数 G 是所有型别的机位的总和，即 $G = \sum_{i=1}^{n} G_i$。i 型机位的比数 $g_i = G_i / G$。总机位时间中 i 级飞机所需的比数 t_i 等于 i 级飞机在总组合中的比数 g_i，乘以 i 级飞机占用机位时间 T_i，除以加权平均占用机位时间，即：

$$t_i = \frac{M_i T_i}{\sum_{i=1}^{n} M_i T_i} \tag{5.121}$$

还必须知道是否有足够的能接纳 i 级飞机的机位数 G_i。例如，对最大级飞机来说（$i=1$），如为1级飞机服务所需时间的比数少于或等于可使用的机位总数中用以接纳 1 级飞机的比数，即 $t_i \leqslant g_i$，则所有 1 级飞机都能被接纳。但是如果 $t_i > g_i$，则不再是所有 1 级飞机都能接纳。这时，容量 C 应为：

$$C = F\left(\frac{g_1}{t_1}\right) \tag{5.122}$$

由于 2 级飞机能使用机位数 G_1 和 G_2，所以只要 1 级和 2 级飞机所需时间的比数和$(t_1 + t_2)$小于或等于可使用的机位总比数和$(g_1 + g_2)$，即$(t_1 + t_2) \leqslant (g_1 + g_2)$时，所有 2 级飞机都能接纳；当$(t_1 + t_2) > (g_1 + g_2)$时，就不是所有 2 级飞机都能接纳。这时，容量应为：

$$C = F\left(\frac{g_1 + g_2}{t_1 + t_2}\right) \tag{5.123}$$

因而，机位容量的一般式可写为：

$$C = F\left(\frac{g_1 + g_2 + \cdots + g_n}{t_1 + t_2 + \cdots + t_n}\right) \tag{5.124}$$

最严格的限制是方程式中括号部分最小值，若该最小值用 X 表示，则机位体系容量的计算式也可写为：

$$C = FX \tag{5.125}$$

第四节　集装箱的供应分析

一、集装箱及其标准演变

集装箱是指专供周转使用，便于机械作业和运输，且具有一定强度和刚度的大型货物容器。因为其外形像一个箱子，又可以集装成组货物，故称之为集装箱，也称为货柜或货箱。集装箱虽然是一种装货容器，但与其他容器不同，除装货外，还必须适应许多特殊要求。根据国际标准化组织（ISO）的规定，集装箱应具备以下特征：

具有足够的强度，能够长期反复使用；适于一种或多种运输方式运送，途中转运时，箱内货物不需换装；具有快速装卸和搬运装置，特别便于从一种运输方式转移到另一种运输方式；便于货物的装满和卸空；具有 1 m^3 及其以上的内部容积。

初期集装箱的结构和规格各不相同，从而影响了集装箱在国际上的流通。集装箱标准化，不仅能提高集装箱作为共同运输单元在海、陆、空运输中的通用性和互换性，而且能够提高集装箱运输的安全性和经济性，促进国际集装箱多式联运的发展。同时，集装箱的标准化还给集装箱的运载工具和装卸机械提供了选型、设计和制造的依据，从而使集装箱运输成为相互衔接配套、专业化和高效率的运输系统。1961 年 6 月国际标准化组织集装箱技术委员会成立后，开始着手制定国际集装箱标准。第一个国际集装箱标准系列表在 1964 年该委员会召开的第三次大会上提出，分 2 个系列、9 种箱型；1967 年第五次大会上，又增加了第 3 系列、3 种箱型；1969 年 10 月第六次大会上，在第 1 系列中增加了 1BB 和 1CC 两种箱型，同时将第 2 系列降格为技术报告；在 1976 年第九次大会上，第 3 系列也降格为技术报告。1991 年 5 月第十六次大会上，又增加了 1AAA 和 1BBB 两种箱型。到目前为止，国际标准集装箱共有 13 种规格，如表 5.21 所示。

表 5.21　国际标准集装箱现行箱型系列表

集装箱箱型	长　度			宽　度			高　度			总　重	
	mm	ft	in	mm	ft	in	mm	ft	in	kg	lb
1AA	12 192	40	0	2 438	8	0	2 591	8	6	30 480	67 200
1A	12 192	40	0	2 438	8	0	2 438	8	0	30 480	67 200
1AX	12 192	40	0	2 438	8	0	<2 438	<8	0	30 480	67 200
1BB	9 125	29	11.25	2 438	8	0	2 591	8	6	25 400	56 000
1B	9 125	29	11.25	2 438	8	0	2 438	8	0	25 400	56 000
1BX	9 125	29	11.25	2 438	8	0	<2 438	<8	0	25 400	56 000
1CC	6 058	19	10.5	2 438	8	0	2 591	8	6	24 000	52 920
1C	6 058	19	10.5	2 438	8	0	2 438	8	0	24 000	52 920
1CX	6 058	19	10.5	2 438	8	0	<2 438	<8	0	24 000	52 920
1D	2 991	9	9.75	2 438	8	0	2 438	8	0	10 160	22 400
1DX	2 991	9	9.75	2 438	8	0	<2 438	<8	0	10 160	22 400
1AAA	12 192	40	0	2 438	8	0	2 896	9	6	30 480	67 200
1BBB	9 125	29	11.25	2.438	8	0	2 896	9	6	25 400	56 000

二、集装箱的分类

集装箱的种类繁多，除了有不同尺寸以外，还因为其制造材料的不同、箱子结构的不同和集装箱用途的不同等而有不同的分类方式。

1．按制造材料分类

集装箱是一种用来装载各种货物的容器，是一种较理想的成组工具。为了充分发挥装卸机械的能力，最大限度地利用集装箱的装货能力，一般在选择材料时应满足这样一些要求：

第一，材料质量轻、强度高，能承受一定的拉力和压力。第二，材料应坚固耐用，使用年限要长，并要满足集装箱反复使用的要求。第三，材料应容易取得，便于加工成型，制造和维修保养的费用低，以降低集装箱运输的费用。

以上三点只是一般的要求，对各种不同用途的集装箱在选择制造材料时，还应针对使用上的不同要求而作出一些特殊规定。从目前采用的集装箱材料来看，一个集装箱往往不是由单一材料做成的，而是以某种材料为主，并在箱子的不同结构处用不同的材料，因此，按制造材料来分类，实际是按箱子的主要结构（侧壁、端壁、箱顶等）采用的材料来分的。如箱子的侧壁、端壁、箱顶等用铝合金材料做成，则该集装箱就称为铝合金集装箱。

1）钢制集装箱（见图 5.25）

钢制集装箱是海上集装箱运输中采用较为普通的一种集装箱，其特点如下：

（1）钢材的内部构造较为紧密，强度很大，抗拉强度能达到 $250\sim500$ MPa。抗压强度能达到 $250\sim500$ MPa。

（2）钢制集装箱的整体性较好，结构牢固，水密性好，易于集装箱的反复使用。

（3）钢材的来源、加工、制造较为方便，故钢制集装箱的价格较为便宜。

图 5.25　钢制集装箱

（4）由于钢材的密度大，达到 7.8 g/cm^3，因此，钢制集装箱显得很笨重，相应地降低了装货能力。

（5）钢制集装箱防腐蚀的能力也较差，要经常涂漆，弹性不太好，受外力作用变形后，较难恢复。因此，钢制集装箱的维修、保养费用较高，使用年限也不长。

使用钢制集装箱有利有弊，它的最大弊端就在于箱体笨重，这样就降低了集装箱的使用率，给装卸、搬运等作业带来了不便。

2）铝合金集装箱

铝合金集装箱是目前国际集装箱运输中采用较多的一种集装箱，它较好地解决了上述钢制集装箱存在的缺陷。其特点如下：

（1）铝合金集装箱大大地降低了本身的自重，每单位体积的铝合金重量只是钢材的 1/3 左右，这样，在同样尺寸条件下，铝合金集装箱就能比钢制集装箱多装货物，提高了集装箱的载重能力。

（2）铝合金集装箱具有较高的防腐蚀能力，在空气中能自生一种氧化薄膜，增强了防腐蚀能力。如采用在其表面加上涂层的方法，则防腐效果更好，这样，延长了使用年限，降低了维修、保养费。

（3）铝合金材料有较好的弹性，易变形，也易复原，因此，铝合金集装箱最适用于吊装式箱格型全集装箱船。

（4）铝合金的加工较为方便，费用也较低，但铝合金集装箱的造价也是相当高的，另外铝合金集装箱的焊接性不如钢制集装箱。

总之，铝合金集装箱尽管还有一定的缺陷，但它给经营者带来的利益是主要的。

3）玻璃钢制集装箱（见图 5.26）

玻璃钢是用玻璃纤维、合成树脂和胶合板混合组成的一种材料，用玻璃钢做成的集装箱有这样一些特点：

（1）玻璃钢的内部组织非常严密，强度大，刚性好，能承受较大的应力。

（2）玻璃钢具有较高的隔热、防腐和耐化学侵蚀能力，箱内不易产生结露现象，货物因此而免受湿损，因此，玻璃钢集装箱对货种的适应性较好。

图 5.26　玻璃钢制集装箱

（3）玻璃钢制集装箱易于清洗，故能装载"污、脏"货物，另外，玻璃钢集装箱的修理作业较为简便，维修费很低。

（4）玻璃钢集装箱的重量大是其主要的缺点，相同规格的集装箱，玻璃钢制的和钢制的在自重上相差无几。

（5）塑料存在的老化问题，会影响玻璃钢制集装箱的寿命。

（6）玻璃钢集装箱的价格较高。

玻璃钢作为一种新型的集装箱材料，其发展还是乐观的，从营运经济情况来看，这种集装箱也占有优势，关键在于要及时总结经验，积极加以研究和改进，以使其在不断完善的过程中得以推广。

2. 按集装箱的用途分

为了扩大集装箱货源，提高集装箱运输这一先进运输方式在整个杂货运输中的比重，在大力发展通用集装箱的同时，必须重视对专用集装箱的研究和制造。目前，在国际集装箱运输中，出现了许多用途不同的集装箱，一般可分为以下几种：

1）杂货集装箱

顾名思义，这种集装箱主要用于装运杂货，如日用百货、文化用品、五金交电、电子产品、棉纺织品、医药及医疗器械等。在现在使用的集装箱中，这种用途的集装箱占有绝对优势。

通常这种集装箱只有一端开门，箱内设有固货装置，对这种箱子的一般要求是：干燥、水密性好、清洁等。对装入这种集装箱的货物要求有适当的包装，以便充分利用集装箱的箱容。在货物积载时要密切注意装载容积和装载负荷之间的协调，就是说，一方面要充分利用箱容；另一方面，不使箱子超负荷。

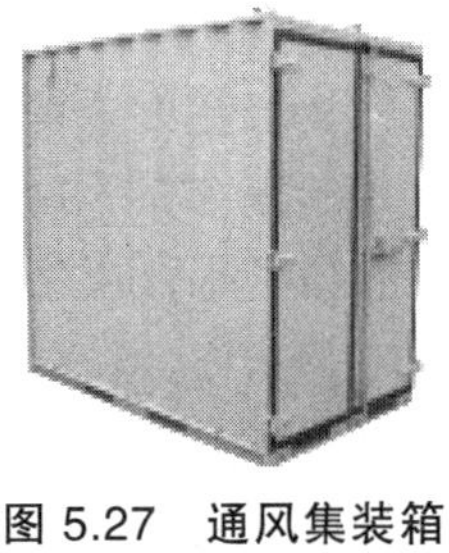

2）通风集装箱（见图 5.27）

图 5.27　通风集装箱

这种集装箱在其侧壁或端壁设有若干供通风用的窗口，其他结构同杂货集装箱相差不多，箱体呈密闭式。这种集装箱主要用来装运有一定通风和防汗湿要求的杂货,如原皮、球根类和食品等,对一些新鲜货物采用这种集装箱运输也有一定的防腐作用。

3)侧开门集装箱(见图5.28)

侧开门集装箱是指除了在集装箱端部设有端门外,在其侧壁还设有侧门,这样,即使集装箱装在铁路货车上也可直接方便地进行拆装箱作业。

4)侧壁全开式集装箱

侧壁全开式集装箱是指它的某一侧面设有全部敞开部供装、拆大件货物。

图5.28 侧开门集装箱

5)开顶集装箱(见图5.29)

开顶集装箱是指集装箱的箱顶可以方便地取下、装上。箱顶有硬顶和软顶两种,硬顶是用薄钢板制成的,利用起重机或叉车进行装上、取下作业。软顶一般是用帆布制成的,开顶时只要向一端卷起就可以了。开顶集装箱主要用于装载玻璃板、钢制品、仪器设备等重货,这样可以利用起重机从箱顶装卸,克服了小型叉车起重量小的弱点。

6)冷冻集装箱(见图5.30)

冷冻集装箱是指具有冷源或冷冻装置的集装箱,冷冻集装箱主要用来装运新鲜水果、鱼、肉、蔬菜等易腐食品。除此之外,也可用来装运某些有特殊要求的毛皮、丝绸等,利用集装箱的低温来防虫。对一些药品为了防止发生危险和变质也需要采用冷藏运输。

图5.29 开顶集装箱

图5.30 冷冻集装箱

7)保温集装箱

保温集装箱是指具有绝热作用,使箱内空气不产生对流,不产生热量传递的集装箱。实际上绝热也是相对而言的,一般情况下可保持箱内温度不变,但在长时间的阳光照射下,箱内温度也会有一定的提高。

这种保温集装箱较适宜装载像精密仪器、油漆、石蜡等对温度变化敏感的货物,还适用于装载水果罐头、糖果、葱头等需要通风和保持一定湿度的食品。

保温集装箱的前端壁和箱门上设有若干装有百叶窗的通风窗口,货物装载前要进行检查清扫,要对箱子进行预冷使之达到规定温度以下,运输时,一般还以干冰作为冷媒,维持箱内的冷藏温度。保温集装箱除了用来运输需要保持一定温度的货物以外,也可运输一般货物,这一特点,避免了航线上货种不平衡而产生的回空运输。

8)散货集装箱(见图5.31)

散货集装箱是针对固体散货的特点而设计制造的。它主要用来装运大豆、大米、麦芽、小麦粉、各种饲料及砂子、硼酸、化学制品等各种散装的粉粒状货物。用集装箱装运散装货,一方面大大地提高装卸效率,另一方

图5.31 散货集装箱

面节约了大量的包装材料和包装费用，提高了货运质量，减轻了粉尘对人体和环境的侵害。散货集装箱主要有铝制和钢制的两种，这两种集装箱的内底板都采用玻璃钢制作，这样便于经常清扫和洗涤。散货集装箱的箱顶一般都设有若干装货口（有圆口和方口两种），并在箱门的下部设有卸货口。为了提高卸货效率，有的散货集装箱的箱底做成 V 形（漏斗形），散货可自动地从漏斗门流出。为了方便散货熏蒸作业，这种集装箱还专门设有药品投入口和气体排出口。

9）罐状集装箱（见图 5.32）

罐状集装箱是专门用来装运液体散货的集装箱，如酒类、油类、液体食品、液体药品、水泥等都可以用这种集装箱来装运。罐状集装箱的特点是：由框架和液罐两部分组成。框架是用来支承和固定液罐的，而液罐则用于装货。框架结构按照国际标准设计和制造（尺度和强度）。液罐的外壁采用保温材料，以使罐体隔热；内壁一般要研磨抛光，以避免液体残留于壁面。为了降低液体的黏度，液罐下部还设有加热器，对罐内温度可以通过安装在其上部的温度计观察到，罐顶设有装货口，罐底设有排出阀。罐上的安全阀和铁梯等也是必备的，对罐体的清洗作业常采用蒸汽或化学药品。对这种集装箱的搬运、装货、贮藏均设有专门的场所和设备，还要配以专门的消防安全设备。

10）板架集装箱（见图 5.33）

板架集装箱的形式一般有三种：第一种就是板架集装箱，这种集装箱没有箱顶和侧壁，只有端壁、箱底板和侧柱；第二种是支柱式板架集装箱，这种集装箱的结构基本上同第一种，只是在箱子顶部增加了支柱结构；第三种是侧栅栏式板架集装箱，这种集装箱的侧柱由前、后向的横梁加以联结成栅栏状。板架集装箱主要用来装运像重型机械、钢材、木材、机床和整件设备等的长大件、超重件。货物的拆、装箱作业，可以从上面进行，也可以从侧面进行。货物通过设在箱底两例的绑牵环、尼龙带等加以固定。

图 5.32　罐状集装箱　　　　　　　图 5.33　板架集装箱

11）汽车集装箱

汽车集装箱，顾名思义就是指专门用来装运小型汽车的集装箱。这种集装箱的箱底较为简单，没有侧壁，甚至没有端壁，外部负荷主要是由各部分框架来承担。为了充分利用箱容，许多汽车集装箱设计成上下两部分，可以装载 2 辆汽车。一般汽车集装箱的结构简单、自重较轻，造价也较低。为了防止汽车在箱内滑动，箱底专门设有绑扎设备和防滑钢板。

12）牲畜集装箱

此类集装箱是专门用来装运鸡、鸭、鹅、牛、马、羊等家禽和家畜的。这种集装箱的箱顶和侧壁是用玻璃纤维加强塑料制成的，这样能遮蔽阳光照射，又能保持清洁，箱体大部分开蔽。为了运输途中牲口的饲养，箱体一侧开有若干窗口，窗下外侧配有放置饲料的饵槽，在另一侧下部则设有专门的清除口和排水口。为了保证箱内有较新鲜的空气，以避免牲畜在运输途中发病和死亡，箱体的两端壁采用钢制框架，装有钢丝网。这种集装箱装载的牲畜重量有限，所以，在一般情况下，强度比国际标准箱要低。

以上所介绍的各类集装箱，并未包括所有的集装箱类型。除此之外，还有专门用于航空运输的集装箱等。

三、集装箱的技术参数

当前，通用的部分类型集装箱的参数如表 5.22～5.28 所示。

表 5.22　杂货集装箱参数

参　数		20 英尺箱	20 英尺箱	20 英尺箱	40 英尺箱	40 英尺箱
材　质		A（铝制）	B（铝制）	C（钢制）	A（铝制）	B（铝制）
外部尺寸（mm）	长	6 058	6 058	6 058	12 192	12 192
	宽	2 438	2 438	2 438	3 438	2 438
	高	2 438	2 438	2 438	2 591	2 591
内部尺寸（mm）	长	5 930	5 884	5 888	12 062	12 052
	宽	2 350	2 345	2 331	2 350	2 342
名义高度（mm）		2 260	2 240	2 255	2 380	2 367
净空高度（mm）		2 180	2 180	2 180	2 305	2 305
门框尺寸（mm）	宽	2 350	2 342	2 340	2 035	2 347
	高	2 154	2 135	2 143	2 284	2 265
容积（m³）		31.5	30.9	31	67.6	66.5
自重（kg）		1 600	1 700	2 230	2 990	3 410
总重（kg）		24 000	24 000	24 000	30 480	30 480
载重（kg）		22 400	22 300	21 770	27 490	27 070

表 5.23　开顶集装箱参数

参　数		20 英尺箱	40 英尺箱
材　质		铝制	铝制
外部尺寸（mm）	长	6 058	12 192
	宽	2 438	2 438
	高	2 438	2 591
内部尺寸（mm）	长	5 930	12 056
	宽	2 350	2 351
名义高度（mm）		2 180	2 324
净空高度（mm）		2 083	2 083
门框尺寸（mm）	宽	2 350	2 340
	高	2 154	2 286
容积（m³）		30.4	60.8
自重（kg）		2 030	3 800
总重（kg）		24 000	30 480
载重（kg）		21 970	26 680

表 5.24　板架集装箱参数

参数		20 英尺箱	20 英尺箱	40 英尺箱	40 英尺箱
材质		A（钢制）	B（钢制）	A（钢制）	B（钢制）
外部尺寸（mm）	长	6 058	6 058	12 192	12 192
	宽	2 438	2 458	2 438	2 438
	高	2 438	2 478	2 591	2 591
内部尺寸（mm）	长	5 908	5 928	12 054	12 062
	宽	2 388	2 428	2 256	2 250
名义高度（mm）		2 072	2 178	1 970	1 964
容积（m³）		29.2	31.2	53.8	53.3
自重（kg）		2 500	2 790	4 810	5050
总重（kg）		24 000	24 000	30 480	30 480
载重（kg）		21 500	21 210	25 670	25 430

表 5.25　冷冻集装箱参数

参　数		20 英尺	40 英尺
材　质		铝制	铝制
外部尺寸（mm）	长	6 058	12 192
	宽	2 438	2 438
	高	2 438	2 591
内部尺寸（mm）	长	5 391	11 480
	宽	2 254	2 234
名义高度（mm）		2 130	2 235
门框尺寸（mm）	宽	2 254	2 234
	高	2 049	2 163
容积（m³）		25.9	57.3
自重（kg）		2 750	4 750
总重（kg）		24 000	30 480
载重（kg）		21 250	25 730

表 5.26　散货集装箱参数

参　　数		20 英尺箱	20 英尺箱
材　　质		A（铝制）	B（铝制）
外部尺寸（mm）	长	6 058	6 058
	宽	2 438	2 438
	高	2 438	2 438
内部尺寸（mm）	长	5 929	5 889
	宽	2 345	2 338
名义高度（mm）		2 213	2 213
门框尺寸（mm）	宽	2 350	2 341
	高	2 154	2 130
容积（m³）		30.8	30.5
自重（kg）		1 980	2 400
总重（kg）		24 000	20 321
载重（kg）		22 020	17 821

表 5.27　通风集装箱参数

参　　数		20 英尺箱	20 英尺箱
材　　质		玻璃钢	铝
外部尺寸（mm）	长	6 058	6 058
	宽	2 438	2 438
	高	2 438	2 438
内部尺寸（mm）	长	5 901	5 925
	宽	2 370	2 345
名义高度（mm）		2 251	2 213
净空高度（mm）		3 137	2 213
门框尺寸（mm）	宽	2 276	2 345
	高	2 134	2 112
容积（m³）		31.5	30.7
自重（kg）		2 420	2 280
总重（kg）		24 000	24 000
载重（kg）		21 580	21 720

表 5.28　罐状集装箱参数

参　　数		20 英尺箱	20 英尺箱
材　　质		不锈钢制	钢制
外部尺寸（mm）	长	6 058	6 058
	宽	2 438	2 438
	高	2 438	2 438
内部尺寸（mm）	长	5 247	5 860
	直径	1 900	2 050
容积（m³）		14.383	18.3
压力（N/cm²）		1.8×9.8	0.7×9.8
自重（kg）		3 120	3 250
总重（kg）		24 000	24 000
载重（kg）		20 880	20 750

四、集装箱运输的特性

集装箱运输与传统的货物运输相比，具有以下特点。

1. 运输效率高

集装箱运输是实现全部机械化作业的高效率运输方式。将不同形状、尺寸的件杂货装入具有标准规格的集装箱内进行运输，是从根本上解决现代化生产的标准化前提，为实现高效的机械化作业创造了最为重要的条件。集装箱运输各环节所采用的硬件设备大多是效率很高的专用设施和设备，具有装卸速度高、运输工具周转快的优点，是常规的件杂货运输所无法比拟。

2. 便于多式联运

集装箱运输是最适于组织多式联运的运输方式，集装箱作为运输单元，由一种运输方式转换到另一种运输方式进行联合运输时，需要换装的是集装箱，箱内的货物并不需要搬动，这就大大简化和加快了换装作业。由于集装箱具有坚固、密封的特点，口岸监管单位可以加封和验封转关放行。因此，集装箱能把海关和内陆的铁路、公路、水路等多种运输方式，以及与进出口业务有关的口岸监管工作联合起来进行一体化的多式联运，从而可大大提高运输服务质量。

3. 运输质量好

集装箱运输是保证货运质量，简化货物包装的安全、节省的运输方式。集装箱具有坚固密封的箱体，一般来说，不易发生盗窃事故且足以防止恶劣天气对箱内货物的侵袭。运输和装卸过程中，与外界接触的是箱体而非货物，因而货物破损事故大为减少，对货物的包装要求不像传统散运那样严格。

4. 运输过程一体化

为了方便货主及保证货物运输安全，集装箱运输经营强调一体化的运输服务，托运人只需一次托运、一次交费，即可获得全程负责的"门到门"运输服务。

5. 有利于实现现代化管理

集装箱的标准化和单元化特点，使集装箱运输非常适合使用现代科学方法加以管理。特别是可使用计算机进行管理，不但可以提高运输服务质量，同时也可降低运输成本。

6. 人员素质要求高

集装箱运输是比较复杂的综合运输系统工程。它集快速周转的船队、快速装卸的专业化码头、快速迅达的集疏运网络、功能齐全的中转站、科学简洁的单证流通系统、及时准确的信息传递系统以及口岸监管单位的协作配合为一体。其整体功能和优越性的发挥，取决于各方面、各环节的协调发展和密切配合。因此，对管理人员、技术人员、业务操作人员，都要求有较高的素质，这样才能体现科学管理，保证综合运输系统的运行，发挥集装箱运输固有的优越性。

由于集装箱运输具有以上特点，从而从根本上改变了传统运输方式的面貌，所以被世界公认为运输史上的一场革命，现代物流的基础。

五、发展集装箱运输的意义

运营经验表明，合理组织集装箱运输可以具有以下几方面的意义。

1. 提高装卸效率，加速车船周转，降低货运成本

集装箱运输是将单件货物集合成组，装入箱内，使运输单位增大，便于机械操作，从而大大提高装卸效率。例如，一个 20 ft 的国际标准集装箱，每一循环的装卸时间仅需 3 min，每小时装或卸货可达 400 t，传统货船每小时装或卸货 35 t，提高装卸效率达 11 倍。又如一艘万吨船舶，从前因装卸在港停泊时间需 10 d 左右，采用集装箱以后，只需 24 h，缩短装卸时间达 90%，从而加速了车船周转，提高了车船营运率，降低了运输成本。同时，由于装卸效率的提高，非生产性停留时间缩短，码头和车站使用率随之提高，从而扩大了吞吐能力。

2. 便利货物运输，简化货运手续，加快货运速度，缩短货运时间

由于集装箱运输有利于采用多式联运，特别是"门到门"运输，货物在发货地装箱，经验关铅封后，一票到底，途中无需拆箱而又便于直接换装，大大减少了中间环节，简化了货运手续，加快了货运速度，缩短了货运时间，从而减少了商品在途时间，节约商品在流通过程中所占用的资金。

3. 提高货运质量，减少货损货差

集装箱结构坚固，强度很大，对货物具有很高的保护作用，即使经过长途运输或多次换装，也不易损坏箱内货物，而且一般杂货集装箱均为水密，既不怕风吹雨淋日晒，也不怕中途偷窃。如我国出口至日本的金鱼缸，以前损坏率高达 50%，使用集装箱以后，降到 0.5%，基本上保证了货物的完整无损。

4. 节约货物包装用料，减少运杂费

货物装在集装箱内，集装箱本身实际上起到一个强度很大的外包装作用，货物在箱内由

于集装箱的保护，不受外界的挤压碰撞，故货物本身的外包装就可大大简化，如原本需要木箱包装的，就可改为硬纸箱，原本需要厚纸箱的，就可改为厚纸包装，从而可以节约木料和其他材料，节省包装费用。有些商品甚至无需包装，如目前国际上运输成衣服装，采取使用服装集装箱。这种集装箱内专门设计装置有一排排挂衣钩供服装直接吊挂，无需任何包装，集装箱运达目的地开箱后，收货人即可以从箱内取出服装，无须重新熨烫平整就可直接挂上售货架，既节省包装料和费用，又能使商品及时供应市场。根据日本资料，如集装箱"门到门"运输，其包装费用一般可节省 50%以上。此外，一般班轮公司对集装箱货运收取较非集装箱货运低 10%的运费。美国铁路还对集装箱货运给予优惠运价，如集装箱内装有几种不同商品，还可享受铁路较低的综合运价。由于集装箱对货物具有较好的保护作用，货物保险费率也可降低。随着货损率的降低，理赔费用也可减少。采取集装箱运输大大减少中间环节，由于以集装箱为运输单位，计数计量、整理、保管、检验、交接等操作手续可大量简化。集装箱不受气候影响，可露天存放，中途储存不必仓储，节省仓储手续和费用。所以，集装箱运输比传统的货物运输可节省大量的运杂费用。

5. 减少营运费用，降低运输成本

集装箱运输提高了装卸效率，加速了车船周转，减少了营运费用，降低了运输成本。以英国大西洋航线班轮公司资料为例，集装箱化后，其运输成本仅为传统货船运输成本的 1/9；从英国伦敦召开的"国际集装箱运输会议"资料中也可看到，采用集装箱运输后，装卸费减少了 9/10，营运费用减少了 3/4；另据西欧一些国家的铁路采用集装箱后的报告表明，在整个铁路运输过程中，与传统货运方式比较，其运费约降低 40%。此外，由于开展"门到门"运输，减少了许多内地仓库的建设，从而节省了大量仓库的建造费用。同时，由于集装箱的标准化，车船载重和容积得到充分利用，增加了运费收入，降低了运输成本。

如上所述，集装箱运输具有很多优点，采用集装箱运输有很好的经济效果，是成组运输中的一种比较理想的运输方式。但开展集装箱运输除对船舶、港口、堆场、货栈、装卸搬运等都要求有专门设施外，并要求内陆运输有相应的、配套的运输系统和专门设备，使集装箱从一个运输方式能方便迅速地转到另一个运输方式，有利于组织多式联运，实现"门到门"运输，这就需要大量基本建设投资。因此，采用集装箱运输，需要具备一定条件。

（1）货运要求。集装箱运输要求货物流量大而比较稳定集中，同时货种适合装载集装箱，尤其要求航线两端货运基本平衡，否则就会造成大量空箱积压和空箱运输。

（2）必须在整个运输过程中各个环节更新有关设备，以适合集装箱运输的要求。除了需要集装箱船舶、集装箱专用码头和堆场外，还必须要有相应的装卸搬运集装箱的重型机械设备，如岸壁集装箱装卸桥、跨式龙门起重机和跨式集装箱搬运车等。

（3）要有与集装箱运输相适应的内陆运输条件。公路和铁路运输应有接受大型集装箱的能力，以便进行海陆联运，使集装箱能在各种运输方式之间迅速顺利地换装。

（4）由于集装箱随着货物地流动而分散到各地，因此还必须对集装箱进行专门掌握、调度、回收、修理等一系列复杂的管理工作。国外一些较大的集装箱运输公司大都采用计算机对集装箱进行编目控制，即把集装箱的每一动态信息详细储存在计算机内，随时掌握集装箱的行踪，并根据需要，可通过计算机进行合理调度，达到充分利用集装箱并使空箱的回运减少到最低程度。

六、集装箱运输的运费计算

集装箱运输的基本运费与一般传统的班轮一样，也是根据商品的等级不同规定有不同的费率。但在最低运费的计算和最高运费的规定方面有其特殊的计算规定。

1. 最低运费的计算

（1）拼箱货的最低运费与传统班轮的最低运费的规定基本相同，即在每一航线上，各规定一个最低运费额。任何一批货运，其运费金额低于规定的最低运费额时，均须按最低运费金额计算。

（2）整箱货的最低运费与拼箱货的规定不同。整箱货最低运费的标准不是金额，而是运费吨。凡以整箱托运的货运，为避免运费的收入不够运输成本，对不同规格的集装箱分别规定计收运费的最低应计收的运费重吨和尺码吨。如实际运费低于最低运费，则运费按最低运费标准计算。但最低运费标准规定很不一致，例如，远东水脚公会对 20 ft 标准型干货集装箱的最低运费吨为重量货 17.5 t 和尺码货 21.5 m^3；对 40 ft 标准型干货集装箱规定为重量货 27.5 t 和尺码货 43 m^3。另有一些船公司对最低运费规定采用百分比计算方法，如装重货按集装箱载货净重量的 95%计算，装尺码货按集装箱内容积的 85%计算。

2. 最高运费的计算

最高运费的规定是集装箱运输所独有的特点。这是因为一个集装箱有时装几种货类，而其中部分货类缺少正确的衡量单（多数由于托运人未提供或申报），且计费等级和费率又不相同，最高运费就是计算这部分货物的运费而规定的。目前国际上最高计费吨的规定，一般是 20 ft 集装箱为 31 m^3，40 ft 集装箱为 67 m^3。如所装货物尺码低于上述规定，则按上述最低规定计收，如超过上述规定，则可免计运费。所以，提高集装箱内积载技术，充分利用集装箱容积，对节省运费有很大作用。

在整箱货运的情况下，如托运人仅提供部分货物的计算运费资料。这部分运费即按规定的等级和费率计算运费，其余未提供资料的货物运费，则按最高计费吨减去已提供资料的货物运费吨计算。如这部分货物的计费等级或费率又有差异时，则按其中最高费率者。例如，一个 20 ft 整箱货运，内装有 8、9、10、11 级四种货物，托运时，仅提供 10 级货物的尺码为 16 m^3。该集装箱运费计算方法如下。

已提供资料的货物运费为：16 m^3×10 级费率＝运费。

未提供资料的 8、9、11 级的货物运费为 15 m^3×11 级费率＝运费。

总运费为两部分运费之和。

集装箱除了上述基本运费外，另外尚有为集装箱服务和管理等费用，诸如拆箱和装箱费、滞期费、堆存费、交接费等，这些费用的负担，视托运条件、当地规定和习惯做法而各有不同。

注　释

[1]　标箱（Twenty-foot Equivalent Unit，简称 TEU），是以长度为 20 英尺的集装箱为国际计量单位，也称国际标准箱单位。通常用来表示船舶装载集装箱的能力，也是集装箱和港口吞吐量的重要统计、换算单位。

思 考 题

1. 简要介绍物流供应的特征与影响因素。

2. 试列举几种在现实生活中见到的物流供应设施，并描述它们在物流供应中所起的所用。

3. 请简要介绍平库供给能力与服务水平的评价指标。

4. 在立体仓库中，堆垛机基准出入库能力怎样衡量？

5. 常见的堆场有哪些表现形态？它们的能力如何计算？

6. 如何理解港口通过能力的概念？影响港口通过能力的因素有哪些？

7. 铁路通过能力的计算方法有哪些？

8. 什么是道路基本通行能力？计算时有哪些条件？

9. 道路基本通行能力、可能通行能力、设计通行能力之间有什么关系？

10. 何谓道路服务水平？不同的国家是怎么进行道路服务水平的划分的？

11. 什么是机场容量？如何进行机场容量的计算？

12. 发展集装箱的意义有哪些？

13. 试计算上海到重庆利用水运、公路、铁路运输时，一个40英寸集装箱的运费。

参考文献

[1]　魏际刚. 物流经济分析：发展的视角[M]. 北京：人民交通出版社，2005.

[2]　张国伍. 交通运输系统分析[M]. 成都：西南交通大学出版社，1991.

[3]　黄世玲. 交通运输学[M]. 北京：人民交通出版社，1988.

[4]　叶怀珍. 现代物流学[M]. 北京：高等教育出版社，2006.

[5]　宋伟刚编著. 物流工程概论[M]. 2 版. 北京：机械工业出版社，2006.

[6]　胡思继. 综合运输工程学[M]. 北京：清华大学出版社，北京交通大学出版社，2005.

[7]　张锦. 基于 L-OD 预测理论与现代物流规划方法与研究[D]. 成都：西南交通大学，2004.

[8]　张敏. 集装箱运输业务[M]. 北京：人民交通出版社，1997.

[9]　李江. 交通工程学[M]. 北京：人民交通出版社，2004.

第三部分 方法篇

第六章 物流战略规划

本章主要介绍物流战略的概念、特征和目标，物流战略规划的分析方法，区域物流战略规划的内容以及工作程序，生产制造企业和物流企业物流战略规划的内容以及工作程序，物流战略的实施，为物流战略规划提供理论依据和实施指导。

第一节 物流战略及其规划

一、战略与物流战略

战略[1]最初源于军事领域，在现代社会和经济生活中，主要是指一个组织体的长期发展方向和范围，组织体通过在不断变化的环境中调整资源配置来取得竞争优势，实现最终目标。

战略具备以下几个方面的特征：

(1) 全局性。战略是以全局为对象，根据总体发展的需要制订整体行动，追求的是整体效果。

(2) 长远性。战略既是谋取长远发展要求的反映，又是对未来较长时期内生存和发展的整体考虑。

(3) 抗争性。战略是关于激烈竞争中如何与对手抗衡的行动方案，也是针对来自各方的挑战和压力的策略。

(4) 纲领性。战略所制订的是整体的长远目标、发展方向和重点，这些都是原则性的、概括性的规定，具有行动纲领的意义，必须层层分解、分步实施，才能完成有价值的行动计划。

(5) 风险性。战略考虑的是未来，而未来具有不确定性，因而战略必然带有一定的风险性。这就要求决策者关注环境的变化，并且能根据环境的变化及时调整战略，提高抗风险的能力。

从以上特征中不难发现，战略决策是一项非常复杂的决策活动，它要求决策者具有较高的素质和决策水平。

物流战略是指为寻求物流的可持续发展，就物流发展目标以及为达到目标所采取的途径和手段而制订的全局性和长远性的纲领。

物流战略的基本内容包括：物流系统的使命、物流战略目标、物流战略导向、物流战略优势、物流战略类型、物流战略态势以及物流战略措施等。其中，物流战略优势、物流战略类型和物流战略态势又称为物流战略的基本要素。

二、物流战略规划的内容

物流战略规划是指确定物流系统战略的使命和目标，制订物流系统发展的战略、物流系统发展的总体框架和方案，着眼于系统发展的长期的、总体的、全面的规划。对于物流战略规划而言，战略依据、战略目标、战略对策都是不可缺少的部分。城市（区域）物流战略规划是在国家、城市或者区域国民经济和社会发展战略规划的基础上所进行的专项规划，城市（区域）物流战略规划中最重要的内容就是物流系统总体框架的确定，其中包括物流节点总体布局、物流通道的总体构建、物流信息平台的总体框架、物流政策保障体系的构建；而企业物流战略规划是企业总体规划的重要组成部分，是企业战略规划下面的二级规划，因此，制订物流战略规划必须要明确上一层面的规划目标，不得与上一层面规划所制订的战略目标相冲突。

三、物流战略的目标

按照物流的内涵本质特征，物流战略的最终目标是物流系统的效率最高和效益最大。

效率最高是物流战略规划首先要达到的目标。现代物流的根本宗旨是提高物流效率、降低物流成本、满足客户需求，通过制订有效的物流战略规划可以大幅度提高物流运作的效率，如整合社会和企业资源，实现规模效应，提高信息技术的运用，实施一体化、信息化的管理。对企业物流、资金流、信息流进行统筹，将采购、销售、客户服务、财务同物流紧密结合，实现财务、业务的一体化运作，保证资金流、物流和信息流的高效有序流动。

效益最大是现代物流战略最终要实现的目标之一。效益最大是指以最低的成本，获得最大的效益，并且能够提供最优的服务。当然，提高物流服务水平将大幅度地提高物流成本，但是收入的增长很可能会超过物流成本的上涨，因此，提高效益不能单从物流成本的节约方面着手，而要考虑以适度投入来激发更大收益。物流作为企业经营必不可少的一个环节，不仅仅只是投入，只有成本，只有实现自身的效益，才能为企业创造利润。效益不只是体现在降低物流成本方面，还表现在由于物流的顺利运行，促进生产、增加产出而获得收益，还体现在企业物流与生产的协调和完善企业生产、流通结构而产生的效益，以及为客户提供高质量的服务从而增加顾客忠诚度而带来的效益等。

物流战略作为社会经济发展战略与企业总体战略的重要组成部分，要服从社会经济总目标和企业目标。有时，城市、地区、国家或企业战略的制订是针对竞争对手的策略，此时，高效的物流系统往往是体现一个城市、一个地区、一个国家或者一个企业竞争力的重要因素。

四、物流战略规划的分析方法

在物流战略规划中，有很多规划分析的方法可以应用，如 SWOT 分析法、波士顿矩阵法、平衡记分卡法、经验曲线法等。下面主要介绍 SWOT 分析法和波士顿矩阵法。

1. SWOT 分析法

SWOT 分析法是把分析对象的内外环境所形成的优势（S）、劣势（W）、机会（O）、威胁（T）[2]四个方面的情况，结合起来分析，以寻找制订适合实际情况的经营战略和策略的方法。SWOT 这四个英文字母分别代表：S(Strength)——内部优势，是在竞争中拥有明显优势的方面；W(Weakness)——内部劣势，是指在竞争中相对处于弱势的方面；O(Opportunity)——外部机会，指较之竞争对手更容易获得的能够轻松地带来收益的机会；T(Threat)——外部威胁，指不利的趋势或发展带来的挑战。这是一套在综合考虑内部条件和外部环境等各种因素的条件下，对整体进行系统评价，并采用策略配对的方法，利用内在的优势，克服本身的劣势，把握外部的机遇，避开竞争者的威胁，制订符合未来发展战略的分析决策体系。

1）SO 策略、WO 策略、ST 策略和 WT 策略

基于 SWOT 分析法，可以通过配对得到四组策略：即 SO 策略、WO 策略、ST 策略和 WT 策略，如表 6.1 所示。

表 6.1　四 种 策 略

	内部优势（S）	内部劣势（W）
外部机会（O）	SO 策略 依靠内部优势 利用外部机会	WO 策略 利用外部机会 克服内部劣势
外部威胁（T）	ST 策略 依靠内部优势 回避外部威胁	WT 策略 减少内部劣势 回避外部威胁

SO 策略就是依靠内部优势去抓住外部机遇、寻求快速发展的战略。如一个资源丰富的城市（内部优势）发现某一国际市场未曾饱和（外部机会），那么它就应该引导企业和市场采取 SO 策略去开拓这一国际市场。

WO 策略是利用外部机遇来改进内部弱点、提高综合实力的战略。如一个面对计算机服务需求增长的企业（外部机会），却十分缺乏技术专家（内部劣势），那么就应该采用 WO 策略培养招聘技术专家，或购入或者加盟一个高科技的计算机公司。

ST 策略是利用企业的优势，去避免或减轻外部威胁的战略。如一个企业的销售渠道很多（内部优势），但是由于各种限制又不允许它经营其他商品（外部威胁），那么就应该采取 ST 策略，走集中型、多样化的道路。

WT 策略是以克服内在弱点来避免或应对外部威胁的战略。如一个商品质量差（内部劣势），供应渠道不可靠（外部威胁）的企业应该采取 WT 策略，强化企业管理，提高产品质量，稳定供应渠道。

2）建立 SWOT 矩阵的步骤

首先，分析内外环境因素，列出关键外部机会、关键外部威胁、关键内部优势和关键内部劣势。运用各种调查研究方法，分析所处的各种内外环境因素。外部环境因素包括机会和威胁，一般可分为经济的、政治法律的、社会的、技术的等不同范畴；内部环境因素包括优势和劣势，一般可分为管理的、组织的、财务的、人力资源的等不同范畴。在调查分析这些因素时，不仅要考虑到历史和现状，而且要考虑到未来的发展趋势。

其次，构建 SWOT 矩阵。将内部优势与外部机会相匹配，从而把 SO 策略填入相应的空格中，将内部劣势与外部机会匹配并填写得出 WO 策略，将内部优势与外部威胁相匹配并记录 ST 策略，将内部劣势与外部威胁相匹配并记录 WT 策略。

　　SWOT 分析法经过提炼发展已不仅仅局限在分析单个项目的规划发展上，而被广泛用来评判事物是否具有强大的生命力、是否有发展前景，已成为当前市场分析研究和策略学的主要分析理论之一，是重在研究解决现实问题的方法。目前，在众多行业、地区经济分析中 SWOT 法已得到广泛应用。对于分析现实的物流问题、寻求解决方案，SWOT 法同样十分有效，具体见案例 6.1。

【案例 6.1】 成都市航空物流园区 SWOT 分析

　　成都市航空物流园区依托成都市国际机场而建，紧邻机场国际国内货运站，是规划的辐射西部地区乃至全国、连接国际国内主要城市的国际性枢纽型航空物流园区。园区主要为国际国内航空高附加值、时效性货物提供仓储配送、中转分拨、保税监管、增值加工、信息代理、展示交易等全程物流服务。园区航空货物年处理能力达到 250 万 t。成都市航空物流园区具体 SWOT 分析如表 6.2 所示。

表 6.2　航空港物流园区 SWOT 分析

内部能力 外部因素	优势（S） • 在机场旁，有航空货运站作基础支撑 • 可与高速公路方便地连接 • 临近火车站 • 土地价格较低 • 有来自邻近的工业园区的物流需求	劣势（W） • 高速公路收费（主要运输高附加值货物） • 由于交通堵塞而造成可供选择的入城线路运输能力有限 • 周围的产业结构（高科技、制药）产生的货运量不大（对物流处理面积需求有限）
机会（O） • 预测的未来航空货运量高速增长 • 航空货运集成商对机场的兴趣可能会产生物流需求 • 对于与物流联系紧密的企业，其运输链中有很高的航空货运量，该地点为首选	SO 战略 • 利用紧邻航空货运站优越的地理位置以及未来航空货运量高速增长这一趋势来大力发展航空物流	WO 战略 • 合理地选择和优化运输路线
威胁（T） • 由于航空港周围建筑限高，对高架仓库可能有一定的限制	ST 战略 • 利用土地价格低这一特点，增加仓库的平面面积来避免对高架仓库的限制	WT 战略 • 周围产业产生的货物对高架仓库要求不多

2. 波士顿矩阵法

　　波士顿矩阵是把战略规划的对象作为一个整体进行分析，分析相关经营业务之间现金流量的平衡问题，通过这种方法，可以找到资源的产生单位和这些资源的最佳使用单位。

1）波士顿矩阵

　　如图 6.1 所示，波士顿矩阵的横轴表示某项业务在产业中的相对市场份额，一般是指某项业务的市场份额与这个市场上最大的竞争对手的市场份额之比。这一相对市场份额反映其在市场上的

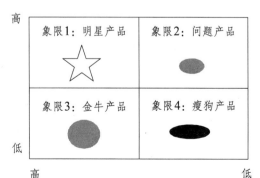

图 6.1　波士顿矩阵图

竞争地位。相对市场份额的分界线为 1.0～1.5，划分为高、低两个区域。纵轴表示市场增长率，是指所在产业某项业务前后两年市场销售额增长的百分比。这一增长率表示每项经营业务所在市场的相对吸引力，通常用作增长高、低的界限。图中纵坐标与横坐标的交叉点表示一项经营业务或产品，而图形面积的大小表示该业务或产品的收益占全部收益的比例。

根据相关业务或产品的市场增长率和相对市场份额，波士顿矩阵把经营业务定位在四个区域中，分别为：

第一象限，高增长-强竞争地位的"明星"业务。这类业务在迅速增长的市场中占有很大的市场份额。在全部业务当中，"明星"业务的增长和获利有着极好的长期机会，但它们是资源的主要消费者，需要大量的投资。为了维护"明星"业务在增长的市场上占主导地位，往往需要投入大量资金以维持其"明星"产品的地位，支持它们继续发展。由于经验曲线效应，成本随着时间的推移会逐渐下降。

第二象限，高增长-弱竞争地位的"问题"业务。这类业务在成熟的市场环境下市场占有率很高，通常处于最差的现金流量状态。一方面，所在产业的市场增长率高，需要大量的投资支持其生产经营活动；另一方面，其相对份额地位低，能够用于生产的资金很少。因此，对于"问题"业务的进一步投资需要进行分析，判断使其转移到"明星"业务所需要的投资量，分析其未来赢利，研究是否值得投资等问题。

第三象限，低增长-强竞争地位的"金牛"业务。这类业务处于成熟的低速增长的市场中，市场占有率高，赢利率高，本身不需要投资，反而能提供大量资金，用以支持其他业务的发展。

第四象限，低增长-弱竞争地位的"瘦狗"业务。这类业务处于饱和的市场当中，竞争激烈，可获利润很低，不能成为资金的来源。如果这类经营业务还能自我维持，则应缩小经营范围，加强内部管理。如果这类业务已经彻底失败，企业应及时采取措施，清理业务或退出经营。

2）通用矩阵

又称行业吸引力矩阵，是美国通用电气公司设计的一种投资组合分析方法，如图 6.2 所示。

通用矩阵改进了波士顿矩阵过于简化的不足。首先，在两个坐标轴上都增加了中间等级；其次，其纵轴用多个指标反映产业吸引力，横轴用多个指标反映竞争地位。这样，通用矩阵不仅适用于波士顿矩阵所能使用的范围，而且在不同需求、技术寿命周期曲线的各个阶段以及不同的竞争环境下均可使用。区域的划分，更好地说明了处于不同地位的经营业务的状态。

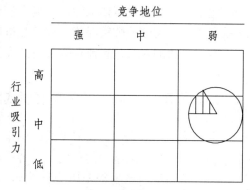

图 6.2 通用矩阵图

在图 6.2 中，产业吸引力和竞争地位的值决定着某项业务在矩阵中的位置。矩阵中圆圈面积的大小与产业规模成正比，圈中扇形（阴影部分）表示某项业务所占有的市场份额。

影响产业吸引力的因素，有产业增长率、市场价格、市场规模、获利能力、市场结构、竞争结构、技术及社会政治因素等。评价产业吸引力的大致步骤是，首先根据每个因素的相对重要程度，定出各自的权数；然后根据产业状况定出产业吸引力因素的级数；最后用权数乘以级数，得出每个因素的加权数，并将各个因素的加权数汇总，即得出整个产业吸引力的加权值。影响经营业务竞争地位的因素主要有：相对市场份额、市场增长率、买方增长率、产品差异化、生产技术、生产能力、管理水平等。从矩阵图 9 个方格的分布来看，处于左上方 3 个方格的业务最适于采取增长与发展战略，应优先分配资源；处于右下方 3 个方格的业务，一般应采取停止、转移、撤退战略；处于对角线 3 个方格的业务，应采取维持或有选择地发展的战略，保持原有的发展规模，同时调整其发展方向。

第二节　城市（区域）物流战略规划

一、城市（区域）物流战略规划的内涵与内容

城市（区域）物流战略规划是指确定城市（区域）在物流发展的方向、发展模式等方面的目标与措施的过程。它不同于企业的战略规划，其重点在于研究与制订城市（区域）物流业发展的战略，描绘物流未来的蓝图，以及应采取的战略性措施。

城市（区域）物流战略规划的主要内容有三方面：

（1）物流业发展模式的选择以及中长期发展目标的确定。物流战略规划的重要作用在于为整个物流业的发展指明方向，这当然是建立在科学把握社会经济发展规模与目标、科学技术发展动向、物流业发展基础与需求走势等要素的基础之上的。

（2）物流发展战略框架体系的构建。主要包括物流节点的总体布局、物流通道的总体构建、物流信息平台的总体框架等。这些物流基础设施的规模与水平、分布形态均应满足包含物流需求在内的社会经济发展总要求。

（3）物流业发展的政策保障体系。物流的发展必须有稳定、开放、公正、公平的市场环境，这需要一系列政策作保障。政府在制订物流战略目标和设计达到目标的对策时，必须有正确、科学、配套的政策保障。借鉴先进国家与地区的经验，充分考虑自身的基础与发展历程，制订有效的对策是物流业健康持续发展的基础。

二、城市（区域）物流发展模式的分类

在物流战略规划中，发展模式的确定是十分重要的，它决定和影响着整个战略规划的科学性和可操作性。从不同的角度来看待战略模式有不同的分类结果。

（1）从影响与辐射的范围上分为国际物流、国内物流、地区物流、市域物流。这些类型的选择往往取决于区位优势（如交通运输、邮电通信）、经济总量、生产力水平和消费水平。

（2）从产品制造分工上分为采购型物流、生产型物流、消费型物流、中转型物流。这些类型的选择往往取决于资源的规模、制造能力与水平、交通运输枢纽能力、人口规模与分布等因素。

（3）从服务的产业类别上分为服务于种植与养殖中的物流，服务于生产制造中的物流以及服务于商贸中的物流。服务于种植与养殖中的物流是指围绕农副产品的生产、购销、运输、仓储、加工和配送的物流服务；服务于生产制造中的物流是指生产制造业中的采购、库存、

配送的管理和流程的优化与控制方面的物流服务；服务于商贸中的物流是指与商贸业中的采购、交易、加工、配送有关的物流服务。

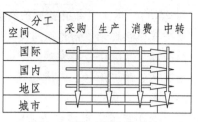

图 6.3　战略模式的综合

通常，一个城市、一个地区、一个国家的物流战略规划一般会涉及多个类型，往往是上述分类的交叉和综合。图 6.3 表示了从影响与辐射的范围和从产品制造分工分类的物流模式的综合。

三、城市（区域）物流战略规划制订的工作程序

制订城市（区域）物流战略规划是在相关组织的协调与领导下进行的，一般包含了调查、分析、预测、规划、评估的过程。

（1）调查阶段，首先对包括国内外物流发展的动向、规划城市（区域）的自然环境（位置、气候、资源、地质等）、社会发展（人口规模与结构、民族、社会形态等）、产业经济（主要产业类别、GDP、三次产业结构、收入与消费水平等）、城市规划与建设（土地规划、城市总体规划、分区规划）、交通运输（线路、场站）、工业发展（现状、规划）、商业网点（商业发展、网点设置、规划）等情况进行调查和资料收集。其次还应对毗邻区域的物流状况与动向、物流意向与流动等内容进行符合规划要求的资料收集、数据统计等工作。

（2）分析阶段，是指对物流存在的问题、发展物流的比较优势、发展物流的必要性等进行深入研究，得出结论。

（3）预测阶段，是指对未来各阶段的物流需求的总量、分布形式、品类结构、服务水平与信息需求等进行定量与定性的估计。这是物流战略规划的基本依据，是应用现代物流规划的理论与原理的具体体现。

（4）规划阶段，即确定战略目标与战略模式及物流基础设施设备规模、水平、分布的规划，物流信息系统的设计与构建规划，制订宏观政策的过程。

（5）评估阶段，对规划的可行性、可靠性、可操作性进行综合评判。一个合理的规划必须是在经济与技术上是可行的，对社会与环境是可靠的，方案是可实现的。一般可运用层次分析法、模糊综合评判法等进行评估。

通过上述过程，就可以为一个城市（区域）的物流发展找到正确的方向，为物流的建设指定明确的目标，为物流业的发展奠定基础，为物流的经营与管理创造好物流政策、市场条件。

【案例 6.2】　四川省遂宁市现代物流发展战略

四川省遂宁市是成渝两地重要的经济腹地和川渝两地协调发展的中心节点城市。2006年全市生产总值（GDP）240.94 亿元，比上年增长 13.6%。其中，第一产业增加值 70.92 亿元，增长 2.0%；第二产业增加值 95.52 亿元，增长 26.7%；第三产业增加值 74.50 亿元，增长 10.7%。三次产业结构为 29.4∶39.7∶30.9。遂宁市农业比重较大，工业已初步形成了化学、食品、纺织服装、机电配套、制药五大工业产业支柱，电力电网、电子、皮革等其他工业也有一定基础，全市商业贸易日益繁荣。三产业对经济增长的贡献率分别为 4.6%、69.9%

和 25.5%。遂宁市具有良好的物流发展环境和巨大的物流需求，遂宁市物流业的发展正处于重要战略机遇期，依据四川省"十一五"现代物流业发展规划对于遂宁市的定位和要求，并结合遂宁市社会经济发展"十一五"规划纲的战略部署，根据对遂宁市社会经济情况、产业状况、物流现状、未来物流需求的调查分析以及预测，确定其战略定位和战略目标。

战略定位：

（1）把遂宁市建成成渝经济圈中的重要物流节点城市。

（2）把遂宁市建成西南出海通道中的重要中转节点。

（3）把遂宁市建成四川省九个二级物流枢纽城市之一，把遂宁市所在区域建成四川省六大物流中心之一。

（4）依托遂宁市及周边地区强大的物流需求，把现代物流业发展成为遂宁市新的经济增长点之一。

（5）把现代物流业发展成为推动遂宁市跨越式发展以及构建环境友好型社会和资源节约型社会的保障体系之一。

战略模式：

四川省遂宁市的物流发展模式从影响和辐射范围来看，应主要是面向国内和地区间的物流，从产品制造分工上来看，偏重于生产物流，伴随着有一部分采购物流、消费物流以及中转物流，如图 6.4 所示。

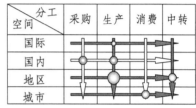

图 6.4 遂宁市物流发展战略模式的综合

战略目标：

依托遂宁市特有的交通区位及地理区位条件积极融入成渝经济圈，以拓展新的西南出海通道为突破点，构建水陆空相结合的物流运输平台以及物流节点，加快培育物流骨干企业，提升物流的社会化、专业化和现代化水平，建成四川省"十一五"现代物流业规划的六大物流中心之一以及二级物流节点城市。到 2010 年，将物流总费用占 GDP 的比重降低到 20%左右，物流产业增加值占 GDP 的比重有较大幅度增加，第三方物流业增加值占全社会物流的比重达到 25%以上。

分阶段实施目标：

（1）近期目标：推动传统物流向现代物流转型，消除物流瓶颈，制订物流发展规划，出台促进物流业发展的相关政策和措施，创造物流业发展的良好环境。

（2）中期目标：初步构建物流发展平台，大力发展第三方物流，使物流业成为遂宁市大力发展的产业之一，形成科学、合理的现代物流发展体系。

（3）远期目标：建成层次分明、设施完备、功能完善的现代物流体系，完成资源的合理配置，把遂宁市建设成为四川省九个二级物流枢纽城市之一、四川省六大物流中心之一。

四、国内外物流发展宏观模式比较分析

在美、德、日等发达国家，物流被视为企业生产、经营、管理的基础保障，物流产业被认为是国家经济发展的支撑，是制造业、消费领域的保障。其发展程度已成为衡量一个国家现代化程度和综合国力的重要标志之一。因此，发达国家从国家层面到地方的各级政府都非常重视对物流产业的规划与引导发展，这些国家和城市物流发展模式选择的经验也值得我们借鉴。

　　美国物流发展模式的主要特点是全面市场化，物流发展的动力主要来自市场。美国是市场经济体制最为完善的国家，在经济发展过程中不太强调政府的管制作用，没有集中统一管理物流的专职政府部门，企业按照市场化运作模式进行发展。现代物流产业的发展也不例外，第三方物流的兴起就是市场化运作的核心体现。第三方物流在美国又称为合同物流、契约物流、物流联盟、物流伙伴或者物流外部化。它能为客户提供最佳供应链整体解决方案，能在约定时间内，按照特定的价格向使用者提供个性化系列服务，并且这种服务是建立在现代电子信息基础上的。目前，美国从事第三方物流服务的全国知名物流企业有数百家，使用第三方物流企业的比例高达 58%，而且其需求仍在不断增长。整个美国第三方物流业的收入以年均 15%~20%的比例递增。同时，美国的第三方物流服务企业收费价格也完全依靠市场来调节，利润一般在 20%~30%。UPS、FedEx 等物流企业已成为全球最知名的物流服务供应商。

　　德国物流业最明显的特征就是依托强势产业发展现代物流的模式。其汽车、电气、电子、机械、化工等制造行业具有相当的规模。因此，德国的物流发展模式以服务于制造业的汽车物流、电气物流、化工物流等专业化物流为主，并在连锁经营、配送服务方面发展迅速。目前，德国的物流产业已呈现出高度的规范化、有序化、规模化和信息化。德国的制造业配套物流最为发达。整个德国的第三方物流公司及其提供的服务与美国的第三方物流有很大的差异，近 90%的 3PL 以制造业为中心开展物流服务。它们提供专业第三方物流服务的范围除了常规的运输、包装、仓储等物流服务内容外，还包括提供面向整个制造企业供应链管理、部分产品的分销、针对全欧洲地区不同市场的差异化物流服务等。

　　日本的物流发展主要是政府主导模式。日本物流产业的发展，体现出较强的政府主导作用。一是规划优先，由政府确立全国范围内的物流发展总体规划，甚至具体到物流园区的布局、选址等，各地地方政府则大力配合。二是制订具有高度指导性的纲领性文件，20 世纪 50年代《流通业务市街用地法》和 2001 年《新综合物流大纲》的确立，为全国的物流规划建设和产业发展指明了长远的发展方向，并出台了相关政策在资金保证、税收优惠、相关部门配合等方面为现代物流的发展提供切实的保障。三是政府利用强大的资金支持，加快物流园区及物流基础设施的建设（47 个综合物流园区），如日本最大最新的综合物流中心（和平岛货物中心）的建设，建设总投资 572 亿日元，其中 70%由中央财政出资，20%由东京地方财政出资，10%由企业投资。日本的物流业务是以服务于制造业的物流服务为主，如三菱重工、丰田汽车、本田汽车物流等。

　　在我国，经济相对发达的中心城市及沿海地区，特别是长江三角洲、珠江三角洲与环渤海湾地区物流发展速度快、水平高，具有明显的区位优势。在发展现代物流发展模式上，也根据其各自特色分为以下几种：

1. 港口带动型发展模式

　　在我国的深圳、大连、青岛等沿海城市，拥有吞吐量规模较大和腹地范围较为广阔的具有枢纽作用的港口。因此，这些城市以港口资源和条件为依托，通过港内物流要素的集成化、规模化、高效化，通过建立围绕港口集疏运系统、港口保税及工业加工区、国际性贸易分拨中心的建设等途径，强化城市在物流组织中的地位，提高物流组织效率，带动所在城市及地区物流的发展。

2. 工业带动型模式

对于工业比较发达的城市，如兰州、重庆、攀枝花、德阳、东莞等，由于具有规模化组织生产的汽车、化工、纺织、食品、冶金、电子等支柱产业，则通过挖掘工业企业原材料、半成品、产成品的物流发展潜力，提高物流工业企业物流管理水平，降低物流成本，带动城市现代物流发展，还可以带动配套服务业的发展，促进城市交通运输、物资流动的发展。

3. 商业带动型模式

城市商业具有购物、休闲、文化、旅游等多种功能，它通过百货商店、连锁超级市场、大型专业市场等不同商业业态，促进城市内外的商流、物流、人流、资金流、信息流，发挥城市辐射功能。随着城市居民收入水平和消费水平的不断提高，消费需求日益多样化，商业活动高度集中，物流服务需求大幅度提高，城市可以通过商业物流的合理组织推动现代物流快速发展，如义乌、伊宁等城市。

4. 综合型发展模式

综合型物流发展模式的城市大都规模大、经济实力雄厚，城市商品供应与需求市场均表现活跃，制造业和第三产业发展迅速，社会商品零售总额巨大，如上海、广州、成都等。由于城市自身形成了良好的生产、流通机制，与周围区域的货物交换流通频繁，城市生产的工业产品需要输出到周边地区，同时城市消费需求的多样化也要求周边乃至全国的商品向城市集聚。

第三节　制造企业物流战略规划

一、制造企业制订物流战略规划的目的

制造企业物流战略规划就是制造企业根据市场发展和企业的使命，按照企业生产制造模式的要求，提出物流系统的发展目标和实现这些目标的主要措施。

由于经济全球化，供应、生产、营销和销售日趋国际化，制造企业要想在国际竞争中获胜，必须改变传统的生产模式和物流模式，实施现代化的物流战略，构建符合国际分工与协作、供应链管理一体化的制造模式，缩短生产制造周期，提高生产效率，保持生产的安全性和连续性，减少资金占用，降低产品成本，提高客户服务水平，增强快速反应能力，通过物流战略来全面提升企业的核心竞争力。

制造企业物流内容包括供应物流、生产物流、销售物流、回收物流以及废弃物物流，如图 6.5 所示。

供应物流是指为生产企业提供原材料、零部件或其他物品时，物品在提供者和需求者之间的实体流动。生产物流是指生产过程中原材料、在制品、半成品、产成品等，在企业内部的实体流动，这种物流活动是与整个生产工艺过程伴随而生，实际上已经构成了生产工艺的一部分。销售物流是指当生产企业、流通企业出售商品时，物品在供方与需方之间的实体流动。销售阶段的物流是企业为实现产品销售，组织产品送达用户或生产供应点的外部物流。回收物流是指不合格物品的返修、退货以及周转使用的包装容器从需方返回到供方所形成的

物品实体流动;废弃物物流是将经济活动中失去原有使用价值的物品根据实际需要进行收集、分类、加工、包装、搬运、储存等,并分别送到专门处理场所时所形成的物品实体流动。

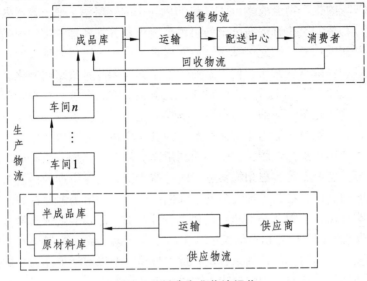

图 6.5 制造企业物流运作

二、制造企业物流战略规划的主要内容

制造企业物流战略规划的主要内容包括对产品市场需求的预测,企业物流需求的预测,生产物流战略模式的设计,物流组织的设计以及物流外包模式的选择。

1. 市场以及物流需求预测

市场需求是企业赖以生存发展的动力,它包含了产品数量、规格与质量以及物流服务方面的潜力与要求。物流需求是企业在采购、生产、消费等方面物流服务的需要,它的数量模式和水平随着地域性、方向性、时间性、季节性等特点有规律地变化。市场和物流需求预测是物流战略设计的基础。物流需求预测常用的模型有:时间序列分析、因果分析、集聚分析方法等。

2. 制造企业生产物流战略模式设计

生产物流战略是生产企业物流战略规划重要的组成部分之一,生产物流战略主要有:

(1) 基于 ERP 的生产物流战略。ERP 的核心管理思想就是实现对整个供应链等的有效管理,它在物流控制和物流管理方面表现出很大的优势,解决了多变的市场与均衡生产之间的矛盾,解决了库存管理中的既有物料短缺又有库存积压的问题。

(2) 基于 JIT 的生产物流战略。JIT 是一种拉动式生产物流控制的方法,供方按需方的指令按时、按量、按点地供应物料,体现的是精益物流的思想。JIT 的最终目标就是消除一切浪费和无效劳动,最大限度地降低库存,最终实现零库存,使生产提前期最短,减少零件搬运的次数以及搬运量,最大限度地消除废品,追求零废品。JIT 系统是拉动方式 —— 以看板管理为手段,采用"取料制",即后道工序根据市场需要的产品品种、数量、时间进行生产,一环一环地"拉动"各个前道工序,对本工序在制品短缺的量从前道工序取相同的在制品量,从而消除生产过程中的一切多余库存,最大限度地提高生产过程的有效性。

(3)基于TOC[3]的生产物流战略。TOC 是约束理论的缩略语,把企业看做是一个完整的系统,认为任何一种体制至少都会有一个约束因素。正是各种各样的制约因素限制了企业出产产品的数量和利润的增长。因此,基于企业在实现其目标的过程中现存的或潜伏的制约因素,通过逐个识别和消除这些约束,使得企业的改进方向和改进策略明确化,从而更有效地实现其"有效产出"。为了达到这个目标,约束理论强调,首先在能力管理和现场作业管理方面寻找约束因素。约束是多方面的,有市场、物料、能力、工作流程、资金、管理体制、员工行为等,其中市场、物料和能力是主要的约束。其次应该把重点放在瓶颈工序上,保证瓶颈工序不发生停工待料,提高瓶颈工作中心的利用率,从而得到最大的有效产出。最后,根据不同的产品结构类型、工艺流程和物料流动的总体情况,设定管理的控制点。

供应物流战略的制订,是为了最大限度地降低供应渠道中所需的库存量。下面主要介绍两种供应物流战略方法:① 基于适时供应的供应物流战略。即物料管理人员按需要时间随时供应,不断调整供给时间,使得物料的供给与生产需求步调一致。② 基于看板的供应物流战略。看板是丰田汽车公司的生产计划系统,看板本身是一个以看板卡片为基础的生产控制系统,看板管理系统利用库存控制中的订货点方法来确定标准生产与采购量,系统的生产启动成本相当低,提前期也很短。

销售物流的主要环节有产成品包装、产成品储存、订单处理、发送运输、装卸搬运。企业销售物流的重要性主要体现在提高销售收入。销售物流战略主要有:① 基于时间延迟的销售物流战略。延迟战略可以减少物流预测的风险,将产品的最后制造和配送延迟到收到客户订单后进行,那么预测风险带来的库存就可以减少甚至消除。有两种延迟的战略:生产延迟和物流延迟。② 基于运输集中的销售物流战略,形成物流战略的一个难题是获得大批量运输经济性。运输作业同生产一样,在设计运作安排时必须考虑规模经济。运输费结构一般是以折扣形式奖励大批量运输的货主,运量越大,每吨的费率就越低。所以运输集中的物流战略是十分有必要的。

为了进行物流控制,物流信息系统设计应紧密结合用户的客观实际,运用结构化设计方法,对每个物流子系统建立相应的管理模式,并运用现代计算机网络技术建立数据库,使得每个子系统实现信息化管理和控制,并保证每个子系统之间界限清晰、相互连接、能交换有用的信息,实现信息共享。物流信息系统分为:企业资源计划系统、客户关系管理系统、供应和采购管理系统、仓库和存货管理系统、运输管理系统等。

3. 物流组织设计

任何一个制造企业,任何一个物流项目,如果没有合理的组织,即使方法先进、技术精良仍只能是一盘散沙,发挥不了作用。据统计,不成功的物流项目的最重要原因是物流组织结构不合理,妨碍了物流方案的实施。

物流组织是随着企业的环境和企业本身的变化而变化的。通常,根据企业现有的组织结构和市场环境及发展定位,主要有直线式结构、参谋式结构等。

1)直线式结构

直线式结构是一种按基本职能组织物流部门的较为简单的组织结构形式,是指物流部门对所有物流活动具有管理权和指挥权的物流组织结构,如图 6.6 所示。

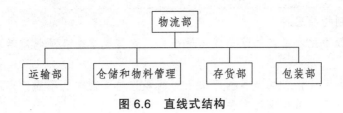

图 6.6 直线式结构

2）参谋式结构

参谋式结构是一种过渡型的、物流整体功能最弱的物流组织结构。在参谋式结构下，物流部门只是作为一种参谋角色，负责整体物流计划、预测等，提供决策性建议，对各个部门的物流活动起指导作用，但物流活动的具体运作仍然由各自所属的原部门负责，物流部门无权管理，其结构如图 6.7 所示。

图 6.7 参谋式结构

3）直线-参谋式结构

单纯的直线式或者参谋式物流组织结构都存在一定的缺陷，逻辑上的解决办法就是把两种组织结构合二为一，变成直线-参谋式的物流组织结构。这种结构物流部门对业务部门和参谋部门均实行垂直式领导，具有指挥和命令的权利。处于图中上层的子部门是参谋部门，其职责是对现在的物流系统进行规划和分析并向上级提出改进建议，它对图中下层的业务部门没有管理权，只起指导和监督作用。图中下层子部门是业务部门，负责物流事务的日常运作并受物流部领导。

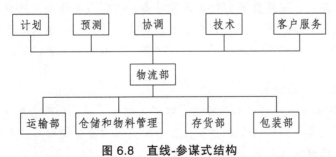

图 6.8 直线-参谋式结构

【案例6.3】 重庆钢铁集团的物流发展战略规划

重庆钢铁集团是我国大型钢铁企业和最大的中厚钢板生产商之一，主要业务为生产、销售中厚钢板、型材、线材、棒材、钢坯、冷轧板以及焦化副产品、炼铁副产品等，是一个有百年历史的特大型钢铁联合企业。重钢集团从炼焦、烧结、炼铁、炼钢到轧钢等生产工序完整，产品质量优良，具备年产350万t钢铁的综合生产能力，年销售收入150亿元的生产规模。随着重庆市经济和城市化快速发展，重钢拟退出主城区，进行环保搬迁，项目厂址选定在重庆市长寿区江南镇。集团对整个物流战略进行重新部署。

一、战略规划指导思想

（1）总成本最小化。要使物流总成本最小化，就需要平衡各项物流活动，以使其达到整体最优。

（2）物流服务多样化。根据各种产品不同的客户服务需求、不同的产品特征、不同的销售水平，对同一产品系列采用多种分拨战略。

（3）与生产工艺和流程相结合。根据钢铁企业特有的工艺流程以及重钢集团产成品类型的特性，优化采购、生产和销售物流模式。

（4）与市场需求相结合。根据钢铁产品的生命周期、销售量的波动情况、市场价格的变化以及其他钢铁企业同行的竞争情况，对钢铁市场进行分析，制订和调整物流发展战略。

二、SWOT 分析

重钢集团物流发展战略的 SWOT 分析如表 6.3 所示。

表 6.3　重钢集团物流发展战略 SWOT 分析

优势（Strength）	劣势（Weakness）
• 拥有良好的水运、铁路资源优势 • 有长期固定的客户资源 • 历史悠久，具有一定的钢铁物流组织经验	• 缺乏完善的物流网络 • 物流资源分布和管理分散 • 缺乏高层次的物流管理人才 • 原材料来源地较为分散，物流难度较大
机遇（Opportunities）	威胁（Threat）
• 环保搬迁，长寿新厂区投入使用 • 产能扩大，提高到年产 600 万 t • 我国钢材需求旺盛	• 同行业钢铁企业的竞争 • 原材料价格上涨

三、战略目标

1. 总体目标

建立信息管理系统，采用先进的物流设施设备，合理布局物流配送中心，选择恰当的库存控制及运输控制策略，建立高效的物流组织模式，协调统一重钢集团的采购、生产、销售和逆向各个环节涉及的物流活动，以实现物流总成本的最优化，满足客户的多样化需求，提高企业的经济效益。

2. 分阶段目标

到 2010 年，完成物流基础设施的建设、信息系统的搭建；利用信息技术，完成各物流作业流程的优化以及相互间的协调和整合；在全国范围内建设钢材物流配送中心，辐射各销售网点，为重钢物流模式的优化提供硬件支撑。

到 2015 年，依托物流管理信息系统，完善物流作业流程，制订合理的库存、运输策略，提高采购、生产、销售、逆向各环节间物流业务的紧密衔接度，减少各环节中的物流消耗量；实现重钢集团与供应链上游供应企业和下游销售企业及客户间的信息共享，缩短反应时间，提高客户服务水平；进一步降低物流成本，提升企业的核心竞争力，提高重钢集团的企业效益。

四、物流模式框架体系

为了实现重钢集团的发展战略目标，重钢集团应建立高效的物流管理组织模式，协调和组织采购、生产、销售和逆向等环节的物流运作模式，采用先进的物流设施设备，搭建先进的物流信息系统，在全国合理布局钢铁物流配送中心，形成"统一管理、分段运作、三大平台"的物流发展框架体系。

重钢集团的物流模式框架结构如图 6.9 所示。

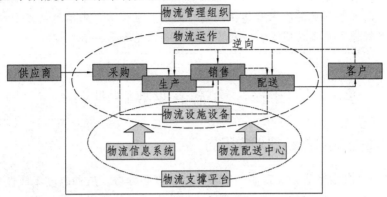

图 6.9　重钢集团的物流模式框架结构图

1. 物流运作模式

针对重钢集团的采购、生产、销售、配送以及逆向环节存在的问题，对各环节中相应的物流活动进行重组和优化，包括采购、生产、销售、配送各环节的流程优化，各环节物流量的分析及控制，仓储运输等物流策略的制订，供应商及客户关系管理，以及固体、废水、废气、粉尘等废弃物的回收再利用等。

2. 物流管理组织模式

首先要根据建立的物流管理组织模式，根据企业所属类型、企业发展战略、企业规模等因素，设置物流管理工作组，建立物流绩效评估体系，在与物流相关的原有职能部门中抽调工作人员，对其进行物流培训，使物流管理工作组能更好地协调各职能部门有效地开展重钢集团的物流业务，包括物流活动的计划、计划的调整实施以及执行结果的评价等。重构后的物流管理组织模式如图 6.10 所示。

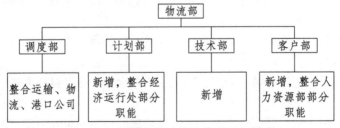

图 6.10　重钢集团的物流管理组织模式

3. 物流支撑平台

物流支撑平台包括物流设施设备、物流信息系统和物流配送中心三大部分。

针对钢铁生产原材料、半成品和产成品的特性，选择合适的物流设施设备，完成仓储、运输、装卸等物流作业活动，提高物流效率。

加强网络硬件和软件设施的建设，建立企业内部局域网，实现仓储、运输、装卸、搬运等内部物流活动的基础数据和信息的实时传递和共享；利用信息技术、网络技术搭建物流信息平台，通过对上下游企业的信息反馈服务来提高重钢集团与供应商和客户之间的协调性，实现供应链上的信息共享。

> 钢材的配送是商流与物流的紧密结合，以"门到门"的服务来满足客户越来越高的交货要求。作为干线运输的补充，配送能有效地提高销售物流的末端效益，并对钢铁企业产地的成品库存改善起到重要的调节作用。钢材配送是直接的市场信息交流平台，能使生产或加工企业更好地了解客户需求，并提高物流服务水平和客户满意度。

第四节　物流企业战略规划

一、物流企业制订战略规划的目的

物流业是一个高度集成相关资源的行业，涉及许多领域，这种高度集成性要求物流企业必须有明确的企业物流发展的战略，即明确的战略方向、战略目标和战略措施，能提供综合性物流服务，并合理整合和配置资源。

二、物流企业战略规划的步骤和内容

物流企业的战略规划是物流企业提出物流的方向、目标，并制订出实现企业自身分阶段目标和总目标的各项宏观政策和战略措施。主要有以下工作步骤：

1. 发展的环境分析

制订企业物流战略应该充分考虑企业所处的发展环境。这里的环境指的是外部宏观环境、行业环境以及企业内部环境。

2. 物流资源和需求调查与分析

物流资源和需求调查是指对企业发展所拥有的资源，以及所处市场的需求的调查，具体内容包括：

（1）企业业务运作流程调查，包括业务流程形式、环节、作业等，要分析流程是否交叉重叠，是否有利于物流活动高效地开展。

（2）物流基础设施与装备调查。包括物流中心、仓储设施、运输车辆、装卸设备、搬运工具、分拣设备以及其他设备与装备。

（3）企业物流组织机构调查。主要指对物流管理的机制和模式及部门的现状、转运情况进行调查。

（4）客户资源调查。对主要客户及其行业分布、区域分布、稳定性或亲和力，以及主要客户的发展计划、未来物流发展需求等进行调查。

（5）物流流量和流向调查。是指对库存商品的出入库数量、主要运输方式、承运商品的运量、主要仓储方式、商品流向以及流通过程所覆盖的区域进行调查。

（6）信息技术资源和需求调查。是指对计算机及其辅助设备、软件及应用系统、信息网络建设、信息技术计划等进行调查。

（7）竞争情报调查和收集。是指对竞争者现有的物流资源、现有的客户资源以及竞争者的物流发展计划进行调查。

（8）城市（区域）内的物流调查。是指对所在区域地方政府的物流规划、物流设施建设、物流人才与技术发展状况进行调查。

在充分调查的基础上应对如下问题作深入分析。

（1）在资源优势与劣势方面。应注重物流企业的人力、财力等方面的分析，尤其是赖以生存的硬件设施基础和网络情况，应对各项数据进行详细分析，从中得出物流企业的资源优势和劣势所在，以便为决策者提供正确信息，做出战略决策。

（2）在业绩与经验方面。主要对物流企业自身的客户、物流量、营业收入等数据进行统计分析，与同行业其他企业对比产生比较说明；对企业市场开发能力、人才资源、物流功能以及国际合作经验等方面进行评估。

（3）在核心竞争力方面。企业要力保自身独具的能力，这是能够在逆境中生存和发展的能力，是能够将供应链中的节点融为一体的能力，充分体现市场链、供应链和价值链的统一的能力。具体包括：主要竞争优势、企业主导业务、潜在市场优势，以及企业独有或擅长的、不易被其他企业模仿的能力等。

（4）在竞争对手方面。主要是确定同行业内不同竞争对手以及不同地域的服务竞争情况，掌握竞争对手在商场中的信息，对竞争对手和自身企业在市场和竞争力方面进行评估，确定自己具有优势的服务领域。

（5）在机遇和挑战方面。主要对政策法律、政治因素、重要事件、技术进展、改革发展、市场潜力进行分析。

3. 物流战略规划定位

物流战略规划定位主要包括物流发展的领域、发展的战略目标等。

物流发展的领域。是指明确企业在发展过程中的一些重大问题，如物流业务面向何种行业、何种企业、何种产品，物流业务面向的区域范围等。

发展的战略目标。分为总体目标和目标分解。总体目标包括总体水平、服务能力、营业额、市场份额、市场位次等。总体目标还可分解为经济目标、市场目标、区域目标等。经济目标主要是指物流企业的利润目标；市场目标主要是物流企业市场定位目标；区域目标主要是指物流企业服务的地域问题。

4. 物流战略规划的实施要点

物流战略规划的实施要点包括核心业务、重点区域、市场领域、国际合作、人力资源、资源配置、详细计划等。

（1）核心业务，如仓储业务、运输业务、第三方物流业务等。

（2）重点区域，指的是重点发展的领域、未来拓展的区域的确定。

（3）市场领域，包括目标区域、目标行业、目标用户。

（4）国际合作，制订合作合资计划，进行合作伙伴选择、合资计划制作、合作方式确定等工作。

（5）人力资源，包括物流人才选拔、人才培养以及人才引进等措施。

（6）资源配置，主要包括公司资源、物质资源、客户资源、技术资源等的配置情况，以确保制订的物流战略能够顺利实施。

（7）详细计划，物流企业落实战略需要详细实施的计划与工作安排。

【**案例 6.4**】　宜宾安吉物流集团战略规划

宜宾安吉物流集团有限公司是五粮液集团有限公司的全资子公司。公司从事道路货物运输 25 年，公司先后在重庆、成都、广州、上海、天津等地设立分公司和办事处，货物运输已覆盖全国范围内除台湾、香港、澳门以外的所有省、市、自治区 500 多个站、点。公司自建 GPS 全球卫星定位监控系统，已实现 300 辆车入网运行，是四川省自建 GPS 全球卫星定位监控系统容量最大、入网车辆最多的物流企业。宜宾安吉物流集团有限公司下设 14 个子公司：根据不同的业务范围分别设有六个汽车货物运输公司，安吉物流神舟运业公司、安吉物流仓储部等。

一、战略规划指导思想

四川省省委四届九次全会明确提出要创造和发挥优势，努力把四川省建设成为西部经济发展高地。要着力打造"一枢纽、三中心、四基地"，即建设贯通南北、连接东西、通江达海的西部交通枢纽，建设西部物流中心、商贸中心和金融中心，建设重要战略资源开发基地、现代加工制造业基地、科技创新产业化基地、农产品深加工基地，显著提升产业聚集力、要素转化力、市场竞争力和区域带动力。同时，按照五粮液集团的"十一五"发展规划，五粮液集团有限公司对安吉物流集团公司提出了 2020 年产值达百亿的要求。

二、SWOT 分析

表 6.4　宜宾安吉物流集团战略规划的 SWOT 分析

优势（Strength）	劣势（Weakness）
• 具有以五粮液集团为代表的较稳定的客户和业务 • 具有丰富的运作和管理经验 • 具有一定的物流设施、物流技术和信息技术 • 具有优秀的物流专业管理人才 • 中国物流百强企业、四川省优势物流企业、4A 级综合服务型物流企业	• 某些部门权责不明 • 业务流程繁复，交叉重叠 • 设备设施运作效率较低 • 信息技术和系统分离，信息一体化程度不高
机遇（Opportunities）	威胁（Threat）
• 国际产业转移对中国物流的积极影响 • 四川建设西部经济发展高地，着力打造"一枢纽、三中心、四基地" • 泸州和宜宾联合打造水运港口物流基地 • 宜宾五粮液集团提出的产值百亿目标 • 多样的商业服务形态形成巨大的物流市场需求	• 外资物流企业的涌入 • 国内知名物流企业的竞争 • 中小物流企业的灵活运营和低成本战略

综合以上分析得图 6.11，可给安吉集团制订几种可以选择的策略：

1. 优势-机会（SO）战略

发挥企业内部优势而利用企业外部机会的战略。借助企业自身优势和外部机会，安吉可以采取积极进取的战略，进一步投资于核心业务，达到五粮液集团提出的产值百亿目标。

2. 劣势-机会（WO）战略

通过利用外部机会来弥补内部弱点。利用先进的物流技术，安吉可导入条形码等管理技术，改变由于信息系统

图 6.11　安吉 SWOT 分析图

落后给客户服务带来的负面效应。

3. 优势-威胁（ST）战略

利用本企业的优势回避或减轻外部威胁的影响。在市场竞争中，企业的客户不仅仅要看服务的价格，更看重安吉的信誉和它的设备能力，安吉是五粮液集团的全资子公司，在市场上有良好的信誉。相对一些中小型企业或者民营企业，安吉还具有一定的优势。利用这些优势，安吉可以抗衡外部的竞争者。

4. 劣势-威胁（WT）战略

这种战略是一种旨在减少内部弱点同时回避外部环境威胁的防御性技术。

综合安吉优劣势以及其面临的环境，五粮液集团提出的产值百亿目标对安吉做大做强核心业务具有重大的战略意义。安吉应抓住这个机会和自身的优势，宜采取优势-机会（SO）战略。

三、战略定位

根据以上的 SWOT 分析，安吉集团需要抓住机遇，发挥优势，改变劣势，形成抗争性和具有特色的核心竞争力，才能规避威胁，取得跨越式的发展。

综上所述，安吉物流集团公司发展战略定位为：

（1）以物流核心竞争力为基础，打造国际知名的第三方物流和第四方物流服务商。

（2）在酒类、化工、建材、能源、汽车等多个产业领域向供应链上下游延伸。

（3）服务覆盖范围逐步向全国乃至全球扩展。

四、战略目标

1. 总体目标

通过提高集团的核心竞争力和延伸产业链、供应链、服务链和价值链，以物流设施、物流技术、信息技术等手段，为客户提供涉及酒类、化工、建材、能源、汽车等多领域的物流服务，树立企业品牌，达到百亿产值目标。

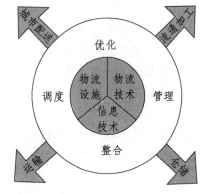

图 6.12　安吉物流集团公司核心竞争力示意图

其中，集团的核心竞争力构建如图 6.12 所示，即以物流设施、物流技术和信息技术为核心，以优化、调度、管理和整合为依托，为城市配送、流通加工、运输和仓储提供多角度与全方位的物流服务。

集团的战略架构如图 6.13 所示，即依托物流设施、物流技术和信息技术的核心竞争力同时向上下游供应链延伸，为上游客户提供原材料采购等服务，为下游客户提供产品销售和售后服务等，同时拓宽产业链，服务领域涵盖酒类、化工、建材、能源和汽车等多种产业。

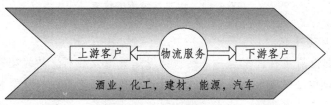

图 6.13　安吉物流集团公司战略架构示意图

2. 分阶段目标

1）近期目标（2008—2010 年）

转型的起步阶段。按照集团的战略规划，积极推动传统物流向现代物流转型，着手消除物流发展的瓶颈，通过业务流程的梳理和优化、组织结构的适应和调整以及管理模式的变革，逐步摆脱自我服务为主、自成体系的物流发展模式，巩固安吉物流集团在西南地区的龙头地位。2011 年主要经济指标实现产值共 42 亿元，员工总数控制在 1 500 人左右。

2）中期目标（2011—2015 年）

快速发展阶段。初步构建物流信息化平台，完成资源的合理配置以及系统功能的协调有序运营，大力发展第三方物流和第四方物流，形成规模效应，形成以宜宾、成都、上海、广州为物流中心辐射点，业务范围覆盖全国的具有品牌优势和核心竞争力的全国顶尖物流企业。建设中国西南最大的综合物流基地，2015 年产值 75 亿元，员工总数控制在 1 800 人左右。

3）远期目标（2016—2020 年）

壮大和优化阶段。仍以物流作为核心业务，从提高核心竞争力和延伸企业供应链、价值链、产业链、服务链等两方面来增加新的利润点。2020 年实现产值 100 亿，员工总数控制在 2 000 人左右。

五、战略模式

为了达到宜宾安吉物流集团公司的发展战略定位和战略目标，宜宾安吉物流集团公司的物流系统应构建成为国内领先、符合市场规律、满足物流需求的软硬件体系，其中包括：一体系（政策支撑保障体系），两平台（物流运输平台和物流信息平台），五公司（宜宾总公司、四川分公司、华东分公司、华南分公司、华北分公司），四中心（安吉宜宾物流中心、安吉成都物流中心、安吉上海物流中心、安吉广州物流中心）的宜宾安吉物流集团公司的发展框架体系，如图 6.14 所示。

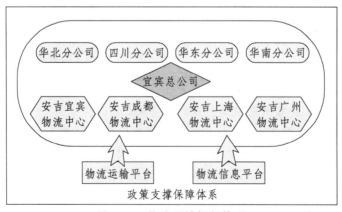

图 6.14　物流系统框架体系

1. 强化政策环境支撑

首先应该引起政府重视，出台一系列扶持保障物流业顺利发展的政策措施，如实行一定的扶持、减免税和退税政策。企业自身更应该积极制订一系列的规章制度和行业标准，督促和规范企业建立产权明晰、法人治理的现代企业制度。

2. 搭建物流运输平台和物流信息平台

加快安吉物流集团公路货运站场的整合，完善物流中心的配套道路；提高码头级别，改造船舶，增加运力。信息平台方面，建设一个整合物流信息资源、提高物流效率的企业物流信息平台，使安吉物流集团的发展更具竞争力。

3. 整合成立五个公司

在原总公司及相关业务部门的基础上，总公司变"纵向一体化"运营模式为"横向一体化"运营模式，另再拟建四个分公司，分别是四川分公司、华东分公司、华南分公司、华北分公司，拓展区域市场。既满足巨大的市场需求，又可以使利润下移，充分调动员工积极性，为实现产值百亿奠定基础。分公司与宜宾总公司的各自独立经营，按市场化进行运作。相关业务，既可以交回宜宾总公司的客户服务中心进行操作，也可以独立经营操作。

4. 建设四个物流中心

根据安吉物流集团公司实际需要，初步确定建立宜宾瞌睡坝物流中心、成都新都物流中心、华东上海物流中心、华南广州物流中心。物流中心为独立经营，可以与分公司协调利用资源，按市场化进行运作。

第五节　物流战略实施

对于城市（区域）、制造企业以及物流企业来说，物流战略实施的重点是不一样的，下面分别介绍城市（区域）、制造企业以及物流企业物流战略的实施。

一、城市（区域）物流战略的实施

对于一个城市（区域）来说，重要的不仅是要制订战略，而且还要实施战略。战略实施绝不是一件简单的任务或目标，而是在构建物流系统过程中，通过物流战略的管理与实施的各环节，调节物流资源，最终实现物流系统宗旨和战略目标等一系列动态的过程。

在实施城市（区域）战略规划时应重点把握以下关键问题：

1. 实施主体多元化

物流战略目标涉及政府工作的方方面面，从管理体制上看有条条块块和各种要素在影响物流发展。同时社会与企业的参与和关注也将影响物流的发展。在实施物流战略规划时应调动政府、社会、企业各个方面的积极性。

2. 实施推动的权威性

物流的推动应该由具有权威的力量实施，这是由物流战略规划的跨行业、跨城市（区域）、跨时间的特征决定的。

3. 实施目标的阶段化

物流战略规划是长期的、宏观的、整体的、综合的发展目标与措施，必须将其分阶段，逐步实施，才具可操作性。

4. 实施要素的集约化

物流战略规划最终都要落实在具体的地位、具体的产业、具体的项目上，这都需要人、财、物的投入。对于一个地区、一个城市而言，人财物的投入必须做出资源的调整，需要资源的集聚，才可能有投入产出的社会效益和经济效益。

5. 实施环境的法制化

实施物流战略规划需要良好的社会环境，这应有健全的法律、法规、制度做保障。

【案例 6.5】　成都市物流系统战略规划的实施

1. 建立高效的协调管理机制，制订促进现代物流业发展的政策，并保证其贯彻和落实

成都市已经建立起了以现代物流业发展领导小组为主，交通委员会物流管理处为具体负责单位的物流发展领导机制，以便有效发挥协调管理的作用，促进和推动物流的发展。其主要职能为：定期进行物流业发展战略规划研究；组织政府相关职能部门及物流行业协会共同出台具体的物流行业规范、服务质量标准等；负责与城市规划部门、交通规划部门和土地规划管理部门沟通，使物流战略规划与其他相关战略规划协调发展。

在推进现代物流业发展的过程中，进一步强化成都市现代物流业发展领导小组的综合管理职能，引导现代物流业发展，制订促进现代物流业可持续发展、集聚发展的相关政策；围绕规范物流市场秩序，创造公平有序的市场竞争机制，制订市场准入、退出、监管等方面的规范性政策。成都市物流管理体制模式如图 6.15 所示。

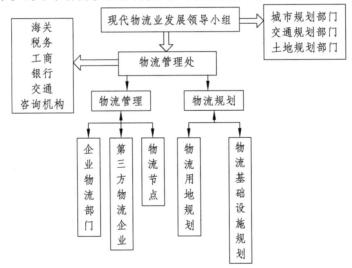

图 6.15　政府管理与协调模式

2. 规范物流市场的管理，创造公平有序的市场竞争环境

规范市场管理主要包括市场准入和退出机制、市场监管机制。

市场准入和退出机制。给予物流市场及企业充分的发展空间，对于物流市场的准入，政府不予干预，鼓励有意向的企业加入。通过市场机制，优胜劣汰，完全依据企业自身的意愿，决定其是否退出物流市场。但在其退出之前，清理其相关业务，避免对市场和其他企业造成不利影响。

市场监管机制。在政府的协调下，由物流行业协会根据市场规范对物流市场进行监督管理，主要包括对物流市场的价格管理、服务管理和对过度竞争的管理。建立价格报批制度，通过制订基准价格和浮动范围保障物流市场的价格处于合理范围，一方面避免恶性价格竞争，另一方面保证企业具有一定的利润空间。服务管理主要是对物流企业提供的服务进行监督和管理。对过度竞争的管理主要是通过管制保证有足够的利润用于发展和扩充这个行业。

3. 加快现代物流企业的培育，提升成都物流服务的水平与质量

为加快成都市现代物流企业的培育，需要从以下两个方面着手：一方面要积极鼓励和培育出一批拥有自身核心业务能力的本地物流企业，促进传统物流企业向现代物流企业转变。另一方面应大力吸引国内外大型现代物流企业进入市场，同时鼓励双方展开多种形式的合作、联营。通过这两个方面的努力，提高成都物流服务的社会化水平，提升成都物流企业的全程化服务水平、物流服务的信息化程度、与电子商务的交互和利用程度，培育出一批有一定实力和规模的立足成都的现代物流企业。

4. 推动物流技术进步，提高成都物流的核心竞争力

（1）推进物流行业的标准化工作。物流业要与国际接轨，就必须大力推行物流行业标准化进程。对国际通用的物流用语、计量标准，可直接使用，与我国国情有出入的各种国际相关技术标准应进行适当的修订和完善，使其既适应我国国情，又能与国际物流运作协调一致。

（2）鼓励企业和相关科研院所进行技术创新，建立和营造有利于技术创新的环境条件，从体制、政策环境、人才供应等方面为其提供保障。积极引导该行业内企业、科研院所的交流，包括与国内外大型物流企业和相关科研院所在技术、管理、经营理念等方面的交流，为本土物流企业竞争力的迅速提升创造良好条件。

5. 推动成都物流节点建设，加速构建合理的物流发展空间

（1）政府统一规划，确定物流节点建设的区域，并将其出让给物流节点开发者。开发者以自有资金和银行提供的长期低息或无息贷款，购买土地和从事园区前期土地开发和基础设施建设。此后，可将土地和各种设施按拟订用途出租给入驻物流企业和其他租用者。

（2）政府积极提高物流节点的辐射能力。建设配套的公路主枢纽和场站，加快铁路枢纽建设和其功能的完善。同时统一规划物流节点与周边基础和配套设施的建设，协调建设主体的关系，包括职能、结构划分等，以形成齐全的服务功能和良好的生态环境。

（3）协调各职能部门，出台支持物流节点建设的配套措施，主要为：①财税：贴息物流龙头企业；②土地：减少土地出让金的缴纳；③融资：加大对现代物流企业和物流节点的信贷支持，增加信贷投放和授信额度；④通关：海关和商检等部门进驻物流节点，开辟保税仓库和监管仓库，方便物流节点内的物流企业通关；⑤行政：支持大型物流企业扩大经营范围，取得包括国际货运代理在内的各类经营权，简化办证手续。

6. 建设完善的物流配送网络，提高成都物流的送达速度

（1）完善货运通道和配送网络。在区域层次上，建设一个以高速公路为骨架，国道、省道及其连接公路为补充的区域货运通道；在市内层次上，建设一个以配送快速路、配送主干路为骨架，配送次干路、配送支路为补充的城市配送网络。

（2）加强城市配送管理工作。对城区的配送进行分区管理，划定严格控制区、较严格

控制区、一般控制区和非控制区。对于各区，结合城市生产生活和城市交通状况，制订具体的配送管理措施，包括货车配送准入、停放、作业、车型等方面的规定。尽量减少城市配送对于城市生活和城市交通的影响，同时要满足城市生产生活对于货运的需求。

　　7. 尽快建成物流信息平台，提高成都物流的信息化水平

　　由政府相关部门牵头，大力发展现代物流信息技术，建立起成都市综合物流信息平台，为全市的物流节点、物流企业、制造企业、销售企业、社会公众等提供相关的物流信息、物流咨询等服务，优化整合整个社会物流系统资源，为社会物流系统提供共享交互的载体，使物流企业能够提供高质量、高水平的物流增值服务，提高资源的利用率，实现社会物流系统的优化运作。完善为现代物流服务的信息技术网络及应用基础设施建设。重视物流信息平台的安全体系建设以及信息化相关政策法规的建设工作。

　　8. 加强物流专业人才的教育与培训，为物流发展提供世界一流的管理与经营创新团队

　　（1）建立现代物流人才激励、竞争和淘汰机制，鼓励通过多渠道培养和吸纳现代物流高级人才，形成尊重知识、尊重人才、鼓励创业的社会氛围。

　　（2）支持高等院校已有物流专业的学科建设，鼓励物流企业与科研院校等进行多种形式的资本与技术融合，积极推动企业与科研院所开展多种形式的合作，加大现代物流技术、方法、管理模式等有关研究的投入和引进，充分发挥社会各种优势，实现物流业产、学、研一条龙发展。

二、企业物流战略的实施

　　当制造企业或物流企业的物流战略确定以后，工作重点就是战略实施。物流战略规划实施主要包括以下内容：

1. 总体战略说明

　　阐述企业为什么进行物流战略的选择，实现此战略将会给企业带来什么样的重大发展机遇。包括总体物流战略目标和实施总体战略的方针政策。

2. 企业物流资源配置

　　资源配置是物流战略实施的重要内容。企业物流战略资源是指企业用于物流战略行动及其计划推行的人力、物力、财力等的总和。具体包括：采购与供应的实力、生产能力和产品实力、财务能力、人力资源实力、物流技术开发实力、物流管理实力，时间、物流信息等无形资源的把握能力。在企业的物流战略实施过程中，必须对所属资源进行优化配置，归纳起来主要有设备、资金、人力等资源的配置。

3. 企业组织结构的调整及物流战略子系统的接口协调

　　为了实现企业的战略目标，必须以相应的组织结构来适应企业物流战略发展的要求。由于企业物流战略需要适应动态发展的环境，因此，组织结构必须要具备相当的动态弹性。另外，企业物流战略规划往往包括若干子系统，如何协调、发展、控制这些子系统，以及整个总体系统对这些子系统间接口处的管理、控制应相当明确。

4. 制订应变计划

有效的物流战略规划要求企业必须具备较强的环境适应能力。要获得这种能力，就要有相应的应变计划作为保障。要看到各种可能条件在一定时间内所可能引发的突如其来的变化，因此，制订应变计划也是企业物流战略规划实施的主要内容之一。

【案例 6.6】 贵州汇兴物流发展战略的实施措施

汇兴物流公司是汇兴集团下属的专业化、社会化的物流企业。汇兴物流园区位于贵州省遵义市，是汇兴物流公司重点打造项目，是物流公司发展物流业，支撑集团的矿山经营和铁合金生产，打造循环经济，实现可持续发展的重要保障。园区的主要业务有加工、交易、运输、仓储、配送等，为保证企业发展，保障物流园区的建设及运营，汇兴物流集团及下属的汇兴物流公司特制订了如下措施。

1. 成立物流园区建设领导小组

由汇兴集团成立物流园区建设领导小组，负责对汇兴物流公司的重点战略制订、参与决策，并对汇兴物流园区的建设及运营中的各项工作进行领导和协调，机构组成如图 6.16 所示。

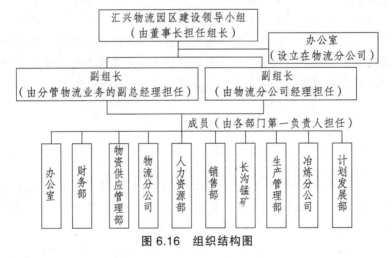

图 6.16 组织结构图

2. 制订汇兴物流发展规划

汇兴物流公司的发展必须以汇兴物流园区为载体，以煤炭、矿石物流业务为主体，以钢材、建材、城市配送、集装箱业务为突破口，形成技术装备先进、管理人员专业、作业流程规范的贵州省知名物流企业，经过 5~10 年的发展，进入中国物流企业 100 强。

3. 加强人员培训，引进现代物流人才

制订物流人才培养规划，建立物流人才培养体系，通过多种途径培养和吸纳物流人才，在一定时期内拨出专项资金用于物流专业人员的培养和培训，尽快建立物流行业的职工终生教育系统。有组织、有计划地对在职人员进行技术培训，引导和帮助有条件的企业、民间团体和行业协会同高等院校联合办学，及时为现代化物流业的发展提供急需的人才。借鉴国际先进经验，加强对物流从业人员的从业和执业培训，并以此为基础，实行物流产业从业人员执业资格制度，不断提高物流管理和专业技术人员的素质。鼓励和引导高校、科研机构、企业开展现代物流理论与实践的研究，特别是引导物流企业加强与高校、科研机构的技术合作，实现物流产、学、研紧密结合，加快造就一批熟悉物流业务、具有跨学科综合能力的高级物流管理和专业技术人才。

4. 加强汇兴物流园区招商引资与施工建设管理

汇兴集团要优化和拓展招商引资载体，落实园区基础设施建设资金投入，使招商引资工作对园区建设和发展起到支撑作用，招商引资的主要工作包括：

（1）争取贵州省委、省政府领导及贵州省发展和改革委员会、贵州省商务厅等部门领导的关心与支持，将汇兴物流园区招商引资列入省委、省政府重点招商引资工作。

（2）争取中国物流与采购联合会、中国交通运输协会等国家级行业协会的支持，积极参加行业协会承办的大型物流会议，有目的性地主办或承办大型物流会议。

（3）加强同商贸业、制造业以及物流企业之间的合作，与企业构建战略联盟关系，加强同铁路部门的合作，发挥汇兴物流园区公铁联运的优势，加强与海关、检验检疫等部门的联系，特别是与重庆寸滩港的联系，实现汇兴物流园区与港口的区港联动发展，增强园区的保税功能。

（4）制订大型企业请进来的策略，积极引进国内外优秀物流企业，以点带面，实现招商工作的全面突破。

汇兴物流园区的建设施工管理的主要工作有安全管理、质量管理。安全保障措施有建立健全安全事故责任体系，与施工企业签订年度安全生产责任状，使各单位切实履行法定安全责任。强化建筑领域安全防范措施。突出抓好建筑施工的重大危险源的排查治理。制订施工风险预测预防制度。质量管理的主要工作有建立施工工料的质量管理评价体系，建立施工项目的实施监控制度，加强工程的日常巡视与实时处理，编制标准作业指导书并按规定办法审批。

注　释

[1] 战略（strategy）一词最早是军事方面的概念。战略的特征是发现智谋的纲领。在西方，"strategy" 一词源于希腊语 "strategos"，意为军事将领、地方行政长官。后来演变成军事术语，指军事将领指挥军队作战的谋略。

[2] SWOT 分析法（Strengths，Weaknesses，Opportunities，Threat，简称 SWOT），通过对优势、劣势、机会和威胁加以综合评估与分析得出结论，然后再调整企业资源及企业策略，来达成企业的目标。

[3] 约束理论（Theory of Constraints，简称 TOC），是关于进行改进和如何最好地实施这些改进的一套管理理念和管理原则，可以帮助企业识别出在实现目标的过程中存在着哪些制约因素 ——TOC 称之为"约束"，并进一步指出如何实施必要的改进来——消除这些约束，从而更有效地实现企业目标。

思 考 题

1. 物流战略的内容包括哪些？其要到达的目标是什么？
2. 利用 SWOT 战略分析方法对你所在城市进行物流发展的内外部环境分析。
3. 请简要介绍城市（区域）物流战略规划制订的工作程序及注意事项。

4. 美国、德国、日本的物流发展模式是什么？我国如何选取适合自己发展的物流模式？

5. 制造企业物流战略规划的主要内容有哪些？

6. 常见的物流组织形式有哪些？请分析各自的优劣势。

7. 物流企业战略规划与制造企业的物流战略规划有什么差异？如何做好物流企业的战略规划？

8. 政府在城市（区域）物流战略实施时应进行哪些方面的工作？

9. 企业物流战略规划实施成功的关键是什么？

参考文献

[1]　何明珂. 物流系统论[M]. 北京：中国审计出版社，2001.

[2]　王国华，董绍华. 制造业物流系统规划设计、运作与控制[M]. 北京：机械工业出版社，2006.

[3]　毛良伟. 物流系统的规划与方法[M]. 北京：机械工业出版社，2006.

[4]　骆温平. 第三方物流理论、操作与案例[M]. 上海：上海社会科学院出版社，2001

[5]　兰洪杰. 物流战略管理[M]. 北京：清华大学出版社，2006.

[6]　宋建阳，张良卫. 物流战略与规划[M]. 广州：华南理工大学出版社，2006.

[7]　徐文静. 物流战略规划与模式[M]. 北京：机械工业出版社，2001.

[8]　黎群. 企业战略教程[M]. 北京：中国铁道出版社，2005.

[9]　李福海. 战略管理学[M]. 成都：四川大学出版社，2004.

[10]　梁东. 企业战略管理[M]. 北京：机械工业出版社，2004.

[11]　马丁·克里斯托弗. 战略性物流管理[M]. 北京：电子工业出版社，2003.

第七章　物流节点规划

物流节点规划是物流系统规划中的重要内容，是落实物流战略目标的设施保障，是推进物流发展的基础与目标，是物流企业从事物流业务和服务的场所保证。物流节点规划是指对城市与区域物流节点进行空间布局、用地确定、规模计算、功能布置等以及对物流节点经营管理模式进行设计的过程。本章重点介绍物流节点的作用、分类、选址分析、功能与规模的计算。通过学习，理解物流节点的作用、分类、功能，掌握物流节点规划、设计方法，能进行物流节点选址与布局。

第一节　物流节点的作用与分类

物流节点[1]是城市各类物流设施的集中地区的统称。物流节点集多种设施为一体，是大规模、集约化物流设施的集中地和物流线路的交汇点，是以仓储、运输场站、流通加工等设施为主，同时还包括一定的与之配套的信息、咨询、维修、综合服务等设施的集中地。

一、物流节点的作用

物流节点是整个物流系统的重要组成部分，是组织各类物流活动、实现物流功能、提供物流服务的重要场所。它的作用主要体现在以下几个方面。

1. 集约作用

物流节点的集约作用主要表现在四个方面。第一，技术的集约。物流技术设施集中，能提高设施的利用率。第二，物流业务的集约。将多处分散的货物处理集约在一处，能提高作业的方便程度。第三，管理的集中。物流管理人才集中，可以利用现代化手段把资源集中起来进行有效的组织和管理。第四，物流用地的集约。将多个货站、场集约在一处，能够提高土地的使用效率。

2. 节约作用

物流节点的节约作用主要表现在缩短了物流时间，提高了物流速度；减少了多次搬运、装卸、储存环节；提高了服务水平，减少了物流损失，降低了物流能耗；降低了物流成本从而降低了企业生产成本，进一步促进了城市经济的发展。

3. 协调作用

物流节点的协调作用主要表现在减少了线路、货站、货场、相关设施在城市内的占地，协调了城市布局的冲突，改善和提升了城市形象。

4. 缓解作用

物流节点通过改变城市货运交通的运输次数和时空分布,可大大缓解城市货运交通压力。物流节点的作用表现在把物流集散地从市中心区转移到交通压力相对较小的地方,可从一定程度上改变城市交通需求的空间分布;减少车辆出行次数及运输车辆数目,缓解交通拥挤,降低对城市道路的交通压力;集中进行车辆出行前的清洁处理,减少噪声、尾气和货物对城市环境的污染。图 7.1 所示为采用不设物流节点的分散运输组织和采用设物流节点的联合运输组织两种情况时城市内部货物流通的总运次。

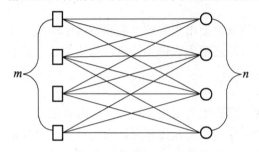 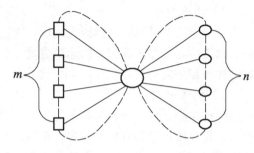

（a）无集中物流节点的总运次为 $2m \cdot n$ 次　　　　　　（b）有物流节点的总运次为 $2(m+n)$ 次

图 7.1　有无物流节点的总运次的差别

两种情况的总运次相差（N）为:

$$N = 2[m \cdot n - (m+n)] \tag{7.1}$$

式中　m —— 需求点数量;

　　　n —— 供应点数量。

同理,在多个区域之间,不通过物流节点直接运送,与通过物流节点整合运输,在运输效率、运输效益上有更大的差别,如图 7.2 所示。

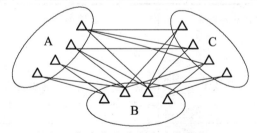 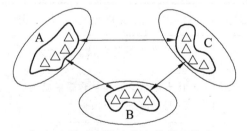

（a）无集中物流节点的分散物流　　　　　　（b）分别建有物流节点的整合物流

图 7.2　分散物流和整合物流的差别

二、物流节点的分类

在各个物流网络中,由于系统目标不同以及技术标准不同,物流节点可以分为不同的类型。

1. 按照性质与规模分类

按照物流节点的性质与规模,物流节点可以分为物流园区[2]、物流中心[3]、配送中心[4]。

1）物流园区

物流园区是物流企业和物流设施在空间上集中布局的场所，是具有一定规模和综合服务功能的物流节点。物流园区作为综合型的物流集中作业区，主要承担着大规模的、大范围的、高频率和高强度的物流交换活动，是整个物流服务体系的核心，它具备多方式、多品类的物流服务功能。物流园区是城市物流产业集聚发展的地区，在对外物流和对内物流上都起着强大的交接和辐射作用，因此需要设在综合运输枢纽的汇集地，同时要求有非常大的用地发展空间。

2）物流中心

物流中心是针对物流园区大规模、大范围的物流处理提出来的较小规模和范围的物流节点。物流中心主要依托单一的运输方式，如只依托公路运输方式进行物流。物流中心需要有足够建设和扩展的用地空间。

3）配送中心

配送中心是从事货物配备和组织对用户的送货，以高水平实现销售和供应服务的物流节点。它是在城市中为有物流需要，但服务量未达到一定规模的地点建立的物流设施，这种物流设施可以只承担单一的物流功能或单一物资品种的物流功能，也可以是承担多品种、小批量的物流配送功能，主要为特定范围的用户服务，规模较小。

我国的物流节点分类是按照 GB/T 18354—2006《物流术语》确定的，它们的对比情况如表 7.1 所示。

在德国，根据物流节点性质和规模可分为物流园区、物流中心、物流服务站[5]。

在日本，根据物流节点的规模可分为物流市街用地、物流团地、配送中心。

在我国台湾，根据物流节点在供应链的位置，可以分为后方物流节点、前方物流节点、通过式物流节点。

表 7.1　三类物流节点之间的对比

名称	主要特点	主要服务对象	主要服务区域
物流园区	• 一般是至少两种以上运输方式的转换处 • 巨大的物流吞吐量和辐射范围 • 可利用的用地空间很大	是城市对内外物流活动的接口，具有综合的物流服务功能	以市域范围为核心，向全国范围形成外向型辐射，常与保税区、国际工业区、边贸口岸、航空港等相邻或结合
物流中心	• 主要依托单一运输方式 • 有足够可利用的用地空间	针对特定运输方式货运的理想半径范围进行的中短途配送的综合物流服务	主要覆盖至整个城市内部及周边地区，常常布置在城市的周边
配送中心	• 有便利的交通条件 • 有一定的物流需求,但用地受限	针对特定市场、商贸和制造企业提供物流服务	主要向市内的物流服务需求形成辐射，常常与大型制造企业、大型专业市场等相邻

2. 根据衔接的运输方式分类

按照物流节点衔接的运输方式，物流节点可以分为铁路物流节点、航空物流节点、港口物流节点、集装箱物流节点、邮政物流节点等。

1）铁路物流节点

铁路物流节点是铁路运输方式与其他运输方式的转换和中转节点，一般设在铁路货物运输办理站一旁，或在物流节点内部布置铁路装卸作业线路，便于发挥铁路的优势。

2）航空物流节点

航空物流节点是连接空运和陆运的节点，一般设在机场附近，便于利用航空运输快捷便利的优势。

3）港口物流节点

港口物流节点是连接海运与陆运的节点，一般设在港口码头附近，便于船舶的装卸作业。

4）集装箱物流节点

集装箱物流节点是指进行集装箱相关作业的物流节点。

5）邮政物流节点

邮政物流节点是指依托邮政网络进行物流服务的节点，服务对象一般是高附加值、小体积、小重量、多批次、高时效的物品，同时也服务于诸如农村配送这样的客户分布广、时效性较高的物品，如邮件、农资、农副产品等。

3. 根据地域活动范围分类

按照地域活动范围，物流节点可以分为国际型物流节点、全国型物流节点、区域型物流节点及城市型物流节点。

1）国际型物流节点

国际型物流节点主要是指与航空口岸、水运口岸及公路口岸相依托，以集装箱运输为基础，与海关监管通道相结合的大型物流枢纽。常见形式有港口物流节点、陆路口岸物流节点。一般来讲，港口物流节点的主要功能有散杂货集散、国际集装箱中转、仓储、拆拼、加工、海关查验等。港口物流节点需具备在港口集装箱货物吞吐量、集疏港交通条件、物流用地和性质、环境限制等方面的有利发展条件。陆路口岸物流节点的主要功能是陆路口岸货运中转、集装箱接驳、拆拼箱、货代、海关查验等，需拥有在交通区位和市场区位方面的有利发展条件。

国际型物流节点必须具备交通基础设施、通信基础设施、仓库和货场堆场等基础设施，按条件和需要不同，还可能建有组装加工中心及自动化集配货系统等；应提供存储、配载和信息服务等基本服务功能；应有制造商、仓储业和货运公司等主要企业类型，对陆路口岸物流节点还应有批发商、零售商、直销商、配售以及生鲜处理等专业公司。

2）全国型物流节点

全国型物流节点主要是指有与多种运输方式相衔接、与多条运输干线相交汇的全国性交通枢纽的节点，其主要功能有远距离大宗货物集散、中转、多式联运和配送服务，同时应提供存储、配载、运输方式的转换、信息服务、流通加工服务功能。全国型物流节点应具备在物流用地、交通运输、通信、仓库和货场、堆场等基础设施建设、物流量、对外交通条件和区位方面的有利发展条件。节点内的企业主要有仓储业公司和货运公司。

3）区域型物流节点

区域型物流节点主要是指与地区性交通枢纽相结合并服务于城际或地区之间的商贸活动的物流节点。其主要功能有中远距离货物集散与转运、配送服务，以及存储、装卸、信息服务等基本功能。区域转运型物流节点应具备在用地条件、运输可达性、地区市场区位和基础设施等方面的有利发展条件。节点内应有制造企业、批发商、零售商、直销商、配送企业、货运代理等主要企业类型。

4）城市型物流节点

城市型物流节点主要是指支持商贸与城市生活的物流节点。主要表现形式有消费性物流节点和城市配送中心，其中，仓储设施及功能定位、市场区位、交通区位、物流用地、环境条件等是其应考虑的发展条件。城市型物流节点必须具备交通基础设施、通信基础设施、仓库、自动化公用集配货系统、组装加工中心和批发市场等基础设施以及冷藏库等特殊设施。应提供存储、配载、运输方式的转换、包装、信息服务及组装加工等基本服务功能。中心内应有制造商、批发商、零售商、直销商、仓储业、配售业、货运公司及生鲜处理专业公司等主要企业类型。

4. 根据物流功能特征分类

根据物流的功能特征，物流节点可以分为转运型节点、储存型节点、流通型节点、加工型节点、综合型节点。

1）转运型节点

以连接不同运输方式为主要职能的节点。节点一般设于运输枢纽，以中转为主。货物在这种节点上的停滞时间比较短。

2）储存型节点

以存放货物为主要职能的节点。节点主要对货物进行保管，以解决生产和消费的不均衡。货物在这种节点上的停滞时间比较长。

3）流通型节点

以组织物资在系统中流通为主要职能的节点，节点具有周转快、附加值高、时间性强的特点，减少在连接生产和消费的流通过程中商品因停滞而花费的费用。

4）加工型节点

以流通加工和包装为主要职能的节点，节点为了弥补生产过程中加工程度的不足，适应高附加价值流通而进行一系列辅助加工活动，具有加工量大、工艺简单、流程短等特点。

5）综合型节点

将若干功能有机结合于一体的节点，又称为集约型节点。这种节点适应物流大量化和复杂化，拥有完善的设施、协调的工艺等。

5. 根据温度层次分类

根据温度层次，物流节点可以分为常温物流节点、低温物流节点。

1）常温物流节点

室温储存的物流节点，储存的大部分货物是干货，如日用品、电子电器、书籍、服饰、鞋帽、汽车零配件、建材、家具等。

2）低温物流节点

低温物流节点主要有 15～25°C 的冷气物流；2～10°C 的冷藏物流；<0°C 的冷冻物流（−45～−55°C 的为超低温物流）。

【案例 7.1】　日本佐川急便物流节点网络

　　日本佐川急便于 1957 年在京都成立，以"快捷、可靠、礼貌"闻名于日本，为顾客提供"满足"、"安心"及"信赖"的物流服务，2005 年处理货物 9 亿 4 千万件，自有车辆 19 867 辆，员工 31 578 人，是日本前三名的物流企业。为了实现以人为本、网络化、规模化的发展战略，针对不同行业的客户需求提供灵活、高效的 365 天 24 小时运作的全方位服务，保证物流系统的运转，提升面向客户的物流服务水平，佐川急便特在全日本构建起了覆盖面广、技术先进、信息发达的物流节点网络，在日本的京都、大板、神户、东京、福冈等地共建有 47 个配送中心，总面积达到 43 万 m² 左右。

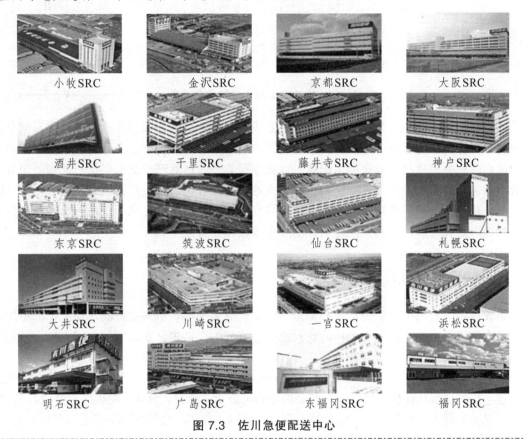

图 7.3　佐川急便配送中心

第二节　物流节点的功能和规模

一、物流节点与供应链的关系

　　物流节点在供应链中的位置决定了物流节点的服务对象、服务功能，从而会影响到其布局、位置、规模等，一般来讲，物流节点与供应链的关系不外乎三种，如图 7.4 所示。

　　(1) 处于供应链的上游。此种模式主要用于为原材料供应商和制造商服务的物流节点，其功能强调原材料的采购、堆放、储存、分拣、流通加工、配送等。

（2）处于供应链的中游。此种模式主要用于为分销商服务的物流节点，其功能是批量采购、大量储存、规模运输以及与上下游之间的快速信息交换。

（3）处于供应链的下游。此种模式主要用于为零售商服务的物流节点，其功能是订单处理、采购、分拣、包装、流通加工、配送等。

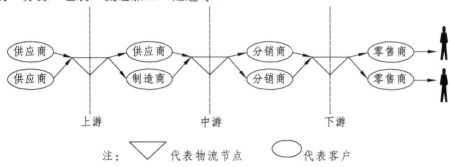

注：▽ 代表物流节点　　◯ 代表客户

图 7.4　物流节点与供应链的关系图

这三种情形，在某一类产品或某个产品的流通中是常见的，但实际的物流节点通常是以上两种或三种情形的组合，如高新技术开发区、经济技术开发区、工业园区等的物流节点，除为区内企业提供原材料的仓储、配送、运输等服务外，还对产成品提供相应的增值服务。物流节点的功能与本地区的产业结构、节点交通的性质有关，在进行物流节点的功能定位时必须充分研究本地区的物流需求、产业结构特征、综合运输方式，以便正确选择功能定位，使得物流节点在经营后能真正产生良好的经济效益和社会效益。

二、物流节点功能

物流园区、物流中心、配送中心都是物流要素的集中地，事实上商流、物流、信息流、资金流在物流节点中也是融为一体的，物流节点就成为产供销企业之间的中间媒介。它们在功能上集中了物流服务组织与物流运作管理的功能，即物流活动所必须具备的运输、存储、装卸、包装、流通加工等功能，成为具有多种物流功能的流通形式和作业体系；并通过先进的管理、技术和现代化信息网络，对商品的采购、进货、储存、分拣、配送等业务进行科学、统一、规范的管理，使商品运动过程达到高效、协调、有序。大型物流节点还具有展示交易、停车、综合服务、多式联运、集装箱作业等功能。

物流节点具备如下一些基本功能：

1. 储存功能

物流节点设有各种堆放、储存物品的仓储设施，为了尽可能降低库存占压的资金，减少储存成本，保证生产、流通、消费需要，物流节点应当配备高效率的分拣、传送、储存及搬运设备。

2. 物流信息处理功能

物流节点是信息的交汇点，也是信息处理和管理中心所在地。物流节点中的信息系统应具备物流状态查询、物流过程跟踪、物流要素信息记录与分析、物流客户关系管理，以及结算、报关、退税等功能，以提高工作准确性以及工作效率。

3. 流通加工功能

为了方便生产、销售与消费，物流节点必须具备一定的加工功能，如粘贴标签、粘贴信息条码、剪截弯压、拆拼等不改变物品化学性质及提高使用属性的作业。

4. 装卸搬运功能

为了保证物品在物流节点的流通速度，物流节点应该配备专业化的装载、卸载、提升、运送、码垛等装卸搬运机械，以提高装卸搬运作业效率。

5. 包装功能

物流节点包装作业的目的不是要改变物品的商品包装，而在于通过对已包装的物品进行组合、拼配、加固，形成适于物流作业和配送要求的组合包装单元。

6. 衔接运输功能

物流节点是多种运输方式的端点，它不一定从属于某个运输系统，但可以提供与运输有关的各种作业，特别是装卸车和节点内的车辆调度与管理作业。所以物流节点常设有多种运输方式转运的设施设备。

7. 停车功能

物流节点不仅为企业和客户提供停车服务，同时为货运车辆提供专业的停车、维修保养等服务。

8. 物业管理功能

一般来讲，物流节点均具有完善的物业管理功能，为客户提供方便、完备的管理与生活服务，并创造和谐、自然、安全的工作和生活环境。

从一些发达国家的物流节点实际和我国先进物流节点的实践来看，物流节点还具有一些增值功能：

（1）金融服务功能。物流节点提供和应用各种金融产品和金融服务，有效地组织和调剂物流领域中资金和信用的运作，达到信息流、物流和资金流的有机统一。这些资金和信用的运动包括发生在物流过程中的各种贷款、投资、信托、租赁、抵押、贴现、保险、结算、有价证券的发行与交易，收购兼并与资产重组、咨询、担保以及金融机构所办理的各类涉及物流业的中间业务等。提供金融服务能有力地支持社会商品的流通，提高供应链整体绩效和客户的经营和资本运作效率，提高全社会的福利等。

（2）检验、检测功能。物流节点可以对到达及在库的原材料、零部件、设备进行检验、测试、调试等作业，以满足用户的各种需要。

（3）逆向处理功能。通常情况下，物流节点都有处理因诸如货损、包装损坏、过期、失效、失灵等原因而退回的物品的功能。一些物流节点还有处理包装材料的功能。随着经济社会发展与生活环境质量要求的提升，对一些特殊废弃物的回收、再利用，也成为物流节点的功能之一，当然也成为增值渠道之一。

（4）物流咨询与代理功能。物流节点可以依托丰富的客户资源和利用强大的信息资源，提供全球、跨地区的物流解决方案，并办理代理订舱、租船、包机、报关等业务，成为第四方物流服务基地。

三、物流节点的处理量与规模

物流节点的规模主要受全社会物流处理量、进入物流节点的物流量与全社会物流量的比例系数、单位处理量的用地参数等的影响，若每年的作业天数按 365 天计，物流节点规模为：

$$S = L \times i \times \alpha / 365 \tag{7.2}$$

式中　S——物流节点总面积（10^4m^2）；

　　　　L——预测规划目标年份的全社会物流总量（10^4t）；

　　　　i——规划目标年份进入物流节点处理的物流量占全社会物流量的比例，可根据不同情况取值 $0.35 \sim 0.45$；

　　　　α——单位处理量的用地参数（m^2/t）。

另外，$L \times i$ 的值表示的是规划目标年份通过物流节点处理的物流量，可称其为"有效物流量"。

1. 比例系数 i 的取值

物流节点中入驻的物流企业越多，企业分工越专业，物流成本就越低，为社会提供的物流服务就越高效、越优质，物流运作的规模效应才越能够体现出来，这也正是中国乃至世界各地纷纷建设物流节点的主要原因之一。世界上发达国家的第三方物流市场份额一般为 40% 左右。基于上述取值，给出规划目标年份进入物流节点进行处理的物流量占社会总物流量的估算值即比例系数 i 的取值为 $0.35 \sim 0.45$。

2. 单位处理量的用地参数 α 的取值

由于我国物流节点的建设还缺乏经验积累，所以一般参照国外物流节点的建设经验来取值。日本东京物流园区的单位处理量的用地参数 α 约为 $40 \sim 60 \text{ m}^2/\text{t}$，德国物流园区规模与物流量处理量计算参数大约为 $25 \sim 60 \text{ m}^2/\text{t}$，考虑到中国城市的经济发展水平及总量比不上日本、德国等国家，同时考虑到物流节点规模确定的适度超前的原则，中国进行物流节点规划建设时 α 的取值可取 $40 \sim 60 \text{ m}^2/\text{t}$。

在估算后，预留一定的变化弹性，以估计的有效面积乘以安全系数，便能得到各个区域的面积。这是为了适应高峰期的高运转量要求。一般取安全系数为 $1.1 \sim 1.25$，比值取得太高，将造成投资费用浪费。

目前，国际上还没有一套比较成熟的确定物流节点规模的方法，可以通过横向对比国内外已有的物流节点建设规模的方法来确定新建节点的建设规模。日本是最早建立物流中心的国家，据不完全统计，1965 年至今已建成 22 个规模物流中心，平均占地面积 74 万 m^2；韩国在富谷和梁山建立了两个物流中心，占地规模都是 33 万平 m^2；荷兰建有 14 个物流中心，平均占地面积 44.8 万 m^2；德国的物流中心（原称货运村）占地面积规模比较大，如不来梅的物流中心占地在 100 万 m^2 以上。

【案例7.2】 德国不来梅的物流园区

20世纪70年代，德国北部的不来梅市建成物流园区的雏形——货运村。80年代对物流园区用地、功能、布局等进行了研究和规划，在城市的西南部划定了147公顷的区域作为物流园区发展用地，如图7.5所示。此后几年，物流园区总面积达到200公顷，其中19公顷用于建立综合运输枢纽站。目前，物流园区已有114家公司和3 500多名员工。园区提供的服务包括仓储、公铁转运、集装箱作业、报关、汽车维护、办公及园区管理等。

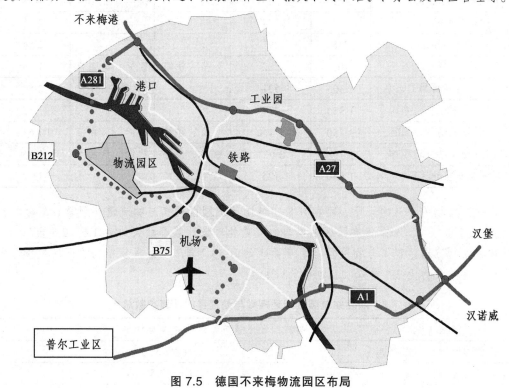

图7.5 德国不来梅物流园区布局

【案例7.3】 成都市现代物流发展规划（修编）中物流节点的规模测算

成都市现代物流发展规划（修编）中物流节点分为物流园区、物流中心、物流服务站三个层次，每个层次均考虑到节点所在地的交通区位、用地条件等多种因素，并综合了国内外同类物流节点的单位处理量的用地参数及比例系数的取值。

1. 物流园区的用地规模测算

成都航空物流园区主要为国际国内航空高附加值、时效性强的货物提供仓储配送、中转分拨、保税监管、增值加工、信息代理、展示交易等全程物流服务，到2020年物流处理量将达到250万t。成都青白江物流园区以处理铁路散堆装货物业务为主，为铁路整车货物、散堆货物、零担货物提供全程物流服务，到2020年物流处理量将达到2 500万t。成都国际集装箱物流园区主要为集装箱运输货物、集装箱进出口货物提供多式联运、仓储配送、中转分拨、拼箱作业、加工包装、信息服务等全程物流服务，到2020年物流处理量将达到1 600万t。根据查阅的资料，表格7.2总结了国内外物流园区（中心）用地规模与处理量的计算参数。

表 7.2　国内外物流园区用地规模与处理量的计算参数

物流园区（中心）	占地面积（亩）	年物流处理量（万 t）	主要交通运输方式	货物类型	计算参数（亩/万 t）
日本和平岛公路货物集散中心	335	201	公路		1.67
东京 Adachi	500	304			1.64
东京 Habashi	471	265			1.78
东京 Keihin	944	374			2.55
东京 Koshigara	738	291			2.54
德国德累斯顿物流园区	405	382	公路、铁路	散货、集装箱	1.06
德国科隆集装箱物流园区	1 305	521		集装箱	2.50
德国汉堡港口货运中心	1 350	730			1.85
意大利维罗纳物流园区	3 750	2 300	公路、铁路	散货、集装箱	1.63
厦门前场铁路货运枢纽	5 700	3 071	铁路、公路	散货、集装箱	1.85
新加坡航空物流园区	1 650	125	航空、公路		13.2

根据以上相关资料的研究，可以分析出德国物流园区规模与物流量处理量计算参数大约为 1～2.5 亩/万 t，东京物流园区规模与物流量处理量计算参数大约为 1.6～2.5 亩/万 t，新加坡航空物流园区规模与物流量计算参数大约为 13.2 亩/万 t，集装箱物流园区规模与物流量计算参数大约为 2.5 亩/万 t，如表 7.3 所示。

表 7.3　国外物流园区用地规模与处理量的计算参数总结

物流园区（中心）	物流园区规模与物流量处理量计算参数（亩/万 t）
德国物流园区（中心）	1～2.5
东京物流园区（中心）	1.6～2.5
新加坡航空物流园区	13.2
集装箱物流园区	2.5

考虑到我国城市的经济发展水平及总量与日本、德国的城市存在一定差距，因此在成都市物流节点规划建设时计算参数取值要比上述取值略大（见表 7.4）。由于用地条件的限制，双流物流中心的选址有所调整，紧邻航空物流园区，因此，航空物流园区面积包括本身航空物流园区面积和双流物流中心面积。

表 7.4　物流园区规模与物流处理量关系

物流园区	年物流处理量（万 t）	计算参数（亩/万 t）	面积（亩）
成都航空物流园区	250	14	3 500
成都国际集装箱物流园区	1 600	2.25	3 700
成都青白江散货物流园区	2 500	1.85	4 600
新津物流园区	2 000	1.5	3 000

2. 物流中心的用地规模测算

物流中心主要面向特定的行业或产业，主要依托单一运输方式，例如公路运输对周边区市县进行中短途的物流配送服务。根据分方向货运量预测，得到各方向的公路货运量，根据分方向货运量与物流量相关系数，得到各方向的物流处理量。2020 年，3PL 市场份额按 40%计算，将有 40%的物流量进入物流中心和配送中心进行处理，其中物流中心处理量大约占 60%，配送中心大约占 40%，最终得到表 7.5 所示物流中心规模与物流处理量关系。

表 7.5　物流中心规模与物流处理量关系

方向	物流中心	物流处理量（万 t）	物流中心和物流服务站分担的有效物流量（万 t）	物流中心分担量（万 t）	计算参数（亩/万 t）	面积（亩）	备注
北面	新都物流中心	13 659	3 864	2 318	1.3 ~ 1.6	3 600	已扣除青白江散货物流园区中 1 600 万 t 的公路货运量
南面	双流物流中心	4 575	1 830	1 000	1.8	1 800	
东面	龙泉物流中心	10 907	4 363	2 618	1.3	3 400	
西面	保税物流中心	4 546	1 819	1 091		800	用地受限

3. 物流服务站的用地规模测算

物流服务站针对企业或专业市场，进行多批次、少批量的物流配送和仓储服务。根据国外已有的物流服务站建设规模来看，单个配送一般用地规模大多在 200 亩以下，最大不超过 750 亩，表 7.6 列出了美国不同类型物流服务站的用地规模情况。

表 7.6　美国不同类型物流服务站的用地规模

用地规模（亩）	个数	物流服务站类型
15 ~ 75	25	食品、日用品、冷冻食物、酒类
75 ~ 150	16	食品、化学、机械
150 ~ 225	2	工业产品、日用品
225 ~ 300	6	食品、木材、危险品、家电、计算机、化工品
300 ~ 600	3	冷冻食品、日用百货

根据成都市的实际情况，由于用地空间有限，但物流服务站建设又十分必要，建议用地规模控制在 50 ~ 300 亩左右。物流服务站承担的物流量包括三环以内的物流量及三环以外的物流量，根据 3PL 市场份额按 40%计算，物流服务站承担其中 40%的物流处理量，最终得到整个成都市域应于 2020 年达到约 50 个左右的物流服务站，如表 7.7 所示。由于物流服务站的建立灵活机动，还可随着市场和政策的变化而合理地调整。

表 7.7　物流服务站规模与物流处理量关系

	物流服务站分担的有效物流量（万 t）	计算参数（亩/万 t）	总面积（亩）	个数
物流服务站	11 851	1.05	12 500	50

第三节　物流节点规划原则与步骤

物流节点规划就是指在具有若干供应点和需求点的经济区域内选择具体的地址设置物流节点的布局过程。物流节点规划主要包括物流节点选址和节点布局。物流节点选址考虑的是根据费用或者其他选择标准寻找节点的最佳地址，节点选址受土地利用和建设费用、地方税收和保险、劳动力成本和可达性或到其他节点的运输费用的影响较大，更受城市规划中用地功能布局的深刻影响。物流节点布局主要是建立一个等级、规模、水平、空间均合理的节点体系，来保证物流目标的实现。

一、物流节点规划原则

物流节点的规划应遵循如下原则。

1. 统一规划、综合协调

物流节点的建设与运营，涉及政策保障、社会支撑、市场运作、资源配置、产业协调、部门管理等方方面面的因素，在规划中应立足于深入翔实的调查，以经济发展、土地利用和城市发展为依托和目标，打破地区、行业和部门之间的界限，协调好地方利益、行业利益、企业与社会利益，做到统一规划、科学布局、资源整合、优势互补、滚动发展。

2. 科学选址、整体布局

选址与布局就是选择物流节点的数目与分布位置。物流节点选址与布局直接影响整个物流系统的有效运作。物流节点的分布对现代物流活动有很大的影响，物流节点合理的选址与布局能够减少货物运输费用，从而大大降低物流运营成本。物流效率直接依赖和受限于物流的网络结构。物流节点一经建立将发生长远的影响，物流节点的位置及容量直接关系到物流成本和客户服务水平。因此，对物流节点布局问题的研究是物流系统中的一项关键工作，物流节点的选址与布局越来越引起政府、企业、社会的关注。

物流节点的选址与布局过程应与国家以及省市的经济发展方针、政策相适应，与国家、地区的物流资源和需求分布相适应，与国民经济和社会发展相适应。应将物流网络作为一个大系统来考虑，使物流节点的设施设备在地域分布、物流作业生产力、技术水平等方面相互协调，应以总费用最低作为目标。

3. 柔性功能、滚动发展

由于物流节点的建设周期长、投资大、基础性强、建设风险大，因此应注重功能的多样化和通用性，应确立规划的阶段性目标，按照物流需求的发展变化规律分阶段进行建设和使用，建立规划实施过程中的阶段性评估检查制度，以保证整个规划的最终实现。

二、物流节点规划步骤

物流节点规划是以物流系统和社会经济效益最大为目标，运用系统分析的思想和物流优化的方法，综合考虑物流的供需状况、用地条件、运输费用、自然环境等因素，对物流节点的位置、规模、服务范围等进行研究和设计，以达到成本最小、能力最大、服务最优的目标。物流节点规划步骤流程如图 7.6 所示。

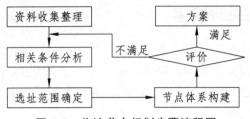

图 7.6　物流节点规划步骤流程图

1. 资料收集整理

收集整理与规划相关的资料，主要有物流企业分布、物流客户产品特征及生产经营状况、物流量、综合交通运输、工业园区、商业网点分布、物流节点建设成本、客户对时效性的要求、土地利用等资料。

2. 相关条件分析

物流节点规划的目的就是系统总成本达到最小，但是在规划设计时又面临着不同的约束条件，主要包括：① 资金约束，因为不同的区位价格差异较大；② 综合运输条件，由于受到运输方式的限制，在选址时就应侧重于综合交通枢纽附近或场站、码头、港口附近；③ 能源条件，供热、供电等能源系统是物流节点赖以生产的基础；④ 周边软环境约束，税收、关税等与物流节点布局决策直接相关。

3. 选址范围确定

在明确上述约束条件后，就可以初步确定选址范围，这一过程也称为选位。一般需要划分物流节点的服务区域并排定选位顺序，即设立物流节点的优先级。选位的目标是在投入产出效益最佳的情况下保证物流节点的服务能力和水平，满足客户期望。可以采用的分类及排序方法包括按行政区划分类、客户距离聚类分析、AHP 法、DELPHI 法及其他分析方法。但应特别重视国土规划、城市土地利用规划、城市总体规划中给出的可能位置，这常常是选址的刚性约束条件。

4. 节点体系确定

在初步选位的基础上，根据物流发展的需要和相关情况，综合考虑物流量的空间分布形态、运输方式构成、物流量的规模分布，制订包括物流园区、物流中心、配送中心以及诸如物流枢纽、物流基地在内的各类物流节点的构成，并明确其相应的覆盖范围、领域、主体功能等。

5. 评　价

通过对构建的物流节点体系是否适应物流发展战略的需要，物流节点的分布是否符合物流需求分布的需要，物流节点的规模是否符合物流处理量的需要，物流选址是否适应土地利用和城市发展的需要，物流节点的功能是否满足市场的需要等的定性和定量分析，确定物流节点规划的科学性、合理性、可行性。

第四节　物流节点选址主要方法

一、物流节点选址的影响因素

影响物流节点选址的主要因素有用地条件及土地成本、服务范围与市场定位、物流需求及其分布、运输仓储费用及建设成本，等等。事实上，这些因素都不会单独起到决定作用，常常是所有因素一起共同影响选址。所以选址的结果常常是矛盾调和的结果。

1. 用地条件及土地成本

任何选址问题都是在特定的用地条件下进行的，选址范围建设用地的气象、水文、地质、地貌特征关系着成本大小、环境影响合法与否等十分重要的问题。当可选择用地条件差异不太大时，土地成本就会成为十分重要的影响因素。

当前，我国各级政府为了推动作为生产性服务业的物流业的发展，制订了不少既有利于物流节点这类物流基础设施建设的又符合《中华人民共和国土地管理法》和《中华人民共和国城市规划法》的物流用地政策，在分析用地条件和土地成本时，应充分考虑国家和各级政府颁布的用地政策。

2. 服务范围与市场定位

物流节点具有集聚效益，具有符合市场需要的特定的服务领域和服务空间。物流节点的选址就必须清楚其面向的市场领域和辐射的空间范围，这样有利于在可选择的点位上寻求更符合要求，有利于功能形成和长远发展的位置。一般来讲，服务范围越大可选位置越多，市场面向越小，可选位置越少。

3. 物流需求及其分布

物流需求的大小、空间分布、时间分布乃至方式分布、方向分布都会深刻地影响到物流的运营和管理。物流节点以及节点之间的线网构成的物流服务网络应尽可能地适应物流需求及其分布，从而可以看到物流需求及其分布深刻地影响着物流节点的选址。一般来讲，需求集中且量大的区域应考虑物流节点的布置。

4. 运输仓储费用及建设成本

各类成本是影响物流节点选址的经济因素，主要有以运输费用、仓储费用为代表的可变成本，它们包含了劳动力使用、能源消耗、原材料消耗、公用设施使用的费用，还有以基础设施建设、技术设备购置为代表的固定成本。一般来讲，在一定范围内固定成本相对稳定且差异大，但可变成本既不稳定且差异大，在分析计算时应准确把握。在我国现阶段各个交通运输系统的运费不仅仅是由公里的费率来计算构成的，还常常包括各种各样的杂费，也应予以充分考虑。

二、物流节点选址方法

关于选址问题，目前在理论研究上已形成了多种方法，常用的方法一般有总量控制法、重心法、数学规划法、仿真技术等。但是在实际规划过程当中，由于受需求的分布、用地条件的限制等因素制约，采用较多的是总量控制法。

1. 总量控制法

总量控制法是根据需求预测的物流总量和主要分布特征，计算物流节点的总规模，然后根据可能的选址位置初步定出节点的位置。可按以下四个阶段进行节点选址。

（1）计算总量。按照物流节点规模确定的方法，计算物流节点总规模。

（2）分区布置。通过计算各区域的物流分布量，确定物流分布量较为集中的区域和物流节点的数量，分区域地布置物流节点。

（3）总量平衡。根据物流节点之间物流通道的分布，将邻近通道的其他区域的物流量向物流量集中的区域进行聚集，节点的物流处理总量不能超过各方向上物流通道的最大负荷，以达到物流处理量的平衡。

（4）调整布局。根据城市与区域社会经济发展、物流运输通道分布以及用地条件等再对物流节点的布局进行调整。

2. 重心法

重心模型是选址问题中最常用的一种模型，可用来解决连续区域直线距离的单点选址问题。利用重心法进行选址时，有两个基本假设：

（1）运输费用只与物流中心和需求点的直线距离有关，不考虑城市交通状况。

（2）选择物流中心时，不考虑物流中心所处地理位置的用地价格。

运输费用计算方法简述如下：设有 n 个需求点，分布在不同的坐标点 (x_j, y_j) 上，现假设物流中心设置在 (x_0, y_0) 处。总运输费用 H 可表示为：

$$H = \sum_{j=1}^{n} a_j w_j d_j \tag{7.3}$$

式中　a_j——物流中心到需求点 j 每单位重量、单位距离所需运输费；

　　　　w_j——到需求点 j 的运输量；

　　　　d_j——物流中心到顾客 j 的直线距离，其计算公式为：

$$d_j = \sqrt{(x_0 - x_j)^2 + (y_0 - y_j)^2}$$

物流中心在选址时，应当保证总运输费用最小，即 H 最小。

为分析重心法存在的问题，必须研究重心法的数值计算公式推导过程。其推导过程如下：对于式（7.3），若令 $g_j = a_j w_j$，则式（7.3）表示为：

$$H = \sum_{j=1}^{n} g_j d_j \tag{7.4}$$

按重心法，将各需求点视为有重量的质点，g_j 为各质点的等效重量，重心是到各质点距离最短的点。这样，寻求物流中心的地址问题转化为求重心坐标的问题。根据重心法的思路，可以容易求出重心坐标。

设各质点的等效重量为 G，即 $\sum_{j=1}^{n} g_j = \sum_{j=1}^{n} g_j d_j$。根据重心的特性可知，等效重量在重心对

原点在 XOY 平面产生的力矩等于各质点对原点在 XOY 平面产生的力矩，用物理方程表示为：

$$Gd_0 = \sum_{j=1}^{n} g_j d_j = \sum_{j=1}^{n} a_j w_j d_j \tag{7.5}$$

将力矩沿 X、Y 轴分解，重心对 X、Y 轴产生的力矩分别等于各质点对 X、Y 轴产生的力矩，用下列两式表示：

$$Gx_0 = \sum_{j=1}^{n} g_j x_j = \sum_{j=1}^{n} a_j w_j d_j$$
$$Gy_0 = \sum_{j=1}^{n} g_j y_j = \sum_{j=1}^{n} a_j w_j d_j \tag{7.6}$$

最终得到重心坐标：

$$x_0 = \sum_{j=1}^{n} a_j w_j x_j \bigg/ \sum_{j=1}^{n} a_j w_j$$
$$y_0 = \sum_{j=1}^{n} a_j w_j y_j \bigg/ \sum_{j=1}^{n} a_j w_j \tag{7.7}$$

由式（7.7）得到的坐标点（x_0，y_0）即是各质点的重心，该点便是物流中心坐标，且该点到各需求点的距离最近。

3. 数学规划方法

在选址问题上，包含线性规划方法、运输方法、混合整数规划方法等在内的数学方法，通称为数学规划法。数学规划方法在选址问题应用中，较为经典的是 1984 年 Sherali 和 Adams 建立的位置-配置模型。

该模型不仅要确定新设施数量及其位置，而且要确定新设施为哪些现有设施服务为最优。它通常应用在物流网络的设计中，主要包括确定仓库的位置和服务于工厂或商店的仓库的分配，其数学模型如下：

$$\min Z = \sum_{j=1}^{n}\sum_{l=1}^{p} f_{jl} Y_{jl} + \sum_{j=1}^{n}\sum_{k=1}^{m}\sum_{l=1}^{p} C_{kjl} Y_{jl} x_{kj}$$

$$\text{s.t.} \quad \begin{cases} \sum_{l=1}^{p} Y_{jl} = 1, \forall j \\ \sum_{j=1}^{n} Y_{jl} = 1, \forall l \\ \sum_{k=1}^{m} x_{kj} \leqslant S_j, \forall j \\ \sum_{j=1}^{n} x_{kj} = d_k, \forall k \\ Y_{jl} \in \{0,1\}, \forall j,l \\ x_{kj} \geqslant 0, \forall k,j \end{cases} \tag{7.8}$$

式中　m —— 顾客总数；

　　　n —— 备选新设施数目；

　　　p —— 备选地点的数目；

　　　C_{kjl} —— 在 l 点建的设施 j 满足顾客 k 需求的单位费用；

　　　d_k —— 顾客 k 的年需求量；

　　　f_{jl} —— 在 l 点建设设施 j 的费用；

　　　S_j —— 设施 j 的能力；

　　　x_{kj} —— 决策变量，从设施 j 到顾客 k 的运输总量；

　　　Y_{jl} —— 如果在地址 l 建设施 j，其值为 1，否则为 0。

上述目标函数是使修建设施的费用和满足顾客需求的费用之和最小。右边第一项表示修建设施的固定费用，包括每年土地使用费用、设施建设和运营费用，第二项表示满足顾客需求的总变动费用。第一个约束保证一个设施只能在一个地址修建，第二个约束保证每个地址只建一个设施，第三个约束为设施的能力约束，第四个约束为顾客需求约束，剩下的两个约束分别为变量的 0-1 约束和非负约束。此模型可用 1964 年 Cooper 提出的迭代算法求解。

4. 仿真技术

仿真是设计一种真实系统的模型的程序，并在一系列系统运行准则的约束中，对以了解系统行为或评价各种战略为目的的模型进行实验。当被用来帮助确认最佳的物流网络时，在仿真中典型的程序必然包括了所有可能的物流节点的坐落位置。客户目的地根据最低总物流成本被分配到最佳的节点上。

亨氏公司为解决基本的仓库选址问题（仓库数量、地点、仓库的需求分配等），开发了一个经典的选址模拟模型，该模拟模型可以涉及多达 4 000 个客户、40 个仓库、10～15 个工厂。与许多算术模型相比，该模型的适用范围广。主要的参数包括：

（1）客户，包括客户的位置和年需求量、客户购买产品的类型和订单大小的分布。

（2）仓库，包括公司对自有仓库的固定投资，年固定运营和管理成本，存储、搬运、库存周转和数据处理方面的可变成本。

（3）工厂，包括工厂的选址和各工厂的产品供应能力。

（4）运输成本。

（5）配送成本。

在运行模拟模型时，输入数据的处理过程分为两部分：首先，预处理程序把通过仓库就能履行的客户订单与那些货量足够大、由工厂履行更经济的订单分开来，然后，测试程序计算出从客户到仓库和工厂到仓库的距离。

选择向客户供货的指定仓库时，需要先检验最近的五家仓库，然后选择从仓库到客户的配送成本、仓库的搬运和储存成本、工厂到仓库的运输成本最低的仓库。接着，在仓库系统产品流向已知、测试程序读入地理信息的条件下，用计算机运行必要的计算来评估特定的仓库布局方案，还要利用线性规划法求解工厂生产能力的限制。需要评估多少个仓库布局方案，就需要重复进行多少次的测试。

【案例 7.4】　德国柏林的城市物流节点布局规划

柏林—勃朗登堡州（大柏林地区）是一个有着约 430 万人口的大都市，作为德国的首都与中心城市，其物流规划上的先进性、科学性值得借鉴。柏林的城市物流规划大约经历了下述几个阶段：

1991 年，进行了大柏林（包括柏林周边的勃朗登堡州部分地区）货运交通分析；

1995 年，开始城市物流园区总体规划；

1996 年，在总体规划的基础之上，实施柏林和勃朗登堡州的交通整合计划；最终将整个柏林的城市物流服务体系整合为 2 个层次 —— 采用物流园区加若干个城市配送中转站和物流企业自有配送中心的形式。具体包括：

（1）设立 3 个物流园区作为大柏林城市远近程交通的节点和多式联运的转换处。

（2）市区内设置若干个货物配送中心。

（3）针对特定行业和专业市场（如大型建筑工地）提供特殊的物流解决方案（当时统一后的柏林由于迁都等方面的原因，建筑行业有着巨大的物流量）。

柏林的城市物流节点布局如图 7.7 所示。

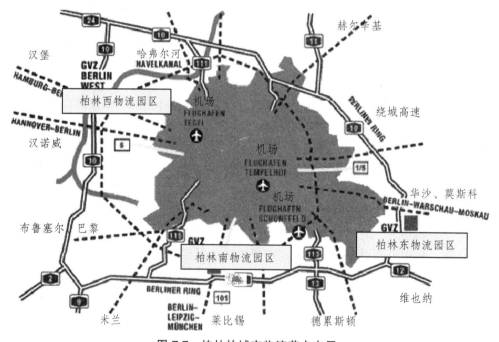

图 7.7　柏林的城市物流节点布局

柏林城市物流园区的相关技术指标如表 7.8 所示。

柏林的上述 3 个物流园区承担了全市 40%～50% 的物流处理量。3 个物流园区的主要情况如下：

柏林西部物流园区：面积 202 公顷，包括港口面积 8 公顷和联合运输枢纽 3.5 公顷，净面积 114 公顷，1996 年开始投入运营，入驻企业 19 家。可直接通往公路、铁路和内河运输。其中的联合运输枢纽站是在联邦政府的资助下建成的。整个园区可提供卡车服务、设施设备租赁、铁路货运服务、集装箱服务等。

表 7.8　德国柏林城市物流园区的相关技术指标表

	柏林西部物流园区	柏林南部物流园区	柏林东部物流园区	总　计
总面积	202 公顷	260 公顷	130 公顷	592 公顷
净入驻面积	102.5 公顷（港口 8 公顷 联合运输枢纽站，3.5 公顷）	150 公顷	96 公顷	348.5 公顷
总净入驻面积	114 公顷	150 公顷	96 公顷	360 公顷
招商面积	106 公顷	150 公顷	96 公顷	346 公顷
入驻面积	93%	100%	100%	96.1%
投资商	22 个	36 个投资商+15 个租赁商	19 个	92 个
出售面积	57.62 公顷	96.75 公顷	49.4 公顷	203.77 公顷
已开发面积	54.3%	64.5%	51.46%	58.89%
就业保留	1 200 人	3 000 人	905 人	5 105 人
就业预测	2 500 人	4 500 人	2 000 人	9 000 人
土地开发 公共部分	6 200 万欧元	92 万欧元	43 万欧元	197 万欧元
土地开发 私人投资	32 000 万欧元	280 万欧元	138 万欧元	738 万欧元
准备建设	进行中	进行中	进行中	
价　格	49~55 欧元/m²	65~77 欧元/m²	36~45 欧元/m²	

柏林南部物流园区：面积 260 公顷，净面积 150 公顷。1995 年开始运营，入驻企业 47 家。园区与铁路、公路相连，可提供的功能包括：卡车服务、设施设备租赁和集装箱服务等。

柏林东部物流园区：面积 130 公顷，净面积 96 公顷，1994 年投入运营，入驻企业 20 家。园区与公路、铁路直接相连，可实现卡车服务、办公区租赁、铁路货运等功能。

柏林-勃朗登堡州物流发展总规划的实施对柏林整个城市的发展及环境起到了积极的影响作用。柏林-勃朗登堡州的物流园区案例说明了城市物流发展规划对于一个大型城市的未来发展所起的重要作用。

第五节　城市物流节点体系布局

若物流规划是站在城市或区域的角度，在物流节点规划时就必须考虑建立一个多层次多类别的节点体系，以支撑社会经济活动、加工制造、商贸流通和生产消费。

一、物流节点体系

1. 物流节点体系的内涵

从词义上讲，体系是一个科学术语，泛指一定范围内或同类的事物按照一定的秩序和内部联系组合而成的整体。具体到物流节点体系，则是指由为满足各类物流需求的具有不同等级、不同功能、不同规模、不同覆盖范围而形成的物流节点集合体，不同的城市或区域，物流节点体系存在差异，同时具有一定的相似性。等级、功能、规模、覆盖范围致使物流节点形成具有内部关联的秩序体，同时也是物流节点体系的外在表现。物流节点的功能、规模、覆盖范围决定了物流节点的等级，物流节点的等级制约着其功能、规模、覆盖范围的拓展与延伸。

2. 物流节点体系的意义

构建具有不同等级、功能、规模、覆盖范围的多层次多类别的物流节点体系的重要意义在于：

（1）适应性。物流需求的多样性表现在生产、制造、流通、消费环节所产生的物流需求存在差异，不同物品的物流需求存在差异，仓储、运输、配送、装卸搬运、流通加工、信息处理等各类物流作业环节的物流需求存在差异，而通过构建面向不同服务对象、具有不同功能的多层次多类别物流节点体系，有利于满足需求的多样性，实现个性化、差异化服务，提高物流需求的满意度。

（2）可靠性。物流活动过程中常常伴随不确定性，这种不确定性是由于需求的不可精确预测、自然灾害发生的不可知、突发事件的不可控、政策的不明确等多方面因素导致的，仅靠单渠道、单类别的物流节点难以满足不确定性的物流需求，通过构建跨地区、跨行业的多层级多类别物流体系，有利于增加物流服务网络的抗风险能力，提高物流网络的可靠性。

（3）协调性。物流服务市场是开放竞争的，不同层次不同类别的物流节点均能参与市场竞争，过多的同类物流节点相互竞争往往会导致市场的无序与低效率，不利于综合协调各种矛盾。而充分竞争的市场往往是差异化、有序化发展的，多层次多类别的物流节点体系正是市场调节的最终形式，也是协调、调整市场竞争的有效工具。

3. 物流节点体系的基本形式

物流节点体系的基本形式有三种，分别为层级式、多主体式、混合式。

（1）层级式。层级式是指物流节点按照严格的等级划分，形成一种树形的网络结构，适用于城市规模较小、物流需求差异性不大的城市，如图7.8所示。

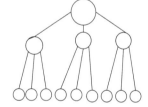

图 7.8　层级式的物流节点体系

（2）多主体式。多主体式是指物流节点具有两种以上的等级结构构成，分别形成多个树形的网络结构，每个树形的网络结构均存在差异，适用于城市规模大、物流需求差异性不大的城市，如图7.9所示。

（3）混合式。混合式是指物流节点同时具有层级式和多主体式的等级结构，每个等级结构内部的主体均不同，适用于城市规模大、物流需求差异性大的城市，如图 7.10 所示。

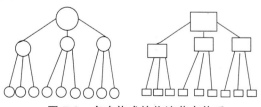

图 7.9　多主体式的物流节点体系

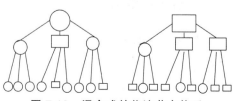

图 7.10　混合式的物流节点体系

【案例 7.5】 四川省宜宾市的物流节点体系

宜宾市位于四川省南部，处于川、滇、黔三省结合部，金沙江、岷江、长江汇流地带，被誉为"万里长江第一城"，于 2006 年制订完成了物流体系的第一版规划，于 2009 年进行了物流发展规划的修编工作。

据国家标准对有关物流设施的辐射范围、物流功能、服务对象的界定，可以确定城市物流基础设施的层次结构为物流园区/物流基地、物流中心/分拨中心、区域物流中心、配送中心四级。一般而言，并不是所有城市的物流基础设施体系都包含上述四个层次，而是各个城市根据自身的情况有所差别。根据物流节点的服务对象、承担功能、辐射范围等要素的不同，可以形成不同类型、不同层次的物流基础设施体系。

第一次规划中，没有对宜宾市物流基础设施的体系结构进行明确的界定，只是对四个物流中心进行了布局及设施规划。此次修编工作，从宜宾市物流需求的实际情况出发，并参照国内类似城市的物流基础设施体系结构，确定宜宾市应建设"一网两平台、一园区四中心、七个物流服务站"为主要内容的现代物流业发展框架体系。宜宾市物流基础设施体系结构规划为三个层次，即物流园区、物流中心、物流服务站。一园区：依托志城港作业区的港口集装箱综合物流园区；四中心：分布在宜宾市翠屏区东、南、北三个方向上的四个综合物流中心；七个物流服务站：面向工业集中发展区、商品市场、粮食、危化品、农产品、城市配送服务的专业物流处理中心，具体如图 7.11 所示。

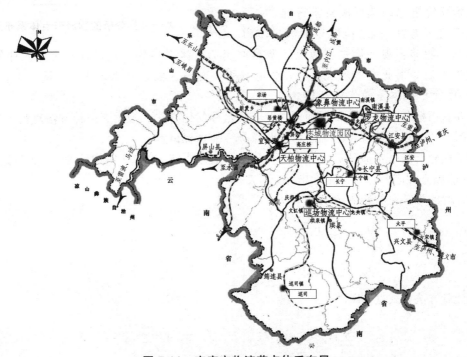

图 7.11 宜宾市物流节点体系布局

宜宾市物流节点体系是按照图 7.8 所示的层级式布局的，按照服务范围的不同，依次确定为物流园区、物流中心、配送中心，服务对象和用地规模具有较为严密的层级关系。

二、物流节点体系布局方法

物流节点体系布局主要是确定合理的物流节点等级、规模、功能、辐射范围，形成有利于物流供需动态平衡、物流市场有序竞争的格局。物流节点体系布局需要综合多方面因素，目前尚没有成熟的定量分析方法，主要采取定性与定量相结合的分析工具，常用的有聚类分析法、多指标综合评判法。

1. 聚类分析法

物流节点体系布局的关键是物流节点类型的确定，物流节点类型确定之前，首先要确定物流节点等级，即进行物流节点的分层。物流节点的分层可以通过构建物流节点层次分类的评价指标体系来进行，在该指标下，利用聚类分析法来确定物流节点的类型，最终确定物流节点体系布局。基于聚类分析的物流节点体系布局流程如图 7.12 所示。下面介绍主要工作过程。

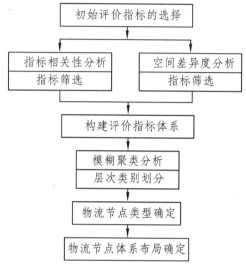

图 7.12　基于聚类分析的物流节点体系布局流程

1）初始评价指标的选择

初始评价指标的选择应科学客观，尽可能全面考虑多方面因素，能够全面满足城市物流需求，能够客观评价物流节点类型对物流节点体系布局的适应性。常用的评价指标有物流处理量、工业发展水平、对外贸易水平、交通区位、用地条件、建设成本，等等。

2）评价指标体系的优化与构建

主要有指标相关性分析和空间差异度分析两种优化方法。根据这两种方法对初始建立的指标进行取舍，以构建优化的确定物流节点类型的指标体系。

相关性分析的基本原理是：引入相关系数 r_{ij} 表示指标 i 和 j 的密切程度，r_{ij} 越接近 1，指标 i 和 j 的独立性越差，可以剔除指标 i 和 j。

指标间的相关系数矩阵 $\boldsymbol{R}$ 为：

$$\boldsymbol{R} = \begin{vmatrix} r_{11} & \cdots & r_{1m} \\ \vdots & & \vdots \\ r_{m1} & \cdots & r_{mm} \end{vmatrix} \tag{7.9}$$

其计算方法如式（7.10）：

$$r_{ij} = \frac{\sum_{k=1}^{n}(x_{ki}-\overline{x}_i)(x_{kj}-\overline{x}_j)}{\sqrt{\sum_{k=1}^{n}(x_{ki}-\overline{x}_i)^2 \sum_{k=1}^{n}(x_{kj}-\overline{x}_j)^2}} \tag{7.10}$$

式中　r_{ij} —— 指标 i 和 j 的相关性系数（i，j＝1，2，…，m）；

　　　n —— 物流节点的数量；

$\overline{x}_i$ ——指标 i 的平均值；

$\overline{x}_j$ ——指标 j 的平均值；

m ——物流节点类型确定分类指标数量；

x_{ki} ——第 k 个物流节点的第 i 个人的指标值。

空间差异度分析的基本原理是：引入用来刻画一组指标在空间上的相对波动程度的空间差异系数 C_{vj}。空间差异度大的指标具有较强的分辨能力，需要保留；空间差异度较小的指标，分辨意义较差。空间差异度的计算公式为：

$$C_{vj} = \frac{s_j}{\overline{x}_j} \tag{7.11}$$

式中 s_j ——指标 j 在 n 个研究对象（物流节点）上的标准差；

$\overline{x}_j$ ——指标 j 在 n 个研究对象（物流节点）上的均值；

j ——第 j 个指标，$j=1$，2，$\cdots$，m，m 表示选取的指标数；

n ——研究对象个数，即参与聚类分析的布局载体数量。

通过利用相关性分析和空间差异度分析，对于空间差异度小且指标相关性大的指标予以剔除，最终构建出更为科学合理的指标体系。

3）模糊聚类分析确定物流节点层次与类型

物流节点层次与类型的确定具有一定的相对性和模糊性，难以找到严格确定类型的量化标准，采取模糊聚类分析比较适合解决这种问题。

模糊聚类分析是从一批样本的多个观测指标中，找到度量样本之间相似程度的统计量，构成一个对称的相似矩阵，在此基础上寻找样本之间和样本组合之间的相似程度，按相似程度大小将样本逐一归类形成一个亲疏关系谱系图，用以观察分类对象的差异和联系，其实质就是按照距离的远近将数据分为若干类别，以使得类别内数据的"差异"尽可能小，类别间的"差异"尽可能大。

为了更全面合理地确定物流节点的类型，需要将定量聚类方法和定性分析方法相结合。在将数据按聚类分析的步骤进行后，会根据所进行的选择输出聚类过程表和聚类谱系图。

（1）聚类过程表。聚类过程表列出聚类中观测量或类合并的顺序。表中各项含义如下：

Stage：聚类阶段，即聚类过程的步数。

Cluster Combined：聚类合并，即将 Cluster1 与 Cluster2 合并。

Coefficients：聚类测度系数。

Stage Cluster First Appears：首次出现复聚类的阶段。Cluster1 与 Cluster2 二者皆为 0，表示两个样品的合并；其中一个为 0，另一个不为 0，表示样品与类的合并；二者皆不为 0，表示类与类的合并。

Next Stage：下一阶段，表示下一步复聚类出现的阶段。

（2）聚类谱系图。聚类图直观地显示了聚类的过程，从图上可以清楚地看出各样品的归属。把类间的最大距离算做相对聚类，其余的距离均换算成与之相比的相对聚类大小。图形的左边代表进行聚类的对象或者事务，而对象或者类别的合并则通过线条连接的方式来表示。

通过进行聚类分析，就可以确定物流节点的类别归属。

4）确定物流节点布局体系

依据物流节点的层次和类别，逐个确定不同层次不同类别的物流节点的选址、规模、辐射范围，最终确定物流节点布局体系。

2. 多指标综合评判法

多指标综合评价是把多个描述被评价事物不同方面且量纲不同的指标，转换成无量纲的相对评价值，并综合这些评价值以得出对该事物的一个整体评价的方法。多指标综合评价的结果，是对被评价事物一般水平或趋势的抽象程度较高的数量描述。

多指标综合评价具有五个基本特征：多指标综合评价包括多个评价指标；多指标综合评价的多个指标是分别描述被评价事物各个不同方面的，它们应该包含被评价对象的全面信息，各评价指标的量纲可能是各不相同的；多指标综合评价的前提是必须把异量纲的指标实际值转化成无量纲的相对评价值；多指标综合评价要把各指标评价值合成在一起，得出一个整体性的评价。

利用多指标综合评判方法进行物流节点体系布局的关键是：确定若干已知的待评价物流节点；构建能够评价物流节点等级与类型的多指标评价体系；选择能够用于物流节点等级与类型评价的诸如模糊综合评价、灰色理论综合评价、基于数据包络分析的综合评价、人工神经网络的综合评价方法；对评价结果与已知的物流节点用地条件、建设成本等定性因素进行评估与检验，调整评价结果。

【案例 7.6】　成都市物流节点规划

成都市物流节点规划分为三个层次，即物流园区、物流中心和物流服务站。

1. 物流园区规划

从综合交通体系的角度来看，青白江区有成绵高速、宝成铁路和达成铁路汇聚，在区内的城厢站将建成铁路国际集装箱编组站；成都的国际机场位于双流境内，是公路、航空物流的交接点；新津县有多条国道省道以及成昆线、未来规划的货车外绕线交汇于此。因此，按多式联运换乘处的标准来筛选，成都市的物流园区优选地应为青白江区、双流县以及新津县。再从物流的处理量来看，2003 年成都市北部和南部的物流量分别占了全市物流总量的 35%和 33%，青白江区、双流县以及新津县物流总量如图 7.13 所示。

青白江物流园区选址于大湾铁路站附近，紧靠大同镇工业园区，距成绵高速公路、宝成铁路和达成铁路运输枢纽有较好的区位优势。它承担的特色物流服务为铁路整车、散堆、零担货物的公铁联运、中转仓储等物流业务。

国际集装箱物流园区的选址依托成都铁路集装箱节点站，位于青白江的城厢站附近。它主要承担的特色物流服务为与国际集装箱多式联运配合的转运物流业务。

航空物流园区是成都市的航空物资集散地，园区的服务对象一般是价值高、时效快、需要远距离运输的货物。

新津物流园区选址于新津普兴火车站附近，主要承担化工产品和农副产品的仓储、流通加工以及多式联运等物流服务。

2. 物流中心规划

物流中心服务范围相对物流园区小。根据物流中心的功能、处理量和需要的规模及交通条件等，初步确定成都市的物流中心分别设置在新都区、龙泉驿区、双流县、郫县内。物流中心应具有物资流通、加工、配送、储存、展示、交易等一般物流服务功能。成都市规划的物流中心有四个，分别为新都物流中心、龙泉驿物流中心、双流物流中心、保税物流中心。

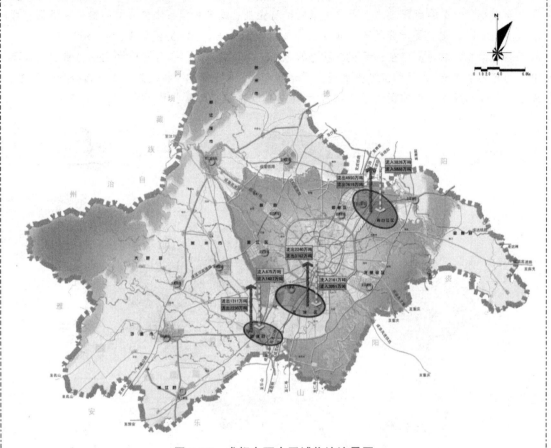

图 7.13　成都市两大区域物流流量图

成都新都物流中心选址于外环高速城北出口大件路以西，宝成铁路以东的新都区三河街道。主要承担的特色物流服务为成都北部公路货运配送，以及家具、粮食、农副产品的生产、交易、加工方面的物流服务。

成都龙泉物流中心选址于龙泉驿经济技术开发区附近，处于成龙路以南，西邻东一路，东邻规划中的东二路。主要承担的特色物流服务为成都与成渝经济带连接的公路货运，成都经济技术开发区的加工方面的物流，以及服务于成都—重庆—上海的水运出海通道

由于城市的发展，以及用地性质的限制，成都双流物流中心选址于成都航空物流园区的靠南部分区域，与航空物流园区共享物流管理服务设施。主要承担的特色物流服务为乐山、雅安、攀西经济带、西藏、云南和南部城区的公路运输货物提供仓储配送、加工包装、运输货代、展示交易、信息等物流服务。

依托成都出口加工区，在绕城高速公路外侧的成灌公路旁，建设辐射西部地区的加工贸易企业和进出口货物的区域性专业型的保税物流中心。主要承担的特色物流服务为西部地区的进出口货物和保税货物提供中转、仓储配送、保税监管、加工包装、信息等全程物流服务。

3. 物流服务站规划

成都市区物流服务站的选址及设立应满足以下标准:

有较强的物流服务需求, 服务站设立后的物流处理量能达到一定的规模; 直接面向大型的专业市场、大型的商贸流通企业或大型制造型企业, 或是货代、快递公司的集中业务区; 可用地空间有限, 但又是十分必要, 建议用地规模控制在 6.7~33.3 公顷 (100~500 亩); 物流服务站的设立, 原则上应在三环及其以外的地区, 二环路以内、二环与三环之间尽量少, 三环附近的可酌情考虑。由于物流站点的建立灵活机动, 还可随着市场和政策的变化而合理地调整。成都市三级物流节点分布图如图 7.14 所示。成都市物流节点最小用地规模表见表 7.9。

图 7.14　物流节点分布图

表 7.9　成都市物流节点最小用地规模表

物流节点	规划处理量	最小用地规模	备注
成都青白江物流园区	2 500 万 t	4 600 亩	
成都国际集装箱物流园区	1 600 万 t	3 700 亩	该面积不包含国际集装箱站内运输线与站房等铁路基础设施, 但包含集装箱所有物流作业及延伸物流服务
成都航空物流园区	251 万 t	3 500 亩	该面积不含航空货运设施、跑道区、航站楼区、候机楼区, 但包含所有物流作业
成都新津物流园区	2 300 万 t	3 600 亩	
成都新都物流中心	2 318 万 t	3 600 亩	
成都龙泉物流中心	2 618 万 t	3 400 亩	
成都双流物流中心	1 000 万 t	1 800 亩	
成都保税物流中心	1 091 万 t	800 亩	

4. 成都市公路货运站场调整及专业市场物流服务规划

外移目前位于成都各片区的零散货运站场，移至绕城高速以北、宝成铁路以东，靠近川陕路的区域（三河桥立交附近）。原则上，目前三环路以内的货运站场一次性全部外移，北三环路以外、绕城高速以内的货运站场也应于 2010 年之前逐步外移至规划区域。对现有货运站场的布局调整要更多地考虑与其所在区域物流园区（或物流中心）的资源整合，比如应将货运站场纳入到物流园区或中心之内。根据上述调整原则，并结合成都市物流节点的布局规划，将现有的零散货运站场整合到规划的新都物流中心之内。

注　释

[1]　物流节点（Logistic Node，简称 LN），指所有进行物资中转、集散和储运的节点，包括港口、空港、火车货运站、公路枢纽、大型公共仓库及现代物流（配送）中心、物流园区等。

[2]　物流园区（Logistic Park，简称 LP），也称物流基地，是多种物流设施和不同类型物流企业在空间上集中布局的场所，是具有一定规模和综合服务功能的特定区域。

[3]　物流中心（Logistic Center，简称 LC），从事物流活动的具有完善的信息网络的场所或组织。应基本符合：主要面向社会提供公共物流服务；物流功能健全；辐射范围大；存储、吞吐能力强，能为转运和多式联运提供物流支持；对下游配送中心提供物流服务。

[4]　配送中心（Distribution Center，简称 DC），从事配送业务，具有完善的信息网络的场所或组织，应基本符合：主要为特定的用户服务；配送功能健全；辐射范围小；多品种、小批量、多批次、短周期；主要为末端客户提供配送服务。

[5]　物流服务站（Logistic Implant，简称 LI），是在有较多物流需求的地区设立的面向大型工业制造企业、大型商贸企业的物流服务设施的集中地。一般其物流需求量在一定规模内，且用地空间有限，应视交通与用地情况而设。

思 考 题

1. 什么是物流节点？物流节点的作用有哪些？
2. 请介绍物流节点的分类标准，并分析不同标准间的联系。
3. 物流节点的规模如何计算？与哪些因素有关？
4. 物流节点规划应遵循哪些原则？
5. 详细描述物流节点规划步骤。
6. 请介绍一种物流节点选址的方法，并给出其求解原理。
7. 什么是物流节点体系？它的意义和基本形式是什么？
8. 物流节点体系布局包括哪些内容？具体的布局方法有哪些？

参考文献

[1]　姚宏著主编. 场地设计[M]. 沈阳：辽宁科学技术出版社，2000.
[2]　王斌义主编. 现代物流实务[M]. 北京：对外经济贸易大学出版社，2003.

[3] 李旭宏, 胡文友, 毛海军. 区域物流中心规划方法[J]. 交通运输工程学报, 第 2 卷, 第 1 期, 2002（3）.

[4] 王战权, 杨东援. 物流园区规划初探[J]. 系统工程, 第 19 卷, 2001（1）.

[5] 云俊, 崔绍先. 航空物流园区规划及设施布局研究[J]. 武汉理工大学学报（社会科学版）, 第 15 卷, 第 3 期, 2002（6）.

[6] 汤宇卿. 国际物流中心规划探析 —— 以义乌市浙中国际物流中心规划为例[J]. 城市规划学刊, 2002（2）.

[7] 方仲民主编. 物流系统规划与设计[M]. 北京: 机械工业出版社, 2003.

[8] 鲁晓春, 詹荷生. 关于配送中心重心法选址研究[J]. 北方交通大学学报, Vol.24 No.6.

[9] 孙会君, 高自友. 考虑路线安排的物流配送中心选址双层规划模型及求解算法[J]. 中国公路学报, Vol.16 No.2.

[10] 龚延成, 郭晓汾, 蔡团结, 等. 物流配送点选址模型及其算法研究[J]. 中国公路学报, Vol.16 No.2.

[11] 陆琳琳, 张仁颐. 一种新的物流中心选址方法[J]. 物流科技, Vol.26 No.97.

[12] 王健. 现代物流网络系统的构建[M]. 北京: 科学出版社, 2005.

[13] 董维忠. 物流系统规划与设计[M]. 北京: 电子工业出版社, 2006.

[14] 王国华. 中国现代物流大全[M]. 北京: 中国铁道出版社, 2004.

[15] 刘昌祺. 物流配送中心设计[M]. 北京: 机械工业出版社, 2002.

[16] 程国全, 柴继峰, 王转, 等. 物流设施规划与设计[M]. 北京: 中国物资出版社, 2003.

[17] 孙焰. 现代物流管理技术[M]. 上海: 同济大学出版社, 2004.

[18] 高自友, 孙会君. 现代物流与交通运输系统[M]. 北京: 人民交通出版社, 2005.

[19] 郭红霞. 物流节点类型确定方法的研究及应用[D]. 成都: 西南交通大学, 2006.

[20] 孙单智. 城市物流节点的规模与分布问题研究[D]. 成都: 西南交通大学, 2006.

[21] 蒋晶晶. 多指标综合评价理论在配送中心规划方案优选中的应用[D]. 大连: 大连海事大学, 2008.

第八章　配送中心的内部设计

本章介绍不同标准下的配送中心的类型、配送中心内部动线设计与功能布局规划、物流作业区的设计、物流设备的选用和信息系统的设计，为配送中心内部规划设计提供方法和依据。

第一节　配送中心的类型

配送中心是物流节点的最基本单元，从某种意义上讲，物流园区、物流中心都可以看作若干个配送中心的组合。根据不同的标准可以将配送中心划分为不同的类型。一般来讲，有以下三种划分方式。

1. 根据处理物品的行业类别划分

根据处理物品的共同特征及所属行业划分，配送中心可分为：
(1) 食品、饮料、烟草类配送中心。
(2) 纺织、服装、日用品及文化、体育用品及器材类配送中心。
(3) 医药及医疗器械类配送中心。
(4) 矿产、化工、石油及其制品类配送中心。
(5) 建材、钢材及装饰材料类配送中心。
(6) 机械设备、五金机电及电子产品配送中心。
(7) 汽车、摩托车及零配件配送中心。
(8) 冷链配送中心。

2. 根据流通阶段划分

物品的流动覆盖生产地到消费地整个流通过程，根据配送中心在流通渠道中所处的地理位置与发挥的作用，可以划分为如下不同类型的配送中心：
(1) 位于生产地附近，属于制造商的物品到达或物品存放的配送中心，如生产工厂配送中心与企业暂存型配送中心。
(2) 位于生产地与消费地之间，属于广义厂商或批发商的流通中心，如批发型配送中心与营业型配送中心。
(3) 位于消费地附近，属于批发商或零售商的，旨在为零售店服务的商品中心，如零售店配送中心与超市加工型配送中心。

3. 根据运营主体划分

根据不同的运营主体划分，配送中心通常可以分为厂商运营的配送中心、批发商运营的配送中心与零售商运营的配送中心。在这类配送中心内，厂商、批发商或零售商直接从事物流业务，即他们在负责物品生产、流通或销售的流向时，也要负责管理相关事务。同时，配送中心的基础设施建设和投资都由他们单独进行。显然，这种形式的配送中心的有利之处表现为厂商、批发商或零售商能对物品流动、经营的全过程进行控制和管理，但是相应的成本较高，这不仅表现在建设成本高昂，而且也反映在管理费用与社会成本居高不下。为了避免上述问题，出现了由第三方运营的配送中心，即由厂商、批发商或零售商以外的物流服务商提供物流服务时依托的配送中心。有的专家认为，第三方配送中心是指用外部公司去完成传统上由组织内部完成的物流功能，这些功能可能包括全部物流功能，也可能是所选择的部分物流功能。

第二节　配送中心内部功能布局规划与动线设计

配送中心的功能区主要包括物流作业区及外围辅助活动区，物流作业区如仓储、流通加工、衔接运输等；而外围辅助活动区如办公管理、信息处理、综合服务等。

一、配送中心内部功能布局规划

配送中心内部功能布局常采用系统布置设计法[1]，该方法严谨且规范，具有很好的实用性，一般程序如图 8.1 所示。下面介绍其主要工作过程。

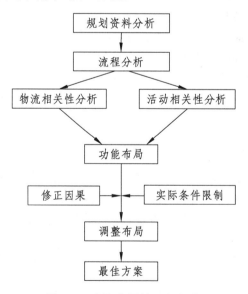

图 8.1　功能布局的一般程序

1. 作业流程分析

配送中心里的活动主要分为进出货、仓储、订单拣取、配送、流通加工、包装、退货作业等，在功能布局前应先明确主要的物流活动及顺序，通常基本的流程如图 8.2 所示。

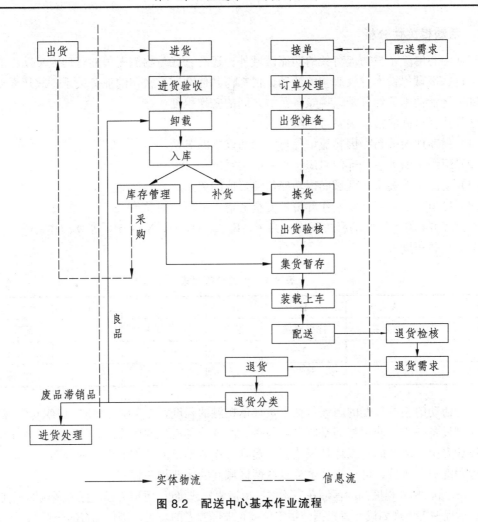

实体物流 ————————▶ 信息流

图 8.2 配送中心基本作业流程

经过基本作业流程的分析后，可以找出其中不合理及不必要的作业。如果能尽量简化在配送中心中可能出现的计算、处理单位，则可以提升配送中心作业与运转的效率，减少重复堆码搬运、翻堆、暂存等作业。如果储运单位过多而不易规划，可将各作业单位予以归并和整合，避免内部作业过程中储运单位过多的转换。通过单元负载化的观念，亦可达到储运单位简化的目的，以托盘或储运箱为容器，将体积、外形差异较大的物品归并在相同标准的储运单位，如此可以简化配送中心内需处理的物品形式。

2. 物流相关性分析

物流相关性分析即对配送中心的物流路线和物流流量进行分析，用物流强度和物流相关表来表示各功能区域之间的物流关系强弱，绘出物流相关图。物流流量分析是汇总各项物流作业活动从某区域至另一区域的物料流量，作为分析各区域间物料流量大小的依据，若不同物流作业在各区域之间的物料搬运单位不同，则必须先转换为相同单位后，再合并计算其物流流量的总和。根据物流量分析表，可得到各区域的物流相关表。按照各区域物流量的大小，将其分为 5 个级别，分别用 A、E、I、O、U 表示。其中 A 为超高，E 为特高，I 为较大，O 为一般，U 为可忽略。

3. 活动相关性分析

配送中心内除了与物流有关的功能区域外，还有一些与物流无关的管理或辅助性的功能区域。这些区域尽管本身没有物流活动，但却与其他区域有密切的业务关系，故还需要对所有区域进行活动相关性分析，确定各区域之间的密切程度。

各作业区域间的活动关系可以概括为：

（1）程序性的关系：因物流、信息流动而建立的关系。

（2）组织上的关系：部门组织上形成的关系。

（3）功能上的关系：区域间因功能需要形成的关系。

（4）环境上的关系：因操作环境、安全考虑上需保持的关系。

按照表 8.1 将区域间的相关程度分为 A、E、I、O、U、X 这 6 个等级，并赋值，就可评价活动的相关程度。

表 8.1　相关性等级表

符号	A	E	I	O	U	X
意义	绝对重要	特别重要	重要	一般重要	不重要	不可靠近
值	4	3	2	1	0	-1
颜色	红	桔黄	绿	蓝	不着色	棕

评定活动的相关程度的因素包括人员往返接触的程度、文件往返频度、组织与管理关系、使用共享设备与否、使用相同空间区域与否、配合业务流程的顺序、是否进行类似性质的活动、作业安全上的考虑、工作环境改善、提升工作效率及人员作业区域的分布等。确定各区域接近程度的等级后，可以权重值计算两两区域间的重要相关程度。

一般来讲，相关程度高的区域在布置时应尽量紧邻或接近，而相关程度低的区域则不宜接近。在规划过程中应由规划设计者根据使用单位或企业经营者的意见，进行综合的分析和判断。

基于不同的关系程度需加以分析，以作为布置参考的依据。在进行布置规划时应先对规划区域的特性及活动的相关性作分类，再进行活动相关性分析。

4. 功能布局

功能布局的方法主要有三种，即流程式布置法、相关性布置法和计算机辅助布局设计。

1）流程式布置法

流程式布置法主要是根据物流移动路线来进行布置。这种布置方法以物流作业区域的布置为主，因其多半具有流程性的作业关系，在以模块进行配置时需考虑区域间物流动线的形式。流程式布置法的步骤如下：

第一，确定配送中心对外的联络道路形式，包括确定道路等级、断面、进出口方位等。

第二，确定配送中心各功能区域面积大小及长宽比例。

第三，确定物流动线形式，如 I 形、T 形、U 形、S 形等，按作业流程顺序布置各区域位置。

第四，确定行政办公区等辅助区与物流相关作业区的关系，一般的行政办公区均采用集中式布置，并与物流作业区间隔。

第五，确定辅助区域的配置，辅助区内选择与和各部门活动相关性最高的部门区域先行置入规划范围内，再按活动关系与已置入区域关系最重要者按顺序置入布置范围内，再逐步调整各辅助区域。

第六，进行各作业流程与活动相关的布置组合，探讨各种可能的区域布置组合。当各区域配置的面积无法完全置入物流节点内时，则必须修改部分区域的面积或长宽比例。各区域位置经配置及部分调整后即可确定，并绘制区块布置图。布置图内容仅说明各区域的界限并标示尺寸，详细设备的位置则未标示，需待详细布置时再予以确认。

2）相关性布置法

相关性布置法是用关系配置图分析布局合理性的方法。由活动相关性分析所得出各区域间的活动关系，可以在两两区域之间以线条表示出来，此即活动关系配置图。四条线表示 A级，三条线表示 E 级，以此类推，U 级不画线，X 级之间用一条虚线。活动相关配置的程序如图 8.3 所示。该方法可以与流程式布置法相结合使用。

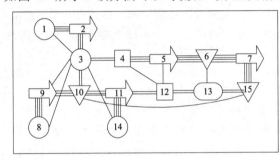

（a）活动关系图　　　　　　　　（b）关系配置图

图 8.3　活动关系配置图

3）计算机辅助布局设计

采用流程式与相关性布置法，虽然直观明了，但过程繁琐，通常是经由反复对比与试算才产生一个较好的方案，因此可以考虑将此过程计算机化。计算机辅助布局设计技术是布局的一种改进方法，它是一个以各部门间物料搬运费用逐步减少为优化原则的程序。主要的输入数据是初始布局以制表形式表示的流量数据、费用数据和固定节点的数量及位置。初始布局提供了节点数目和各自的面积。在计算机辅助节点设计技术中距离以各区域中心点的直线距离计算，算法如下：

第一，给定初始布局，计算距离矩阵（以各部门中心为距离的始终点）。根据流量、距离和费用，计算总搬运费用。

第二，考虑两个功能区两两交换，如果不能通过互换产生一个更好的布局，则停止，否则到第三步。

第三，选择得到最大费用节省的交换，转第二步。计算机辅助布局设计技术允许指定一个初始值进行位置交换。如果最大节约少于 x 元，程序将不进行位置交换。因为这种方法不能考虑所有位置交换的可能性，所以它最后不能保证达到最优。

5. 调整布局

在功能布局方案初步确定后，应该对一些限制条件加以考虑，进行方案的调整。限制的条件主要包括物流动线是否顺畅；物流节点的建筑密度、容积率、绿地率等是否符合要求；是否满足土地建筑、环保卫生安全等相关法规；是否满足交通出入口及所在地形区位的特殊限制；是否满足成本、政策等因素的限制等。

最后，对方案进行比较评价得到最佳布置方案。

二、活动流程的动线分析

在功能模块的位置布置阶段，还没有进行设备的选用设计，但是按物流特性和作业流程已经对设备的种类有了大致的要求。活动流程的动线分析就是根据这些设备性能，逐一分析区域内和各区域之间的物流动线是否流畅，其分析步骤如下。

（1）根据装卸货的出入形式、作业区域内物流动线形式，以及各区域相对位置，设计库房内的主要通道。

（2）进行物流设备方向的规划。在此规划过程中，需要考虑作业空间和区域内的通道情况。

（3）分析各区域之间的物流动线形式，绘制物流动线图，进一步研究物流动线的合理性和流畅性。

【案例 8.1】　成都万贯金府机电配送中心的平面物流动线布置

成都万贯金府机电配送中心根据处理产品的种类将动线分为三类，即半成品、产成品和零部件的物流动线。半成品在金府路进入，经采购订单与信息管理中心发出指令后，进入仓储Ⅰ区、集装箱区、快运中心、分拨与配送中心，经过相应处理后经万贯机电大道、规划道路出。产成品在三环路进入，经采购订单与信息管理中心发出指令后，进入仓储Ⅱ区、集装箱区、快运中心、分拨与配送中心，经过相应处理后经万贯机电大道、金府路出。零部件在三环路进入，经采购订单与信息管理中心发出指令后，进入仓储Ⅲ区、集装箱区、快运中心、分拨与配送中心，经过相应处理后经万贯机电大道、金府路出。如图 8.4 所示。

图 8.4　平面物流动线布置图

【**案例 8.2**】 四川西南药都配送中心的立体物流动线布置

四川西南药都的中药仓储加工区的作业流程分为进货作业流程和出货作业流程两种。进货作业从进货暂存区进入，经深加工区或常规加工区加工后，直接或进入包装区包装后通过传送设施进入上层的中药材和中药饮片仓储区储存。出货作业从上层拣选区通过传送设施进入下层的出货暂存区后出库，具体如图 8.5 所示。

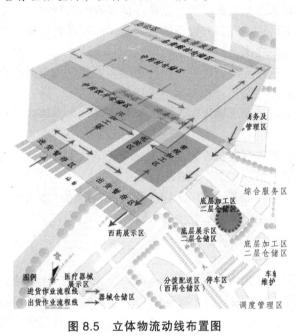

图 8.5 立体物流动线布置图

三、物流动线优化评价

对物流动线优化的评价可采用加权因素比较法来进行。加权因素比较法的基本思想是把影响动线优化的各种因素，不论是定性的还是定量的都划分成等级，并赋予每个等级一个分值，使之定量化，用等级或分值来定量表示该因素对动线优化的满足程度；同时，根据不同因素对动线优化取舍的影响重要程度建立加权值，从而能够统一不同因素的影响程度，并能计算出布置方案的优劣。

1. 确定评价因素

一般把动线优化的要求和目标列为评价因素。最常见的评价因素通常包括：

（1）物流效率。如各种物料、信息、人员按照流程的流动效率，有无必需的倒流、交叉、转运和长距离运输；最大的物流强度；相互关系密切程度高的作业单位之间的接近程度等。物流强度是一定时间周期内的物料移动量。计算物流强度时，不同物品之间的计量单位应该统一。

（2）物料运输效率。如物料运入和运出节点所采用的搬运路线、距离、搬运设备及容器的简易程度、运输设备的维修性等。搬运活性指数是指搬运状态下的物品所需要进行的集中、搬起、装车、移动的四项作业中"已经不需要进行的作业书目"。四项作业都需要才能运走，活性指数最低，定为 0，不需要其他作业就能运走，其活性指数最高，定为 4。

（3）储存效率。如物料库存的工作效率；库存管理的容易程度；储存物品的识别及防护；储存面积是否充足等。库容量利用系数为实际库存量与库容量之比，库容量是一个随机变动的量，一般取它的年平均值作为考核指标。单位面积库存量是总库存量与占地面积之比。

（4）设备利用率。如生产设备、搬运设备、储存设备的利用率；是否过多地采用重复设备而忽略了在布置方案时设法对某一设备的共同利用。设备利用率是设备全年平均小时搬运量与设备额定小时搬运量之比。

（5）场地利用率。包括土地、建筑面积、通道面积及立体空间的利用程度。建筑密度是在一定范围内建筑物的基底面积总和与用地面积的比例。

（6）成本。是否能正确而迅速地出入库，节约设备、人力等成本；减少物流时间和降低物流费用。

（7）安全管理。如布置方案是否符合有关安全规范；人员和设备的安全防范设施，足够的安全通道和出口；废物清理和卫生条件等。

（8）适应性及通用性。如布置方案适应产品品种、产量、加工设备、加工方法、搬运方式变更的能力；适应未来生产发展的能力等。

2. 确定加权值

依据某一因素与其他因素的相对重要性，来确定该因素的加权值，一般是首先将最重要的因素确定下来，然后定出该因素的加权值；然后把每个因素的重要程度和该因素进行比较，确定合适的加权值。加权值的确定应采取集体评定然后求平均值的方式，最终结果应得到大多数参与评价人员的认可。

3. 划分评价因素等级

对于每一个评价因素都应独立地评价出该因素对动线的满足程度，评价结果一般划分成评价等级。将系统评价等级划分为 5 个等级，每个等级的含义及评价分值见表 8.2。

表 8.2　评价等级及分值

等　　级	含　　义	评价分值
优	近于完美	4
良	特别好	3
中	达到主要效果	2
一般	效果一般	1
差	效果欠佳	0

4. 评价结果

针对评价的多个方案，确定出评价因素及其加权值，制成评价表如表 8.3 所示。

表 8.3　动线评价加权因素评价表

序号	评价因素	动线优化方案及评价等级				
		I	II	III	IV	V
1	因素 1 (f_1)	$\dfrac{W_{11}}{w_{11}}$	$\dfrac{W_{21}}{w_{21}}$	$\dfrac{W_{31}}{w_{31}}$	$\dfrac{W_{41}}{w_{41}}$	$\dfrac{W_{51}}{w_{51}}$
2	因素 2 (f_2)	$\dfrac{W_{12}}{w_{12}}$	$\dfrac{W_{22}}{w_{22}}$	$\dfrac{W_{32}}{w_{32}}$	$\dfrac{W_{42}}{w_{42}}$	$\dfrac{W_{52}}{w_{52}}$
$\vdots$	$\vdots$	$\vdots$	$\vdots$	$\vdots$	$\vdots$	$\vdots$
j	因素 j (f_j)	$\dfrac{W_{1j}}{w_{1j}}$	$\dfrac{W_{2j}}{w_{2j}}$	$\dfrac{W_{3j}}{w_{3j}}$	$\dfrac{W_{4j}}{w_{4j}}$	$\dfrac{W_{5j}}{w_{5j}}$
$\vdots$	$\vdots$	$\vdots$	$\vdots$	$\vdots$	$\vdots$	$\vdots$
n	因素 n (f_n)	$\dfrac{W_{1n}}{w_{1n}}$	$\dfrac{W_{2n}}{w_{2n}}$	$\dfrac{W_{3n}}{w_{3n}}$	$\dfrac{W_{4n}}{w_{4n}}$	$\dfrac{W_{5n}}{w_{5n}}$
总分		T_1	T_2	T_3	T_4	T_5

　　将每个因素对各方案的评价等级 W 及分值 w 填入表中,最终求出各布置方案的各因素评价等级加权和，即

$$T_i = \sum_{j=1}^{n} a_j \cdot w_{ij} \tag{8.1}$$

式中　　n ——评价因素总数；

　　　　i ——方案序号，且 $i=1$，2，…，m；

　　　　m ——方案数目；

　　　　j ——评价因素序号，且 $j=1$，2，…，n；

　　　　a_j ——j 号评价因素加权值；

　　　　w_{ij} ——第 j 个因素对第 i 个方案的评价等级分值。

5. 确定最佳方案

　　一般认为某一方案得分高于其他方案 20%，则可确认为主选最佳方案。若比较方案得分比较相近，应对这些方案进行再评价，评价时增加一些因素，并对加权值和等级划分进行更细致的研究，还可以邀请更多的专业人员来参加评价。

　　对于最后选定的评价方案还应根据评级表中数据进行修正。

第三节　物流作业区的设计

　　在对配送中心各区域的功能分析后，进而需要做的工作就是各作业区域的设计。由于各区域的作业性质不同，要求的作业空间标准也不相同。在进行区域的面积设计时，除了计算

设备设施的基本使用面积外，还要计算操作活动、物料暂存空间和通道面积，同时，又要结合配送中心的实际和未来发展，对预留空间问题有所考虑。

一、通道设计

1. 考虑因素

通道的正确布置和宽度设计将直接影响物流效率。在规划布置通道时，一般首先设计通道位置和宽度。影响通道布置和宽度设计的因素有：通道形式，搬运设备的型号、尺寸、能力和旋转半径，储存货物尺寸，储存批量尺寸，储存区到进出口及装卸区的距离，防火墙位置，行列空间，服务区到设备的位置，地板负载能力，电梯、斜道位置以及出入方便性等。

2. 通道分类

配送中心的通道分为区间通道和库内通道两种。区间通道主要通行车辆和人员，要注意车辆回转和上下货位置，而库内通道包括以下几种：

（1）工作通道：这是物流仓储作业和出入库房作业的通道，其中有主要与辅助两种通道。主要通道是连接库房进出口和各作业区的通道，道路最宽；辅助通道是连接主要通道和各作业区的通道，一般平行或垂直于主要通道。

（2）员工通道：员工进出特殊区的人行道。

（3）电梯通道：出入电梯的通道，一般距主要通道约 3～4.5m。

（4）其他通道：这是公共设施、防火设备或紧急逃生所需要的进出道路。

3. 通道设计

库房通道布置：就一般配送中心的作业特性而言，采用穿过通道式，即主要通道穿过库房中央，这样可以方便取放作业。对于不同的储区，因其作业性质不同，其通道布置也采取外绕式等形式。

进行通道设计的顺序是：首先设计主要通道和出入库门的位置，然后设计作业区间的辅助通道，最后设计其他通道和参观通道。

通道宽度设计根据不同作业区域、人员或车辆行走速度、单位时间通行人数、搬运物品体积等因素而定。

表 8.4 所示为库房通道宽度参考值。

表 8.4　库房通道宽度参考值

通道种类或用途	宽度（m）	通道种类或用途	宽度（m）
穿过式主通道	3.5～6	侧面货叉型叉车	1.7～2
辅助通道	3	堆垛机（直线单行）	1.5～2
人行通道	0.75～1	堆垛机（直角转弯）	2～2.5
小型台车	车加宽 0.5～0.7	堆垛机（直角堆叠）	3.5～4
手动叉车	1.5～2.5	堆垛机	2～3
重型平衡叉车	3.5～4	（伸臂、跨立、转柱）	
伸长货叉叉车	2.5～3	堆垛机（转叉窄道）	1.6～2

二、进出货区设计

1. 进出货平台的宽度设计

进货时的物品一般要经过拆装、理货、检查与暂存等工序，才能进入后续作业。为此，在进出货平台上应留有一定的空间作为缓冲区。为了保证装卸货的顺利进行，进出货平台需要有连接设备相配合。而连接设备分为两种，一种为活动连接设备，需要宽度 $s=1\sim2.5$ m；另一种为固定连接设备，需要宽度 $s=1.5\sim3.5$ m。为使车辆及人员进出畅通，在暂存区与连接设备之间应有出入通道。图 8.6 所示为暂存区、连接设备和出入通道的布置形式及宽度设计图。

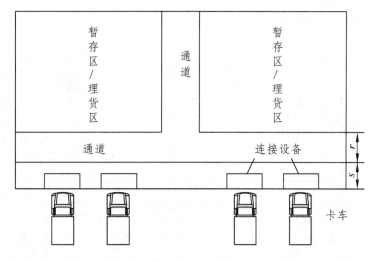

图 8.6 暂存区、连接设备和出入通道的布置形式及宽度设计图

若使用人力搬运，通道宽度 $r=2.5\sim4$ m。由此可见，进出货平台宽度 w 应为：

$$w=s+r \tag{8.2}$$

2. 进出货平台位置形式确定

进出货平台位置形式可根据作业性质、库房形式以及仓库内物流动线来决定。为使物品顺畅地进出仓库，进货平台与发货平台的相对位置是很重要的，两者位置将直接影响到进出货效率。两者位置关系有如下几种，如图 8.7 所示。

（1）进出货共同平台：这种形式可提高空间和设备利用率，但管理困难。特别是进出货高峰时间，容易造成进货与出货相互影响的不良效果。这种形式适合于进出货时间错开的仓库。

（2）进出货分开使用平台、两者相邻：这种设计方案使进出货空间分开，不会使进出货互相影响，但是空间利用率低。这种设计适用于厂房空间较大、进出货容易相互影响的仓库。

（3）进出货分别使用平台、两者不相邻：这是进出货作业完全独立的两个平台，不但空间分开而且设备利用率低，这种设计适用于厂房空间不足的情况。

（4）多个进出货平台：适用于进出货频繁且空间足够的仓库。

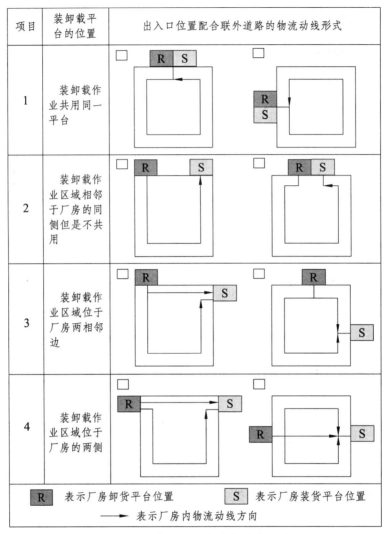

项目	装卸载平台的位置	出入口位置配合联外道路的物流动线形式	
1	装卸载作业共用同一平台		
2	装卸载作业区域相邻于厂房的同侧但是不共用		
3	装卸载作业区域位于厂房两相邻边		
4	装卸载作业区域位于厂房的两侧		

R 表示厂房卸货平台位置　　　S 表示厂房装货平台位置
—— 表示厂房内物流动线方向

图 8.7　进出货平台位置与动线形式

3. 进出货平台的设计形式

平台形式有锯齿形和直线形两种。锯齿形的优点在于车辆旋转纵深较浅，但缺点是占用仓库内部空间较大，如图 8.8（a）所示。直线形的优点在于占用仓库内部空间小，缺点是车辆旋转纵深较大，且需要较大外部空间，如图 8.8（b）所示。

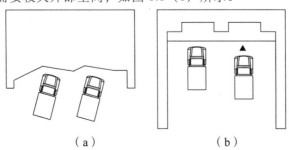

（a）　　　　　　　　　　（b）

图 8.8　进出货平台设计形式

究竟选用哪种形式的平台，可根据土地成本和建筑成本而定。如果土地费用远低于仓库造价时，选取直线形为最佳。

4. 停车平台设计形式

在设计进出货停车平台时，除考虑效率和空间之外，还应考虑安全问题。尤其是设计车辆和平台之间的连接部分时，必须考虑到如何防止大风吹入仓库内部和雨水进入仓库。此外，还应该避免库内空调的冷暖气外溢和能源损失。为此，停车平台有以下 3 种形式：

（1）内围式：把平台围在厂房内，进出车辆可直接入场装卸货。其优点在于安全，不怕风吹雨打及冷暖气泄漏，如图 8.9（a）所示。

（2）齐平式：平台与仓库侧边齐平。优点是整个月台仍在仓库内，可避免能源浪费。此种形式造价低，目前被广泛采用，如图 8.9（b）所示。

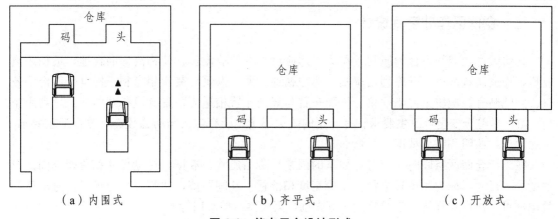

（a）内围式　　　　　　　（b）齐平式　　　　　　　（c）开放式

图 8.9　停车平台设计形式

（3）开放式：月台全部突出在厂房之外，月台上的货物完全没有遮掩，仓库内冷暖气容易泄漏，如图 8.7（c）所示。

5. 进货车位数计算

进货时间每天按 2 h 计算（设定值应根据实际调查分析得到）。根据配送中心的规模，设进货车台数 N 和卸货时间如表 8.5 所示。

表 8.5　进货车台数和卸货时间

进货车台数（辆）				卸货时间（min）			
	11 t 车	4 t 车	2 t 车		11 t 车	4 t 车	2 t 车
托盘进货	N_1	N_2	—	托盘进货	20	10	—
散装进货	N_3	N_4	N_5	散装进货	60	30	20

设进货峰值系数为 1.5，要求在 2 h 内必须将进货车卸货完毕，所需车位数为 n，则

$$n = \frac{(20 \times N_1 + 10 \times N_2 + 60 \times N_3 + 30 \times N_4 + 20 \times N_5) \times 1.5}{60 \times 2} \tag{8.3}$$

6. 进货大厅的计算

设每个车位宽度为 4 m，进货大厅共有 n 个车位，则进货大厅长度 $L = n \times 4$ m（见图 8.10）。设进货大厅宽度为 3.5 m，则进货大厅总面积：

$$A = L \times 3.5 \text{ m} \tag{8.4}$$

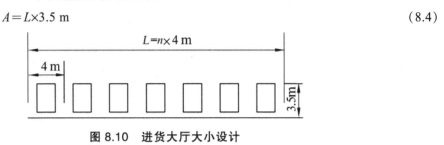

图 8.10　进货大厅大小设计

三、仓储区作业空间设计

仓储区作业空间设计的原则，首先是适应储存的作业流程，使物流方向合理、运输距离最短、作业次数最少、仓库利用率高、运输畅通、便于保管。其次是有利于提高仓库经济效益，因地制宜，减少土方工程量，平面布置与竖向布置相适应，发挥设备效能，合理利用空间。第三是符合安全、卫生要求，有一定的防火通道，设有防火与防盗设施，符合卫生要求，考虑通风、照明和绿化情况。

在设计仓储区空间时，应考虑如下的因素：货品尺寸、数量、托盘尺寸和货架空间，设备型号、尺寸、能力和旋转半径，走廊宽度和位置，柱间距离、建筑尺寸与形式，进出货及搬运位置，补货或服务设施的位置（防火墙、灭火器、排水口等）。总之，不论仓储区如何布置，应先求出存货所占空间大小、货品尺寸及数量、堆放方式、托盘尺寸和货架储位空间。

1. 托盘平置堆放

当大量发货时，以把托盘放在地板上平置堆放为宜，如图 8.11 所示。此时应考虑托盘数量、尺寸和通道。设托盘尺寸为 $p \times p$，通过货品尺寸和托盘尺寸计算每个托盘平均可堆放 N 箱货品。若平均存货量为 Q，则托盘占地面积 D 为：

$$D = \frac{Q}{N}(p \times p) \tag{8.5}$$

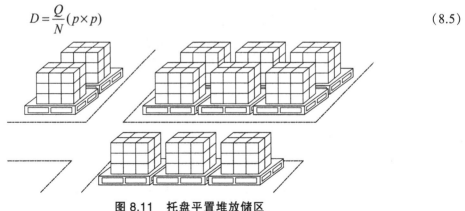

图 8.11　托盘平置堆放储区

在考虑实际仓储所需空间时，还应考虑到高层叉车存取作业所需空间。此外，中枢型通道约占全部面积的 30%～35%。为此，实际仓储所需空间 A 计算如下：

$$A = \frac{D}{(1-35\%)} \approx 1.54D \tag{8.6}$$

2. 料筐就地堆放

设料筐尺寸为 $p \times p$，由货品尺寸和料框尺寸算出每个托盘平均可堆放 N 箱货品，料筐在仓储中可堆放 L 层，平均存货量 Q，则料筐占地面积 D 为：

$$D = \frac{Q}{L \times N}(p \times p) \tag{8.7}$$

当计算实际仓储所需空间时，还要考虑到高层叉车存取作业所需空间，采用一般的中枢形通道，则通道约占全部面积的 35%～40%，所以实际仓储所需面积 A 为：

$$A = \frac{D}{(1-40\%)} \approx 1.67D \tag{8.8}$$

3. 托盘货架储存

当使用托盘货架储存物品时，计算存货占地面积，除了考虑货品尺寸和数量、托盘尺寸、货架形式和层数之外，还要考虑相应通道空间。设货架为 L 层，每个托盘可堆放 N 箱货物，平均存货量为 Q，则存货需要的占地托盘数 P 为：

$$P = \frac{Q}{L \times N} \tag{8.9}$$

由于货架具有区块特性，即每个区块由两排货架和通道组成，所以实际仓储区空间包括存取通道和仓库区块空间（由托盘占地空间换算）。在计算货架的货位空间时，应以一个货位为计算基础。一般一个货位可存放两个托盘或一个托盘，现在以存放两个托盘为例加以说明。图 8.12 所示为货位空间计算图。

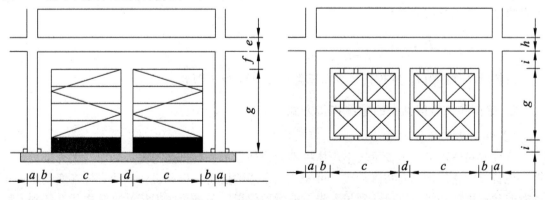

图 8.12　托盘平置堆放储区面积计算

图 8.12 中，a 为货架柱宽、b 为托盘与货架间隙、c 为托盘宽度、d 为托盘间隙、e 为托盘梁架高度、f 为托盘堆放高度与货架横梁间隙、g 为托盘堆放高度（含托盘厚度）、i 为托盘堆放前后深度间隙、h 为托盘架中梁柱宽，则货架单位宽度：

$$P_1 = c + 2i + h/2 \tag{8.10}$$

货架单位长度：

$$P_2 = a + 2b + 2c + d \tag{8.11}$$

设区块货位列数为 Z，叉车直角存取通道宽为 W_1，储区区块侧向通道宽为 W_2，仓储区的区块数为 B，则每一区块占地面积 A 为：

$$A = (2P_1 + W_1) \times (ZP_2 + W_2) \tag{8.12}$$

$$B = \frac{P}{2 \times 2Z} \tag{8.13}$$

当求得仓储区区块数 B 和每区块面积 A 之后，则可求出仓储区全部面积 S，即：

$$S = A \times B \tag{8.14}$$

每个区块内货格所占面积为 $2Z \times P_1 \times P_2$。

四、拣货区作业形式设计

拣货作业是配送中心内最重要的工作。如能选择最佳拣货方式，必将提高整个配送中心的效率，这也是拣货区空间设计的关键所在。常见的拣货方式如下：

1. 储存和拣货区共用托盘货架的拣货方式

体积大、发货量也大的物品适合这种模式。一般是托盘货架第一层（地面层）为拣货区，第二层和第二层以上为库存区。当拣货结束后再由库存区向拣货区补货。

在空间计算时，首先考虑拣货区的货物品项总数，因为品项数的多少将影响地面上的托盘空间。实际空间多少取决于品项总数和库存量所需的托盘数。为此，库存空间应适当放大，一般放大 1.3 倍为宜。

因为实际库存单位为托盘单位，所以，不足一个托盘的品项仍按一个托盘来计算。设平均库存量为 Q，平均每个托盘堆放货品箱数为 N，堆放层数为 L，库存空间放大倍数为 1.3，则存货区每层托盘数 P 为：

$$P = 1.3 \times \frac{Q}{N(L-1)} \tag{8.15}$$

设拣货品项数为 I，则拣货区所需托盘数为 $\max(I, P)$。

2. 储存和拣货区共用的零星拣货方式

1）流动货架拣货方式

这种方式适用于进出货量较小、体积不大或外形不规则货品的拣货工作。因为进货、保管、拣货、发货都是单向物流动线，可配合入出库的输送机作业。让流动货架来实现储存和拣货的动态管理功能，可以达到先入先出的管理效果。在进货区把货品直接由货车卸到入库输送机上，入库输送机自动把货品送到储存和拣货区，这种方式的拣货效率较高。拣取完的货物立即被置于出库输送机上，自动把货品送到发货区。

拣取单位可分为箱货拣和单品货拣两种形式。拣货方式可配合加贴条形码标签作业进行输送带的分类作业。单品拣货还可以进行拆卸作业，并可利用储运箱为拣货用户的装载单位进行集货，再通过输送带分送给发货区，当然储运箱应具有如条形码、发货单卡等之类的识别功能。

流动货架的优点在于：仅在拣货区通道上行走便可方便拣货，使用出库输送机提高效率，出入库输送机分开可同时进行出入库作业。图 8.13 所示为单列流动货架拣货方式。

对于规模较大的配送中心可采用多列流动货架进行平行作业。然后，再用合流输送机将各线拣选货物集中。如图 8.14 所示为多列流动货架拣货方式。

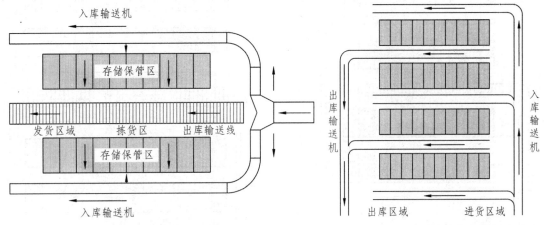

图 8.13　单列流动货架拣货方式　　　　图 8.14　多列流动货架拣货方式

2）一般货架拣货方式

单面开放式货架进行拣货作业，入库和出库是在同一侧。因此，可共用一条入库输送机来进行补货和拣货作业。虽然节省空间，但是必须注意入库和出库的时间必须错开，以免造成作业混乱。如图 8.15 所示为单面开放式货架的拣货方式。

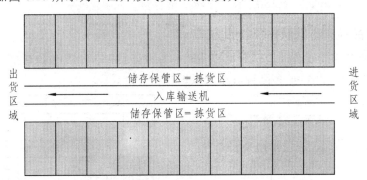

图 8.15　单面开放式货架的拣货方式

3）积层式货架拣货方式

采取积层式货架拣货方式拣货，作业时，拣取位置不宜超过 1.8m，否则操作困难。如利用有限空间进行大量拣货作业，可用积层式货架拣货。下层为大型重货架，为箱拣取；上层为小型轻物品，用于单品拣取。这样可充分利用仓储空间。

3. 储存和拣货区分开的零星拣货方式

这种方式的特点是储存与拣货区不在同一个货架，要通过补货作业把货品由库存区送到拣货区。此种方式适合于进出货量中等的情况。图 8.16 所示为储存和拣货区分开的零星拣货方式。

如果是多品种、小批量的单品发货方式，则可在拣货区的出库输送机两侧增设无动力拣货输送机，如图 8.17 所示。这种方式的优点是拣货员拣取货物是利用输送机，一边推着空储运箱一边按拣货单依箭头方向在流动货架前边走边拣货。当拣货完毕便把储运箱移到动力运输机上。这种方式工作方便、效率较高。

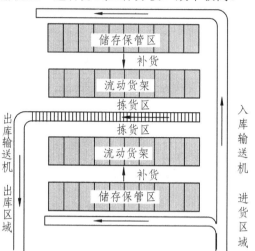

图 8.16　储存与拣货区分开的零星拣货方式

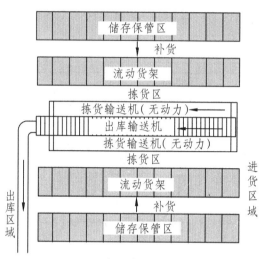

图 8.17　有动力/无动力输送机的拣货方式

4. 分段拣货的少量拣货方式

当拣货区内拣货品项过多时，使得流动货架的拣货路线很长，则可考虑接力棒式的分段拣货方式。如果订单品项分布都落在同一分区中，则可跳过其他分区，缩短拣货行走距离、避免绕行整个拣货区。如图 8.18 所示为分段拣货补货方式。

5. U 形多品种、小批量拣货补货方式

为减少拣货人员或要兼顾输送机两侧货架的拣取作业时，可采用 U 形拣货路径和输送机方式。如图 8.19 所示为 U 形多品种、小批量拣货补货方式。

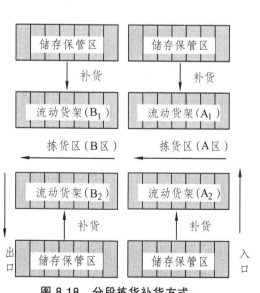

图 8.18　分段拣货补货方式

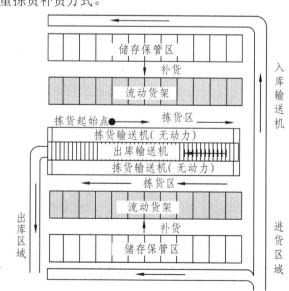

图 8.19　U 形多品种、小批量拣货补货方式

五、集货区的设计

在配送中心中，当物品经过拣取出库后再进行集货、清点、检查和准备装车等作业时，由于拣货方式和装载容器的单位不同，在发货前的暂存和准备工作需要有一定的集货空间。各种集货作业的拣货类型如下：

1. 单一订单拣取

以单一订单用户为单元，拣取后的发货单位可能是储运箱、笼车、台车或托盘。集货区以此为单位设计暂存区以待发货。

2. 订单分区拣取

以单一订单用户为主，根据拣货单把储存区分成几个区，拣取之后的发货单元可能同时包括储运箱、笼车或托盘等组合。为此，可能有另外的装拼、组合或贴标、注记等工作。这样有利于装车送货员识别不同用户的物品。这种方式要求较大的集货空间。在设计时可分为主要用户和次要用户的集货区。

3. 订单批量拣取

这是多张订单批量拣取的服务方式，这种方式在拣取后需要分类作业。为此需要有分类输送设备或者人工分类的作业空间。

（1）分类输送设备。当发货量大、品项包装或装载类型相似时，可采用分类输送设备。按批量拣取的货品再按用户分类后，组成发货单元，发货单元可能是以单品为主，也可能是以箱为主。最后在合并点把发货单元装在储运笼车或托盘等负载装置上。这种集货区空间设计与单一订单拣取方式相同。

（2）人工分类。人工分类适合于发货的用户少，且货品种类及物性变化较人的物品。拣取货品以单品为主，经过批量拣取后再进行人工分类，并按车次在发货暂存区进行合并。为此，需要有行走通道和发货平台前的暂存空间。

集货区货位设计，一般以发往地区为货区单位进行堆放，同时考虑发货装载顺序和动线畅通性，在空间条件允许的情况下以单排为宜。否则，可能造成装车时在集货区查找货物比较困难，以至于影响搬运工作，降低装载作业效率。

另外，在规划集货区空间时，还要考虑每天平均发货订单、发货车次和出车路线，以及每天拣货和出车工作时序安排等因素。例如，有的工作是一天发货两次或夜间发货，拣货时段则在白天上班时间完成，在不同发车时序要求下需要集货空间配合工作，方便车辆到达配送中心立即可以进行货物清点和装载作业，减少车辆等待时间。

有时也可以把集货区和发货暂存区放在一起，但是发货暂存区的空间常作装载之用。如果拣取出的货物需要等待较长时间才能装车，则有必要把发货平台和发货暂存区分开。

第四节　物流设备的选用

一、进货系统

在进货作业时，首先考虑货态要素；其次要考虑进货品的体积，以便决定接受货物的方式和设备，即所进货物是否是托盘品、箱装品（货车散装品）、袋装品和简易包装品；第三要考虑接进货物后的工作，如暂时存放、托盘化、分类化（按品种分类或按出货方面分类）。根据这些作业性质，决定所使用的设备，如叉车、输送机（托盘输送机、箱用输送机）、垂直搬运机、手推车和自动导引台车等。

1. 托盘品

对于进货量大、物品大的情况，选用设备为叉车，进货后的作业为暂存、直接堆放或存入托盘货架；也可选用叉车与自动导引台车，其进货后的作业为暂存或存入自动仓库。

对于进货量大、物品小的情况，选用设备为叉车与自动导引台车，其进货后的作业为暂存、直接堆放或自动仓库。

2. 箱装品

对于进货量大、物品大的情况，选用设备为叉车，其进货后的作业为暂存、直接堆放或存入货架；也可选用叉车与自动导引台车，其进货后的作业为存入自动仓库。

对于进货量大、物品中的情况，选用设备为叉车与输送机，其进货后的作业为存入箱式货架。

对于进货量中、物品小的情况，选用设备为输送机，其进货后的作业为箱货架或流动货架。也可选用叉车，其进货后的作业为存入流动托盘货架。

对于进货量小、物品大的情况，选用设备为手推台车，其进货后的作业为存入箱式货架。

对于进货量小、物品小的情况，选用设备为手推台车，其进货后的作业为存入箱式货架。

3. 袋装品

对于进货量大、物品小的情况，选用设备为叉车与自动导引台车，其收货后的作业为流动托盘货架。也可选用输送机、自动托盘与托盘输送机。

对于进货量大、物品中的情况，选用设备为托盘与叉车，其进货后的作业为存入托盘货架。

对于进货量小、物品中的情况，选用设备为叉车与手推搬送，其进货后的作业为存入箱货架。

4. 简易包装品

对于进货量大、物品小的情况，选用设备为叉车、输送机与托盘，其进货后的作业为存入托盘货架。

二、储存系统

决定储存作业的主要因素是保管量、保管物品数、出库频率和货态。按货态整理成储存系统。

结合储存需要及设备特性，一般储存形式如下：

（1）少品种、大批量采用地板堆积储存和自动仓库。

（2）多品种、小批量采用托盘货架储存。

（3）大批量、不可堆积物采用驶入式货架。

（4）大批量、小体积或小批量货物采用棚架或储物柜。

按储存形态不同可细分如下：

1. 托　盘

对于频率高、件数多和范围较大的情况，其保管标准为单元型自动仓库。堆垛机台数与货位平衡是系统平衡的重点。

对于频率高和件数少的情况，其保管标准为：范围大，直接堆放；范围中，紧凑仓库；范围小，输送线暂存。

对于频度中、件数中和范围中的情况，其保管标准为单元型自动仓库与托盘货架。

对于频度低、范围大或中的情况，其保管标准为托盘货架。

对于频度低、件数少和范围小的情况，其保管标准为地面直接堆放。

2. 箱保管

对于频度高、件数多和范围大的情况，其保管标准为流动箱货架与托盘保管交替进行。

对于频度高、件数多和范围小的情况，其保管标准为箱货架。

对于频度高、件数少和范围大的情况，其保管标准为流动箱货架。

对于频度高、件数少和范围小的情况，其保管标准为输送线储存。

对于频度低、件数少和范围大的情况，其保管标准为流动箱货架。

对于频度较低、件数多和范围小的情况，其保管标准为箱货架。

3. 袋　装

大多被装入托盘保管，单体保管较少。

三、拣选与出库系统

对于出库、拣选作业可分为集合出库系统和单订单拣选系统。集合出库是在订货截止时把一天中存在计算机中的订单按每种商品汇总起来，按一批或分批方式出库，然后再进行分类作业。单订单拣选是按每个订单拣选出库。由于在一处只有一种或几种货品，所以这种方式又称为"传票出库或标签出库法"。图 8.20 所示为集合出库与单订单拣选的作业过程。

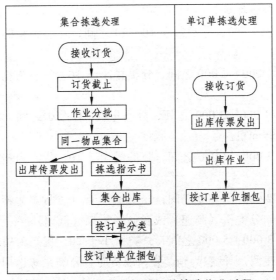

图 8.20　集合出库与单订单拣选作业过程

采用单订单拣选还是集合出库拣选主要取决于实际需要的作业效率，即单位时间处理的订单数。当然还要考虑订单数和处理物品数、一份订单的物品数，以及一份订单的物品量等因素。

订单拣取设备包括一般型订单拣取设备和自动化订单拣取设备等。一般地，拣货区和库存区分区存放，再由库存区补货到拣货区；也有把拣货区和库存区规划在同一个区，但以分层方式处理。此时，在不同的拣货要求条件下，所需要的拣货区保管设备和拣货台车等搬运设备，因按各订单拣取和批量拣取而有差异，为此应加以分析后确定。

当拣货区和仓储区分区规划时，作业方式为由仓储区补货到拣货区，其拣货量为中等水平，发货频率较高。这种情况适用于零散发货和拆箱拣货。

当拣货区和仓储区在同一区而分层规划时，作业方式为由上层仓储区补货到下层拣货区，其拣货量大，发货频率为中等。这种情况适用于整箱发货。

当拣货区和仓储区在同一区时，没有另设仓储区，直接在储位上拣货，其拣货量较小，发货频率较低。这种情况适用于少量的零星发货。

四、分类作业系统

影响发货分类系统的有单位时间的分类量、分类容量和货态等因素。通过对各因素进行综合分析后，来决定发货分类系统。

单位时间的分类量是用一天的发货数量除以实际工作时间。例如，一天发货数为 20 000 个，实际发货分类时间为 7 h，则单位时间分类量为 20 000 个/7 h ≈ 2 857 个/h。

分类容量的大小取决于发货方面数、配送的用户数、发货物种类和每天作业批数等。

因为货态有装箱物品、袋装物品、长尺寸物品和散装物品之分，所以分类方法与分类手段也不一样。要求分类系统省人化、省力化、占地面积小、分类精度高和效率高。

各种情况的分类系统的作业方式或选用设备介绍如下：

（1）对于单分量小于 1 000，分类量小于 10，货态为箱的情况，分类系统作业方式为人工从输送机上卸下，并分到托盘。

（2）对于单分量小于 1 000，分类量在 10～20 之间，货态为箱的情况，分类系统选用简单辊子输送机。

（3）对于单分量在 1 000～2 000 之间，分类量小于 10，货态为箱的情况，分类系统选用简单辊子输送机。

（4）对于单分量在 1 000～3 000 之间，分类量在 10～20 之间，货态为箱或袋的情况，分类系统选用输送带与转向机。

（5）对于单分量在 2 000～3 000 之间，分类量大于 10，货态为箱的情况，分类系统选用辊子输送机。

（6）对于单分量在 2 000～3 000 之间，分类量大于 10，货态为箱、袋、散货的情况，分类系统选用输送带与转向分类机（高速）或者倾斜货架（低速）。

（7）对于单分量在 3 000～5 000 之间，分类量小于 20，货态为箱的情况，分类系统选用输送带（回旋上浮式高速型）；货态为箱、袋、散货时，分类系统选用倾斜货箱（标准型）与自动分类机。

（8）对于单分量在 5 000～7 000 之间，分类量大于 10，货态为箱的情况，分类系统选用倾斜货箱（高速型）与自动机。

（9）对于单分量在 7 000～10 000 之间，分类量大于 10，货态为箱的情况，分类系统选用高速输送带与自动机。

五、发货储存及发货系统

影响发货储存系统的因素有：储存货态、分类发货时间、发货时间偏差、发货储存量、发货的方面数以及省人化效果。

发货储存及发货系统的作业方式与选用设备如下：

（1）对于储存量少（大约 100～200 箱）、发货方面少（10 方面以下）、出库与发货时间一致时，选用箱输送机储存。

（2）对于托盘发货（从输送机上用叉车或装载机将托盘装在卡车上）的情况，选用托盘输送机储存。

（3）对于发货方面小于 20、发货储存量为 500～600（不省人力）、发货与分类时间要求不高的情况，选用托盘直接堆放。

（4）对于发货方面在 30～50 之间、发货储存量小于 300（省人力）、发货与分类时间要求不高的情况，选用托盘货架。

（5）对于发货储存量在 500～1 000 之间、发货与分类时间偏差较大，并且用托盘储存发货时，选用自动仓库保管。

（6）对于发货方面在 50～60 之间、发货储存量由少到多、出库与发货时间偏差较多，并且用台车发货时，选用台车保管。

第五节 配送中心信息系统的设计

一、配送中心信息系统的开发过程

1. 计 划

确定要开发系统的目标，给出系统的功能、性能、可靠性，以及所需的接口方面的设想。完成该项软件的可行性分析，探讨解决问题的方案，并且对可供使用的资源（如计算机硬件、软件、人力等）、成本、可取得的效益和开发的进度做出估计。制订完成开发任务的实施计划。

2. 需求分析

需求分析主要是对开发的软件进行详细的调查和分析，充分理解用户的需求，确定哪些需求是可以满足的，说明这些需求的逻辑结构，并加以确切地描述。写出软件需求说明书或功能说明书及初步的系统用户手册。

这一阶段主要包括物流信息需求分析和物流技术需求分析两个过程。

1）物流信息需求分析

物流信息系统的参与者有：① 物流需求者，如生产企业、贸易商、批发商、零售商以及个人消费者等；② 物流服务企业，包括提供完整或部分物流服务的第三方物流服务企业、储运企业、代理企业等；③ 政府有关部门，如交通、贸易、工商、税务等部门；④金融、保险等物流服务支撑企业。

构筑物流信息平台不在于如何搭建一个大的基础框架和设施，而在于如何通过信息平台的运作来促进物流过程的最优实现，也就是说在尽可能的条件下充分满足用户的物流需求。物流信息需求源于产品的物流需求，从这个角度来看，对于物流信息的需求分析，就应着眼于物流供应过程中需要提供物流服务的产品类型。

2）物流技术需求分析

物流信息平台的构筑和实施必须依靠相应的信息技术来实施，通信技术和通讯设施的发展为这一实施提供了可能。目前，已在物流领域得到了广泛应用的技术主要包括电子数据交换（EDI）、人工智能和专家系统、互联网以及条形码技术等。

（1）电子数据交换。它是指按照同一规定的一套通用标准格式，将标准的经济信息通过通信网络传输，在贸易伙伴的电子计算机系统之间进行数据交换和自动处理。电子数据交换技术将传统的通过邮件、快递或传真的方法来进行两个组织之间的信息交流，转化为用电子数据来实现两个组织之间的信息交换。通过电子数据交换，使信息传递速度大大高于传统的方法，实现了不同企业之间信息的适时传递。

（2）人工智能和专家系统。它是一个有助于物流管理的、以信息为基础的技术，该技术在物流企业中得到广泛的应用。利用专用软件，物流企业可以在承运人选择、国际营销和物流、存货管理以及在信息系统设计等方面进行应用，使物流决策更加迅速、科学。

（3）互联网技术。目前互联网技术已经在各个领域得到了充分的利用，能够突破空间差距实现资源和信息的共享。此外，通过建立局域网和广域网，借助服务器和通信网络，实现数据的一体化和共享，极大地提高了物流运作决策的有效性和灵活性。

（4）条形码技术。条形码技术是近几年发展起来的信息处理和识别技术，它提供了一种对物流中的物品进行标志和描述的方法。它能将物流对象的有关信息通过条形码的方式记录下来，形成各种货物有别的"身份证"，再利用扫描仪对条形码的扫描，可准确识别物流对象的信息。不论是在储存、搬运、销售或是配送过程中，通过条形码技术能够快速提高物流效率和准确性。

3. 软件设计

设计是软件工程的技术核心，其基本任务是将用户要求转换成一个具体的软件系统的设计方案。该阶段包括概要设计（或称总体设计）、详细设计等步骤，每一步骤考虑的详细程度有所不同。概要设计是在软件需求说明书的基础上建立软件的系统结构，包括数据结构和模块结构。首先明确模块结构中每个模块的意义且和用户需求相对应，进而进行详细设计，对每个模块进行具体的描述，确定模块的功能、接口和实现方法，为程序编写打下基础。所有设计中的考虑都应以设计说明书的形式加以详细描述。配送中心信息系统的设计可从不同的角度进行：

1）数据库设计

数据库设计是配送中心信息系统设计中很重要的部分，将影响到系统以后数据的质量、数据库的可扩展性和数据运行的效益等。设计又分为逻辑结构和物理结构两个部分。

逻辑结构是系统处理事件的数据之间的关系、分类和结构。这种结构是从用户的角度来看待数据,是面向用户的。逻辑结构的设计影响到数据库的冗余程度及可扩展性。物理结构是数据在储存设备(如磁带机、硬盘等硬件设施)上的分布,是面向机器的。物理结构的设计将对数据的储存速度、效率、数据的可恢复性产生影响。

关系型数据库是目前广泛应用于管理信息系统开发的一种数据库。关系型数据库通过建立数据之间的关系来减少数据的冗余,减少对数据的操作,从而减少误操作,提高效率。关系型数据库可通过建立数据的关系将物流过程的各个环节的数据整合起来。关系型数据库是由许多表格作为基础的,每一个表格代表某一组独立的、可以描述某一事物的不重复的信息,数据库的设计需符合低冗余度、结构清晰、易于管理的原则。冗余度是指同样的信息在不同的表格中储存多次或将不必要的信息储存。

2)窗体与报表设计

窗体与报表是系统与用户进行信息输入与输出的界面。窗体与报表的设计是以强大的数据库作为支撑的。对窗体与报表进行设计时,可根据用户部门功能的划分对窗体与报表进行归类,窗体与报表应尽量包含用户所需的内容和功能,界面设计要做到简洁明了和美观,菜单的提示问答要直观并可提供帮助功能。

3)运算过程及逻辑功能设计

运算过程及逻辑功能是为减少人工运算和实施数据的进出控制而进行的设计模块。模块化的设计使程序设计更为方便。

4)网络及通信设计

网络结构与通信方式关系着网络通信的速度、效益和成本。局域网将企业本地的数据库、打印机和传真机等资源连接起来。广域网将企业跨地区的子公司以及供应链上的各个环节连接起来,达到资源共享和节约成本的目的。网络设计的硬件配置、布局规划、数据传输方式的设置,会对网络的安装、维护、成本、数据安全性和传输数据的质量产生影响。

4. 程序编写

把软件设计转换成为计算机可以接受的程序,即写成以某一程序设计语言表示的"源程序清单"。这步工作也称为编码,写出来的程序应该是结构良好、清晰、易读,且与设计相一致的。

5. 系统测试

系统测试是保证软件质量的重要手段,其任务是发现并排除错误,它通常又可分为单元测试(或称模块测试)、组装测试和确认测试等步骤。测试最好由另一个独立的部门(其人员不参加该软件系统的设计和编写)来完成,这样可以提高测试的效率。经过测试修改就得到了可运行的软件系统,交付用户使用。整个测试过程都要记录在测试分析报告中。

6. 系统运行与维护

已交付的软件投入正式使用后,便进入了运行阶段。在运行阶段,需要对软件系统进行修改,其原因可能有:① 运行中发现错误需要修正;② 为了适应变化了的软件工作环境,需作适当变更;③ 为了增强软件功能需作变更。每一项维护活动都应该准确记录下来,作为正式的文档资料加以保存。

二、配送中心信息系统的功能设计

在配送中心的设计中，信息系统设计自始至终贯穿着配送中心整个设计的全过程。就现代化配送中心而言，信息系统的功能不再是只处理作业信息，而是进一步向业绩管理和决策支持分析的高层次发展。为此，在设计配送中心信息功能框架时，至少应包括采购进货系统、销售发货管理系统、库存管理系统、财务会计系统、运营业绩管理系统、决策支持系统和信息采集发布系统等 7 个单元。图 8.21 所示为配送中心信息系统功能子系统。

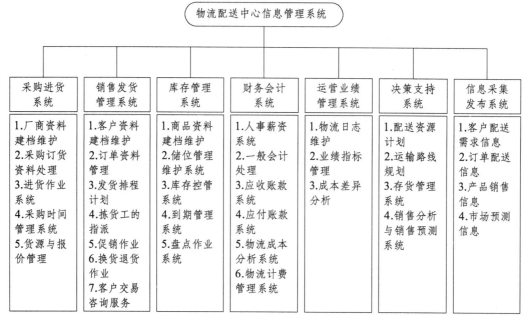

图 8.21　配送中心信息系统功能子系统

1. 采购进货系统

配送中心接受订单后，需向供货厂商或制造厂商订购商品。采购进货是配送中心实际物流的起点，必须自采购单发出开始，随时掌握到货信息。要求掌握的信息有：

（1）厂商资料档案：包括供货厂商的基本资料、交易形态（如买断、代理、委托配送等）、交货方式、交货时间等。

（2）采购订货资料：以采购作业的预定交货资料为主，包括商品规格数量、预定交货日期等基本资料，另外须特别注意交货前置时间、最小订货单位等项目。

（3）进货作业系统：除了基本进货验收与稽核外，须考虑是否有进一步的管理需求，如制造日期及到期日的核对、入库堆垛托盘标准建议、进货标签处理等，另外须考虑实际进货品项、数量、日期等信息与预定交货信息的差异及调整。

（4）采购时间管理系统：须对采购物品交货时间与预定交货期的准确性进行管理，并适时修正采购前置时间，并加入采购点预警建议功能。

（5）货源与报价管理：对于货品取得货源、替代品及厂商报价等记录作定期维护管理。

2. 销售发货管理系统

要求提供完整精确的发货信息，以供发货作业之用，并及时向业务员、产品计划、储运经理及用户提供发货信息。为此，要求系统功能有：

（1）用户资料建档：根据地理和交通路线特性对用户进行配送区域分类。根据用户所在地点及交通限制，决定选派适合用户的配送车辆的类型。说明用户的建筑环境（如地下室，高楼层）和设施不足造成卸货困难的特点。有无收货时间的特别要求。

（2）订单资料处理：在订单资料输入计算机之后，如何有效地汇总和分类，是拣货作业和派车的关键。如预定送货日期管理。在订单状态的管理中，一旦订单进入配送中心，其处理状态将一直随着作业流程而移动。订单处理分为输入、确认、汇总、发货指令、拣货、装车、用户验收签字和完成确认等步骤。订单汇总按不同的作业要求分为单一订单处理、按用户路线特性分批处理、按配送区域或路线分批处理、按流通加工要求分批处理、按车辆型号分批处理和批量拣货条件下分批处理。

（3）发货排程计划：以用户要求送货日期为主进行核对库存量、拣货及配送作业。

（4）指派拣货程序：安排拣货并打印拣货单和发货单。

3. 库存管理系统

库存管理系统包括如下内容：

（1）物品资料建档：建立物品基本资料，如包装特性、包装规格、储存环境需求特性、进货有效周期等信息。

（2）储位管理维护系统：根据储区及储位的配置，记录储位储存内容、储存单位及相对位置等信息，并配合商品品项差异作维护调整。

（3）库存控管系统：一般的系统应做到进、销、库存数据处理及所有进出库记录处理。进一步则可考虑做到商品库存的动态管理，包括在库量、订单保留量、在途量、可用库存量等商品的动态管理。

（4）到期管理系统：包括对产品进货日期及出货有效周期的管理，物品先进先出作业的管制，并对已过期或即将到期产品进行分析及处理。

（5）盘点作业系统：包括库存冻结作业、盘点窗体打印、盘点资料输入处理、盘差分析、盘点盈亏调整及库存解冻作业等。

4. 财务会计系统

财务会计系统包括如下内容：

（1）人事薪资系统：包括人事资料建档、薪资统计、薪资单打印、银行计算机转账等项目。

（2）一般会计处理：经由采购进货、销货出货、库存等系统，将相关进出货资料转入此系统，并制作会计总账、分类账及各类财务报表，并考虑加入现金管理、支票管理等功能。

（3）应收账款系统：主要将订单资料配合出货资料转成应收账款系统，并加入已收款项统计、到期日管理、催收管理、客户信用记录分析等功能。

（4）应付账款系统：主要将采购资料配合进货资料转成应付账款系统，并配合已付款项统计、到期日管理等功能。

（5）物流成本分析系统：在现代化的配送中心中除一般财务会计系统功能外，尤应加强对成本分析的功能，包括：

① 物流作业定量分析：将物流作业量进一步整理分析，包括入库作业人数、入库量、出库作业人数、出库量等作业信息收集分析，以作为成本分析基础。

　　② 科目分类：可依会计科目别、作业阶段别、商品别及订单别，进行不同分摊基础下的成本指针分析，以找出不同指针下的物流成本。

　　③ 物流直接费用分析：从财务会计的相关科目中找出与物流量有直接相关的费用科目，如输送费、包装费、保管费等，以掌握各阶段的主要物流成本。

　　(6) 物流计费管理系统：考虑物流成本及市场接受度，配合物流成本分析系统，快速且准确地提供客户计费账单。主要用于本身没有进行商品买卖的专业型物流业者，包括仓储保管费、配送处理费、运输费用等，并依客户别、区域别、订购量别、出货单位、紧急出货等不同层级之计费水准，建立适用于各类客户需求的计费标准，并作定期的更新及维护。

5. 营运绩效管理系统

　　由各项系统取得分析资料，再配合相关外部信息及参考数据，以找出可供经营管理者参考的管理指针。该系统功能包括：

　　(1) 物流日志维护：定义配送中心内主要作业区域，将每一物流作业区货物进出量、时间、作业人数及每一天订单完成状态、完成率、错误率等信息作收集及管理。

　　(2) 绩效指标管理：透过各项营运数值分析指标的建立，定期收集各项营运数据，做成各项营运绩效的比较分析，如订单延迟率、退货率、缺货率、拣误率、存货周转率等。

　　(3) 成本差异分析：配送中心在经营管理上除可分析各项作业成本外，亦可依历史资料配合作业程序的分析，制订物流作业标准成本，再于各项支出费用实际发生后，定期进行成本差异分析及检讨，以加强对物流成本的控制与管理。

6. 决策支持系统

　　为使现代化配送中心具有策略性的竞争力，成为经营策略分析工具的决策支持系统应该具备以下功能：

　　(1) 配送资源计划：在配送中心配送及接单过程中，应对库存量、人员、设备和运输车辆等资源进行确认。必须掌握人员数、车型、载重量、各车的可调度时间和车辆运输时间等信息，从而进行有效的调度，实现最佳决策支援。

　　(2) 运输路线规划：根据用户要求的送货时间、地区位置、卸货条件、车辆型号、配送中心位置、交通路线和各时段交通状况等因素，进行配送车辆指派和运输路线的规划。

　　(3) 存货管理系统：要求这个系统以降低库存量为目标，分析制订最佳订货时点，安全库存量水平和库存周转率，缩短交货的前置时间，分类分项管理物品。

　　(4) 销售分析与预测系统：分析订单增长趋势和季节变化趋势，并对用户的地区、阶层和订购习惯等进行销售分析。此外，还要对未来的需求变化、库存需求、物流成本和投资成本等作预测分析，从而向经营管理者提供决策用的参考信息。

7. 信息采集发布系统

　　信息采集发布系统的主要功能有：

　　(1) 客户配送需求信息：配送中心信息系统客户端录入客户配送需求信息，并在配送中心内部网上进行发布，以及时满足客户配送需求。

　　(2) 订单配送信息：主要包括配送中心每日订单获取和处理情况，仍然是在信息系统客户端录入、发布，从中可以看出订单处理的及时率和订单处理准确率。

（3）产品销售信息：主要包括配送中心入驻商家的产品销售量，这不仅可以为商家提供有力的依据，提高市场竞争力，还可以为配送中心以后的发展提供依据。

（4）市场预测信息：及时追踪市场动态，对未来市场需求进行预测，通过信息中心将相关信息发布在配送中心内部网上。

根据对配送中心的作业流程的规划、设备选用和信息系统功能的确定，可以建立一个如图 8.22 所示的配送中心的信息系统框架图。

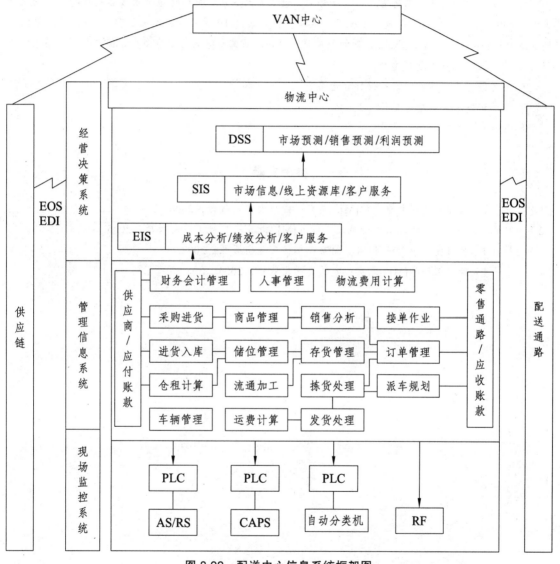

图 8.22　配送中心信息系统框架图

注　释

[1]　系统布置设计法（System Layout Planning，简称 SLP），由查德·缪瑟提出，该方法提出了作业单位相互关系密切程度的表示方法，使工厂平面布置设计由定性阶段发展到定量阶段。

思 考 题

1. 配送中心的分类标准有哪些? 从处理物流行业类别来看, 有哪些类型?

2. 请简要叙述流程式布置法的基本程序。

3. 简述通道设计考虑的因素和通道分类。

4. 请介绍进出货平台的配置形式和特征。

5. 某配送中心仓储区拟采用托盘货架存储, 设货架为 3 层, 每个托盘可堆放 4 箱货物, 平均存货量为 2 880 箱, 一个货位可存放两个托盘, 区块货位列数为 10 排, 货架单位宽度 1.5 m, 货架单位长度 3 m, 叉车直角存取通道宽 3 m, 区块侧向通道 3 m, 问该仓储区面积为多少才能满足存货需求?

6. 集货区的拣货类型有哪些?

7. 简述储存系统的物流设备设计和选用。

8. 采购进货系统的功能是什么?

9. 库存管理系统的功能是什么?

参考文献

[1]　李安华. 物流系统规划与设计[M]. 成都: 四川大学出版社, 2006.

[2]　贾争现, 刘康. 物流配送中心规划与设计[M]. 北京: 机械工业出版社, 2005.

[3]　刘昌祺. 物流配送中心设计[M]. 北京: 机械工业出版社, 2002.

[4]　董千里. 物流工程学[M]. 北京: 人民交通出版社, 2005.

第九章　物流解决方案设计

本章介绍物流解决方案的特点、内容及原则，重点分析城市区域物流方案、同城配送解决方案、国际物流解决方案的设计要点。通过本章学习，掌握物流解决方案的基本内容及方法，能针对不同类型的物流系统或具体业务设计物流解决方案。

第一节　物流解决方案概述

一、物流解决方案及特点

物流解决方案（Logistics Solutions，简称 LS），是针对物流需求的情况进行全面的分析、细致的研究，设计出符合物流活动要求的物流服务体系和方案。从对象和结果方面看，包含了两层意思：一是指某个具体物流活动方案的形成，如受客户委托，从事某产品具体物流活动而做出的规划和实施计划，或针对物流市场中的目标市场做出的面向社会的物流运作模式；二是指解决物流活动问题的方法和具体运作的描述，如在某物流活动规划和实施计划指标下做出的标准作业程序（Standard Operation Procedure，简称 SOP）和工程安排等。

物流解决方案因实际情况的差异和客户的、产品的差异，形式和内容不尽相同。为了满足客户对物流服务的个性化要求，为客户量身定做物流解决方案，所提出的物流解决方案必然各有自己的特点。总体上，各种物流方案都是为能提供合理的、低成本、高效率的物流服务而做出的，那么各种方案必有共性，即共同的基本内容。

由于物流解决方案存在的多样性和共性的特点，本章在介绍物流解决方案的基本内容、设计原则的共性内容的基础上，选取常见的城市区域物流方案设计、同城配送解决方案设计、国际物流解决方案设计要点进行介绍，在社会经济活动中还存在着一些特殊的物流系统也需要设计方案，如应急物流解决方案、大型综合性运动赛事的物流解决方案、工业企业厂内物流解决方案等。

二、物流解决方案的基本内容

物流解决方案的基本内容可能包括：

（1）物流服务宗旨。这是指物流方案提出的背景、方案的必要性和经济意义、方案要达到的目标或客户的物流服务要求以及对客户的承诺。

（2）物流方案的技术设计。包括确定各物流环节目标、服务承诺、采取的服务措施，包括采用的技术方法和设备、技术来源、各环节的标准业务流程设计。

（3）仓储管理设计。包括仓库的类型，仓库的结构设计，租用或改造仓库方案，仓库的库区划分，堆码的设计，库位的编码等。

（4）运输和配送环节设计。指在整体目标的要求下，进行内外运输方式的比较和初步选择，设计多式联运的运行模式，初步的车队资源和运输分包商的采购措施和监控办法，车辆优化和运输的管理信息系统的设计，运输和配送的业务流程，运输成本的估算以及效益分析。

（5）物流方案运作的质量保证体系。指方案实施的组织管理，包括组织结构、岗位职责在业务流程中的地位作用，规章制度的设立、组织机构的运行模式、国际标准化组织的系列认证、运行故障处理流程、客户投诉的处理办法以及关键业绩指标（Key Performance Indicators，简称 KPI）的构成和水平等。

（6）物流服务报价。指获得各项物流服务的费用支出，包括总报价和分部分报价，以及报价细则。

（7）给客户的建议。指在物流活动中按照客户的目标要求，提出的各种意义的物流或非物流的改进措施，包括对运作模式优化方案的建议、对建立物流信息网络以及与客户对接的建议、对运输装载方法和海内外运输模式的建议、对进一步降低物流费用的建议、对物流客户交流沟通渠道的建议等。

三、物流解决方案设计的原则

高水平的物流方案，是针对某一物流的需求而设计的，包含了物流理念、运作标准、服务标准、服务质量以及服务成本等各个环节，这些环节形成了一整套独立的系统，因此物流解决方案设计应遵循如下原则：

1．目的性原则

物流方案设计的目的是追求方案实施后的物流总成本最小，客户服务质量好，总库存最少以及运输时间最短，配送及时等，即效益和效率是物流解决方案的最终目的，具体的物流项目涉及物流的对象产品不同时，目的的侧重点有所不同，可以效益第一，也可以效率第一；可以效益优先兼顾效率，也可以效率优先兼顾效益，还可以两者并重。

2．系统性原则

物流方案设计应遵循系统总体目标的一致性和系统的集成与分解的协调性。目标的一致性是物流解决方案有机衔接，成为一个目标清晰的整体的重要保障，是物流解决方案效益和效率最大化的保障，是系统优化的基础。集成是从局部到整体、自下而上资源信息集中的过程，强调的是物流的整合性和一体化的特征。分解是从全局到局部、由上到下的过程，强调在物流方案全局战略规划和决策的前提下，通过物流方案的目标分解来实现物流资源的合理配置，并且具体实现各个环节的目标。但应注意各个环节最优并不等于整个方案最优，总体最优才是系统的目标。集成和分解是相互依赖、相互促进、不断交互的关系，通过集成和分解共同实现方案的优化设计。

3．精细化原则

将优良的物流资源和物流流程精细化也是物流方案设计应遵循的原则之一。精细化原则通过排除不能增值的环节，设计适宜的流程，选择合理的合作伙伴，实现强强联合，集中力量致力于核心的业务，使设计的物流方案功能完备、灵活高效、反应快速。精细化不是简单化，而是避免设计的庞杂。要抓住重点、突出重点、掌握要领。

4. 创新性原则

物流方案设计就是创新过程。作为一种新型的服务模式，物流方案的创新性体现在设计方案时敢于突破陈规，集合多方资源，突破现有的物流管理方案的约束，采用新的、更先进的物流技术，从新的角度和新的视野审视原有的物流模式和体系，进行创造性的创新设计。

第二节 城市区域物流方案

城市区域物流是在特定的区域地理环境中，以先进的物流技术设施为基础，以物流管理为手段，以城市社会经济发展为目标，将区域内外的各类物品从供应地向接受地进行有效的实体流动和储存、流通加工等活动的总称。城市区域物流方案设计的实质是根据城市区域物流基础设施条件，将公路、铁路、航空、水运及管道输送等多种运输方式和物流节点有机衔接，并将运输、储存、装卸搬运、包装、流通加工、配送和信息处理等物流基本活动有机集成，以提高城市区域物流活动的水平和效率，从而服务于城市区域的经济发展，提高城市区域的综合经济实力。

一、城市区域物流方案设计原则

城市区域物流方案的设计目标是以适当的成本最优质的服务满足社会经济发展的需求。城市区域物流方案设计应遵循以下基本准则：

（1）市场导向原则。城市区域物流方案的设计尽管常常站在政府的角度，但应以市场为导向，根据企业经营信息和市场需要确定城市区域物流服务目标、体系、政策保障。

（2）统一规划原则。城市区域物流方案的设计应由政府物流业主管部门进行，就城市区域物流节点布局体系、综合交通运输布局、物流建设项目、物流政策法规出台及执行、物流市场培育与监管等进行统一安排，提高资源利用效率。

（3）顾客满意原则。在确定城市区域物流解决方案的服务要求和服务水平时，应注意物流需求方的满意度。

（4）服务柔性原则。城市区域物流涉及多种用户、多种方式和多个物流节点，需要制订多样化的物流服务，并能根据客户服务的变化所产生的物流服务新需求，提供差别化和灵活性物流服务。

（5）生态低碳原则。城市区域物流方案的设计必须做到保护环境、节省能源、资源可持续利用，构建以低能耗、低污染、低排放为目标的物流方案。

二、城市区域物流方案设计目标

设计城市区域物流方案的主要目标是降低成本、完善服务、提高效益、节约资源和提高竞争力，从城市区域物流规划的角度看，要实现城市区域物流方案设计的目标，有三个基本的衡量标准：

1. 物流方案是否符合城市区域的资源、生产力、消费的分布特征

物流方案的设计与资源分布、生产力分布、消费分布等密切相关。城市资源的分布，在很大程度上决定了国民经济生产布局，也决定了物流的走向，影响城市物流需求的分布。城市生产力的水平决定了物流业发展的水平，影响物流服务外部的比例、物流技术装备的配置。城市消费分布决定了城市配送通道的布局，物流方案的设计必须满足城市区域的资源、生产力、消费的分布特征。

2. 物流方案是否符合综合交通运输枢纽、货运场站的布局特点

综合交通运输枢纽多位于几种运输方式的结合部或几条运输干线的交叉点，有大量客货流集散，具有优越的地理位置和方便的交通运输条件，是物流合理化的重要保障。物流节点的选址考虑的关键因素就是运输的便利性，部分物流节点的选址就位于综合交通枢纽的周边或内部，同时，物流作业中的大量货物运输是在运输枢纽内完成的，如货物的到发、中转、联运换装等。同时，我国城市外围的城乡结合部、城市主干道交通枢纽旁存在着大量的货运场站，这些货运场站在现代物流体系中起着物资转运、车辆信息交换等作用，同样是物流基础设施的重要组成部分。综合交通运输枢纽及货运场站均是物流基础设施的重要组成部分，是物流方案设计需要考虑的关键因素，物流方案与综合交通运输枢纽、货运场站的布局要求相适应，就能充分利用其物资的运输、中转、联运、仓储功能，并与物流园区、物流中心等相互衔接，实现物流系统的高效运转。

3. 物流方案是否符合城市区域的经济水平

物流业的发展与城市区域经济的发展水平紧密关联，不同发展水平的城市，物流方案追求的目标、采取的技术、运用的装备均存在差异。城市区域经济水平欠发达时，物流方案的设计以满足基本的运输、仓储服务为主，城市配送需求不显著，方案追求的目标是成本最低，采取的技术多为手工作业，物流作业的标准化、机械化水平不高。当城市区域经济水平达到中等发达时，物流方案设计追求以运输、仓储、配送、流通加工等全程物流服务为主，代收货款、仓单质押等增值物流服务显现，方案追求的目标是服务水平优先兼顾成本，采取的技术为人工作业与计算机管理相结合，物流作业的标准化、机械化水平有一定提升。

三、城市区域物流方案设计内容

城市区域物流方案设计内容主要包括物流节点体系布局设计、物流网络的设计、主要节点的库存系统设计、配送体系设计。

1. 物流节点体系布局设计

物流节点体系布局设计是城市区域物流方案设计的首要工作，是城市物流网络设计、主要节点库存系统设计、城市配送通道设计的基础。物流节点体系布局设计的主要内容包括，确定物流节点的类型与层次机构，确定不同类型物流节点的数量、位置、规模、辐射范围、服务对象、主要功能。

2. 物流网络的设计

物流网络的设计，首先需要考虑的是构建一个便捷高效的综合运输体系，实现城市区域对外物流运输通道的畅通无阻，形成国内物流、省内物流、市域物流一体化的现代物流圈和物畅其流、快捷准时、经济合理、用户满意的社会化、标准化、信息化、专业化的现代物流服务体系。城市物流网络设计的主要内容有：第一，物流通道的设计，主要包括各种运输方式线路和站场的规划、重点物资运输通道的设计、多种运输方式联合运输方案的设计。第二，运输方式的选择，不同规格、价格、运输批量、交货日期、到达地点的物品，要求有与之相对应的适当的运输方式。选择运输方式就应该考虑各种运输方式的经济特性、技术特性，合理处置运输方式的经济性和迅速性、安全性、便利性与运输物品各种属性之间相互制约的关系。第三，运输工具数量的选择，一个物流系统需要拥有多少运输工具，要根据系统发货量的多少来确定。运输工具过少会出现货物无法及时运输的现象；运输工具过多则会出现运输工具闲置的状况。

3. 主要节点的库存系统设计

城市区域物流节点体系布局中的主要节点，不仅承担着社会化物流服务的常规功能，而且还要具备战略物资储备、应急储备等特殊功能。为充分发挥物流节点的库存管理效率，实现库存成本节约，必须进行主要节点的库存系统设计。主要内容有：第一，存货分类，要对存货进行有效的管理和控制，首先要对存货进行分类。第二，合理库存量的确定和管理，某种商品从生产到客户手中，需要经过几个阶段，在每一阶段都将发生库存，均需预先确定出对下一阶段向需求者提供的库存量。为了保证供给，需要多长周期，一次进货多少，而且又能做到费用最省，这些都是确定库存管理必须研究的问题。

4. 配送体系设计

配送体系设计的主要目标是提高城市配送效率、规范城市配送交通车辆、提高城市配送服务水平、提高城市居民配送服务满意度。主要内容有：第一，配送网络设计，主要是确定面向不同服务品类，具有不同辐射范围的配送节点，构建多层级配送通道。第二，配送模式设计，主要是确定配送组织主体、配送实施主体、配送管理主体。第三，配送车辆选择，主要是确定配送车辆的类型、技术标准、外观标志等。第四，交通管制措施确定，主要是时间管制和空间管制。第五，配送信息平台设计，主要是配送平台的建设方案、配送平台的主要功能、配送平台的运营模式。

【案例9.1】　成都市城市配送体系设计

成都市物流配送体系的设计是成都市物流发展规划的重要组成部分，属于城市区域物流方案设计的范畴，是成都市建立高效运作的现代配送体系的关键环节。成都市城市配送体系设计的主要内容包括配送网络、配送模式、配送车辆、交通管制、配送信息平台等。

一、成都市城市配送网络

在城区现有道路网上进行物流配送网络的设置，应做到功能划分明确，等级设置合理，实现配送畅通快速。结合成都市原城区路网结构，分别设置东西走向、南北走向、环形及半环形的限制性物流配送通道，在不降低通道连通便捷的原则下，分散货运交通流，保证城市道路交通的通畅。

成都市区配送网络可概括为：以三环路以内城区为中心带状放射环状等级化的配送网

络，简称为"一中心、两环路、三等级、四带状"。

一中心，指三环路以内的中心城区；两环路，指的是三环路及绕城高速路。三环路逐渐成为成都市主城市区划分的界线，同时也是对城市配送车辆进行交通时空管制的重要界线之一；绕城高速路与进出入成都市的各主要干道及所有高速公路均互连相通，形成了一个快速路有机整体，对城域内外及区域间交通发挥着极其重要的作用；三等级，将成都市配送通道按功能划分为三个等级，即以绕城高速及进出入城高速公路为主体的快速配送通道（Express Distribute Road，简称 EDR）、以进出入城骨干道路为主体的主要配送通道（Main Distribute Road，简称 MDR）及以三环路（含三环路）以内的骨干道路为主体的限制车辆类型和通行时间的限制性配送通道（Proviso Distribute Road，简称 PDR）；四带状，指的是配送通道在空间分布上在东北、东南、西南及西北四个方向上呈带状集聚，分别为辐射区域内提供物流服务。

其中，成都市配送网络中具体的物流节点与通道布局方案为：

1. 配送节点

成都市可以承接配送任务的物流节点可划分为三个层次，即：物流园区、物流中心和物流站。成都市区主要物流节点可归纳为"四园区、四中心、若干个物流服务站"，如表 9.1 所示。

表 9.1　成都市区主要物流节点

序号	物流节点名称	物　流　服　务
1	青白江物流园区	铁路整车、零担货物的公铁联运、中转仓储等物流业务
2	国际集装箱物流园区	与国际集装箱多式联运配合的转运物流业务
3	航空物流园区	价值高、时效快、需要远距离运输的航空物流业务
4	新津物流园区	以公铁联运为主要运输方式的粮油交易、物流服务
5	新都物流中心	成都北部公路货运配送，以及家具、粮食、农副产品的生产、交易、加工方面的物流服务
6	龙泉物流中心	成都与成渝经济带连接的公路货运，成都经济技术开发区的加工方面的物流，以及服务于成都—重庆—上海的水运出海通道
7	双流物流中心	为乐山、雅安、攀西经济带、西藏、云南和南部城区的公路运输货物提供仓储配送、加工包装、运输货代、展示交易、信息等物流服务
8	保税物流中心	为西部地区进出口货物、保税货物提供中转、仓储配送、保税监管、加工包装、信息等全程物流服务

2. 配送通道

参照城市道路规划设计规范和道路交通管理要求，根据成都市未来物流发展的需要，成都市的配送通道由快速配送通道（EDR）、主要配送通道（MDR）及限时限车配送通道构成。快速配送通道（EDR）是指连接城域内外物流节点，或者城域外物流节点与用户之间，主要位于绕城高速（含绕城高速）以外的区域，设计时速在 80 km/h 以上的一级配送通道；主要配送通道（MDR）是指连接快速配送通道与用户或取送点，位于三环路以外区域，设计时速在 60 km/h 以上的二级配送通道；限制性配送道路是指连接用户，位于三环路（含三环路）以内的市区，设计时速在 40 km/h 以上的三级配送通道，如表 9.2 所示。

表 9.2 成都市配送通道等级划分

配送通道名称	网络中的功能	空间位置	设计时速（km/h）	通道等级
快速配送通道	连接城域内外物流节点，或城域外物流节点与用户	位于绕城高速（含绕城高速）以外的区域	≥80	I
主要配送通道	连接EDR与用户或取送点	位于三环路以外区域	≥60	II
限制性配送道路	连接用户	三环路（含三环路）以内的市区	≥40	III

注：城市配送通道等级划分对于部分路段可根据实际情况进行调整。

建立起以快速配送通道、主要配送通道为骨架，以限制性配送道路为补充的配送网络，将提高城市配送效率，降低配送成本，减少对城市交通和居民生活的干涉和影响。

1）快速配送通道（Express Distribute Road，简称 EDR）（见表 9.3）

表 9.3 成都市快速配送通道

序号	方位	配送通道名称	主要配送区域或功能
1	环路	绕城高速	连接快速配送通道及主要配送通道，为过境、出入城及穿城提供物流通道服务
2	东	成南高速	遂宁、南充、广安及重庆
3	东	成渝高速	龙泉、简阳、资阳、内江、泸州、宜宾及重庆
4	西南	成雅高速	双流、新津、彭山、眉山、雅安、乐山及峨眉
5	西南	机场高速	双流、国际及国内主要大城市
6	西	成温邛高速	温江、崇州、大邑及邛崃
7	西北	成灌高速	郫县、都江堰
8	西北	成彭高速	彭州
9	东北	成绵高速	新都、青白江、德阳及绵阳
10	东北	成青快速路	金堂、青白江、新都

2）主要配送通道（Main Distribute Road，简称 MDR）（见表 9.4）

表 9.4 成都市主要配送通道

序号	方位	配送通道名称	主要配送区域或功能
1	东	老成渝路	龙泉、简阳、资阳、内江及重庆
2	东	成龙路	龙泉
3	南	人民南路南延线	双流
4	南	成仁路（规划中）	华阳、仁寿
5	西南	大件路	双流、新津、蒲江及邛崃
6	西南	成双大道	双流
7	西	光华大道	温江
8	西北	老成灌路	郫县、都江堰
9	北	蓉都大道	青白江、新都
10	南北	货运大道	为过境、穿城及沿线工商企业提供物流通道服务

3）限制性配送通道（Proviso Distribute Road，简称 PDR）（见表 9.5）

表 9.5　成都市限制性配送通道

序号	方位	配送通道名称	主要配送区域或功能
1	环路	三环路	连接快速配送通道、主要配送通道及限制性配送通道，为出入城、穿城及沿线工商企业和居民提供物流通道服务
2	半环路	一品天下大街—青羊大道—武阳大道—黄忠大道	连接限制性配送通道，为穿城及沿线工商企业和居民提供物流通道服务
3	半环路	金府路—洞子口路—双荆路—昭觉寺横路—二仙桥路	连接限制性配送通道，为穿城及沿线工商企业和居民提供物流通道服务
4	环路	二环路	连接限制性配送通道，为穿城及沿线工商企业和居民提供物流通道服务
5	环路	一环路	连接限制性配送通道，为沿线工商企业和居民提供物流通道服务
6	南北	人民北路—人民中路—人民南路	为沿线大中型商贸流通企业提供物流通道服务
7	南北	府青路—红星路—新南路—科华路	为沿线大中型商贸流通企业及居民提供物流通道服务
8	南北	蓉北商贸大道—北站西二路—北较场西路—东城根街—文翁路—武侯祠大街—高升桥路—佳灵路	为沿线大中型商贸流通企业及居民提供物流通道服务
9	东西	蜀都大道	为沿线大中型商贸流通企业提供物流通道服务
10	东西	交大路—沙湾路—新华大道—双林路—双庆路	为沿线大中型商贸流通企业及居民提供物流通道服务
11	东西	瑞联路—青华路—锦里路—滨江路—顺江路—龙兴大道	为沿线大中型商贸流通企业及居民提供物流通道服务
12	西北	蜀汉路—抚琴路—永陵路—羊市街—西玉龙街—解放路—昭觉寺南路	为沿线大中型商贸流通企业及居民提供物流通道服务

成都市配送网络的节点分布和通道分布如图 9.1 所示。

二、成都市城市配送模式

在城市地理位置、规模、布局、发展方向、物流基础设施、物流服务技术等因素的影响之下，各城市的配送模式存在一定程度的差异，参考国内外大型城市配送模式的同时联系本市的具体情况来确定发展方向。

柏林是德国首都，也是德国最大的城市，位于德国东北部，人口约 345 万，城市面积 891 平方公里。该城市规模较大，由柏林西部物流园区、南部物流园区和东部物流园区 3 个物流园区承担了城市大约 50%的配送量。上海是中国第一大城市，世界第八大城市，中国最大的经济中心和贸易港口，全国最大的综合性工业城市。市区面积 5 299.29 平方公里，全市人口约 1 854 万。外高桥、浦东空港、西北三大物流园区以及吴淞国际物流园区承担了上海市大量物流配送量。

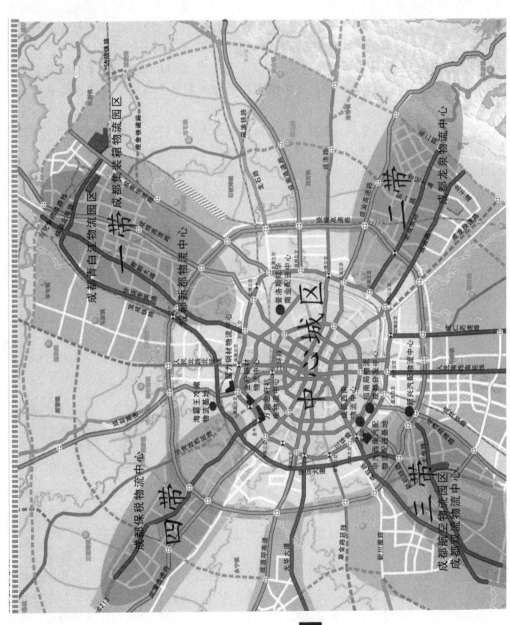

图 9.1　成都市配送网络的节点分布和通道分布图

　　柏林、上海、成都均属于大型城市，因此，成都市的城市物流配送模式构建可以参考柏林和上海这两个大型城市的经验。柏林和上海在城市规模等方面虽然不尽相同，但是在配送模式方面都有一个共同点——拥有多个物流园区来完成城市配送工作。根据成都市的实际情况，其城市配送体系应以物流园区和物流中心为节点，通过配送中心对市内各需求点进行分区域配送，最终将货物配送到用户手中；同时小部分供应商以自营配送来完成配送工作。这种模式下的物流园区和物流中心承担的物流配送量在全市物流配送量中占有40%以上比例。

　　成都市的城市物流配送模式应向集约型规范化配送为主导的配送模式发展，如图9.2所示。所谓集约型规范化配送模式就是对市内现有物流企业、个体货运业主加以整合，实现经营集约化、运作市场化、发展规模化、配送信息化、管理标准化，通过为一定市场范围的企业提供专业物流配送服务和高附加值的其他服务而获取赢利和发展的配送模式。这种模式的优点是：满足用户的及时性需求，降低库存水平，优化库存结构；配送节点对用户需求的多种商品进行集约化配送，提高车辆实载率，降低社会总消耗；缓解城市交通的压力；减少对生态环境的影响。

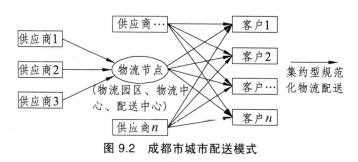

图9.2　成都市城市配送模式

三、成都市城市配送车辆技术标准

1. 范　围

本标准规定了成都市中心城区[三环路（含）以内]物流配送车辆的技术要求和标志。本标准适用于在成都市中心城区从事普通货物运输、危险货物运输、鲜活农产品运输、流散物体运输等物流车辆的制造、改装、使用和管理。

2. 术语和定义

厢式货车，载货部位的结构为封闭厢体且与驾驶室各自独立或与驾驶室联成一整体式的载货汽车。封闭货车，载货部位的结构为封闭厢体且与驾驶室联成一整体，车身结构为一厢式的载货汽车。密闭车，对敞开式货厢的顶部及四周以刚性结构加以密闭设施，并能开闭自如的运输车辆。特殊结构货车，载货部位为特殊结构，专门运输特定物品的载货汽车。如运输小轿车的双层结构载货汽车、运输活禽畜的多层结构载货汽车。专项作业车，装置有专用设备或器具，用于专项作业的汽车。如混凝土搅拌车、垃圾车。两用燃料汽车，具有两套相互独立的燃料供给系统，一套供给天然气或液化石油气，另一套供给天然气或液化石油气之外的燃料，两套燃料供给系统可分别但不可共同向气缸供给燃料的汽车。

3. 物流车辆分类

中心城区物流车辆分类如表9.6所示。

表9.6 中心城区物流车辆分类

类　　型	运　输　业　态
普通货物运输车辆	商业配送、包裹快运、货运出租、搬家运输、冷藏运输、保温运输等
危险货物运输车辆	易燃易爆货物运输、毒性物品运输、腐蚀性物品运输等
鲜活农产品运输车辆	蔬菜水果运输、花木运输、鲜活畜禽、水产品运输等
流散物体运输车辆	渣土运输、垃圾运输、混凝土运输等

4．技术要求

1）普通货物运输车辆

普通货物运输车辆应选用厢式货车或封闭货车。车厢技术要求应符合 QC/T 453 的规定，保温车、冷藏车技术要求还应符合 QC/T450 的规定。车厢两侧面不应设窗，普通货物运输车辆的外形尺寸及发动机额定功率应符合表 9.7 和图 9.3 的要求。

表9.7 普通货物运输车辆的外形尺寸及额定功率

车辆规格		车长（mm）	最大设计总质量（kg）	发动机额定功率（kW）
二轴	微型	≤3 500	≤1 800	≥55
	轻型	<6 000	<4 500	
	中型	≤8 000	<12 000	≥75

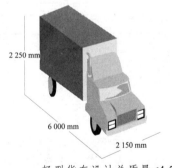
轻型货车设计总质量<4 500 kg

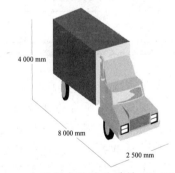
中型货车设计总质量<12 000 kg

图9.3 标准配送车车身及质量限值示意图

2）危险货物运输车辆

危险货物运输车辆一般应选择罐式货车或厢式货车或普通货车。危险货物运输车辆和设备应符合 JT617 中对车辆及设备的基本要求，配备《道路运输危险货物安全卡》。运输爆炸品、固体剧毒品、遇湿易燃物品、感染性物品和有机过氧化物时，应使用厢式货车运输，运输时应保证车门锁牢。运输需控温危险货物应选用控温厢式货车。运输危险货物的常压罐体和压力罐体应分别符合 GB 18564—2001、GB 150—1998 规定的要求。危险货物运输车辆驾驶室不应设置点烟器。运输易燃易爆危险货物车辆的排气管应安装有效隔热和熄灭火星的装置，并配装符合 JT230 规定的导静电橡胶拖地带装置。运输易燃易爆危险货物车辆应配备两只适用于运输介质的灭火器或有效的灭火设施。

3）鲜活农产品运输车辆

鲜活农产品运输车辆一般应选择厢式货车，花木运输可采用仓栅车、普通货车，鲜活畜禽和水产品运输可采用特殊结构货车、罐式货车。

4）流散物体运输车辆

流散物体运输车辆应选择密闭车或专项作业车。密闭车后挡板应高于顶部平盖100 mm。密闭车不得遗洒、飘散载运物，定置状态时满载干燥河沙的泄漏量不大于 0.5 kg/h，行驶状态下，无明显沙尘飞扬。

5. 标志

车辆应正确使用与服务属性相对应的标志。车辆应悬挂成都市公安交管部门规定的特殊号段车辆号牌。车辆驾驶室及载货厢应喷涂统一规定的颜色。驾驶室两侧喷涂车辆所属单位名称，喷涂字样为楷体，字体颜色为黑色，字体大小不小于 200 磅。

四、成都市城市配送交通管制

根据配送体系框架的构建，制订配送车辆运行时间以及运行路段的总体管制措施，具体时间与路段管制措施如表 9.8 所示。

表 9.8　配送车辆时间与路段管制措施

时　段 路　段	7：00—9：00 17：00—19：00	9：00—17：00 19：00—22：00	22：00—7：00
三环路以内（含三环）的城区道路	全部禁止通行	标准配送车辆通行	达标车辆均可通行
三环路以外的城区道路	达标车辆均可通行	达标车辆均可通行	达标车辆均可通行

注：表中的"达标车辆"指的是排放标准达到"国Ⅰ"标准的货运车辆。

五、成都市城市配送信息平台

成都市配送信息平台的建设采用政府引导，企业建设运营的原则。配送信息平台建设涉及不同的管理部门、各类配送企业及货物的供需双方，要处理好各方面的关系，需要有政府的协调和推动。配送信息平台需要采取企业建设运营的原则，在公平、公开、公正的基础上，提供有序的竞争环境，从而满足广大用户对配送信息平台服务功能的需求。配送信息平台应该统一规划，统一领导，充分利用现有的信息化资源，避免重复建设，同时在实施过程中应该根据实际情况分步实施，注重实效，稳步推进。配送信息平台将实现以下目标：

1. 电子化

通过配送信息平台的建设，提供网上配送业务交易支持功能，并与电子商务平台相结合，提供高效运作的配送服务，这将大大推动成都市电子商务的发展。传统的配送过程由多个业务流程组成，受人为因素和时间的影响很大，通过配送信息平台，配送业务流程都由网络系统连接，当系统的任何一个末端收到一个需求信息的时候，该系统都可以在极短的时间内做出反应，并可以拟定详细的配送计划，通知各环节开始工作。借助配送信息平台可以实现整个配送过程的实时监控和实时决策。

2. 网络化

通过配送信息平台的建设，可以使成都市内的配送节点形成一个完善的网络，工商企业可以通过平台掌控货物流动过程中的及时信息；第三方物流企业可以通过平台了解到各配送节点的使用情况及配送需求等，充分利用社会现有配送资源，以减少固定资产投资，增加企业的灵活程度。

3. 公众化

配送信息平台实现信息共享，方便用户和相关企业进行信息查询和在线交易，实现配送业务处理的公开、透明、快捷、及时。

第三节　同城配送物流解决方案

同城配送问题是一种特殊类型的配送问题，它是指按客户的物流要求，在优化配送各要素的方式下，提供指定城市范围内的单一或者多种商品定时定量的物流服务。同城配送不仅受到城市属性和成本控制的约束，更多的强调如何在"配"和"送"的有机结合和对时效性的管理的前提下，使成本最小化，效益最大化。

一、同城配送的特点

同城配送被称为物流的"最后一公里"，是跨国跨区域的"大"物流与直接面对零售商和消费者的"小"物流有机的连接体。一方面，"大"物流只有通过同城配送这个环节，才能到达零售商和最终用户；另一方面，同城配送与"小"物流客观上存在着密切的集散关系，企业活动所产生的物流必须通过同城配送才能汇集成城市的"大"物流，这样"大"物流和"小"物流通过同城配送紧密联系。

同城配送具有以下特点：

（1）同城配送是一种短距离的物流活动，受到了城市区域的限制，这种配送活动不可能涉及长距离、大范围的物流配送业务，一般以城市道路系统和近郊短途公路运输为主。

（2）同城配送是一种高频率的物流活动，这是由城市生产、贸易、生活的需求密集性、随机性，空间分布的广阔性，城市交通运输系统的时间性决定的。另外，同城配送的物品往往数量少、品类多，这也导致了配送的频繁性。

二、同城配送模式的分类

1. 集中型配送网络

集中型配送网络是指在配送系统中只设一个配送中心，是一种集中控制和集中库存的模式，如图9.4所示。

集中配送的库存集中，有利于规模经

图9.4　集中型配送网络

济的实现，具体表现为：第一，管理费用少。相对于分散配送系统，由于规模大，管理的固定费用下降，所以管理费用低。第二，安全库存降低。在相同服务水平下集中比分散需要的安全库存小，所以总平均库存降低。第三，用户提前期长。由于集中型系统中，配送中心离用户远了一些，所以使用户的提前期变长。第四，运输成本中外向运输成本（从供应商到配送中心的运输成本）相对高一些，因为配送中心离用户的距离与分散型系统相比要远一些，但内向运输成本（从生产厂到配送中心的运输成本）相对会低一些。集中配送网络适用于规模小、用地空间布局集中的小城市，或配送业务量少、物流组织单一的小规模企业。

2. 分散型配送网络

分散型配送网络是指在一个配送系统中（通常指在一个层次内）设有多个配送中心，而将用户按一定的原则分区，归属某一个配送中心，如图 9.5 所示。

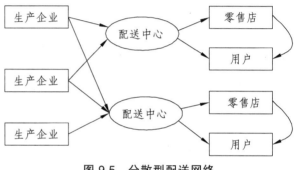

图 9.5　分散型配送网络

这种结构的配送系统的特点是：由于配送中心离用户近，外向运输成本低。从供应商向配送中心送货时，由于要向多个配送中心送货，规模经济自然没有集中型好，故内向运输成本大。由于库存分散，安全库存增大，总平均库存增大。由于配送中心离用户相对近一些，因此用户的提前期会相应缩短。分散配送网络适用于规模中等、用地布局分散的中等城市，或配送业务量较大的中型物流企业。

3. 多层次配送网络

多层次配送网络是在系统中设有两层或更多层次的物流中心和配送中心，其中至少有一层是配送中心，而且是靠近用户。大型第三方物流企业、大型零售企业或从供应链来看的物流系统，它们的配送网络通常是这种结构。图 9.6 为含有广域物流中心的两层次配送网络。

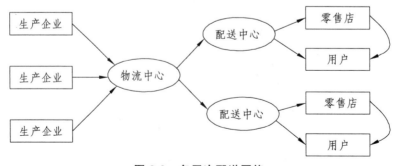

图 9.6　多层次配送网络

多层次配送的网络系统，由于与供应商和用户的距离都较近，所以内向运输成本和外向运输成本相对都会有所降低。多层次配送网络适用于规模大、多组团式的城市布局的大型城市，或配送企业的物流能力强、覆盖用户广、组织复杂的大型物流企业。

三、同城配送方案设计要点

同城配送方案设计由方案策划和设计准备、市场分析、方案设计、方案评价四个阶段组成。

1. 方案策划和设计准备

在准备阶段，必须明确策划和设计的目标。在准备之前，应包括：第一，物流企业现状，主要指企业现有物流专业人员团队情况、从事物流运作团队人员素质、具有配送经验的队伍状况和其他管理人员基本情况。企业现有的物流资源状况，如物流设施和设备的基本情况、现有仓库容量、数量和基本情况，仓库内的装备如叉车、起重机、水平运送设备、货架、托盘状况，以及自由车队的规模、种类和运行情况。第二，供应商情况，主要指供应商状况、供货种类、进一步合作可能性、新合作伙伴的预测、进货成本现状及预测。第三，消费者概况，主要指顾客数量、配送商品的种类、配送成本、对服务的满意程度、有望发展成合同关系的消费者的数量。

2. 市场分析

做好市场分析是策划物流方案的重要基础。同城配送市场分析是指给配送市场现状以清楚的描述，指出其中存在的问题，寻找目标市场，重点是消费者需求以及竞争对手竞争策略，从而使物流方案目标明确、措施有力、实施准确。

3. 方案设计

在方案设计阶段，需要明确配送模式、运营模式、标准化操作流程、营销方案等。配送模式应根据服务对象的规格、时间要求、数量多少，选择集中配送、分散配送及多层次配送模式，并创新已有配送模式。运营模式应包括订单处理、配送线路设计、运输车辆选用、补货计划设计等。标准化操作流程应包括订单处理流程、物品拣选流程、物品装卸流程、补货作业流程、客户管理流程等。营销方案应明确产品定位、明确价格定位、明确营销渠道、大客户的市场开发与营销等。

4. 方案评价

主要从服务能力、运营管理、效益分析等方面，对方案的实施效果进行评价，以便提出改进措施。同城配送的服务能力体现在三个方面，即时间、可靠性、便捷性。时间要素通常指订货周期。订货周期是指从客户确定对某种产品有需求，到需求被满足之间的时间间隔，也称为提前期。可靠性是指根据客户的订单要求，按照约定的提前期，安全地将订货送达客户指定地点，具体体现在提前期的可靠性、安全交货的可靠性、正确供货的可靠性。便捷性是指企业必须让客户方便地享受到企业提供的价值服务。同城配送的运营管理体现在经验曲线效应和柔性管理两个方面。经验曲线效应是指随着一个企业生产某种产品或者从事某种业务的数量的增加，经验不断地积累，其生产成本将不断下降，并且呈现出某种下降的规律。良好的同城配送方案，通过运作经验的积累、规模效益、专门技术的运营，随着配送量的增加，成本发生了明显的下降。柔性管理强调跳跃和变化、速度和反应、灵敏与弹性，以应对配送过程中存在的各种变化。同城配送的效益体现在提高企业快速反应能力、降低库存成本、为企业提供增值服务等方面，可通过提前期的缩短、库存成本的降低、物流企业利润的增加和服务企业效益的增加来体现。

第四节　国际物流解决方案

一、国际物流概述

1. 国际物流的定义

国际物流的狭义理解是：当生产和消费分别在两个或两个以上的国家（或地区）独立进行时，为了克服生产和消费之间的空间隔离和时间距离，对物资（商品）进行物理性移动的一项国际商品贸易或交流活动，从而完成国际商品交易的最终目的，即实现卖方交付单证、货物和收取货款，而买方接受单证、支付货款和收取货物的贸易对流条件。国际物流与国内物流相比，长距离的运输，较大的库存，较长的循环作业周期，使国际物流费用昂贵；多样的运输方式，需穿越国际边界等原因，使物流服务趋于国际化。作为跨国经营和对外贸易服务，它具有国际性、复杂性和风险性的特点。

2. 国际物流的目标

国际物流的目标是为国际贸易和跨国制造与经营服务。国际物流系统涉及多个国家，地理范围大；同时，由于各国社会制度、自然环境、经营管理方法、生产习惯不同，一些因素变动较大，在世界范围内组织货物从生产到消费的流动，相比较国内物流更加复杂。因此，国际物流的目标即是选择最佳的方式与路径，以最低的费用和最小的风险，保质、保量、适时地将货物从某国的供方运到另一国的需方。作为供应的基本环节，国际物流不仅使国际贸易与跨国制造活动得以顺利实现，而且为国际企业带来新的价值增值，成为全球化背景下的"第三利润源泉"。

国际物流的种类可以按照以下三种方式进行分类：

（1）根据商品的流向分类。根据商品在国际的流向可以将国际物流分为进口物流和出口物流。当国际物流服务于一国的商品进口时，即可称为进口物流；反之，当国际物流服务服务于一国的商品出口时，即为出口物流。由于各国在物流进出口政策，尤其是海关管理制度上的差异，进口物流与出口物流既存在相同的业务环节，也存在不同的业务环节，需要区别对待。

（2）根据商品流动的关税区域分类。根据这种分类方法，可以将国际物流区分为不同国家之间的物流和不同经济区域之间的物流。在不同国家分属不同的关税区域组织物流和在同一关税区域范围内不同成员国之间组织物流，在运作方式和环节上存在着较大差异。区域经济的发展是当今国际经济发展的一大特征，如欧盟成员国之间由于属于同一关税区，物流的运作与非成员国和其他国家或者经济区域之间的物流就有很大的不同。

（3）根据商品的特性分类。根据商品的特性可以分为国际商品物流、国际邮品物流、国际捐助或救助物资物流、国际展品物流、废弃物物流等。

3. 国际物流的环节与内容

1）国际货物运输

跨国家跨地区的货物运输常常需要海洋运输，铁路运输，航空运输，公路、内河和邮包运输，集装箱运输和国际多式联运。第一，海洋运输。按照船舶经营方式的不同，海洋运输可分为班轮运输和租船运输。班轮运输是指在特定的航线上按照预定的船期和挂港从事有规律水上货物运输的运输形式。租船运输是指船舶出租人向承租人提供船舶的全部舱位或者部分舱位，装运约定的货物，从一港（站、点）运至另一港（站、点）的运输形式。第二，铁路运输。可分为国际铁路货物联运和国内铁路货物运输两种方式。货物运输须经两个或两个以上国家的铁路进行运送，使用一份运送票据完成全程运输的货物运送称为国际铁路货物联运。国内铁路运输是指仅在本国范围内，按照《国内铁路货物运输规程》的规定办理的货物运输。我国出口货物经铁路运至港口装船及进口货物卸船后经铁路运往各地，均属国内铁路运输的范畴。第三，航空运输。主要采用班机运输、包机运输、集中托运三种运输组织方式。班机运输是指在固定航线上定期航行的航班。班机运输一般有固定的始发站、到达站和经停站。包机运输是指包租整架飞机或由几个发货人（或航空货物代理公司）联合包租一家飞机来运送货物。集中托运指集中托运人将若干批单独发运的货物组成一整批，向航空公司办理托运，采用一份航空总运单集中发运到同一目的站，由集中托运人在目的地指定的代理收货，再根据集中托运人签发的航空分运单分拨给各实际收货人的运输方式。第四，公路、内河和邮包运输。公路运输不仅可以直接运进或运出对外贸易货物，而且也是车站、港口、机场集散进出口货物的重要手段。内河运输是水上运输的重要组成部分，它是连接内陆腹地与沿海地区的纽带，在运输和集散进出口货物中起着重要作用。邮包运输是一种较简便的运输方式。各国邮政部门之间订有协定和公约，通过这些协定和公约，各国的邮件包裹可以互相传递，从而形成国际邮包运输网。由于国际邮包运输具有国际多式联运和"门到门"运输的性质，加之手续简便，费用也不高，故其成为国际贸易中普遍采用的运输方式之一。第五，集装箱运输和国际多式联运。集装箱运输是以集装箱作为运输单位进行货物运输的一种先进的运输方式。国际多式联运是指按照多式联运合同，以至少两种不同的运输方式，由多式联运经营人把货物从一国境内接运货物的地点运至另一国境内指定交付货物的地点。

2）国际物流商品的储存

国际贸易或跨国经营中的商品从生产厂或供应部门被集中运送到装运港口，有时须临时存放一段时间，再装运出口，是一个集和散的过程。它主要是在各国的保税区和保税仓库进行的，涉及各国保税制度和保税仓库建设等方面的问题。从物流角度看，应尽量减少储存时间、储存数量，加速货物和资金周转，实现国际物流的高效率运转。保税制度是对特定的进口货物，在入境后，尚未确定内销或复出的最终去向前，暂缓缴纳进口税，并由海关监管的一种制度。这是各国政府为了促进对外加工贸易和转口贸易而采取的一项关税措施。保税仓库是经海关批准的专门用于存放保税货物的仓库。它必须具备专门储存、堆放货物的安全设施，有健全的仓库管理制度和详细的仓库账册，并配备专门的经海关培训认可的专职管理人员。

3）国际货运代理

国际货运代理是直接受进出口货物收货人、发货人的委托，以委托人的名义或者以自己的名义，为委托人办理国际货物运输及相关业务并收取服务报酬的行业。可以办理订舱、仓储；货物的监装、监卸，集装箱拼装拆箱；国际多式联运；国际快递（私人信函除外）；报关、报检、报验、保险；缮制有关单证，交付运费，结算，交付杂费；其他国际货运代理业务，还可以从事有关的物流活动。

4）一关三检

在向海关申报前，首先要申请商品检验、动植物检验和卫生检验，俗称"一关三检"。报关是指进出境运输工具负责人、进出口货物收发货人、进出境物品的所有人或者他们的代理人向海关办理运输工具、货物、行李物品、邮递物品和其他物品进出境手续及相关手续的全过程。报关工作的全部程序分为申报、查验、放行三个阶段。

第一，进出口货物的申报。进出口货物的收、发货人或者他们的代理人，在货物进出口时，应在海关规定的期限内，按海关规定的格式填写进出口货物报关单，随附有关的货运、商业单据，同时提供批准货物进出口的证件，向海关申报。报关的主要单证有：① 进口货物报关单，一般填写一式二份（有的海关要求报关单份数为三份）。报关单填报项目要准确、齐全、字迹清楚，不能用铅笔；报关单内各栏目，凡海关规定有统计代号的，以及税则号列及税率一项，由报关员用红笔填写；每份报关单限填报四项货物；如发现情况有误或其他情况需变更填报内容的，应主动、及时向海关递交更改单。② 出口货物报关单，一般填写一式两份（有的海关要求三份）。填单要求与进口货物报关单基本相同。如因填报有误或需变更填报内容而未主动、及时更改的，出口报关后发生退关情况，报关单位应在三天内向海关办理更正手续。③ 随报关单交验的货运、商业单据。任何进出口货物通过海关，都必须在向海关递交已填好的报关单的同时，交验有关的货运和商业单据，接受海关审核诸种单证是否一致，并由海关审核后加盖印章，作为提取或发运货物的凭证。随报关单同时交验的货运和商业单据有：海运进口提货单；海运出口装货单（需报关单位盖章）；陆、空运运单；货物的发票（其份数比报关单少一份，需报关单位盖章等）；货物的装箱单（其份数与发票相等，需报关单位盖章）等。需要说明的是如海关认为必要，报关单位还应交验贸易合同、订货卡片、产地证明等。另外，按规定享受减、免税或免验的货物，应在向海关申请并已办妥手续后，随报关单交验有关证明文件。④ 进（出）口货物许可证。进出口货物许可制度，是对进出口贸易进行管理的一种行政保护手段。我国与世界上大多数国家一样，也采用这一制度对进出口货物、物品实行全面管理。必须向海关交验进出口货物许可证的商品并不固定，而是由国家主管部门随时调整公布。凡按国家规定应申领进出口货物许可证的商品，报关时都必须交验由对外贸易管理部门签发的进出口货物许可证，并经海关查验合格无误后才能放行。但对外经济贸易合作部所属的进出口公司、经国务院批准经营进出口业务的各部委所属的工贸公司、各省（直辖市、自治区）所属的进出口公司，在批准的经营范围内进出口商品，视为已取得许可，可免领进出口货物许可证，只凭报关单即可向海关申报；只有在经营进出口经营范围以外的商品时才需要交验许可证。除上述单证外，对国家规定的其他进出口管制货物，报关单位也必须向海关提交由国家主管部门签发的特定的进出口货物批准单证，由海关查验合格无误后再予以放行。诸如药品检验，文物出口鉴定，金银及其制品的管理，珍贵稀有野生动物的管理，进出口射击运动、狩猎用枪支弹药和民用爆破物品的管理，进出口音像制品的管理等均属此列。

第二，进出口货物的查验。进出口货物，除海关总署特准可以免验的以外，都应接受海关查验。查验的目的是核对报关单证所报内容与实际到货是否相符，有无错报、漏报、瞒报、伪报等情况，审查货物的进出口是否合法。海关查验货物，应在海关规定的时间和场所进行。如有特殊理由，事先报经海关同意，海关可以派人员在规定的时间和场所以外查询。申请人应提供往返交通工具和住宿并支付费用。海关查验货物时，要求货物的收、发货人或其代理人必须到场，并按海关的要求负责办理货物的搬移、拆装箱和查验货物的包装等工作。海关认为必要时，可以径行开验、复验或者提取货样，货物保管人应当到场作为见证人。查验货物时，由于海关关员责任造成被查货物损坏的，海关应按规定赔偿当事人的直接经济损失。赔偿办法：由海关关员如实填写《中华人民共和国海关查验货物、物品损坏报告书》一式两份，查验关员和当事人双方签字，各留一份。双方共同商定货物的受损程度或修理费用（必要时，可凭公证机构出具的鉴定证明确定），以海关审定的完税价格为基数，确定赔偿金额。赔偿金额确定后，由海关填发《中华人民共和国海关损坏货物、物品赔偿通知》，当事人自收到通知单之日起，三个月内凭通知单向海关领取赔款或将银行账号通知海关划拨，逾期海关不再赔偿。赔款一律用人民币支付。

第三，进出口货物的放行。海关对进出口货物的报关，经过审核报关单据、查验实际货物，并依法办理了征收货物税费手续或减免税手续后，在有关单据上签盖放行章，货物的所有人或其代理人才能提取或装运货物。此时，海关对进出口货物的监管才算结束。另外，进出口货物因各种原因需海关特殊处理的，可向海关申请担保放行。海关对担保的范围和方式均有明确的规定。

检验检疫程序是指：出入境货物、运输工具、集装箱、人员及其携带物，从报检/申报、采样/抽样、检验检疫、卫生除害处理、计费/收费到签证放行全过程。

第一，报检单位，有进出口经营权的国内企业；入境货物收货人或其代理人；出境货物生产企业或代理人；中外合资、中外合作和外商独资企业；国外企业、商社常驻中国代表机构等；其他对外贸易关系人。

第二，报检范围，国家法律、行政法规或规章规定的应检对象；有关国际公约规定须经出入境检验检疫机构检验检疫对象；输入国有规定或与我国有协议/协定，必须凭检验检疫机构出具有关证书（明）方准入境对象；对外贸易合同、信用证规定由检验检疫机构出证的出入境对象；对外贸易关系人申请的鉴定业务；委托检验检疫的业务；一般原产地证和普惠制产地证的签证业务。

第三，报检时必须提供的单证，受理入境货物报检时，要求报检人提供外贸合同、发票、提单、装箱单以及入境货物通知单等单证；实施安全质量许可、卫生检疫注册的应提交有关证明文件复印件，并在报检单上注明文件号，具体有：报检入境货物品质检验的还应提供国外品质证书或质量保证书、产品使用说明及有关标准和技术资料；凭样成交的，须加附成交样品。申请残损鉴定的还应提供理货残损单，铁路商务记录，空运事故记录或海事报告等证明货损情况的有关单证。申请重（数）量鉴定的还应提供重量明细单，理货清单等。入境货物经收用货部门验收或其他单位检验的，应加附有关验收记录、重量明细单或检验结果报告单。

第四，入境特殊物品的报验。特殊物品包括微生物、人体组织、器官、血液及其制品、生物制品和国务院卫生行政部门指定的其他须特别审批的物品。对入境特殊物品的报验，报验人应根据不同货物种类向检验检疫机构提供相应资料、证明或证书。

出境货物检验检疫流程如图 9.7 所示，入境货物检验检疫流程如图 9.8 所示。

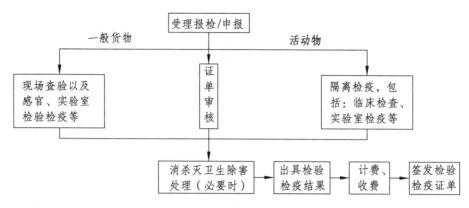

图 9.7 出境货物检验检疫流程

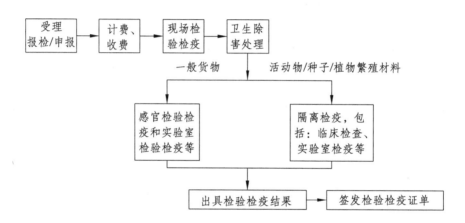

图 9.8 入境货物检验检疫流程

二、国际物流解决方案设计要点

（1）一体化服务模式设计。物流服务的一体化，要通过对现有物流资源的充分整合和物流业务流程的合理重组，设计并运作高效率、低成本、统一管理、高度信息化的综合物流服务方案。

（2）国际物流运输方案设计。应分析各种运输系统的状况，提出作为国际物流中关键环节的货物运输方案，选择合理的运输方式和运输路线，采用先进的运输技术和组织方式，优化运输线路，建立运输服务指标体系，设计详细的、标准化的国内外运输服务流程。

（3）国际物流仓储方案设计。应合理利用保税政策，合理配置仓储作业设施和设备，设计标准化仓储业务流程、业务单据和报表，配备高素质的作业管理人员，制订仓储管理的规章制度，为高质量的仓储服务提供保障制度。

（4）其他环节设计。合理选择内陆和口岸的场站，设计标准化的场站作业流程，提供高效优质的、链接无缝的、与其他环节共同构成一体化的服务；同时，根据国际物流的要求，设计个性化的货代服务，完成商品的进出口报关、报验、出口订舱等环节的标准化操作并缮制各种单据。

【案例9.2】 ERP系统中进货验收单的功能设计实例

进货验收时采购物资入库、运输货物入库的重要环节，是降低物流货损、货差的关键，在ERP系统功能模块中，进货验收单的功能设计是其中的重要一环，以下是常见的设计思路。

一、进货验收单审核时检查

在进货验收单审核之前，系统必须对相关的内容进行检查，以提高进货验收单数据的准确性。

检查一：验收数量加上验退数量是否等于进货数量。一般情况下，在没有不良品的情况下，进货数量就等于验收数量。但是，在有不良品时，进货数量等于验收数量加上验退数量。这个验退数量会在进货单审核后，直接转换为退货单。当退货单审核后，才会扣除进货数量。也就是说，在退货单没有审核之前，这个不良品仍然是企业的资产。所以，在进货单审核的时候，进货数量必须等于验收数量与验退数量之和。若不相等的话，则进货验收单就无法审核。

检查二：进货验收单审核时间所在的期间是否打开。因为进货验收单中，有涉及费用的问题，所以根据财务控制的要求，进货验收单审核的时间对应的期间，必须是打开的。若没有打开的话，则任何交易的单据都将无法审核。所以，当这个审核时间对应的期间没有打开的时候，系统就会提示错误信息："期间关闭，请先打开期间"。

检查三：是否有前置单据。若在进货单单据设置的时候，把进货验收单设置成必须核对前置单据。则在进货验收单审核的时候，会检查进货验收单中是否有进货单的信息。若没有进货单信息，即企业用户是手工建立进货验收单，而不是根据进货单转换过来，或者没有指定进货单时，这笔验收单将无法审核。因为在验收单审核的过程中，会更新进货单中的相关信息，所以，在这里核对前置单据，是有必要的。

二、撤销审核时的控制

在某些特定的情况下，如进货验收单出现错误时，是允许进货验收单撤销审核的。但是，这是有比较严格的限制条件的。若不满足这些限制条件，则系统会拒绝撤销审核进货验收单。

限制条件一：日期上的限制。进货验收单若要审核，必须满足两个日期条件。一是在进货验收单撤销审核的时候，撤销审核的时间所对应的期间必须是打开的，否则的话，系统会提示错误信息。二是撤销审核的时候，时间必须要大于财务冻结日期。因为进货验收单撤销审核后，会影响财务的结算。所以，为了保障数据的一致性，进货验收单如果要撤销审核，必须要在财务冻结日期之前撤销审核，否则的话，系统是不允许的。若在财务冻结日期之后，还需要修改进货验收单，一般不允许，只有通过其他单据来做调整，如通过成本调整单、库存调整单，等等。

限制条件二：进货验收单所对应的进货单不存在应付凭单或者应付凭单已经作废。在根据进货单生成应付凭单的时候，应付凭单计算应付金额的时候，是根据进货单上的验收数量来进行计算的。而撤销进货验收单的时候，会同时更改进货单上的验收数量。如此的话，进货单上的验收数量与进货单所对应的应付凭单内容就对不上了。所以，遇到这种情况的话，系统是拒绝进货验收单撤销审核的。除非企业用户删除这种应付凭单或者作废这张单据。如此控制的目的，就是为了保障数据前后的一致性。从这里也看出，在进货验收单上关联对应的进货单的重要性。在进货单上，有一个"应付凭单单号"字段，该字段会根据其他作业进行自动改写。在进货验收单撤销审核时，就根据这个字段的内容来判断进货单是否已经有应付凭单，或者应付凭单是否作废。

【**案例 9.3**】　上海快联信息公司独立派送线型国际快递解决方案

为完善独立派送线型国际快递业务，上海快联信息公司主要的业务流程包括：

一、接线管理

当客户打入电话，接线人员将客户的需求以及业务信息记录下来的这步操作叫做接线。第一，接线人员首先询问客户的编号或名称，货物到达目的地以及大概的重量等，并将此输入。第二，输入编号后，系统提供快速助记查找、下拉清单提示，默认内容填充等方法，帮助接线员迅速完成单据录入。同时判断：如果该客户进过黑名单，系统应能自动提示用户。系统根据客户信息判断该客户是老客户还是新客户。如果是新客户，并且接受公开报价（系统应能够自动报价），则保存记录提交给调度，如不接受公开报价，则将记录提交给市场部门。如果是老客户，一般情况下直接保存记录提交给调度，但客户如提出货量较大时并希望重新谈价时，则将记录提交给市场部门。第三，当客户提出到付或第三方付款的时候，通常不直接提交给调度，而是提交给客服部，需要进行信誉考核，并将考核的结果分为永久性和临时性两种记录。如果以后再次出现，系统能够自动提示用户是否需要再次考核，考核通过后由客服部提交给调度。第四，在保存记录时，能够自动识别客户，判断是本地客户，还是外地客户，如果不能判别，应提示用户，由接线员自己选择归类，以方便调度使用。如果客户提出自己直接送货物到仓库，则该笔业务无需提交给调度。有时候，客户打电话进来只是预约，即几天后再取件，业务记录同样保存进数据库，具体如图 9.9 所示。

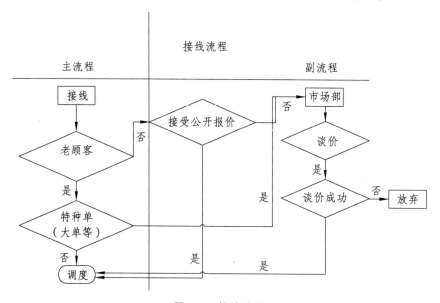

图 9.9　接线流程

二、调度管理

调度的信息来源有：接线记录、网上下单、市场部核准的业务、派送进口件（市区部分）、其他（包括送发票、送材料等），调度员根据这些信息来源，分配不同的快递员去取或送的这个操作叫做调度。第一，将所有的记录分为两类：市区调度、国内调度。由不同的人负责两类业务。接线内容按时间先后顺序跳入调度页面，并按照当天未调度和当天已调度分开显示，每页显示 50 条记录。对于当天的预约快件，保证能够显示出来。第二，

第四部分 实践篇

第十章 物流规划的评价

本章在分析物流规划评价的意义与作用，阐明物流规划与评价关系的基础上，重点介绍物流规划方案的综合评价方法，物流规划方案的技术性能，经济、社会环境评价的原则与方法，评价中的常用方法等，为科学判断物流规划的技术、经济、环境的合理性提供了基本方法。

第一节 评价的意义与作用

一、评价的意义

规划是一个科学的、民主的、动态的集体思维和集体决策过程，价值标准和分析评价是规划过程中的一个关键内容。可以说，评价贯穿于规划决策过程的每一步。

在规划之前，评价的主要目的是进行现状分析，实际上是将现状作为已经存在的方案。通过评价分析，判断现状网络是否满足规划目的和要求，满足程度如何，存在什么问题，有多少潜力可挖。就城市与区域物流网络而言，通过对现状的分析评价，可以确定现有物流网络的建设水平、运营状况、存在问题和可能的潜力。

在规划设计过程中，评价可以作为设计者的一个辅助工具，引导他们做出较优的方案。事实上，一套科学的评价方法和评价指标体系对于规划人员、设计人员和运营管理人员来讲是非常必要的。评价不等于决策，而是决策的一个必要的辅助工具。评价为决策过程的各种参与者（规划师、领导者阶层、公众）进行决策提供现实依据和度量准绳。为了帮助决策的制订，评价工作应阐明所用的假设和前提，规定评价分析的范围和可信性。

在方案实施以后，对实施方案的使用效果、营运状况的监测反馈也要借助于评价分析。不能将物流规划看成是一次性的任务，方案交给政府或企业以后就完事了，对实施效果很少进行必要的前后比较调查和反馈检验。这种做法不但在经济上可能造成损失，而且可能造成不良的社会效果和引起公众的不满情绪。

科学的评价不仅依靠科学的评价方法和指标，更重要的是依赖于可信的数据资料。一旦评价方法和指标体系确定以后，数据收集工作也应与这样的评价体系相适应，有目的地为评价分析提供必要的资料。

总之，评价在物流规划过程中具有三方面的作用与目的：

（1）评价是确定每一个备选方案价值以及一个方案相对于其他方案可取性的过程，其中关键要解决两个问题：确定如何来衡量方案的价值；估计所建议的行动的费用与效益的来源和时机选择。

（2）为决策者提供政策建议的影响、权衡轻重和不确定性的主要方面等信息。不仅要明确影响的程度，而且要指出受每一备选方案积极或消极影响的团体、阶层或社区。

（3）评价还要为规划人员提供一种对物流系统进一步研究改进的机会。因此，评价不仅是规划人员与决策人员联系的桥梁，也将物流规划中的每一步研究工作联系了起来。

二、物流规划与评价的关系

评价是在物流规划、建设与管理中对物流系统状况、规划方案及其各阶段效果的描述和价值的阐明。现代规划思想正朝着民主科学的决策过程迈进，这意味着规划将是一个科学的、民主的、动态的集体思维过程，价值体系和评价分析将是规划中的关键内容。从图 10.1 中可以看出，评价贯穿于物流规划的每一个环节。

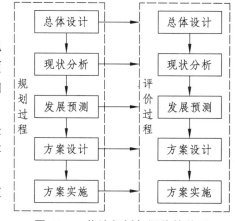

图 10.1　物流规划与评价的关系

在总体设计阶段，评价主要分析物流规划范围、期限及规划目标等一系列前提条件，这项工作可以说是对规划总的方向的把握。实际工作中，一般是由领导决策部门和专家分析讨论，并结合当地客观条件和当时的社会经济形势等拟定。

在现状分析阶段，评价主要确定现状物流系统是否适应现状及其未来的各项需求，适应程度如何，存在什么问题、有多少潜力可挖等。

在发展预测阶段。评价主要分析预测模型、参数的合理性，预测结果的合理性和可信度等。

在方案设计阶段，评价从方案的技术性能特征、社会经济效益和环境影响等多方面综合考虑，给出方案的综合评判依据和结论，为选择规划方案提供依据。

在规划实施阶段，评价主要是对方案实施效果进行分析，以使下一轮规划更科学、合理。这种评价通常也称事后评价。

通过以上分析，可知评价对于整个物流规划工作是至关重要的，尤其是规划方案设计的评价更应慎重对待，它是把握物流规划科学性、合理性、可行性的关键。

第二节　物流规划方案的综合评价

综合评价是从物流的技术性、经济性、环境影响全方面考虑，应用定性、定量等多种手段，来考察物流规划方案的科学合理性，是系统评价的常见实用方法。

一、综合评价的内容

物流规划方案需要从多角度多方面综合对其进行评价，其综合评价的内容包括技术性能评价、经济评价和环境影响评价。技术性能评价主要是对物流规划方案所提出的规划目标、规划建设项目、规划实施措施等方面选取技术性能指标进行评价，以确定规划方案的技术性能情况；经济评价主要是对物流规划方案进行国民经济评价以及对规划建设项目进行财务评价，以确定规划方案的经济情况；环境影响评价主要是在物流规划方案的建设、实施、运营等方面选取环境方面的指标进行评价，以确定规划方案对环境的影响情况。

二、物流规划方案综合评价工作流程

物流规划评价涉及内容多，利益诉求主体多，为了平衡多方利益，应采用科学合理的方法进行综合评价，将技术性能指标、经济指标、环境影响指标放在一起综合考虑，其工作流程如图 10.2 所示。

1. 明确评价前提

首先，须明确评价立场，即明确评价主体是系统使用者还是开发者，或是二者兼而有之，或是其他受影响者。这与评价目标的确定、评价指标的选择等都有直接的关系。

其次，要明确评价的范围和时期，即评价对象涉及哪些地区和部门，评价处于系统开发的哪个时期。物流规划从区域范围上讲有全国性的，省、地区（市）级的，企业级的等，涉及的部门有交通、经济、统计、土地管理、环境保护等政府部门，或者企业内部的各相关部门。这些都须在评价前确定下来，以便尽可能组织各方参与评价工作。至于评价的时期，一般分为初期评价、中期评价、终期评价和跟踪评价四个阶段。不同时期的评价目的和要求各不相同，其评价方法也不完全一样，一般是由定性分析过渡到定量分析。

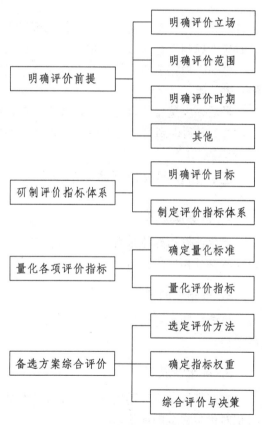

图 10.2　物流规划方案综合评价工作流程

2. 研制评价指标体系

综合评价指标体系通常具有多层次结构。首先要确定评价目标，这是评价的依据。综合评价从广义上说是对人类实践活动进行选择和优化的过程，它研究人们的实践活动与其宗旨和目标的逼近程度及其需要付出代价的大小，进而指导人们优化、优选的行为决策。目标也是分层次的，可分为总目标和具体目标。物流规划方案的综合评价总目标就是整体评价备选方案并选择最佳方案，具体目标要根据方案的性质、范围、条件等确定。目标结构确定后，就要建立评价指标体系，评价指标和标准可以说是目标的具体化，应根据具体目标设立相应的评价指标。

3. 量化各项评价指标

要量化各项评价指标，需要确定相应的量化标准。每项评价指标都应有详细的评价标准，对于可用货币、时间、材料等衡量的指标，可进行定量的分析评价；对社会、自然环境等的影响评价，则只能先作定性分析，然后确定量化方法。对每项评价指标，均需确定计算方法，并对评价标准作恰当的说明。评价标准确定后，就可根据该标准对评价指标评分。在确定评价指标的量值时，可采用直接定量、模糊定量或等级定量等方法，视具体指标的特点分别加以应用。

4. 备选方案综合评价

首先，需确定综合评价方法，即根据各指标间的相互关系及对总目标的贡献确定各项指标的合并计算方法。下层指标值复合成上层指标值需借助于一定的合并规则，常用的有加权规则、乘法规则、指数运算规则、取大规则、取小规则、代换规则、定量规则等。各种规则还可以和"权"配合使用。另外，也可以上述规则为基础进行某种组合和修正，选取合并规则时应考虑到指标的含义和相应的合并目的。

然后，根据各指标的重要性确定合并过程中相应的权重指标值，常用的方法有层次分析法、熵法等。

最后，按选定的合并方法计算上层指标的值。如果评价指标体系有多个层次，则逐层向上计算，直到得到第一层次指标值为止。并据此排出备选方案的优劣顺序，进行分析和决策。

三、建立评价指标体系的原则

1. 科学性原则

要求评价指标体系有理论依据，并能在数量和质量方面以及空间和时间上充分反映方案的技术特征和使用品质。

2. 可测性原则

可测性原则包含：评价指标可根据一定的方法和手段求得，所用的基础资料比较可靠和易取得。

3. 可比性原则

相同指标可用于不同方案的比较，为此力争使指标实现定量化。对于非定量指标，也应有相对优劣程度的评价指标。

第三节　物流规划的技术性能评价

物流系统性能评价是对物流规划方案的技术水平、服务能力等方面的评价，一般可以从网络和节点两个层次来进行。第一个层次是物流网络性能的评价，主要分析评价现状或规划物流网络的总体建设水平、布局、容量等方面；第二个层次是物流节点性能评价，主要分析评价货运场站、批发市场、配送中心和物流中心的数量、布局、规模、容量和发展空间。

一、评价体系框架

物流规划的技术性能评价就是在特定的时空体系中考虑社会和经济发展引导的物流需求与物流系统所能提供服务之间的关系。

在空间上，要考虑整个物流系统（包括物流网络、物流节点和信息网络）的建设水平、布局质量、数量规模和容量大小，分析整个网络的几何拓扑结构、联结质量、覆盖密度和物流吞吐能力等性能。进行这些性能的评价时，要结合考虑经济的规模、布局、发展水平，以及规划区域的人文、历史和自然环境等因素。

在时间上，不仅要考虑物流网络的效率、可达性和可靠性等，还要分析物流节点的效率和可靠性，特别是服务水平，包括订单完成率、响应时间长度、库存总时数和资金周转等，这与物流节点的运输、仓储、交易展示及信息的设施配备情况有关；同时，评价信息网络的时延、响应时间、带宽、资源利用率等性能。

在一定的时间段内，物流规划方案的技术性能会保持静态稳定；随着时间的变化，技术性能会在空间以及其他方面发生动态变化。因此，需要在空间上、时间上，针对物流规划方案技术性能指标进行静态和动态分析，即对物流规划的总体技术性能进行综合评价，从而建立物流规划技术性能评价体系框架，如图 10.3 所示。

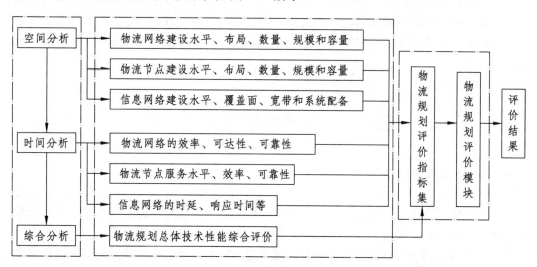

图 10.3　物流系统总体性能评价体系框架

二、物流规划技术性能评价指标体系

物流规划技术性能评价的因素集包括外生变量和内生变量。外生变量主要是由社会、经济等方面决定，而与物流规划本身无关的因素；内生变量则完全是因物流规划而确定的各种因素。根据外生变量和内生变量，大致可确定物流规划技术性能评价指标集，如表 10.1 所示。

表 10.1　物流规划技术性能评价相关因素及评价指标体系

因　素　集	指　标　集
主要外生变量： 　1. 用地规模 　2. 人口规模 　3. 经济水平 　4. 产业结构 　5. 运载工具拥有量 主要内生变量： 　1. 物流网络长度（对内、对外） 　2. 港站码头面积（对内、对外） 　3. 物流路径等级质量 　4. 物流节点容量 　5. 大运量运输系统拥有水平 　6. 对外交通设施水平和数量 　7. 物流节点设施和管理水平 　8. 物流市场发展情况 　9. 信息系统拥有水平	1. 物流线路的能力 2. 物流网络的长度 3. 物流网络的密度 4. 物流网络和节点的可靠性 5. 物流节点的分布形态、规模、等级等 6. 各种交通运输方式的比重 7. 港站码头货物吞吐能力 8. 物流网络的效率 9. 物流节点的服务水平 10. 物流节点的处理能力 11. 物流网络的可达性 12. 信息网络的覆盖率、带宽和响应时间长度 13. 信息系统的资源利用率 14. 物流节点订单完成率、订单响应时间长度 15. 物流节点资金周转率 16. 物流节点物流作业容量 17. 库存利用率、库存总时数

有了物流系统的各项评价指标值，还不能直接判断出物流规划到底如何，因为这些指标都只能从某一侧面反映物流规划建设的水平，而且指标之间又存在一定的内在联系，因此必须考虑用科学评价的方法来判定物流规划方案，常用的评价方法有关联矩阵法、模糊评价法、层次分析法等。

第四节　物流规划的经济评价

一、经济评价的原则

物流规划的经济评价主要包括财务评价[1]和国民经济评价[2]。物流规划中，对于区域、城市的物流战略规划、发展规划、体系规划等，一般应进行国民经济评价。对于物流节点规划、设计，或者是物流项目的可行性研究，还应进行财务评价。在物流规划方案的经济评价中，必须遵循以下原则：

1. 费用、效益的范围对应一致的原则

物流规划方案的经济评价实际上就是总支出费用与所获得效益的相对比较。效益和费用的范围划分应为：凡为国民经济所作的贡献均计为该方案的效益，一般为了便于计算，均只计算直接经济效益，也就是由物流设施使用者获得的效益。费用就是在规划期内所投入的物的经济价值。

2. 采用"有"、"无"比较法的原则

"有"、"无"比较法是将拟建项目建设的情况下发生的各种费用和效益，与假定拟建项目

不实施的情况下发生的各种费用和效益两者进行比较，来确定拟建项目费用和效益的一种方法。它与"前"、"后"比较法不同。"前"、"后"比较法是通过拟建项目建设前后的物流成本、时间等参数的对比来确定项目的效益和费用的一种方法，它把原成本固定在一个点上或某一年上，不考虑新、老项目所带给物流的成本随服务水平在不断发生变化，因此，不能真实地反映项目的收益情况。为了准确地衡量项目所带来的净收益，采用"有"、"无"对比法是非常必要的。

3. 计算期采用同一价值的原则

2006 年国家发改委、建设部颁布的《建设项目经济评价方法与参数》规定国内项目的经济评价，在计算期内各年使用同一价值。采用同一价格，并不意味着项目在计算期的投入物和产出物的价值固定不变，而是由于影响物价变化的因素太多、太复杂、难以预测。如果有的项目物价上涨非常剧烈或者要利用外资，为了便于作偿还能力的分析，可将物价上涨因素作为影响经济评价的重要因素之一进行敏感性分析。

4. 计算年限应统一的原则

按照国家有关规定，计算年限应为建设年限加上投入使用的预测年限，投入使用后的预测年限可参照交通项目按 20 年计。对不同项目采用同一经济评价计算年限，便于方案比选。

二、经济评价的定量分析

经济评价的定量分析包括费用的计算和效益的计算。

1. 费用的计算

物流规划方案的费用是指为完成规划方案中项目的建设、管理和运营所付出的经济代价，即所投入的全部物质资源和人力资源，它是可以用货币形式计量的。通常费用的构成有两种形式，一种是宏观的社会物流费用，具体包括运输费用、保管费用和管理费用三部分内容。一种是微观的企业物流费用、物流项目费用。企业物流费用具体包括企业物流成本项目费用、企业物流成本范围费用和企业物流成本支付形态构成费用。物流项目费用具体包括物流建设项目的建筑工程费、设备与工器具购置费、安装工程费、工程建设其他费。

2. 效益的计算

物流规划方案带来的经济效益一般可分为直接经济效益和间接的社会经济效益。直接经济效益指物流规划方案产出物产生并在规划方案范围内计算的经济效益，间接的社会经济效益是指物流规划方案对社会作出了贡献，而规划中的项目本身并没有得到的那部分效益。物流项目的直接经济效益有仓库、堆场出售，交易摊位出售，办公场所出售获取的收益；仓储管理、配送、装卸搬运、信息服务、流通加工、集装箱管理等物流业务获取的收益；停车服务、物业服务、商务服务（餐饮、住宿、会务、金融等）、会展服务等公共服务及配套服务获取的经营性收益；仓库、堆场租赁，交易摊位租赁，办公场所租赁获得的收益。物流项目间接的社会效益主要体现在增加就业、节约时间、节约里程、减少库存、提高物流服务吸引投资等方面。

三、经济评价的指标

物流规划方案的经济评价是通过对各方案的全部预计成本（费用）和全部预期效益的现值进行比较来考察方案的经济合理性及优劣。

1. 财务评价指标

根据财务评价的内容，相应的评价指标包括赢利能力指标和偿债能力指标两大类。

1）赢利能力指标

赢利能力指标包括财务内部收益率、财务净现值、投资回收期、投资利润率等指标。其中，财务内部收益率为主要赢利性指标，其他指标根据项目的特点及财务评价的目的、要求选用。

（1）财务内部收益率（Financial Internal Rate of Return，简称 FIRR）。

财务内部收益率指项目在整个计算期内各年净现金流量[3]现值[4]累计等于零时的折现率[5]，它是评价项目赢利能力的动态指标。计算公式为：

$$FIRR = \frac{t}{\sum_{t=1}^{n}(CI-CO)_t} - 1 \tag{10.1}$$

式中　CI——现金流入量；

　　　CO——现金流出量；

　　　$(CI-CO)_t$——第 t 年的净现金流量；

　　　n——计算期年数。

在财务评价中，求出的 FIRR 应与部门或行业的基准收益率[6]比较，当 FIRR 不小于基准收益率时，表明项目的获利能力超过或等于基准收益率的获利水平，从财务上看，该项目是可行的。

（2）财务净现值（Financial Net Present Value Rate，简称 FNPV）。

财务净现值是指项目按基准收益率或设定的折现率，将各年的净现金流量折现到建设起点的现值之和，是反映项目在计算期内获利能力的动态指标。计算公式为：

$$FNPV = \sum_{t=1}^{n}(CI-CO)_t(1+I_c) - t \tag{10.2}$$

式中　I_c——设定的折现率；

其余符号的含义同前。

财务净现值是评价项目赢利能力的绝对指标，反映项目在满足按设定折现率要求的赢利之外所获得的超额赢利的现值。FNPV≥0 表明项目的赢利能力达到或超过按设定的折现率计算的赢利水平，一般只计算所得税前财务净现值。一般来说，FNPV≥I_c 的项目是可以考虑接受的。

（3）投资回收期（P_t）。

投资回收期是反映项目真实偿还能力的重要指标，分为静态投资回收期和动态投资回收期。

静态投资回收期指以项目的净收益抵偿项目全部投资所需要的时间，一般以年为单位，从项目建设开始年算起，若从项目投产年算起，应予以特别注明。静态投资回收期可直接根据现金流量表计算。现金流量表中累计现金流量（所得税前）由负值变为零时的时点，即为项目的静态投资回收期。计算公式为：

$$P_t = 累计净现金流量开始出现正值的年份数 - 1 + \frac{上年累计净现金的绝对值}{当年净现金流量值} \qquad (10.3)$$

动态投资回收期是按现值法计算的投资回收期，可直接从财务现金流量表求得。其计算公式为：

$$P_t = 累计财务净现值开始出现正值的年份数 - 1 + \frac{上年累计财务净现金值的绝对值}{当年净现值} \qquad (10.4)$$

投资回收期越短，表明项目的赢利能力和抗风险能力越好。投资回收期要求的基准期限，可根据行业水平或投资者的要求确定。静态投资回收期的主要优点是能反映项目本身的资金回收能力，比较直观，容易理解，对于那些技术上更新迅速的项目进行分析特别有用。其主要缺点是由于过分强调迅速获得财务收益，没有考虑回收资金后的情况，而且没有评价项目计算期内的总收益和获利能力，因而在使用这个指标进行方案评价选择和项目排队时，必须与其他指标（如财务内部收益率或财务净现值）合并使用，否则可能导致错误的结论。与静态投资回收期相比，动态投资回收期的优点是考虑了现金收支的时间因素，能真正反映资金的回收时间，缺点是计算比较麻烦。

（4）投资利润率。

投资利润率是指项目在计算期内正常年份的年利润总额（或者年平均利润总额）与项目总投资的比例，是考察项目单位投资赢利能力的静态指标。将项目投资利润率与同行业平均投资利用率对比，判断项目的获利能力和水平。

$$投资利润率 = \frac{年利润总额或年平均利润总额}{项目总投资} \times 100\% \qquad (10.5)$$

年利润总额通常为项目达到正常生产能力的年利润总额，也可以是生产期平均年利润总额，年利润总额＝年产品销售收入－年总成本费用－年销售税金及附加。计算出的投资利润率应与行业的标准投资利润率或行业的平均投资利润率进行比较，若大于（或等于）标准投资利润率或平均投资利润率，则认为项目是可以考虑接受的，否则不可行。

2）偿债能力指标

偿债能力指标用以评价项目偿还借款的能力，其主要指标有借款偿还期、利息备付率、偿债备付率等。如果采用借款偿还期指标，可不再计算备付率；如果计算备付率，则不再计算借款偿还期指标。

（1）借债偿还期。

借债偿还期（P_d）是指按照国家财政规定及项目具体财务条件，以项目投产后获得的可用于还本付息的资金，还清借款本息所需的时间，一般以年为单位表示，是反映项目偿还能力的重要指标。该指标由下式确定：

$$I_{\mathrm{d}} = \sum_{t=1}^{P_{\mathrm{d}}} (R_{\mathrm{p}} + D' + R_{\mathrm{o}} - R_{\mathrm{r}})_t \tag{10.6}$$

式中　I_{d}——固定资产投资本金和利息之和；

　　　P_{d}——借款偿还期（从建设开始年算起。当从投产年算起时，应予注明）；

　　　R_{p}——年利润总额；

　　　D'——年可用作偿还借款的折旧；

　　　R_{o}——年可用作偿还借款的其他收益；

　　　R_{r}——还款期间的年企业留利；

　　　$(R_{\mathrm{p}} + D' + R_{\mathrm{o}} - R_{\mathrm{r}})_t$——项目第 t 年可用于还款的资金。

借债偿还期可直接由财务平衡表推算，以年表示，计算公式为：

$$借款偿还期 = 借款偿还后出现盈余资金的年份 + \frac{当期借款偿还额}{当年可用于还款的收益额} \tag{10.7}$$

借款偿还期指标适用于那些计算最大偿还能力，尽快还款的项目，不适用于那些预先给定借款偿还期限的项目。对于后者，应采用利息备付率和偿债备付率指标来分析项目的偿债能力。

（2）利息备付率。

利息备付率是指项目在借款偿还期内，各年可用于支付利息的税息前利润与当期应付利息费用的比值，即：

$$利息备付率 = \frac{税息前利润}{当期应付利息费用} \tag{10.8}$$

式中　　　　　税息前利润 = 利润总额 + 计入总成本费用的利息费用

　　　　　　当期应付利息费用 = 计入总成本费用的全部利息

利息备付率可按年计算，也可按整个借款期计算。利息备付率表示项目的利润偿付利息的保证倍率。对于正常运营的企业，利息备付率应大于 2，否则表示付息能力保障程度不足。

（3）偿债备付率。

偿债备付率是指项目在借款偿还期内，各年可用于还本付息资金与当期应还本付息金额的比值，即：

$$偿债备付率 = \frac{可用于还本付息资金}{当期应还本付息资金} \tag{10.9}$$

可用于还本付息的资金包括可用于还款的折旧和摊销、在成本中列支的利息费用和可用于还款的利润等。当期应还本付息金额包括当期应还贷款本金及计入成本的利息。

偿债备付率可按年计算，也可按整个借款期计算。偿债备付率表示可用于还本付息的资金还借款本息的保证倍率。偿债备付率在正常情况应大于 1，当指标小于 1 时，表示当年资金来源不足以偿还当期债务，需要通过短期借款偿还已到期债务。

【案例 10.1】 四川省泸州市城北物流中心财务评价

四川省泸州市城北物流中心总面积为 1 059 亩，预计建设分两期，其中一期 600 亩，二期 459 亩。一期开工后一年建成，二期从第五年开始施工。

城北物流中心的投资规模概算如表 10.2 所示。

表 10.2 城北物流中心投资概算表（单位：万元）

项 目	一期投资	二期投资
土地购置成本	7 200	5 508
物流中心建设成本	20 160	12 144
建设期利息	780	1 022
流动资金	300	0
投资总计	28 440	18 674
工程总投资	47 114	

1. 投资使用计划

（1）一期项目一年内建成，建设期利息为 780 万元；二期项目第 5 年初开工，年内完工，建设期利息为 1 022 万元。

（2）按照本项目投产计划安排，铺底流动资金分年投入计划为：第 2 年 150 万元，第 3 年 100 万元，第 4 年 50 万元。

2. 资金筹措

（1）资本金。资本金总计为 14 134 万元，占报批项目总投资的 30%，符合国家有关建设项目资本金比例要求。由开发公司筹措，均应为非债务性资金。

其中：

第一期资本金为 8 508 万元，其中，用于建设投资和建设期利息 8 208 万元；铺底流动资金 300 万元。

第二期资本金为 5 626 万元，全部用于建设投资和建设期利息。

（2）长期借款。

第一期长期借款的建设投资资金 19 932 万元，全部于第一年年初投入，用于建设投资。

第二期长期借款的建设投资资金 13 048 万元，全部于第五年年初投入，用于建设投资。

投资使用计划与资金筹措如表 10.3 所示。

表 10.3 城北物流中心投资使用计划与资金筹措表（单位：万元）

项 目	合 计	年 度				
		1	2	3	4	5
一、工程总投资	47 114	28 140	150	100	50	18 674
1. 建设投资	45 012	27 360	0	0	0	17 652
人民币	45 012	27 360	0	0	0	17 652
外汇	0	0	0	0	0	0

续表 10.3

项　目	合　计	年　度				
		1	2	3	4	5
2. 建设期利息	1 802	780	0	0	0	1 022
人民币	1 802	780	0	0	0	1 022
外汇	0	0	0	0	0	0
3. 流动资金	300	0	150	100	50	0
二、资金筹措	47 114	28 140	150	100	50	18 674
1. 资本金	14 134	8 208	150	100	50	5 626
用于建设投资和利息	13 834	8 208	0	0	0	5 626
用于建设投资	12 032	7 428	0	0	0	4 604
用于建设期利息	1 802	780	0	0	0	1 022
用于流动资金	300	0	150	100	50	0
2. 借款	32 980	19 932	0	0	0	13 048
长期借款	32 980	19 932	0	0	0	13 048
流动资金借款	0	0	0	0	0	0
其他短期借款	0	0	0	0	0	0
3. 其他	0	0	0	0	0	0

（3）分年度实施计划。分年度投资计划如表 10.4 所示。

表 10.4　城北物流中心分年度投资计划

年　度	1	2	3	4	5
土地购置	60%				40%
物流中心建设	60%				40%
流动资金投入		50%	33%	17%	

3. 经济效益评价

对计算期内各年全部投资和资本金的现金流量进行计算，得出各年的累积净现金流量现值。根据现金流量表，进行经济效益评价。

（1）净现值（NPV）：NPV = 55 173 万元。

（2）内部收益率（IRR）：IRR = 19%。

（3）投资回收期（P_t）：P_t = 9.17 年。

全部投资的内部收益率为 19%，大于基准收益率 8.0%；净现值为 55 173 万元，大于零，说明赢利能力满足了行业要求。投资回收期为 9.17 年，贷款偿还期为 10 年（含建设期），满足了银行贷款要求。说明本项目从经济效益评价角度看是可行的。

2. 国民经济评价指标

根据国民经济评价的内容,物流规划方案相应的国民经济评价指标包括经济内部收益率、经济净现值等。

1)经济内部收益率(Economic Internal Rate of Return,简称 EIRR)

经济内部收益率是反映建设项目对国民经济净贡献的相对指标,是建设项目在计算期内各年的经济净效益流量的现值累计之和等于零时的折现率。它的隐函数表达式为:

$$\sum_{t=0}^{n}(B-C)_t(1+\text{EIRR})^{-t}=0 \tag{10.10}$$

式中　B——效益流入量;

　　　C——费用流出量;

　　　$(B-C)_t$——第 t 年的净效益流量;

　　　n——计算期年数。

经济内部收益率大于或等于社会折现率[7]时,表明项目对国民经济的贡献超过或达到了要求的水平,此时应认为项目是可以考虑接受的。

2)经济净现值(Economic Net Present Value Rate,简称 ENPV)

经济净现值是反映建设项目对国民经济净贡献的绝对指标,它是指用社会折现率将项目计算期内各年的净效益流量折算到建设期初的现值之和。计算表达式为:

$$\text{ENPV}=\sum_{t=0}^{n}(B-C)_t(1+i_s)^{-t} \tag{10.11}$$

式中　i_s——社会折现率;

　　　其余符号的含义同前。

$\text{ENPV} \geqslant 0$ 表示国家为拟建项目付出代价后,可以得到符合社会折现率要求的社会盈余,或者还可以得到超额的社会盈余,并且以现值表示这种盈余的量值。因此,当 $\text{ENPV} \geqslant 0$ 时表示项目的赢利性达到了基本要求,这时就认为项目是可以接受的。

四、经济评价中的不确定性分析

1. 不确定性分析的必要性

物流规划建设方案的评价,是建立在某种假设判断和数据统计基础上的,所采用的数据大部分来自于预测和估计,因此,无论采用哪种方法进行评价,总是带有一些不确定的因素,各种不确定因素综合作用的结果可能对评价方案产生影响,所以需要进行不确定性分析,以确定方案在经济上的可靠性。

不确定性分析包括盈亏平衡分析、敏感性分析和概率分析。盈亏平衡分析只用于财务评价,敏感性分析和概率分析可同时用于财务评价和国民经济评价。

2. 敏感性分析的概念

敏感性分析是通过分析预测项目主要因素发生的变化对经济指标的影响,从中找出敏感因素,并确定其影响程度。

物流规划建设方案的敏感性分析,是分析预测对经济评价起作用的各个因素,如建设工期缩短延长、投资增减、主要物资材料的价格升降、燃料价格变化、物流量增长水平及储运能力变化等。受影响的经济评价指标有效益费用比、内部效益率、投资回收期等，重点是测定变化的诸因素对内部收益率变化的影响。

3. 敏感性分析的方法

敏感性分析通常是分析各因素单独变化或多因素同时变化对内部收益率的影响，一般是在现值法基础上进行，有两种做法：

（1）某不确定性因素按一定比例变化，引起评价指标的变化，其变化幅度可列表以百分比表示，这种做法带有一定的主观性。

（2）当评价指标达到临界点，如经济内部收益率等于社会折现率时，考察允许某个因素变化的最大幅度，即极限变化。超过此极限，方案不可行。为求此极限，需绘制敏感性分析图。

第五节　物流规划的环境影响评价

物流设施的建设和物流活动必然引起项目所在地区自然环境、社会环境和生态环境的变化，对环境状况、环境质量产生不同程度的影响。物流规划的环境影响评价是对物流规划方案选择过程中，调查研究环境条件，识别和分析规划方案影响环境的因素，研究提出治理和保护环境的措施，比选优化环境保护方案。按照国家相关规定，项目可行性研究必须进行环保设计和评价。

一、环境影响评价的基本要求

我国环境保护的基本方针是"全面规划、合理布局、综合利用、化害为利、依靠群众、大家动手、保护环境、造福人民"，基本原则是"防治结合，以防为主"、"管治结合，以管促治"和"谁污染，谁治理"。环境影响评价应达到以下要求：

（1）符合国家环境保护法律法规和环境功能规划的要求。

（2）尽可能在生产过程中把污染物降低到最低限度。

（3）坚持污染物排放总量控制，达到排放标准要求。

（4）因地制宜地采用行之有效的治理和综合利用技术。

（5）坚持环境治理设施与项目主体工程同时设计、同时施工、同时投产使用。

（6）尽量采用热电结合、集中供热或连片供热、集中供应民用煤气的解决方案。

（7）储存、运输、使用放射性物质及放射性废弃物的处理，必须符合《放射性防护规定》和《放射性同位素工作卫生防护管理办法》等的要求。

（8）力争环境效益与经济效益统一。

（9）注意资源综合利用。

二、影响环境的因素

影响环境的主要因素是污染源。生产过程中设备或装置可能产生各类有毒有害物质，其设备或装置称为污染源。污染物则是污染源向环境排放的或对环境产生影响的有毒有害物质。

影响环境的因素包括污染环境的因素和破坏环境的因素。

（1）污染环境的因素。污染环境的因素主要包括废气、废水、固体废弃物、噪声、粉尘和其他污染物等。

（2）破坏环境的因素。主要是对环境造成破坏的因素，包括对地形地貌和已有设施的破坏；对森林草原植被破坏引起的土壤退化、水土流失等；对社会环境、文物古迹、风景名胜区、水源保护区的破坏等。

国家对于各类污染的防治措施均有详尽的规定。应根据项目的具体情况，在环境影响因素及其影响分析的基础上，按照国家有关环境保护法律法规的要求，选用相应的防治措施，研究提出治理方案。

三、环境影响评价的结论

环境影响评价应该根据国家和地方政府颁布的法规、条例的标准，对以下几点提出明确的结论性意见：

（1）从环境现状和环境容量方面分析，阐明项目排放总量及浓度可否接受。

（2）从对环境和居民的影响及危害分析，说明项目选址是否可取，是否已经优化。

（3）从保护环境的角度考虑，强调设计落实"三同时"等若干环保措施。

（4）阐明影响环境的重要污染物、影响途径和人群。

（5）对存在问题提出建设性意见和措施。

此外，在评价过程中，不能仅仅满足法规、条例和标准的要求，还应尽量少花钱多办事。对国家标准规定的限值不能考虑单一因素，要考虑叠加和累积效应的影响。

第六节　评价方法

一、评价指标数量化方法

为了能综合系统总的效用，需要对评价指标体系的每一条指标进行量化。常用的系统评价指标数量化方法主要有：排队打分法、体操计分法、专家评分法、两两比较法等，这些方法能帮助评价者方便地进行指标的量化。

1. 排队打分法

如果评价指标的因素已有明确的数量表示，例如汽车的时速、油耗，工厂的产值、利润、能耗等，就可以采用排队打分法。

设有 m 种方案，则可采取 m 级记分制，最优者为 m 分，最劣者为 1 分，中间各方案可以等步长记分（步长为 1 分），也可以不等步长记分，灵活掌握；也可以将某一个指标的各方案数据进行排列，再根据数据的分布规律，划分出若干组别（小于 10 组），令最大组别的方案得分为 10 分，其次 9 分，以此类推。

2. 体操计分法

体育比赛中许多计分方法也可以用到系统评价工作中来。例如，体操计分法是请 6 位裁判员各自独立地对表演者按 10 分制评分，得到 6 个评分值，然后舍去最高分和最低分，将中间的 4 个分数平均，就得到表演者最后的得分数。在系统评价工作中，某些定性评价的条目常用这种体操计分法进行量化，得到该指标的得分，如对建设项目的方便性指标，一般情况下是邀请内行专家对各方案进行评价，为了剔除某些专家对某方案的偏好和厌恶，通常采用去掉最高分和最低分的方法，这样能比较真实地反映各方案的方便性。

3. 专家评分法

这是一种利用专家经验的感觉评分法。例如要对多台设备的操作性进行评价，可以邀请若干名专家对不同设备进行操作，让专家感受不同设备操作性的优劣，请专家们根据自己的主观感觉和经验，按照某个打分规则，如优、良、中、差，对每台设备进行等级评分，然后评价小组将不同等级转化成相应的数字，如 4、3、2、1，再将每台设备的得分相加，最后将每台设备的得分总和除以专家的人数，就获得了每台设备的得分数。

4. 两两比较法

两两比较法在系统评价工作中会常常碰到，因为有些指标缺乏统计数据或者难以实测或进行试验，不得不运用某些方法、技巧进行评分。两两比较法虽然是一种感觉（经验）评分法，但通过两两比较，划分优劣，能使评价工作顺利进行。该方法的实施步骤是：邀请专家对某条指标的不同方案进行两两比较，通过某种规则对方案打分，然后对每一方案的得分求和，并利用相应的方法处理。打分时可以采用三等级打分法、五等级打分法或多比例打分法等。

1）三等级打分法

假如有 n 个方案，要对方案的某一条指标进行评分，首先定义甲乙两个方案对于这条指标的比较结果，当甲比乙优时，以 2 表示，甲比乙劣时，以 0 表示，若甲乙相当则以 1 表示，上述定义的结果可以构成一个 $n \times n$ 方阵。其方阵元素为 a_{ij}。

$$\alpha_{ij} = \begin{cases} 2, & \text{当方案甲比乙优时;} \\ 0, & \text{当方案甲比乙劣时;} \\ 1, & \text{当方案甲乙相当时.} \end{cases}$$

很明显，$a_{ji} = 2 - a_{ij}$。即当 $a_{ij} = 1$ 时，$a_{ji} = 1$；当 $a_{ij} = 0$ 时，$a_{ji} = 2$；i 方案某条指标的得分等于方阵第 i 行元素之和，即：

$$q_i = \sum_{j=1}^{n} a_{ij} \tag{10.12}$$

2）五等级打分法

五等级打分法和三等级打分法采用相同的原理，即两两比较，不同的是要区分优劣的程度，从而提高指标量化的精度。当方案 i 与方案 j 在某条指标上相比旗鼓相当，或者说同等优越时，则令 $a_{ij} = a_{ji} = 2$；当方案 i 在某条指标上比方案 j 稍微优越时 $a_{ij} = 3$；当方案 i 在某条指标上比方案 j 显著优越时 $a_{ij} = 4$。反之，当方案 i 在某条指标上比方案 j 稍劣时 $a_{ij} = 1$；当方案 i 在某条指标上与方案 j 相比相差很大时，$a_{ij} = 0$。由此构成 n 阶矩阵，该矩阵的第 i 行元素之和为 i 方案在该指标上的得分。五等级打分表如表 10.5 所示。

表 10.5 五等级打分表

方案 i \\ 方案 j	I	II	III	IV	V	得分 F_i
I		4	3	0	2	9
II	0		4	1	3	8
III	1	0		1	4	6
IV	4	3	3		3	13
V	2	1	0	1		4
$\sum$						40

3）多比例打分法

五等级打分法可以看成是一种特殊的多比例打分法,两个方案的得分分别由 $4:0,3:1$, $2:2$ 比例组成,两者得分之和为 4。在多比例打分法中,两者得分之和为 1,其比例可为 $1:0$, $0.9:0.1$, $0.8:0.2$, $0.7:0.3$, $0.6:0.4$, $0.5:0.5$,这样的划分标准有利于更准确地得到每一方案的得分。多比例打分表如表 10.6 所示。

表 10.6 多比例打分表

方案 i \\ 方案 j	I	II	III	IV	V	得分 F_i
I		1	0.8	0.1	0.5	2.4
II	0		0.9	0.3	0.6	1.8
III	0.2	0.1		0.2	0.9	1.4
IV	0.9	0.7	0.8		0.8	3.2
V	0.5	0.4	0.1	0.2		1.2
$\sum$						10

为了提高打分的准确性（客观性）,可以请多个评分员用相同的打分法各自独立地打分,然后求出得分的平均值。

5. 古林（KLEE）法

古林法是一种确定得分系数或加权系数的方法,如表 10.7 所示。

表 10.7 古林法打分

方案	暂定分数	修正分数	得分系数 f_j
A_1	2.0	4.50	0.33
A_2	0.5	2.25	0.16
A_3	3.0	4.50	0.33
A_4	1.5	1.50	0.11
A_5	1.0	1.00	0.07
$\sum$		13.75	1.00

（1）首先填写暂定分数列（自上而下）。对比 A_1 与 A_2，设前者的优越性是后者的 2 倍，则对应于 A_1 填写 2.0；对比 A_2 与 A_3，设前者的优越性是后者的 1/2，则对应于 A_2 填写 0.5；以此类推，对应于 A_3 和 A_4 填写 3.0 和 1.5，最后 A_5 填写 1.0.

（2）填写修正分数列（自下而上）。取 A_5 为基础值，其修正分值为 1.00，用 1.00 乘以 A_4 的暂定分数 1.5，得到 A_4 的修正值为 1.50；用 1.50 乘以 A_3 的暂定分数 3.0，得到 A_3 的修正分数值为 4.50；以此类推，得到 A_2 和 A_1 的修正分值为 2.25 和 4.50。

对所有修正分数求和：

$$\sum_{j=1}^{n}(A_j\text{的修正分数})=13.75 \tag{10.13}$$

（3）计算得分系数 f_j，即：

$$f_j = \frac{A_j\text{的修正分数}}{\sum\limits_{j=1}^{n}(A_j\text{的修正分数})} \tag{10.14}$$

很显然，f_j 满足 $0 \leqslant f_j \leqslant 1$，$\sum\limits_{j=1}^{n} f_j = 1$。

这是统计学中对于权重系数的定义（按统一要求，权重系数应记为 W_j）。用古林法确定权重系数时，只需要把"优越性"的比较换为"重要性"的比较即可。

二、关联矩阵法

关联矩阵法是多目标系统评价的一种常用方法。

设 A_1，A_2，$\cdots$，A_m 是某评价对象的 m 个替代方案，x_1，x_2，$\cdots$，x_n 是评价替代方案的 n 个指标或评价项目，w_1，w_2，$\cdots$，w_n 是 n 个评价指标的权重，v_{i1}，v_{i2}，$\cdots$，v_{in} 是第 i 个替代方案 A_i 的关于 x_j（$j = 1$，2，$\cdots$，n）指标的价值评定量，则替代方案 A_i 的价值评定的综合评分值 v_i 可以利用加权和得到。上述内容用关联矩阵表示，如表 10.8 所示。

表 10.8　关联矩阵

	x_1	x_2	$\cdots$	x_j	$\cdots$	x_n	v_i
	w_1	w_2	$\cdots$	w_j	$\cdots$	w_n	
A_1	v_{11}	v_{12}	$\cdots$	v_{1j}	$\cdots$	v_{1n}	$v_1 = w_1 v_{11} + w_2 v_{12} + \cdots + w_n v_{1n}$
A_2	v_{21}	v_{22}	$\cdots$	v_{2j}	$\cdots$	v_{2n}	$v_2 = w_1 v_{21} + w_2 v_{22} + \cdots + w_n v_{2n}$
$\vdots$	$\vdots$	$\vdots$	$\vdots$	$\vdots$	$\vdots$	$\vdots$	$\vdots$
A_m	v_{m1}	v_{m2}	$\cdots$	v_{mj}	$\cdots$	v_{mn}	$v_m = w_1 v_{m1} + w_2 v_{m2} + \cdots + w_n v_{mn}$

通常系统是多目标的，因此评价指标也不是唯一的，而且衡量各个指标的尺度不一定都

是货币单位，在很多情况下是不相同的，这就造成了系统评价问题的困难。据此，H·切斯纳提出的综合方法是，根据具体评价系统，确定系统评价指标体系及其相应的权重，然后对评价系统的各个替代方案计算其综合评价值，即求出各评价指标评价值的加权和。

关联矩阵评价方法的关键在于各个评价指标的相对重要度，即权重 w_i 的确定，以及替代方案 A_i 关于 x_j 指标的价值评定量 v_{ij} 的确定。目前，对于它们的确定没有统一固定的方法，一般采用两两比较法和古林法。

三、层次分析法

在复杂的系统中，各种复杂因素对问题的分析有着不同的重要性。将这些因素条理化、层次化，并确定不同因素相对重要性的权值或次序，对整个系统分析评价来说是十分重要的。许多社会、经济以及科学管理的问题分析和决策都可以看成是某种意义下的排序问题。层次分析法能把问题内在的层次与联系进行判断量化，并能对系统的各个替代方案进行排序。

层次分析法（Analytic Hierarchy Process，简称 AHP）由美国运筹学家、匹兹堡大学教授 T. L. Saaty 于 20 世纪 70 年代提出。该方法主要用于方案排序、计划制订、资源分配、政策分析、冲突求解、决策预报等领域，具有系统、灵活、简洁的优点。1982 年 11 月的中美能源、资源、环境学术会议上，H. Gholamnezhad 向中国学者介绍了 AHP 方法。近年来，AHP 方法已经被广泛地应用于我国能源系统分析、城市规划、经济管理、科研成果评价等众多领域。

1. 基本思想

AHP 方法把复杂问题分解成各个组成要素，又将这些要素按支配关系分组成递阶层次结构。在每一层次按某一规定准则，通过两两比较的方式确定各个要素的相对重要性，建立判断矩阵。通过计算判断矩阵的最大特征值和对应的正交化特征向量，得出该层要素对于该准则的权重。在此基础上计算出每个层次要素对于总体目标的组合权重。然后综合有关人员的判断，确定备选方案相对重要性的总排序。整个过程体现了分解—判断—综合的思维特征。

2. 实施步骤

1）明确问题

通过明确问题的范围、提出的具体要求、包含的要素和各要素之间的关系，就可以明确要解决什么问题，情报资料是否已经满足需要。

2）建立多级递阶层次结构

根据对问题的了解和初步分析，将评价系统涉及的各要素按性质分层排列。最简单的层次结构可分为 3 级，如图 10.4 所示。第 1 级是目标层，该级是系统要达到的目标。一般情况下只有 1 个目标，如果有多个分目

图 10.4　三个层次结构

标，可以在下一级设立一个分目标层。第 2 级是准则层，该级衡量达到目标的各项准则。如果某些准则还需具体化，即作进一步的解释说明，则可在下一级再设立一个准则层。第 3 级是方案（措施）层，该级排列了各种有可能采取的方案或措施。不同层次的各要素间的关系

用连线表示，如果要素间有连线，表示二者相关，否则表示不相关。

常见的多级递阶结构有 3 种类型：

（1）完全相关结构。这种结构的特点是上一层次的每一要素与下一层次的所有要素完全相关。例如，某企业拟购买一套新设备，希望设备功能强、价格低、维修容易，有 3 套类型设备可供选择。对于每种类型都需要用 3 个指标予以分析评价，也即各层次间的要素都直接相关。如图

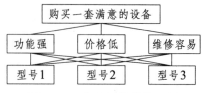

图 10.5　完全相关结构示例

10.5 所示，购买一套满意的设备过程所考虑的就是一个典型的完全相关结构。

（2）完全独立结构。这种结构的特点是上一层要素都各自有独立的、完全不同的下层要素。如图 10.6 所示，减少交通事故损失就是一个典型的完全独立结构。

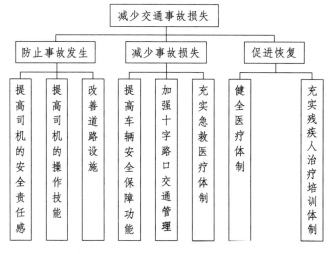

图 10.6　完全独立结构示例

（3）混合结构。完全相关结构和完全独立结构的结合，是一种既非完全相关又非完全独立的结构。如图 10.7 所示，引进技术的综合效益就是一个典型的混合结构。

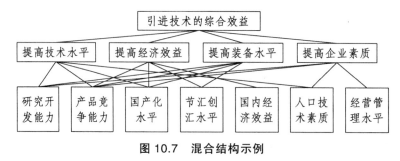

图 10.7　混合结构示例

不同类型的多层递阶结构，在建立判断矩阵和计算各要素的权重时会有所不同。

3. 建立判断矩阵

判断矩阵是 AHP 的基本信息，也是进行相对重要度计算，进行层次单排序的依据。判断矩阵是以上一级的某一要素 C 作为评价准则，对本级的要素进行两两比较来确定矩阵元素的。

例如，以 C 作为评价准则的有 n 个要素，其判断矩阵形式如下：

C	B_1	B_2	$\cdots$	B_j	$\cdots$	B_n
B_1	b_{11}	b_{12}	$\cdots$	b_{1j}	$\cdots$	b_{1n}
B_2	b_{21}	b_{22}	$\cdots$	b_{2j}	$\cdots$	b_{2n}
$\vdots$	$\vdots$	$\vdots$	$\cdots$	$\vdots$	$\vdots$	$\vdots$
B_i	b_{i1}	b_{i2}	$\cdots$	b_{ij}	$\cdots$	b_{in}
$\vdots$	$\vdots$	$\vdots$	$\cdots$	$\vdots$	$\vdots$	$\vdots$
B_n	b_{n1}	b_{n2}	$\cdots$	b_{nj}	$\cdots$	b_{nn}

判断矩阵 B 中的元素 b_{ij} 表示依据评价准则 C，要素 b_i 对 b_j 的相对重要性。b_{ij} 的值是根据资料数据、专家意见和评价主体的经验，经过反复研究后确定的。根据要素之间相对重要性要求的精确程度使用两两比较法确定 b_{ij} 的值。

在建立判断矩阵时，要对评价系统的要素及其相对重要性有深刻了解，保证被比较和判断的要素具有相同的性质，具有可比性。在判断时，不能有逻辑上的错误。

衡量判断矩阵质量的标准是矩阵中的判断是否有满意的一致性，如果判断矩阵存在关系：

$$b_{ij} = \frac{b_{ik}}{b_{jk}} \quad i,j,k = 1,2,\cdots,n \tag{10.15}$$

则称判断矩阵具有完整一致性。然而，由于客观事物的复杂性和人们认识上的多样性，以及可能产生的片面性，要求每一个判断都具有一致性，显然是不可能的，特别是对因素多、规模大的系统更是如此。因此，为保证应用 AHP 得到的结果基本合理，需要对判断矩阵进行一致性检验。这种检验通常是结合相对重要度计算同时进行的。

4. 相对重要度计算和一致性检验

在建立了判断矩阵后，要根据判断矩阵计算本级要素相对上一级某一要素来讲，本级与之有联系的要素之间相对重要性次序的权值，即进行层次单排序。它是对层次所有要素相对最高层次而言的重要性进行排序的基础。

1）相对重要度计算

对判断矩阵 B 先求出最大特征根 $\lambda_{\max}$，然后再求其相对的特征向量 W，即

$$BW = \lambda_{\max} W \tag{10.16}$$

其中，W 的分量（W_1，W_2，$\cdots$，W_n）就是对应于 n 个要素的相对重要度，即权重系数。

常用的近似简便地计算权重系数的方法有和积法和方根法。

（1）和积法。

其步骤是：

① 对 B 按列规范化。

$$\bar{b}_{ij} = \frac{b_{ij}}{\sum_{i=1}^{n} b_{ij}} \quad i,j = 1,2,\cdots,n \tag{10.17}$$

② 按行相加得和数 $\overline{W}_i$。

$$\overline{W}_i = \sum_{j=1}^{n} \overline{b}_{ij} \tag{10.18}$$

③ 进行归一化处理，即得权重系数 W_i。

$$W_i = \frac{\overline{W}_i}{\sum_{i=1}^{n} \overline{W}_i} \tag{10.19}$$

（2）方根法。

其步骤为：

① 对 **B** 按行元素求积，再求 $\frac{1}{n}$ 次幂。

$$\overline{W}_i = \sqrt[n]{\prod_{j=1}^{n} b_{ij}} \quad i,j = 1,2,\cdots,n \tag{10.20}$$

② 归一化处理，即得权重系数 W_i。

$$W_i = \frac{\overline{W}_i}{\sum_{i=1}^{n} \overline{W}_i} \tag{10.21}$$

2）一致性检验

由两两比较法得到的判断矩阵，不可能具有完全一致性。通过一致性检验可以得知，存在的不一致的程度是多大的时候，不会影响评价结果，使其可以被接受。

当判断完全一致时，应该有 $\lambda_{\max} = n$，稍有不一致，则 $\lambda_{\max} > n$。因此，可以用 $\lambda_{\max} - n$ 来作为度量偏离一致性的指标，即一致性指标 C.I.为

$$\text{C.I.} = \frac{\lambda_{\max} - n}{n - 1} \tag{10.22}$$

一般情况下，若 C.I.≤0.10，就认为判断矩阵具有一致性，据此而计算的值是可以接受的。

显然，随着 n 的增加判断误差就会增加。因此判断一致性时应该考虑到 n 的影响，使用随机性一致性比值 $\text{C.R.} = \frac{\text{C.I.}}{\text{R.I.}}$。其中，R.I.为平均随机一致性指标，通过 500 个样本判断矩阵计算的平均随机一致性指标检验值如表 10.9 所示。

表 10.9　平均随机一致性指标

阶数	3	4	5	6	7	8	9	10	11	12	13	14	15
R.I.	0.52	0.89	1.12	1.26	1.36	1.41	1.46	1.49	1.52	1.54	1.56	1.58	1.59

5. 综合重要度的计算

在计算了各级要素的相对重要度后，即可从最上级开始，自上而下地求出各级要素关于系统总体的综合重要度（也称系统总体权重），即进行层次总排序。

假设上一级所有要素 A_1，A_2，$\cdots$，A_m 的层次总排序已定出，即它们关于系统总体的重要度分别为 a_1，a_2，$\cdots$，a_m，则与 a_i 对应的本级要素 B_1，B_2，$\cdots$，B_n 的相对重要度为：

$$(b_1^i, b_2^i, \cdots, b_n^i)^{\mathrm{T}}$$

这里，若 B_j 与 A_i 无关系，则有 $b_j^i = 0$。要素 B_j 的综合重要度为：

$$b_j = \sum_{i=1}^{m} a_i b_j^i \tag{10.23}$$

即其综合重要度是以上一级要素的综合重要度为权重的相对重要度的加权和。本级全部要素的综合重要度计算方式如表 10.10 所示。

综合重要度总是由最高级开始，依次往下递推计算的。因此，要计算某一级的综合重要度，必须先要知道其上一级的综合重要度。

表 10.10　综合重要度计算方式

a_i	A_1	A_2	$\cdots$	A_m	b_j
B_j	a_1	a_2	$\cdots$	a_m	
B_1	b_1^1	b_1^2	$\cdots$	b_1^m	
B_2	b_2^1	b_2^2	$\cdots$	b_2^m	$b_j = \sum_{i=1}^{m} a_i b_j^i$
$\vdots$	$\vdots$	$\vdots$	$\cdots$	$\vdots$	
B_n	b_n^1	b_n^2	$\cdots$	b_n^m	

四、模糊评价法

在对系统进行综合评价时，总会遇到一些不确定的、难以量化的因素，对于这些因素很难给出明确的判断。物流系统中这些因素主要是一些社会环境影响因素。对于含有模糊性评价因素的系统进行评价，需要运用模糊评价法。

模糊评价法，又称模糊综合评判，是模糊数学的一种具体应用方法。其特点是：数学模型简单，容易掌握，对多因素、多层次的复杂问题评判效果比较好，是其他模型和方法难以代替的。模糊评价法是一种应用模糊变换原理和最大隶属度原则，考虑评价系统的各个相关要素，对其进行综合评价的方法。其数学模型可分为一级评价模型和多级评价模型两类。

1. 一级评价模型

建立一级评价模型的主要步骤有：

（1）邀请有关方面，成立一个专家评判小组。

（2）通过讨论，确定系统评价因素集（也称评价指标集）U，

$$U = \{u_1, u_2, \cdots, u_n\} \tag{10.24}$$

并建立评价尺度集 V，

$$V = (v_1, v_2, \cdots, v_m) \tag{10.25}$$

（3）根据专家的经验，或应用层次分析法等方法，确定各评价因素的相对重要度 $\underset{\sim}{W}$ 。

$$\underset{\sim}{W} = (w_1, w_2, \cdots, w_n) \tag{10.26}$$

它是 U 上的一个模糊子集。W_i 是单因素 U_i 在总评价中的影响程度大小，在一定程度上也代表根据单因素 U_i 评定等级的能力，它可以是一种调整系数或者限制系数，但一般为权重系数。

（4）找出评判矩阵 $\underset{\sim}{R}$ 。

$$U \times V \to [0,1], r_{ij} = \underset{\sim}{R}(u_i, v_j) \tag{10.27}$$

式中　　$\underset{\sim}{R}$ ——评价因素集 U 到评价尺度集 V 的一个模糊关系；

　　　　r_{ij} ——因素 U_i 对评价尺度 V_j 的隶属度。

（5）综合评价。

计算替代方案 A_k 的综合评定向量 $\underset{\sim}{B}_k$ 。在 $\underset{\sim}{R}$ 与 $\underset{\sim}{W}$ 已确定后，A_k 的综合评定向量为：

$$\underset{\sim}{B}_k = (b_1^k, b_2^k, \cdots, b_m^k) \tag{10.28}$$

可以通过模糊变换来求得：

$$\underset{\sim}{B}_k = \underset{\sim}{W} \circ \underset{\sim}{R} \tag{10.29}$$

这里，符号"∘"可以广义地理解为由任何一种模糊算子构成的合成运算，常用的为扎德算子 $(\wedge, \vee)$ 。

模糊综合评定向量描述了替代方案的所有评价因素隶属于评价尺度的加权和。

（6）计算替代方案 A_k 的优先度（即综合评价值）P_k 。

$$P_k = \underset{\sim}{B}_k \cdot V^{\mathrm{T}} \tag{10.30}$$

替代方案的优先度 P_k ，充分利用了综合评定向量 $\underset{\sim}{B}_k$ 所带的信息，并结合了评价尺度 V 的等级评价参数。根据它的大小，就可对每个替代方案进行优先顺序的排列，为决策提供信息。

2. 多级评价模型

在系统评价时，当考虑的因素很多，且各因素间有级别、层次之分时，就要应用多级评价模型。否则，难以比较系统中各个替代方案的优劣次序，得不出有意义的评价结果。下面以二级评价为例介绍多级评价模型的一般步骤。

1）划分因素集

设因素集 $U = \{u_1, u_2, \cdots, u_n\}$ ，评价尺度集 $V = (v_1, v_2, \cdots, v_m)$ ，根据 U 中各因素间的关系将 U 分成 k 份，设第 i 个子集 $U_i = \{u_{i1}, u_{i2}, \cdots, u_{in}\}$ ，$i = 1, 2, \cdots k$ ，即 U_i 中含有 n_i 个因素，则 $\bigcup_{i=1}^{k} U_i = U$ ，且 $\sum_{i=1}^{k} n_i = n$ 。

2）一级评价

利用一级模型对每个 U_i 进行综合评价，计算其综合评定向量，得：

$$\underset{\sim}{B}_i = W_i \circ \underset{\sim}{R}_i \quad i = 1, 2, \cdots, n \tag{10.31}$$

式中 $\boldsymbol{W}_i$ —— $\boldsymbol{U}_i$ 上的 $1 \times n_i$ 阶权向量；

$\underset{\sim}{\boldsymbol{R}_i}$ —— 对 $\boldsymbol{U}_i$ 的 $n_i \times m$ 阶单因素评判矩阵；

$\underset{\sim}{\boldsymbol{B}_i}$ —— $\boldsymbol{U}_i$ 上的 $1 \times m$ 阶一级综合评判结果矩阵。

3）多级综合评价

将每一个 $\boldsymbol{U}_i$ 作为一个元素，用 $\boldsymbol{B}_i$ 作为它的单因素评判，又可构成一个 $n \times m$ 阶评判矩阵。

$$\underset{\sim}{\boldsymbol{R}} = \begin{bmatrix} \underset{\sim}{\boldsymbol{B}_1} \\ \underset{\sim}{\boldsymbol{B}_2} \\ \vdots \\ \underset{\sim}{\boldsymbol{B}_n} \end{bmatrix} \tag{10.32}$$

设关于 $\boldsymbol{U} = \{u_1, u_2, \cdots, u_k\}$ 的权重分配为 $\underset{\sim}{\boldsymbol{W}} = (w_1, w_2, \cdots, w_k)$，则可以得到 $\boldsymbol{U}$ 的二级评判结果为：

$$\underset{\sim}{\boldsymbol{B}} = \underset{\sim}{\boldsymbol{W}} \circ \underset{\sim}{\boldsymbol{R}} \tag{10.33}$$

4）计算替代方案的优先度（即综合评价值）

计算方法同一级评价模型的步骤（6）。

【案例 10.2】 成都市物流配送体系规划方案评价

成都市物流配送体系的规划评价的技术路线如图 10.8 所示。

由于物流配送体系的方案评价存在不确定性和模糊性，很难定量分析，同时物流配送系统评价指标体系的多层次性与层次分析法的解决方法相吻合，因此，选用模糊层次分析法进行评价。

1. 评价指标体系的建立

针对成都市物流配送体系，筛选具有代表性、有效性及可操作性的评价指标，具体筛选的指标有：配送覆盖率、平均配送速度、平均配送时间、配送通道密度、货车综合利用率、货车车辆结构、总出车频次、通行能力、服务水平、城市景观影响等。

针对成都市物流配送方案的综合评价的特点，建立分为三个层次的综合评价体系，如图 10.9 所示。

目标层，物流配送方案的评价 A。

一级指标层，对成都市物流配送体系的评价主要从配送效率 B_1、配送车辆 B_2、交通影响 B_3、环境影响 B_4 四个方面因素着手，即 $A(B_1, B_2, B_3, B_4)$。

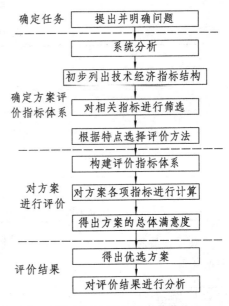

图 10.8 评价技术路线

二级指标层，配送效率主要从配送覆盖率 C_1、平均配送速度 C_2、平均配送时间 C_3、配送安全性 C_4、配送通道密度 C_5 五个指标考察，即 $B_1(C_1, C_2, C_3, C_4, C_5)$；配送车辆方面主要从货车综合利用率 C_6、货运车辆结构 C_7、货车技术标准 C_8 三个指标考察，即 $B_2(C_6, C_7, C_8)$；交通影响主要从总出车频次 C_9、通行能力 C_{10}、服务水平 C_{11} 三个指标考察，即 $B_3(C_9, C_{10}, C_{11})$；环境影响主要从废气排放量 C_{12}、噪声水平 C_{13}、城市景观 C_{14} 三个指标考察，即 $B_4(C_{12}, C_{13}, C_{14})$。

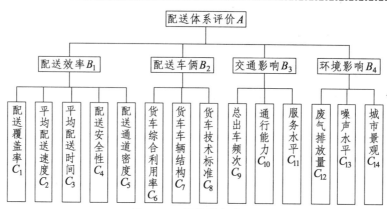

图 10.9　评价指标体系

2. 方案评价步骤

（1）构建判断矩阵，并进行一致性检验。

采用 AHP 或随机调查方式获得各级评价指标的权重，采用专家法（Delphi 法）获取评价集数据，由评估专家对各指标进行模糊选择，统计出专家们对各评价指标体系的选择结果。

利用表 10.11 的标度法进行成对比较，同时参考专家意见特征向量，确定各因素之间的相对重要性并赋以相应的分值，构造出各层次中的所有判断矩阵。

表 10.11　标度的意义

标　度	意　义
1	C_i 与 C_j 的影响相同
3	C_i 比 C_j 的影响稍强
5	C_i 比 C_j 的影响强
7	C_i 比 C_j 的影响明显强
9	C_i 比 C_j 的影响绝对强
2，4，6，8	为上述两判断级的中间值
1，1/2，…，1/9	C_i 较 C_j 的影响之比与上述说明相反

对同一层次的各元素关于上一层次中某一准则的重要性进行两两比较，构造两两比较判断矩阵。

B_1 与 C 构成的判断矩阵 $\boldsymbol{J}_1$ 如下：

B_1	C_1	C_2	C_3	C_4	C_5
C_1	1	1/2	1/5	5	2
C_2	2	1	1/4	6	4
C_3	5	4	1	8	7
C_4	1/5	1/6	1/8	1	1/3
C_5	1/2	1/4	1/7	3	1

B_2 与 C 构成的判断矩阵 $\boldsymbol{J}_2$ 如下：

B_2	C_6	C_7	C_8
C_6	1	1/2	1/4
C_7	2	1	1/3
C_8	4	3	1

B_3 与 C 构成的判断矩阵 J_3 如下：

B_3	C_9	C_{10}	C_{11}
C_9	1	1/5	3
C_{10}	5	1	8
C_{11}	1/3	1/8	1

B_4 与 C 构成的判断矩阵 J_4 如下：

B_4	C_{12}	C_{13}	C_{14}
C_{12}	1	5	7
C_{13}	1/5	1	2
C_{14}	1/7	1/2	1

（2）层次单排序。

首先，计算判断矩阵的最大特征值及对应的正规化特征向量：

$\lambda_{J_1 \max} = 5.2478$，$\lambda_{J_2 \max} = 3.034$，$\lambda_{J_3 \max} = 3.047$，$\lambda_{J_4 \max} = 3.017$。

$w_{J_1} = (w_{c_1}, w_{c_2}, w_{c_3}, w_{c_4}, w_{c_5}) = (0.1149, 0.1949, 0.493, 0.0358, 0.0637)$

$w_{J_2} = (w_{c_6}, w_{c_7}, w_{c_8}) = (0.1373, 0.2395, 0.6232)$

$w_{J_3} = (w_{c_9}, w_{c_{10}}, w_{c_{11}}) = (0.186, 0.737, 0.077)$

$w_{J_4} = (w_{c_{12}}, w_{c_{13}}, w_{c_{14}}) = (0.738, 0.168, 0.094)$

其次，计算一致性 C.I.和随机指标：

$$\text{C.I.}_{J_1} = \frac{\lambda_{J_1 \max} - n_{J_1}}{n_{J_1-1}} = 0.0312, \quad \text{R.I.}_{J_1} = 1.12;$$

$$\text{C.I.}_{J_2} = \frac{\lambda_{J_2 \max} - n_{J_2}}{n_{J_2-1}} = 0.017, \quad \text{R.I.}_{J_2} = 0.58;$$

$$\text{C.I.}_{J_3} = \frac{\lambda_{J_3 \max} - n_{J_3}}{n_{J_3-1}} = 0.0285, \quad \text{R.I.}_{J_3} = 0.58;$$

$$\text{C.I.}_{J_4} = \frac{\lambda_{J_4 \max} - n_{J_4}}{n_{J_4-1}} = 0.0085, \quad \text{R.I.}_{J_4} = 0.58。$$

最后，计算 $\text{C.R.} = \dfrac{\text{C.I.}}{\text{R.I.}}$ 并得出结论 $\text{C.R.}_{J_1} = 0.027 < 0.1$，$\text{C.R.}_{J_2} = 0.028 < 0.1$，$\text{C.R.}_{J_3} = 0.05 < 0.1$，$\text{C.R.}_{J_4} = 0.015 < 0.1$。

（3）层次总排序。

通过调查专家意见统计得到有关配送效率 B_1、配送车辆 B_2、交通影响 B_3、环境影响 B_4 四个因素的权重分配为 $w_{B_1} = 0.4$，$w_{B_2} = 0.15$，$w_{B_3} = 0.25$，$w_{B_4} = 0.2$。由此可得到层次总排序表，如表 10.12 所示。

表 10.12　层次总排序表

	B_1	B_2	B_3	B_4	C 因素
	0.40	0.15	0.25	0.20	总排序
C_1	0.114 9				0.045 96
C_2	0.194 9				0.077 96
C_3	0.493 0				0.197 20
C_4	0.035 8				0.014 32
C_5	0.063 7				0.025 48
C_6		0.137 3			0.020 59
C_7		0.239 5			0.035 93
C_8		0.623 2			0.093 48
C_9			0.186 0		0.046 50
C_{10}			0.737 0		0.184 25
C_{11}			0.077 0		0.019 25
C_{12}				0.738 0	0.147 60
C_{13}				0.168 0	0.033 60
C_{14}				0.094 0	0.018 80

（4）确定评语集。

专家们根据自己心中对这四个等级的定位，对各项具体指标进行等级评定。$\{V_1, V_2, V_3, V_4\}$ = {好，较好，一般，差}。

（5）获取评价数据。

采用专家法（Delphi 法）获取评价集数据，由评估专家对各指标进行模糊选择，统计出专家们对各评价指标体系的选择结果，再按照所建立的 Fuzzy 模型计算，具体数据如表10.13 所示。运用 Fuzzy 评价法对各指标进行模糊评价，获得综合模糊评价集。

表 10.13　评价等级选择

一级指标	权重	二级指标	权重	评定等级			
				好	较好	一般	差
配送效率 B_1	0.40	配送覆盖率 C_1	0.114 9	0.60	0.30	0.10	0.00
		平均配送速度 C_2	0.194 9	0.30	0.40	0.20	0.10
		平均配送时间 C_3	0.493 0	0.40	0.40	0.10	0.10
		配送安全性 C_4	0.035 8	0.60	0.30	0.10	0.00
		配送通道密度 C_5	0.063 7	0.70	0.20	0.10	0.00
配送车辆 B_2	0.15	货车综合利用率 C_6	0.137 3	0.50	0.20	0.20	0.10
		货运车辆结构 C_7	0.239 5	0.60	0.30	0.10	0.00
		货车技术标准 C_8	0.623 2	0.50	0.40	0.10	0.00
交通影响 B_3	0.25	总出车频次 C_9	0.186	0.40	0.40	0.10	0.10
		通行能力 C_{10}	0.737	0.50	0.30	0.10	0.10
		服务水平 C_{11}	0.077	0.30	0.40	0.20	0.10
环境影响 B_4	0.20	废气排放量 C_{12}	0.738	0.40	0.40	0.20	0.10
		噪声水平 C_{13}	0.168	0.50	0.20	0.20	0.10
		城市景观 C_{14}	0.094	0.20	0.60	0.20	0.00

对于配送效率 B_1 可得：

$A_1 = (0.114\,9, 0.194\,9, 0.493\,0, 0.035\,8, 0.063\,7)$

$$R_1 = \begin{bmatrix} 0.60 & 0.30 & 0.10 & 0.00 \\ 0.30 & 0.40 & 0.20 & 0.10 \\ 0.40 & 0.10 & 0.10 & 0.10 \\ 0.60 & 0.30 & 0.10 & 0.00 \\ 0.70 & 0.20 & 0.10 & 0.00 \end{bmatrix}$$

$S_1 = A \cdot R_1 = (0.390\,68, 0.185\,21, 0.109\,72, 0.068\,79)$

对于配送车辆 B_2 可得：

$A_2 = (0.137\,3, 0.239\,5, 0.623\,2)$

$$R_2 = \begin{bmatrix} 0.50 & 0.20 & 0.20 & 0.10 \\ 0.60 & 0.30 & 0.10 & 0.00 \\ 0.50 & 0.40 & 0.10 & 0.00 \end{bmatrix}$$

$S_2 = A \cdot R_2 = (0.523\,95, 0.473\,23, 0.113\,73, 0.013\,73)$

对于交通影响 B_3 可得：

$A_3 = (0.186, 0.737, 0.077)$

$$R_3 = \begin{bmatrix} 0.40 & 0.40 & 0.10 & 0.10 \\ 0.50 & 0.30 & 0.10 & 0.10 \\ 0.30 & 0.40 & 0.20 & 0.10 \end{bmatrix}$$

$S_3 = A \cdot R_3 = (0.466, 0.326\,3, 0.107\,7, 0.1)$

刘于环境影响 B_4 可得：

$A_4 = (0.738, 0.168, 0.094)$

$$R_4 = \begin{bmatrix} 0.40 & 0.40 & 0.20 & 0.00 \\ 0.50 & 0.20 & 0.20 & 0.10 \\ 0.20 & 0.60 & 0.20 & 0.00 \end{bmatrix}$$

$S_4 = A \cdot R_4 = (0.398, 0.385\,2, 0.2, 0.016\,8)$

对于成都市物流配送系统的综合评价，一级指标的各权重行向量为：

$F = (0.40, 0.15, 0.25, 0.20)$

$$R = \begin{bmatrix} S_1 \\ S_2 \\ S_3 \\ S_4 \end{bmatrix} = \begin{bmatrix} 0.390\,68 & 0.185\,21 & 0.109\,72 & 0.068\,79 \\ 0.523\,95 & 0.473\,23 & 0.113\,73 & 0.013\,73 \\ 0.466 & 0.326\,3 & 0.107\,7 & 0.1 \\ 0.398 & 0.385\,2 & 0.2 & 0.016\,8 \end{bmatrix}$$

计算得：

$$S = F \cdot R = (0.40, 0.15, 0.25, 0.20) \begin{bmatrix} 0.390\,68 & 0.185\,21 & 0.109\,72 & 0.068\,79 \\ 0.523\,95 & 0.473\,23 & 0.113\,73 & 0.013\,73 \\ 0.466 & 0.326\,3 & 0.107\,7 & 0.1 \\ 0.398 & 0.385\,2 & 0.2 & 0.016\,8 \end{bmatrix}$$

$$= [0.431\,0, 0.303\,7, 0.127\,9, 0.094\,6]$$

3. 评价结果分析

由评价结果可以看出，成都市物流配送方案的评价等级为好。可以从以下几个方面得以体现。

（1）配送效率方面。

区带布局、分等级的配送通道网络的设置，提高了配送通道的密度及覆盖率，有利于提高平均配送速度，从而提高配送效率。通过配送通道的设置，优化了配送路径，减少迂回行驶，节约了运输时间，有利于实现配送的高效化。规范配送行为，提高了配送安全性。

（2）配送车辆方面。

通过物流信息平台的配置，实现信息共享，并采取多点联运协作的方式，减少了空驶时间。相较之前，日平均载货次数只有 1.62 次的情况，延长了有效的作业时间，增加了载货次数，提高了时间利用率。同时，规范了货运车辆的配送行为，杜绝了配送车辆的超载超限现象，使得车辆满载率达到 100%，提高了配送车辆的综合利用率（从 0.48 提高到了0.576）。

进入中心城区的配送车辆全部配备为中、小型厢式车，相较之前非厢式车占车辆总数1/3 的情况，大大提高了车辆的厢式化比例，优化了车辆结构。统一配送车辆的标准，提高了其技术标准，提升了配送车辆的总体水平。

（3）交通影响方面。

通过配送车辆规模的控制，使得原来共有 22 835 辆持入城证的车辆可在白天入城，变为只有 15 000 辆标准配送车辆可在白天入城，具有入城资格的货运车辆数从绝对量上减少了 7 835 辆，单辆货车所拥有的道路资源有所提高，有效缓解了交通压力。

另外，相较于之前的平均额定吨位 0.87 t，在方案实施以后平均额定吨位达到 1.32 t，同时提高了日平均载货次数，使得总出车频次的增长速度较物流量的增长速度慢。同时由于有效作业时间的延长，时间利用率的提高，使得单位有效作业时间内出车频次的增长速度较总出车频次的增长速度慢。其各自的变化趋势如图 10.10 所示。

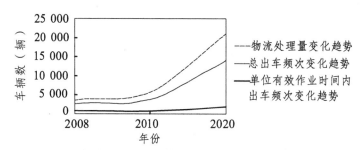

图 10.10　物流处理量、总出车频次、平均出车频次变化趋势图

在物流行业快速发展所带来的货运总量不断增长的前提下，采用该方案后货运车辆对城市道路，特别是对成都市三环路以内的城市中心区干道资源的占用相对有所减少，有利于缓解交通堵塞，降低交通压力。

由于车辆结构的优化、运行速度的提高，在其他条件不变的情况下，能够使得道路的实际通行能力有所提高，降低了城市道路的交通饱和度，提高了通行服务水平。

在中心城区内装卸货区设置以后，由于其设置在路边空地，或是支路、交通量较小的次干道的车行道边缘处，不占用城市重要的干道道路资源，规范了装卸作业行为，杜绝了原有的装卸作业行为对重要干道资源的占用，减少了对其他运输作业的干扰。

同时，对于缺乏统一装卸货区的专业市场，为其开辟了可用空间，有利于其物流作业的有序进行。

（4）环境影响方面。

配送车辆的统一标准，车辆排气烟度排放符合 GB 3847—2005 的规定；污染物排放符合国家环保总局第二阶段水平，从而降低了废气排放总量，减轻了大气污染。车辆定置噪声符合 GB 16170—1996 的规定。汽车加速行驶车外噪声限值符合 GB 1495—2002 的规定，减轻了噪声污染。规范化的车辆标准，统一的车辆标志，美化了城市景观，提升了城市形象。

（5）市场经营方面。

配送准入资格化、配送主体公司化、配送市场规范化，有利于物流企业发展规模化，提高其抗风险能力，有利于市场的管理操作。

但是此方案还是存在诸多方面的不足，即：

① 降低了物流节点之间的连接度。

② 降低了物流配送的灵活性，延长了配送的响应时间。

注　释

[1]　财务评价，是根据国民经济与社会发展以及行业、地区发展规划的需要，在拟订的工程建设方案、财务效益与费用估算的基础上，采取科学的分析方法，对工程建设方案的财务可行性和经济合理性进行分析论证，为项目的科学决策提供依据。根据不同决策的需要，财务评价分为融资前分析和融资后分析。

[2]　国民经济评价，按合理配置资源的原则，采用影子价格、影子汇率、社会折现率等国民经济评价参数，从国家整体角度考察项目的效益和费用，分析计算项目对国民经济的贡献，评价项目的经济合理性。

[3]　净现金流量，是指一定时期内，现金及现金等价物的流入（收入）减去流出（支出）的余额（净收入或净支出），反映了企业本期内净增加或净减少的现金及现金等价物数额。

[4]　现值，在给定的利率水平下，未来的资金折现到现在时刻的价值，是资金时间价值的逆过程。

[5]　折现率，指将未来有限期预期收益折算成现值的比率。

[6]　基准收益率，也称基准折现率，是企业或行业或投资者以动态的观点所确定的、可接受的投资项目最低标准的受益水平。是投资决策者对项目资金时间价值的估值。基准收益率的确定既受到客观条件的限制，又有投资者的主观愿望。

[7]　社会折现率，是社会对资金时间价值的估算，是从整个国民经济角度所要求的资金投资收益率标准，代表占用社会资金所应获得的最低收益率。

思　考　题

1. 评价在物流规划中的作用与目的是什么？

2. 简单介绍综合评价的工作流程。

3. 物流技术性能的评价体系框架是什么?

4. 物流规划经济评价应遵循的基本原则有哪些?

5. 详细阐述物流规划经济评价的内容。

6. 简述物流规划经济评价的指标,并说明计算过程。

7. 经济评价中的不确定性分析的内容有哪些?

8. 物流规划环境影响评价的重要意义体现在哪里?

9. 描述几种综合评价方法,并写出多级模糊评价的工作流程。

参考文献

[1]　方仲民. 物流规划与设计[M]. 北京:机械工业出版社,2003.

[2]　王炜,邓卫,杨琪等著. 公路网络规划建设与管理方法[M]. 北京:科学出版社,2006.

[3]　李旭宏等编著. 道路交通规划[M]. 南京:东南大学出版社,1997.

[4]　帅斌. 物流经济[M]. 成都:西南交通大学出版社,2005.

[5]　蒋太才编著. 技术经济学基础[M]. 北京:清华大学出版社,2006.

[6]　汪应洛. 系统工程[M]. 北京:机械工业出版社,2005.

[7]　陈宏民. 系统工程导论[M]. 北京:高等教育出版社,2006.

[8]　喻湘存,熊曙初. 系统工程教程[M]. 北京:清华大学出版社、北京交通大学出版社,2006.

[9]　白思俊. 系统工程[M]. 北京:电子工业出版社,2006.

[10]　和宏明,薄立馨. 投资项目可行性研究工作手册[M]. 北京:中国物价出版社,2002.

第十一章　物流规划的实施

本章主要介绍物流规划实施所具备的要素，分析物流规划实施中应具备的机制体制、市场培育、物流企业培育、物流信息化建设、物流标准化建设、物流人才培养等要素，提出物流规划中的物流节点建设与运营方案，为落实规划内容，推动物流产业发展，推动社会经济发展提供科学的方法与路线。

第一节　物流规划实施的工作流程

物流规划工作是一项跨行业、跨地区、跨部门的综合性工作，涉及面广、政策性强，需要各地政府和各有关部门协同配合，形成合力。物流规划实施过程需要政府根据城市经济发展水平、物流基础设施现状、物流管理组织机构配置等情况，确定物流业发展的政策支持体系，推动物流基础设施建设、加快物流市场与物流企业培育。物流规划的实施包括三个阶段，如图 11.1 所示。

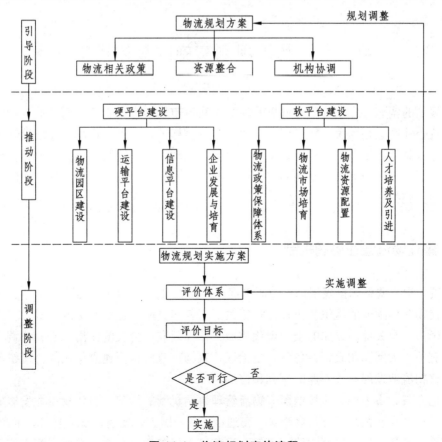

图 11.1　物流规划实施流程

1. 引导阶段

政府出台支持物流业发展的工业体系规划、商业网点规划、综合交通规划等物流相关政策，整合物流相关资源，建立物流管理协调机构，引导物流需求的合理发展，为物流基础设施的建设和物流业的快速发展营造良好的政策环境和发展氛围。

2. 推动阶段

推动阶段包括硬平台和软平台的建设。硬平台方面，主要是建设物流节点，完善物流运输平台和信息服务平台，提高企业的核心竞争力和社会影响力；软平台方面，出台推动物流业发展的财税政策、土地政策、市场准入政策、投融资政策、规费减免政策、通关政策，形成物流发展政策保障体系。培育物流市场，挖掘物流需求，优化配置物流资源，积极引进物流专业人才和先进技术，保障物流业快速健康发展。

3. 调整阶段

调整阶段按照规划要求实施过程中，必须进行目标管理和过程监控，遇到与规划条件不一致的新情况时，应及时调整规划内容。这既是现代规划的基本特性，又是动态规划的体现，也是落实规划的必然。

第二节　物流规划实施的具体措施

物流规划的实施，应从管理协调机制建立，物流市场培育，制造、商贸业与物流业联动发展，物流企业引进和壮大，物流信息化建设，物流标准化建设，物流人才培养与引进等措施着手。这些具体措施涉及物流规划实施的引导、推动、调查阶段，包括政府和企业两个实施主体。不同城市区域的物流规划实施，应根据实施主体、实施对象、实施阶段的不同，制订针对性的实施措施。

一、建立物流管理协调机制

国务院《物流调整和振兴规划》中明确提出："现代物流业是新型服务业，涉及面广。要加强对现代物流业发展的组织和协调，在相关部门各司其职、各负其责的基础上，发挥由发展改革委牵头、有关部门参加的全国现代物流工作部际联席会议的作用，研究协调现代物流业发展的有关重大问题和政策。各省、自治区、直辖市政府也要建立相应的协调机制，加强对地方现代物流业发展有关问题的研究和协调。"

对于地方省、市来说，应按照国家物流管理协调机制的构架，组建物流业发展联席会议工作制度，并由发展和改革委员会牵头，交通、商务、国土、规建、技术监督、工商、税务、海关、商检、统计、信息以及铁路、民航、港务等部门参加，在物流发展联席工作会议制度的指导下，各省、市可以成立物流发展领导小组，由主管物流业发展的主要领导任物流发展领导小组组长，负责物流相关政策的制订和各项工作的具体实施。

【**案例 11.1**】 陕西省现代物流业发展联席会议制度

为加强对陕西省现代物流业工作的组织协调，促进现代物流业快速健康发展，省政府同意建立陕西省现代物流业发展联席会议制度，联席会议的人员构成、主要职责、工作细则和工作要求如下：

一、联席会议组成人员

召集人：常务副省长

成　　员：省发展改革委副主任　　　　省公安厅副厅长　　　　　省财政厅副厅长
　　　　　省国土资源厅副厅长　　　　省交通厅副厅长　　　　　省信息产业厅副厅长
　　　　　省商务厅副厅长　　　　　　省地税局副局长　　　　　省工商局副局长
　　　　　省质量技术监督局副局长　　省统计局副局长　　　　　西安海关副关长
　　　　　省国税局副局长　　　　　　民航西北管理局副局长　　西安铁路局副局长
　　　　　省口岸办主任

联席会议下设办公室。办公室设在省发展改革委，负责联席会议的日常工作。办公室主任由省发展改革委副主任兼任，副主任由省商务厅副厅长、省交通厅副厅长兼任，联席会议成员单位的相关处室负责同志为办公室成员。

二、联席会议职责

全面掌握全省现代物流业发展情况，分析发展中存在的问题；综合协调涉及现代物流业发展的战略、规划和政策；研究协调现代物流业发展中的重大问题；指导各设区市政府及其职能部门的现代物流业发展工作；促进部门协作配合，实现信息资源共享，建立长效机制；统筹推进现代物流业标准化、信息化、统计指标体系、人才培养等基础性工作，全面推进现代物流业发展。

三、联席会议工作规则

联席会议每年定期召开 1～2 次会议。会议由联席会议召集人主持。联席会议办公室可根据工作需要建议召集人临时召集会议。联席会议以会议纪要形式明确会议议定事项，由相关部门负责落实。

四、联席会议工作要求

各成员单位要主动研究涉及现代物流业发展的有关问题，定期或不定期向联席会议办公室提供相关材料和文件，积极参加联席会议，相互配合，相互支持，形成合力，共同发挥好联席会议制度的作用。

二、加快物流市场培育

物流市场的培育和物流能力供给的引导是发展物流业、促进经济增长过程中关注的重点。对特定城市区域来说，物流市场的培育应从内部和外部两个方面来进行。

1. 内部物流市场需求挖掘

内部物流市场需求挖掘的主要措施有鼓励制造企业物流服务外包，促进传统专业市场向电子商务+物流配送的现代交易模式转变，加快发展同城配送业务。

2. 外部物流市场需求的拓展

外部物流市场需求拓展的主要措施有鼓励本土物流企业积极向外扩张，加强物流基础设施建设，提高交通区位优势，形成差异化的物流服务模式。

【案例 11.2】 四川省宜宾市物流市场培育的主要措施

四川宜宾作为万里长江第一港，位于金沙江、岷江与长江的交汇处，交通便利，地理位置优越，形成了能源矿产、饮料食品、化工纺织和机械制造四大支柱产业，是物流行业需求的重要来源。宜宾市物流市场需求挖掘应从内部的主导产业入手，外部物流市场的拓展应与邻近地区形成错位发展、差异发展，提高自身竞争力。

一、宜宾市主导产业的内部需求挖掘措施

（1）能源矿产行业。开展深加工增值服务，延伸产业链，将物流需求释放于宜宾市内；整合矿产行业运输能力和物流资源，培育专业化的大型矿产物流企业，提高矿产物流服务水平和作业效率；推进资源开发型经济向资源加工型经济转变，延伸产业链，增加行业的附加值；引进国内有实力的利用矿产资源的企业，可加快能源矿产行业的发展；加快矿产资源运输企业的整合，培育形成该行业 1~2 家大型企业，以满足能源矿产行业对物流能力的需求。

（2）饮料食品行业。整合仓储、运输等物流资源，实现社会资源共享；鼓励中小型物流企业建立战略联盟，共同承担饮料食品业的物流服务；加大对安吉物流的支持力度，使安吉物流成为饮料食品类的物流龙头企业。

（3）化工纺织行业。鼓励企业将自身物流运输、仓储业务外包给专业的第三方物流企业运营，专注于主营业务的拓展与研发，促进企业成长。加大对天畅物流的支持力度，使天畅物流公司成为化工及危险品物流的龙头企业。

（4）机械制造行业。挖掘企业内部物流服务能力，形成依托于企业，同时服务于社会的专业大型机械物流企业，统一规范管理。引进大型物流企业，增强当地物流服务能力，在满足了物流需求的同时，以其先进的管理理念、运作方式来带动本地中小型物流企业发展壮大。

二、宜宾市外部物流市场需求拓展

宜宾市外部物流市场需求的主要方向是成都经济区、攀西资源富集区、川内其他区市物流市场、云南省物流市场。

1. 成都经济区物流市场

成都经济区包括成都、德阳、绵阳、眉山、资阳 5 市。重点发展以发电设备、重型装备、工程机械和机车车辆为代表的重大装备制造业，需要借助长江航道进行运输，是宜宾市水运物流的重要市场，也是宜（宾）、泸（州）、乐（山）三港重点争夺的目标。三个港口各有特色，对比分析如表 11.1 所示。

表 11.1 宜、泸、乐三港条件对比

项目	乐山港	泸州港	宜宾港
地理位置	位于岷江、青衣江、大渡河中下游，距离成都约 120 km	长江干线旁，距离成都约 250 km	地处金沙江、岷江与长江汇合处，距离成都约 280 km
岸线及设施	—	共占岸线 7 458.5 m，码头 68 座，泊位 84 个，其中 1 000 t 级泊位 31 个	各类岸线总长约 83 400 m，其中规划宜港岸线 75 700 m、锚地岸线 7 700 m，深水岸线共 43 600 m
吞吐能力	设计货物运输年吞吐量 5 000 万 t、集装箱 100 万标箱	年吞吐 2.5 万标箱、20 万 t 重件集装箱码头，规划 2010 年前建成泸州港龙溪口集装箱码头第一作业区，形成每年 200 万标箱的吞吐能力	具有发展 100 万标箱以上吞吐能力的岸线 5 段，总长 9 000 m，2020 年前重点规划建设志城作业区，达到 200 万 TEU 的吞吐能力

（1）宜宾港与乐山港竞争优势对比分析。第一，乐山港航道窄且浅，对于大型集装箱运输能力的支持有限，特别是枯水期作业困难，宜宾港航道深，岸线长，便于大吨位船舶进港。第二，乐山港距成都经济区近，对于物资的运送有运距方面的优势。随着川内经济高速发展，各行业的物流市场不断扩张，乐山港设施陈旧且作业能力有限，难以满足未来快速增长的物流需求。作业能力强、港口条件优越的宜宾港在未来将具有一定的比较优势。

（2）宜宾港与泸州港竞争优势对比分析。第一，铁路方面，成都到宜宾和到泸州的铁路线在内江分支，内江至宜宾段长约 115 km，内江至泸州段长约 90 km，成都到达泸州的运行里程稍短。成都—贵阳高速铁路，作为四川南下快速大通道，正积极推进前期工作，力争 2009 年开工建设。在铁路中长期规划中，宜宾新增的铁路线路还有渝昆铁路、绵遂内宜铁路。此外，宜宾还积极争取建设西昌—宜宾铁路和金筠铁路与内昆铁路的连接线巡司—盐津段，未来宜宾将会成为重要的货物集散枢纽，相对泸州具有铁路运输优势。第二，公路方面，四川中部的成都、德阳、绵阳等工业较发达城市均有物资需从长江运输。德阳、绵阳的货物经成绵高速运到成都，再从成都到宜宾途经成渝高速成都至内江段，经内宜高速到达宜宾，或从成都到泸州先过成渝高速的成都到隆昌段，再经隆纳高速到达泸州。川内主要运输物资有：中国二重的主要产品起重机、输送机、水路设备器材及配件；东方汽轮机厂的电站汽轮机、工业汽轮机、船用汽轮机；东方电机厂的重型设备水轮发电机组、汽轮发电机、巨型水电机组、大型抽水蓄能机组。对于大批量的货物运输，运输费用是影响运输通道选择的重要因素。各高速路段计费标准如表 11.2 所示。

表 11.2 成渝高速公路收费标准

车辆分类	车型分类标准	收费基价 [元/(车·公里)]	龙泉山隧道通行费 [元/(次·车)]
一类客货车	7 座（含 7 座）以下轿车、小型客车；2 t（含 2 t）以下小货车	0.32	5
二类客货车	8 座至 19 座（含 19 座）客车；2 t 以上至 5 t（含 5 t）货车	0.64	8
三类客货车	20 座至 39 座（含 39 座）客车；5 t 以上至 10 t（含 10 t）货车；20 英尺集装箱车	1.28	16
四类客货车	40 座（含 40 座）以上客车；10 t 以上至 15 t（含 15 t）货车；40 英尺集装箱车	2.4	24
五类客货车	15 t 以上货车	4	48

据内（江）宜（宾）高速公路收费区间及收费标准，可得各类车通过内宜高速内江—宜宾段费用如表11.3所示。

表 11.3　内宜高速（内江—宜宾段）各类车收费标准

货车类别	一类车	二类车	三类车	四类车	五类车
收费标准（元）	35	75	110	150	185

据隆纳高速公路货车计重收费价格表，可得各类车通过隆纳高速隆昌到泸州段费用如表11.4所示。

表 11.4　隆纳高速（隆昌—泸州段）各类车收费标准

货车类别	一类车	二类车	三类车	四类车	五类车
收费标准（元）	25	50	75	100	120

综合对比货物从成都至宜宾和泸州的运输费用，如表11.5所示。

表 11.5　宜宾和泸州货运费用比较

到达点		成渝高速单价[元／(车·公里)]	里程（公里）	成渝高速过路费（元）	内宜高速过路费（元）	隆纳高速过路费（元）	龙泉山隧道通行费（元/次）	总费用（元）
宜宾	一类车	0.32	146	46.72	35	—	5	86.72
	二类车	0.64		93.44	75	—	8	176.44
	三类车	1.28		186.88	110	—	16	312.88
	四类车	2.40		350.40	150	—	24	524.40
	五类车	4		584	185	—	48	817
泸州	一类车	0.32	186	59.52	—	25	5	89.52
	二类车	0.64		119.04	—	50	8	177.04
	三类车	1.28		238.08	—	75	16	329.08
	四类车	2.40		446.40	—	100	24	570.40
	五类车	4		744	—	120	48	912

从成都方向到宜宾和到泸州的费用对比如图11.2所示。

通过分析发现，小吨位车辆（如一、二、三类车）到两地的费用相差不大，差别在5%之内。大吨位车辆（如四类车和五类车）到宜宾的费用较少，平均可节省10%左右。

2. 攀西资源富集区物流市场

攀西资源富集区包括攀枝花市、凉山州、雅安市，该区围绕优势资源开发，大力发展以水电为代表的能源产业，以钒、钛、

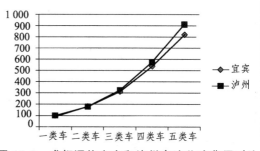

图 11.2　成都通往宜宾和泸州高速公路费用对比

稀土为代表的新材料，以轨梁、管材和板材为代表的精品钢材，以早熟蔬菜、亚热带水果、花卉和中药材为代表的特色农产品。由于宜宾港比泸州港更靠近攀西地区，在公路运输距离方面有显著优势。渝昆铁路建成之后，宜宾港拓展该区的物流市场的优势将更为突出。

3. 川内其他区市物流市场

对于四川内部临近宜宾的工业较发达地区，如自贡、内江等，也有较大规模的物流市场。自贡一直是中国井盐生产的中心，如今已发展成为以盐业、化工、机电、纺织、轻工、食品、新型建材等为支柱产业的工业城市。自贡的东方物流集团，是东方锅炉集团的下属子企业，是继安吉物流之后第二家进入全国百强的四川物流企业，也是从国际货运代理到报关、铁路、公路、水路联运，仓储和设备运、装、卸、安装于一体的专业化程度较高的企业。宜宾港口可与东方物流合作从事水陆联运，吸引自贡物流市场。从地理位置来看，自贡位于内江与宜宾的中段，货物便于从内宜高速向宜宾港运输，因此，对于自贡的工业产品，宜宾港比泸州港有明显的优势。

4. 云南省物流市场

水富港是云南省的主要水运港口，建成于1992年，至今运力已基本饱和，扩建工程进展缓慢，起点低，建设规模小。目前，水富港不能装卸液体危险品，也尚未建设液体危险品码头。宜宾市政府正在加强宜宾与云南地区的公路联系，云南水富到四川宜宾的水富高速公路正在修建中，完工后将大大缩短云南至宜宾的运输时间，吸引云南昭通地区的物流需求。

三、加强制造、商贸业与物流业联动发展

制造业是我国国民经济活动的主体产业，也是物流需求的重要来源，随着市场竞争加剧和国家政策支持，制造业主辅分离、物流业务外包的压力和动力进一步增强。制造业与物流业加强深度合作，结成战略合作伙伴关系，联动发展的趋势日益显现，制造业物流的社会化程度将进一步提高。制造业的发展对物流业有较大的需求拉动和促进作用。现代物流是经济发展的加速器，对制造业已产生了革命性的影响，物流已成为制造业运行与发展的重要环节，没有现代物流支撑的制造业谈不上现代制造业。因此，制造业与物流业具有互相促进和互相制约的互动关系。

制造业和物流业联动发展工程是国务院《物流业调整和振兴规划》中提出的"九大重点工程"，具体任务是要加强对制造业物流分离外包的指导和促进，支持制造企业改造现有业务流程，促进物流业务分离外包，提高核心竞争力；培育一批适应现代制造业物流需求的第三方物流企业，提升物流业为制造业服务的能力和水平；制订鼓励制造业与物流业联动发展的相关政策，组织实施一批制造业与物流业联动发展的示范工程和重点项目，促进现代制造业与物流业有机融合、联动发展。

【案例11.3】 上海推进制造业与物流业联动发展的做法与进一步措施

按照"规划先行、支持重点、提高起点、注重实效"的工作思路，上海在营造制造业与物流业联动发展的外部环境方面目前已经进行了如下工作：

（1）加强规划引导，抓制造业物流载体建设。制订了上海物流"十一五"发展规划，明确重点建设深水港、外高桥、浦东空港、西北综合四个物流园区和汽车、化工、装备、钢铁四个专业物流基地。重点发展以第三方物流为主体的制造业物流，以社会化的物流服务降低成本，以专业化的物流服务提升能级，以高效率的物流服务促进先进制造业发展。

（2）加强供需对接，抓制造业物流市场培育。先后召开了上海推进现代物流业发展工作会议和"创新合作与物流发展"会议，明确上海加快制造业与物流业联动发展的工作重点和主要措施。会上，20家制造企业与物流企业进行项目合作签约，物流服务合同总计金额超过20亿元，有效地引导了制造企业实施流程再造，扩大物流服务外包。

（3）加强标准制订，抓制造业物流标准应用。结合我国《物流标准2005年—2010年发展规划》，推进上海物流企业、科研院所、行业组织等参与国家标准研制，如安吉天地物流制订的汽车仓储、运输和装卸等作业标准已成为全国行业标准。《食品冷链物流技术与管理规范》的地方标准制订，将于2007年10月1日起实施。启动修订《上海市工业区建设管理规范》，增加了工业园区物流管理和服务标准内容等。

（4）加强产学研合作，抓制造业物流人才培养。以复旦大学为试点成立上海物流研究院，加强与世界知名物流企业、研究机构的交流合作。如上海交通大学与美国佐治亚理工学院成立中美物流研究院；上海海事大学与世界海事大学、西澳大利亚大学合作培养物流研究生等。行业协会以各种方式培育市场急需的物流管理人才，至2006年底上海已有3 882人取得物流师资质。

上海制造业与物流业联动发展虽然取得了一定成果，但发展中还存在一些问题和矛盾：供需的结构性矛盾依然存在，部分行业的物流需求未能全部释放；物流基础设施有待完善，装备技术有待改进，服务能力有待增强；既精通物流运作又懂制造业供应链管理的中高级人才仍显不足。下一步，上海将聚焦六大支柱产业，强化为大型产业基地、工业园区和大型制造企业配套的物流服务能力，重点发展以综合物流服务为标志的制造业物流基地，以循环经济为标志的行业物流，以第三方物流为标志的企业物流，以辐射能力为标志的区域物流，进而提升上海制造业的综合竞争力。为进一步贯彻落实国务院《物流业调整和振兴规划》，上海下一步推进制造业与物流业联动发展的具体措施有：

（1）推进产业基地与物流基地的协同发展。一是提高物流综合服务能力。提升四大物流园区的服务功能，加快四大专业物流基地及长兴船舶物流基地建设，在国家级和市级工业区逐步建立区域节点，形成布局合理、竞争力强、功能完备的制造业物流网络。二是加快物流基地建设。集聚一批精通行业业务、提供物流综合解决方案的专业物流龙头企业。国际汽车城加快国际零部件采购平台和物流信息平台建设，开展汽车零部件采购、配送以及整车物流业务。化工区加快集聚专业物流企业，延伸化工产品的流通加工、包装、配送等物流增值服务。临港装备业基地加快重点物流项目建设，吸引知名物流企业入驻，为装备制造业提供供应链一体化服务。钢铁基地大力发展钢铁服务业，促进物流基地与罗泾散货码头和宝钢物流配送中心的协同发展。

（2）推进行业物流的创新发展。一是创新行业物流管理模式。钢铁业重点发展以加工配送中心为主的钢材物流；电子信息业重点发展以空运为主的国际物流；装备、船舶业重点发展与进厂物流相关的采购和配套服务共性网络平台。二是推动绿色物流、逆向物流和安全物流发展。构建行业闭环供应链，加快化工、电子等行业的安全物流和绿色物流发展，促进钢铁、汽车等行业的逆向物流发展。

（3）推进先进技术的应用发展。一是加快推动 EDI、WMS、GPS 等成熟技术在企业广泛应用。支持电子标签（RFID）等新兴技术在危险化学品、食品冷链、保税车辆和集装箱、托盘管理等方面率先推广应用。二是加快建设物流综合服务平台。整合产业基地、工业区以及物流园区、专业物流基地资源，建设一体化、一站式的行业物流综合服务平台，如物流资源交易中心、化学工业区化工品电子交易平台、宝山国际钢铁物流商务中心等，不仅提供仓储、运输、采购、流通加工、配送、货代等基本物流服务，而且提供金融、咨询、策划、电子商务等高端物流服务。

（4）推进物流市场的培育发展。一是推进制造业物流外包。推动船舶制造业、装备制造业等自营物流为主的企业物流外包，提升电子信息产业、化工产业等行业的国际物流服务能力。二是培育制造业物流市场主体。鼓励物流企业管理信息化和装备现代化建设，培育一批规模大、功能强、服务水平高、与产业配套紧密的制造物流企业。支持一批具有良好基础、实力较强的大型物流企业通过战略联盟，建立国内外物流渠道，形成国际化、网络化物流企业。培育一批为石化、汽车、医药、电子、食品等行业提供服务的社会化、专业化的第三方物流企业。认定一批提供物流信息服务以及供应链管理服务的物流企业为高新技术企业。

（5）推进长三角制造业物流的联动发展。加快长三角物流公共信息平台建设。建立物流信息资源的共享机制，推动长三角地区制造企业口岸通关便利化，构建物流园区、工业区等物流信息联网，实现海港、陆港、空港物流信息共享。加强长三角地区现代物流安全管理联动。根据《苏浙沪危险化学品道路运输安全监管联控协议》，推进危险化学品物流实现信息共享和应急救援两个联动；创立统一规范标准，统一标志路牌、统一驾押培训、统一自救应急；实现危险化学品道路运输监督、管理、预警、预防统一。

（6）营造良好的制造业物流发展环境。一是启动制造业物流"双高人才"培训工程。联合复旦大学、上海交通大学、同济大学、上海海事大学等高校，加强国际合作，培养一批世界一流的制造业物流高级管理人才和高级技术应用人才。二是完善制造业物流的政策软环境。根据《上海现代服务业发展引导资金管理办法》，重点支持涉及城市公共安全、食品安全和医药安全的危化、冷链和医药物流项目，物流公共信息平台建设项目和区域物流合作项目。加快落实技术创新专项政策，发挥上海支持自主品牌的专项资金作用。

四、加快物流企业发展和培育

1. 积极引进国内外大型物流企业集团

积极引进国内外资金，鼓励国外大型跨国物流企业和国内百强物流企业在本地区设立分支机构，与本地企业建立合作机构。加强与大型物流企业的合作，弥补资金和技术不足，学习先进的技术和管理经验，提高物流服务质量和水平。

2. 鼓励企业整合物流资源，培育龙头和骨干型物流企业

我国物流企业大多是中小型企业，为形成规模经济效益，需鼓励企业整合资源，实行资源共享，开拓物流业务。扶持大型的物流优势企业作为示范，形成物流龙头和骨干企业，实施大集团带动战略，提高本地区物流企业的综合竞争力。

五、推进物流信息化建设

1. 加强信息化建设的统一规划

统一规划，按照效能原则进行跨部门、行业、系统和地区重组，与本地区政府信息发布平台、制造和商贸企业信息平台对接，统一建设物流信息平台，实现信息资源共享。在信息化建设中，可率先在少数区域内建立起第三方物流为基础的信息网络，带动其他各区域信息化建设。

2. 增加投入和拓宽融资渠道，加大物流业信息技术创新的支持力度

政府应加强物流业信息技术创新的示范和引导，在物流信息化、物流标准化、现代物流建设中的共性技术研发等方面给予经费支持。加强现代物流软科学专题研究，全面提高物流业信息化管理水平。鼓励物流企业申报国家科技型中小企业技术创新基金，对列入计划的项目，政府的技术创新、创业基金要给予匹配的资金支持。

从长期看，能满足技术投资长期性要求的是资本市场。因此，除大力推进资本市场发展外，还应引导银行支持物流企业信息技术创新。同时，拓宽融资渠道，吸收社会资本，建设风险投资机制，发展风险投资机构，培育风险投资经营管理人才，逐步建成以社会资本为主体的物流企业信息技术创新风险投资体系。

3. 引导IT厂商加大对物流业信息化技术与产品的研发

物流信息化是信息技术与产品推广应用的结果。美国、法国、德国等在物流业信息化发展过程中，IT厂商起了重要推动作用。因此，政府部门应在财政、税收、融资等方面加大向物流业IT厂商倾斜，引导它们为物流业信息化提供先进的解决方案，进行系统集成，开发应用软件和硬件设备，推出有自主知识产权的物流业信息化应用系统。可引进国内外先进物流IT厂商，在宜宾建设信息化系统和设备生产中心，大力发展物流业IT企业，推进信息化建设。

六、完善物流标准化建设

1. 统一领导，协调推进

加强物流标准化的组织领导，健全物流标准化进程中的组织协调机制，物流主管部门及各个经办机构应分工合作，统筹规划，统一协调物流发展中的重大问题；鼓励物流企业积极参与国家、行业标准的研究和制订，并在资金上给予一定扶持；尽快成立由科研机构、物流

企业和行业协会的专家学者及业内人士组成的物流标准化推进小组，加强对现代物流标准化关键技术的研究。在规模以上物流企业以及大型连锁超市、医药、烟草、图书等行业的配送服务中开展物流标准化试点工作，加快物流标准化的进程。

2. 建设以信息化为核心的重点标准示范工程

推广 EAN/UCC 系统在供应链系统的纵横扩展，积极使用联合国标准产品与服务分类（UNSPSC）、全球产品分类（GPC）、EPC 全球产品电子代码及其相关技术标准、基于 ebXML 标准的报文系列标准、位置码等标准，引入标准格式的网上订货、订单处理、统计对账等技术，提高企业综合竞争力。

3. 物流设备标准化

建立托盘循环利用体系，大力推广标准托盘，提高标准托盘的使用率。

规范物流运输车辆的规格、载重，在城区大力发展厢式小型货运车辆的使用，实行统一标志，根据运输产品的特性，将城区内运输车辆划分为普通货物运输车辆、危险货物运输车辆、鲜活农产品运输车辆和流散物体运输车辆。应选择符合国家标准的车辆，可选用两用燃料汽车，安装 GPS 定位系统和电子识别系统，车型尽量统一，采用厢式或罐式汽车，车辆应容貌整洁、标志齐全。

引导物流企业实施 ISO 9002 标准，积极探索物流搭载服务的分类、业务流程、操作、控制、评价等标准，提高管理效率和服务水平，增强企业竞争能力。

七、重视人才引进与培养

1. 加强物流资格认证，产学研有效结合

加强政府相关部门、物流行业协会和物流企业的学习交流工作，并确保相关部门和物流企业人员构成中具有相当比例的通过物流资格认证考试的人员；鼓励物流企业与物流咨询机构、科研院校等进行多种形式的资本与技术融合，积极推动企业与科研院所开展多种形式的合作，促进产学研有机结合，加大现代物流技术、方法、管理模式有关研究的投入和引进，充分发挥社会各种优势，实现物流业产学研一体化。

2. 建立合理的人才机制、分配制度

建立现代物流人才引进、激励、竞争和淘汰机制，鼓励通过多渠道培养和吸纳现代物流高级人才，形成尊重知识、尊重人才、鼓励创业的社会氛围。完善技术入股、奖励股份、股份期权、协议工资、年薪制等收入分配政策。

3. 培养本地人才，引进优秀人才

定期组织国内外物流专家举行面向政府、协会和企业代表的专题讲座或学习班，学习借鉴国内外物流运作和服务方面的成功经验和先进技术，培养本地的物流从业人员的专业能力；定期选拔一批优秀的物流人才出国学习，加强与国外物流同业人员的交流，引进国外优秀的物流人才和管理模式。

第三节　物流节点的建设与运营措施

物流节点包括物流园区、物流中心、配送中心等物流节点，物流节点的建设与运营，是物流产业发展的基础，是物流企业发展壮大的支撑，又是资金需求大、占用资源多的工作，应该在国土、规划、交通、财税等方面提供支撑保障，并合理安排物流节点建设的次序，统筹安排物流节点建设的各项工作，选择合理的物流节点建设与运营模式。

一、政府推动物流节点建设与运营的主要措施

1. 为物流节点建设提供土地扶持政策

积极推进物流节点建设和运营，出台《物流节点建设用地管理政策》。对列入规划的物流节点项目，在规划、使用土地审批上，作为重点项目，开辟绿色通道，特事特办。凡新建物流设施用地与全市总体规划不一致的，在国家允许范围内可在一定程度上给予适当调整；凡社会投资主体投资于物流节点开发的，类同于投资交通基础设施，享受各级政府关于鼓励基础设施投资的各项规定。

2. 鼓励物流企业入驻物流节点

为入驻物流节点的物流企业提供财政税收和工商管理方面的扶持政策。

1）工商方面

（1）凡在物流节点内投资兴办物流企业均可从事国家允许的运输、仓储、包装、配送、流通加工及相关信息等物流业务。

（2）凡在物流节点内兴办物流企业到市工商部门注册登记时，对其经营项目按运输、仓储等具体项目审批；本市的各有关管理部门要简化手续，提高办事效率。鼓励非国有经济的物流企业的发展，鼓励外资企业和大型物流企业在物流节点内兴办物流企业。

2）财税政策方面

（1）对于物流节点内入驻的物流企业，对其经营发生的仓储、运输、包装、流通加工、配送等活动，不分别计税，实行统一征税。

（2）凡从事仓储业、物资业的企业或经营单位，自开业之日起，报主管税务机关批准，可减征或免征所得税一年。

（3）对新办的独立核算的从事交通运输的企业或单位，自开业之日起，第一年免征所得税，第二年减征所得税。

（4）对从事物流咨询业、信息业的企业或单位，自开业之日起，第一年至第二年免征所得税。

（5）对从事物流软件开发或公益性物流信息平台的企业，经市信息办审定，税务部门同意，自开办之日起，可免缴所得税两年，减征所得税三年。

3）通关方面

凡在物流节点内注册的物流企业和进出口企业，可实行海关监管。海关对于监管的进出口货物，建议采取双信息放行的办法，对转关和关内放行以纸面和电子数据放行的形式，通

过港口 EDI 中心传输给相关物流单位，共同建设海关信息化通关平台。对在物流节点内设置的物流企业实行"一次报关、一次验单、一次查验"，简化手续，加快办理速度。

二、物流节点的建设次序安排

物流节点的建设需要土地、资金、政策、人才等多种资源，为实现资源的合理配置，在物流节点的建设过程中，需要依据一定的建设原则，合理安排各物流节点的建设次序，实现节点建设的经济、高效、合理、科学，并在此基础上细化每个物流节点建设过程中的各项具体工作，以保障物流节点建设的各项工作能够顺利开展，以使物流节点的建设能够满足市场发展的需要。物流节点建设安排的基本原则包括：

（1）物流节点所在地已有一定的物流业发展的软硬件条件，如：周边或区域内建设有水运码头、货运场站、铁路专用线、工业园区以及集中的货运市场、物流企业等。

（2）物流节点所在地能够实现多种交通方式的换乘，并且换乘条件好、换乘成本低。

（3）物流节点经济服务区域内具有较大的物流处理量。由于物流节点具有一定的经济运距，超过了经济运距，该物流节点的竞争优势将逐步降低，而且服务成本不断上升。

（4）物流节点所在地有大量集中的土地资源可供发展，而且土地成本、拆迁安置、土地平整、建设成本可控，性价比高，物流节点用地的周边条件良好，具有预留的用地空间。

（5）物流节点所在地对城市交通和城市环境的影响较小，物流节点的建设对于所在地的交通负荷、居民生产生活不会造成太大的干扰，对环境的破坏小。

（6）物流节点所在地政府建立了良好的物流发展政策环境、重视物流节点的建设。

（7）物流节点的建设对于地方经济发展的推力大，示范效应和带动效益强，能够为地方经济的发展和税收的增长、吸纳当地就业作出突出贡献。

三、物流节点的建设与运营模式选择

国内外物流节点建设运营模式可以分为三类：建设运营一体化模式、建设运营分离模式、建设运营交叉模式，如图 11.3 所示。

1. 建设运营一体化模式

该模式又可分为"政府-政府"模式、"企业-企业"模式。这两种模式虽然都是建设运营一体化，但是在实践中还是有很多不同之处，两者最大的区别就在于一个是由政府完全负责，而另一个是企业完全负责。

"政府-政府"模式。这种模式的物流节点一般实行自上而下的模式，由政府负责物流节点的统一规划，政府财政全额投资建设物流节点，包括物流

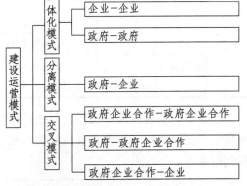

图 11.3　物流节点建设运营模式分类

节点基础设施的建设和物流节点运营管理都由政府组织进行。政府在物流节点的开发建设中既是基础条件的创造者，又是运作秩序的维护者，政府在物流节点的建设中始终起着关键作用。

"企业-企业"模式。这种模式是政府将土地或现有设施设备以租赁或出让的形式给企业，

而后由企业进行物流节点的开发建设，再由该企业进行物流节点的管理组织。物流节点的开发建设完全是企业行为，吸纳各方面投资，无论是国有、集体，还是民营、私有或者是上市公司、社会个人都可以投资，成立物流节点开发建设有限公司，负责物流节点的开发建设，并负责物流节点的运营管理或者成立专门的物流节点运营企业来负责运营。虽然是企业自行发起成立的组织，但它们大多需要得到政府在各种政策上的支持。

2. 建设运营相分离的模式

主要以"政府-企业"模式为主。该模式由政府负责物流节点的规划，政府财政拿出一部分资金用于物流节点的重大基础设施建设；而物流节点的其他配套设施建设及运营管理则完全是由股份公司来完成，政府所扮演的只是物流节点建设投资者的角色，并不参与物流节点的运营管理，物流节点的日常经济活动及各项管理都由企业来完成。

3. 建设运营相交叉的模式

主要有"政府企业合作-企业"、"政府-政府企业合作"和"政府企业合作-政府企业合作"三种模式。它们的共同特点是由政府单独投资或者与企业按合适的比例共同投资建设物流节点的重大基础设施及其他配套设施，然后企业单独运营或者与政府合作共同运营和管理物流节点的日常经常活动。

各种建设运营模式优缺点比较如表 11.6 所示。

表 11.6　各种建设运营模式优缺点比较

建设运营模式		优　　　点	缺　　　点
一体化	政府-政府	资金充足、相关政策支持	政府承担风险过大、园区缺乏市场竞争力
	企业-企业	管理机制科学、合理，具有较强的市场竞争力、收益较大	前期投资较大、经营风险过大、缺乏政策支持
分离	政府-企业	园区运营规范化、资金充足、相关政策支持	企业经营风险较大、利润分配易出现分歧、受政府影响较大
交叉	政府企业合作-企业	资金充足、相关政策支持、缓解政府对园区运营的影响	利润分配易出现分歧、收益降低
	政府-政府企业合作	相关政策支持、共担风险	政府单独承担投资风险
	政府企业合作-政府企业合作	资金充足、相关政策支持、风险共担、具有市场竞争力	对于企业而言利润较低、园区运营受政府影响很大、决策效率较低

物流节点的建设属于大型公共基础设施项目，投资金额大、建设周期长，项目建设与运营存在一定的风险、需要具备良好的市场资源和运营管理能力，不同物流节点应依据自身实际进行选择。

> 【**案例 11.4**】　遵义汇兴物流园区的建设运营模式选择
> 　　为确定遵义汇兴物流园区的建设运营模式，选择成都新都物流中心、四川遂宁金家物流园区、成都传化物流基地，从建设主体、规划主体、投资主体、运营主体、核心业务、外联业务 6 个方面进行比较分析，如表 11.7 所示。

表 11.7　新都物流中心、金家物流园区、传化物流基地建设与经营模式比较

	新都物流中心	金家物流园区	传化物流基地
建设主体	新都物流中心管委会	金家物流园区管委会	成都传化物流基地有限公司
规划主体	新都物流中心管委会	金家物流园区管委会	成都传化物流基地有限公司
投资主体	成都市政府、新都区政府、企业、社会	遂宁市政府、遂宁市船山区政府、企业、社会	浙江传化集团
运营主体	新都区管委会	金家物流园区管委会	成都传化物流基地有限公司
核心业务	信息服务、配送、展示交易、仓储、货物集散、货运中转	仓储、配送、交易、停车、信息服务	信息服务、停车、仓储、配送、零担专线
外联业务	餐饮、住宿、娱乐	餐饮、住宿、生活服务	餐饮、住宿、生活配套服务

从表 11.7 可以看出，新都物流中心、金家物流园区和传化物流基地的建设主体、规划主体和运营主体都相同，表现为统一规划和集中建设；而仓储、配送、信息服务等物流传统业务都作为其核心业务进行运营，餐饮、住宿和生活服务等业务则由运营企业以外联或外包的方式进行运营。

依据汇兴公司的法人治理结构、园区用地属性、资金运作机制、总体发展战略，再考虑到汇兴公司自身资金不足、就业安置压力大，以及公司缺乏高层次物流管理人才，独立完成物流园区建设运营难度较大。因此，建议汇兴物流园区采用统一规划、集中建设、核心运营、部分外联的边建设边运营的建设运营模式，由政府出台政策，对园区建设运营提供大力支持；汇兴公司组建园区管委会，负责园区的分期建设以及运营。

四、物流节点建设的主要工作

对于一个具体的物流节点，其主要建设工作分为准备阶段、动工阶段、完善及提升阶段。

1. 准备阶段

主要包括物流节点管理委员会的成立、物流节点用地的审批等程序办理，物流节点概念性规划、预可行性规划、工程可行性规划、控制性详细规划、修建性详细规划的编制，物流节点优惠政策的制订，物流节点建设的招商引资等。

2. 动工阶段

主要包括拆迁安置；土地平整、道路和市政配套设施建设、项目策划、单个项目的建设等。

3. 完善及提升阶段

主要包括人才的培训与招募、信息平台的开发与建设、生活配套设施的建设、道路景观系统的布置、项目监控与评价等。

【案例 11.5】 四川宜宾市志城物流园区建设阶段的主要工作

四川宜宾市志城物流园区位于宜宾市翠屏区,紧邻宜宾港志城作业区,水运条件良好;进港铁路位于志城港口作业区内,铁路运输条件良好;距宜南快速公路 2 km,通过宜宾长江大桥与南岸片区相连,公路交通条件良好。志城物流园区建设与运营采取企业与政府联合开发的模式。

企业在建设阶段的工作安排,如表 11.8 所示。

表 11.8 企业在志城物流园区建设中的工作安排

工作阶段	具体工作	时间节点
准备阶段	① 志城物流园区公司联合开发公司的成立	2010 年之前
	② 志城园区概念性规划、预可行性规划、工程可行性规划、控制性详细规划、修建性详细规划的编制	2010.1—2010.9
	③ 志城物流园区用地的报批、土地使用证办理等手续	2010.1—2010.9
	④ 志城物流园区的资本金准备及资金筹备工作	2010.1—2010.6
	⑤ 志城物流园区的招商引资及广告宣传正式启动	2010.6—
	⑥ 志城物流园区公司合作开发公司人员招聘、制度建设及办公地点确定等	2010.6 之前
动工建设阶段	① 志城物流园区的拆迁安置与土地平整	2010.6 之前
	② 志城物流园区一期工程的道路、市政配套设施建设	2010.6—2010.12
	③ 志城物流园区一期综合服务区建设、一期集装箱处理区建设、一期管理办公区建设、一期仓储配送区建设、一期流通加工区建设、停车场建设、展示交易区建设	2010.6—2010.12
	④ 志城物流园区二期工程的道路、市政配套设施建设	2011.1—2011.6
	⑤ 志城物流园区二期综合服务区建设、仓储配送区、流通加工区、展示交易区、堆场建设	2011.1—2011.12
	⑥ 志城物流园区三期工程的道路、市政配套设施建设	2012.1—2010.6
	⑦ 志城物流园区三期仓储配送区、集装箱处理区、管理办公区、流通加工区建设	2012.1—2012.12
完善及提升阶段	① 志城物流园区绿化及景观系统建设	2012.6—2012.12
	② 志城物流园区综合信息平台的开发建设	2012.1—2012.12
	③ 志城物流园区公司合作开发公司发展规划与运营方案制订	2012.6—2012.12

企业是志城物流园区建设与运营的主体,承担项目的规划编制、招商引资、功能区建设及配套工程建设的任务。政府各职能部门在建设中的主要工作是建设平台、做好服务,具体如表 11.9 所示。

表 11.9　宜宾市政府各部门在志城物流园区建设中的工作安排

编号	任务名称	开始时间	落实单位	完成	持续时间	2010年					2011年				2012年			
						Q4	Q1	Q2	Q3	Q4	Q1	Q2	Q3	Q4	Q1	Q2	Q3	Q4
1	参与公司合作开发公司进行志城物流园区开发过程重大决策问题的讨论,并协调政府各职能部门做好土地转让、园区建设立项、项目认定、配套设施建设等各项工作	2009-10-1	宜宾市现代物流业发展工作领导小组	2012-12-31	848d	▓	▓	▓	▓	▓	▓	▓	▓	▓	▓	▓	▓	▓
2	成立物流园区(中心)管理委员会,处理志城物流园区建设过程中的各项日常工作	2006-10-1	宜宾市现代物流业发展工作领导小组	2012-12-31	848d	▓	▓	▓	▓	▓	▓	▓	▓	▓	▓	▓	▓	▓
3	志城物流园区建设的立项、审批及日常指导	2010-1-1	市发展和改革委员会	2012-12-31	261d		▓	▓	▓									
4	争取将志城物流园区建设列入国家、四川省政府重点建设项目,并争取资金支持	2010-1-1	市发展和改革委员会	2012-12-31	261d		▓	▓	▓									
5	优先安排志城物流园区的项目用地	2009-10-1	市国土局	2012-5-31	173d	▓	▓											
6	做好志城物流园区用地的使用权招标、拍卖、挂牌和土地储备的组织和协调工作	2009-10-1	市国土局	2012-5-31	173d	▓	▓											
7	配合市发改委提供志城物流园区的相关技术材料	2009-10-1	市国土局	2012-5-31	173d	▓	▓											
8	研究制订志城物流园区土地使用税；进出口设备的关税、增值税；入住企业所得税等一系列优惠政策	2010-1-1	市国土局	2012-12-31	261d		▓	▓	▓									
9	做好志城物流园区控制性规划、修建性规划的报批,并提供建设性意见	2010-1-1	市国土局	2012-12-31	261d		▓	▓	▓									
10	积极协调有关部门,推进志城物流园区土地拆迁等相关工作	2010-1-1	市国土局	2012-12-31	261d		▓	▓	▓									
11	代表市政府全面负责各志城物流园区与联合开发公司之间各项协调工作	2009-10-1	物流园区委员会(待成立)	2012-12-31	848d	▓	▓	▓	▓	▓	▓	▓	▓	▓	▓	▓	▓	▓
12	研究志城物流园区建设中宜宾市物流业发展专项资金的使用与管理	2009-10-1	市财政局	2012-10-1	262d	▓	▓	▓										
13	与志城物流园区公司合作开发公司共同做好园区的各项招商引资工作	2009-10-1	宜宾市招商局	2012-12-31	848d	▓	▓	▓	▓	▓	▓	▓	▓	▓	▓	▓	▓	▓

思 考 题

1. 物流规划实施包括哪几个工作阶段？每个工作阶段的工作有哪些？

2. 物流市场的培育应该从哪几个方面着手？具体的措施有哪些？

3. 请分析制造业与物流业联动发展的驱动力，并分析如何推动两者的联动发展。

4. 如何建立完善的物流协调管理机制，以保证物流政策与措施的贯彻和落实？

5. 政府推动物流节点建设与运营的主要措施有哪些？

6. 试选取国内、国外两个物流节点，分析其建设与运营模式。

7. 物流节点建设安排的基本原则是什么？

8. 请谈谈我国物流园区的建设与运营存在的问题，并提出解决措施。

9. 试选取熟悉的一个城市的物流实施案例，谈谈自己对实施方案的建议和想法。

参考文献

[1] （美）唐纳德 J 鲍尔索克斯，戴维 J 克劳斯. 物流管理——供应链过程的一体化[M]. 北京：机械工业出版社，1999.

[2] 何明珂. 物流系统论[M]. 北京：中国审计出版社，2001.

[3] 国家发展改革委等. 关于促进我国现代物流业发展的意见. 2004.

[4] 四川省人民政府办公厅. 四川省"十五"及 2010 年现代物流业发展规划纲要.2003.

[5] 刘志学. 现代物流手册[M]. 北京：中国物资出版社，2004.

[6] 王之泰. 现代物流管理[M]. 北京：中国工人出版社，2005.

[7] 方仲民. 物流系统规划与设计[M]. 北京：机械工业出版社，2003.

[8] 张川杰. 物流中心系统化布置与规划[M]. 台北：机械工业杂志社，1998.

[9] 周玉清，刘伯莹.ERP 理论、方法与实践[M]. 北京：电子工业出版社，2006.

[10] 和宏明，薄立馨.投资项目可行性研究工作手册[M]. 北京：中国物价出版社，2002.

附　　　录

附件 1－1：2005 年日本物流业统计的主要框架

一、与物流相关的经济动向

1. 世界出入口额的变化。

2. 各地区出入口额的变化。

3. 物流服务物价指数的变化。

二、日本国内物流动向

1. 日本国内物流货物运输动向：日本国内货物运输量的变化（吨）；日本国内货物运输量的变化（吨·公里）；各主要物品的运输量（2005 年）；各距离段的不同运输方式比率（2005 年）；日本国内各地区间相互货物运输量总况（2004，2005 年）。

2. 货物纯流动量的状况（第 8 次全国货物纯流动调查）：全日本货物纯流动调查；全日本货物纯流动量的变化；各运输机构年度间出货量变化；产业间的流动量（2005 年）；流动份额量的变化；从东京到各主要都道府县物流时间的变化；出货基准量的变化。

三、国际物流的动向

1. 国际货物运输动向：国际货物运输量的变化（吨）；国际货物运输量的变化（金额）；各港口和机场货物处理量排名（2006 年）。

2. 国际海上货物运输动向：通过日本商船外航货物运输量的变化；各主要商品外航货物运输量的变化；三大港湾货物处理量的变化；各港湾的外贸集装箱货物处理量排名（2005、2006 年）；世界各港口集装箱处理数量排名；集装箱化率的变化；主要港口的物流动向（2006 年 9 月调查）。

3. 国际航空货物运输动向：国际航空货物运输量的变化（吨，吨·公里）；各主要物品国际航空货物运输量的变化（金额）；各地区国际航空货物运输量的变化；日本国内各地区国际航空货物运输量的变化；世界各机场国际航空货物运输量排名；主要机场的物流图（2006 年）。

4. 主要的国际复合一贯运输线路。

四、各运输方式的运输动向

1. 卡车：卡车运输量的变化；各主要物品卡车运输量的变化；从事卡车运输企业数的变化；卡车运输企业规模的变化；卡车事业经营收入的变化；卡车车辆数目的变化；卡车每行驶一公里成本的变化；营业用的卡车和自用卡车的比较；卡车积载效率的变化；营业用的卡车运输比率变化；各距离段的卡车运输中营业用卡车运输比率的变化；卡车运输消耗基准表（2005 年）。

2. 铁路：铁路货物运输量和营业收入的变化；JR 主要物品运输量的变化；JR 货物经营成绩的变化；JR 货物新规投入车辆数的变化；JR 货物集装箱运输比率的变化；JR 货车路线图修正内容比较。

3. 海运：内航海运；外航海运；港湾运输。

4. 航空：国内航线；国际航线。

五、货物流通设施的动向

1. 仓库：营业仓库的分类；营业仓库的概要（2005年）；普通仓储企业数和其面积的变化；普通仓库入库量、月末平均在库量和周转数的变化；各普通仓库（1-3类仓库）的构成比（入库量和月末平均在库量）；冷藏仓储企业数、所管容积、入库量、月末平均在库量及年周转数的变化；冷藏仓库储存各物品构成比（入库量及月末平均在库量）。

2. 卡车站点：一般卡车站点分布图；一般卡车站点一览表。

六、货物运输代理公司的动向

1. 货物运输企业数的变化。

2. 铁道运输事业：处理量的变化；各企业及处理方式的处理量；外航海运运输企业；国内航空运输企业；国际航空运输企业。

七、消费物流的动向

1. 国内宅配事业：宅配送和邮件包裹处理量的变化；各宅配送的处理量（个数）；各发货地和整合地的国内航空宅配处理量。

2. 国际宅配事业：国际宅配处理量的变化（件数，吨）；各运送地国际航空宅配处理量的变化；各整合地国际航空宅配处理量的变化。

八、物流中环境相关动向

1. 能源消费量：各部门的能源消费量；各运输方式能源消费量的变化；各运输方式能源消费基准的变化。

2. 二氧化碳排放量：各部门的二氧化碳排放量（2005年）；各运输方式二氧化碳排放量（2005年）；各运输方式二氧化碳排放基准量（2005年）。

3. 陆运转海运（modal shift）变化率的变化。

九、物流信息化的动向

1. EDI的动向：物流EDI的概要；日本国内物流EDI标准的动向；国际物流EDI标准的动向；EDI导入的实际情况；EDI的普及情况；EDI的优点。

2. 贸易手续的简易化、电子化的相关动向：总论；国际海上交通简易化条约（FAL条约）；港口EDI及府省共通港口。

十、物流企业对策

1. 物流业的概要。

2. 中小企业措施：中小企业措施的体系图；现行主要的中小企业物流措施在物流业中的运用情况。

3. 物流相关财政投融资制度：日本政策投资银行；冲绳振兴开发银行；中小企业金融公库；国明生活金融公库。

4. 主要税制概要：国税；地方税。

5. 从事物流业的劳动者的劳动时间的现状和法律制度：运输产业的年度劳动时间的现状（2006年）；劳动时间相关的法律制度概要。

资料来源：《数字看物流2005》、《数字看物流2006》、《数字看物流2007》目录对应表；综合物流措施大纲（2005—2009）。

附件 1－2：物流业调整和振兴规划

物流业是融合运输业、仓储业、货代业和信息业等的复合型服务产业，是国民经济的重要组成部分，涉及领域广，吸纳就业人数多，促进生产、拉动消费作用大，在促进产业结构调整、转变经济发展方式和增强国民经济竞争力等方面发挥着重要作用。

为应对国际金融危机的影响，落实党中央、国务院保增长、扩内需、调结构的总体要求，促进物流业平稳较快发展，培育新的经济增长点，特制定本规划，作为物流产业综合性应对措施的行动方案。规划期为 2009—2011 年。

一、发展现状与面临的形势

（一）发展现状

进入新世纪以来，我国物流业总体规模快速增长，服务水平显著提高，发展的环境和条件不断改善，为进一步加快发展奠定了坚实基础。

1. 物流业规模快速增长。2008 年，全国社会物流总额达 89.9 万亿元，比 2000 年增长 4.2 倍，年均增长 23%；物流业实现增加值 2.0 万亿元，比 2000 年增长 1.9 倍，年均增长 14%。2008 年，物流业增加值占全部服务业增加值的比重为 16.5%，占 GDP 的比重为 6.6%。

2. 物流业发展水平显著提高。一些制造企业、商贸企业开始采用现代物流管理理念、方法和技术，实施流程再造和服务外包；传统运输、仓储、货代企业实行功能整合和服务延伸，加快向现代物流企业转型；一批新型的物流企业迅速成长，形成了多种所有制、多种服务模式、多层次的物流企业群体。全社会物流总费用与 GDP 的比率，由 2000 年的 19.4%下降到 2008 年的 18.3%，物流费用成本呈下降趋势，促进了经济运行质量的提高。

3. 物流基础设施条件逐步完善。交通设施规模迅速扩大，为物流业发展提供了良好的设施条件。截至 2008 年底，全国铁路营业里程 8.0 万公里，高速公路通车里程 6.03 万公里，港口泊位 3.64 万个，其中沿海万吨级以上泊位 1 167 个，拥有民用机场 160 个。物流园区建设开始起步，仓储、配送设施现代化水平不断提高，一批区域性物流中心正在形成。物流技术设备加快更新换代，物流信息化建设有了突破性进展。

4. 物流业发展环境明显好转。国家"十一五"规划纲要明确提出"大力发展现代物流业"，中央和地方政府相继建立了推进现代物流业发展的综合协调机制，出台了支持现代物流业发展的规划和政策。物流统计核算和标准化工作，以及人才培养和技术创新等行业基础性工作取得明显成效。

但是，我国物流业的总体水平仍然偏低，还存在一些突出问题。一是全社会物流运行效率偏低，社会物流总费用与 GDP 的比率高出发达国家 1 倍左右；二是社会化物流需求不足和专业化物流供给能力不足的问题同时存在，"大而全"、"小而全"的企业物流运作模式还相当普遍；三是物流基础设施能力不足，尚未建立布局合理、衔接顺畅、能力充分、高效便捷的综合交通运输体系，物流园区、物流技术装备等能力有待加强；四是地方封锁和行业垄断对资源整合和一体化运作形成障碍，物流市场还不够规范；五是物流技术、人才培养和物流标准还不能完全满足需要，物流服务的组织化和集约化程度不高。

2008 年下半年以来，随着国际金融危机对我国实体经济的影响逐步加深，物流业作为重要的服务产业也受到了严重冲击。物流市场需求急剧萎缩，运输和仓储等收费价格及利润大幅度下跌，一大批中小物流企业经营出现困难，提供运输、仓储等单一服务的传统物流企业受到严重冲击。整体来看，国际金融危机不但造成物流产业自身发展的剧烈波动，而且对其他产业的物流服务供给也产生了不利影响。

（二）面临的形势

应该看到，实施物流业的调整和振兴、实现传统物流业向现代物流业的转变，不仅是物流业自身结构调整和产业升级的需要，也是整个国民经济发展的必然要求。

1. 调整和振兴物流业是应对国际金融危机的迫切需要。一是要解决当前物流企业面临的困难，需要加快企业重组步伐，做强做大，提高产业集中度和抗风险能力，保持产业的平稳发展；二是物流业自身需要转变发展模式，向以信息技术和供应链管理为核心的现代物流业发展，通过提供低成本、高效率、多样化、专业化的物流服务，适应复杂多变的市场环境，提高自身竞争力；三是物流业对其他产业的调整具有服务和支撑作用，发展第三方物流可以促进制造业和商贸业优化内部分工、专注核心业务、降低物流费用，提高这些产业的竞争力，增强其应对国际金融危机的能力。

2. 调整和振兴物流业是适应经济全球化趋势的客观要求。一是随着经济全球化的发展和我国融入世界经济的步伐加快，全球采购、全球生产和全球销售的发展模式要求加快发展现代物流业，优化资源配置，提高市场响应速度和产品供给时效，降低企业物流成本，增强国民经济的竞争力。二是为了适应国际产业分工的变化，要求加快发展现代物流业，完善物流服务体系，改善投资环境，抓住国际产业向我国转移的机遇，吸引国际投资，促进我国制造业和高技术产业的发展。三是随着全球服务贸易的迅猛发展，要求加快发展现代物流业，培育国内现代物流服务企业，提高物流服务能力，应对日益激烈的全球物流企业竞争。

3. 调整和振兴物流业是国民经济持续快速发展的必要保证。根据全面建设小康社会的新要求，我国经济规模将进一步扩大，居民消费水平将进一步提高，货物运输量、社会商品零售额、对外贸易额等将大幅度增长，农产品、工业品、能源、原材料和进出口商品的流通规模将显著增加，对全社会物流服务能力和物流效率提出了更高的要求。同时，中西部地区要求改善物流条件，缩小与东部地区的物流成本差距，承接东部沿海地区产业梯度转移，促进区域间协调和可持续发展。

4. 调整和振兴物流业是贯彻落实科学发展观和构建社会主义和谐社会的重要举措。调整和振兴物流业，有利于加快商品流通和资金周转，降低社会物流成本，优化资源配置，提高国民经济的运行质量；有利于提高服务业比重，优化产业结构，促进经济发展方式的转变；有利于增加城乡就业岗位，扩大社会就业；有利于提高运输效率，降低能源消耗和废气排放，缓解交通拥堵，实现经济和社会的协调发展；有利于促进国内外、城乡和地区间商品流通，满足人民群众对多样化、高质量的物流服务需求，扩大居民消费；有利于国家救灾应急、处理突发性事件，保障经济稳定和社会安全。

二、指导思想、原则和目标

（一）指导思想

以邓小平理论和"三个代表"重要思想为指导，深入贯彻落实科学发展观，按照保增长、扩内需、调结构的总体部署，以应对国际金融危机对我国经济的影响为切入点，以改革开放为动力，以先进技术为支撑，以物流一体化和信息化为主线，积极营造有利于物流业发展的政策环境，加快发展现代物流业，建立现代物流服务体系，以物流服务促进其他产业发展，为全面建设小康社会提供坚实的物流体系保障。

（二）基本原则

1. 立足应对危机，着眼长远发展。既要应对国际金融危机，解决当前物流业发展面临的突出问题，保先进生产力，保重点骨干企业，促进企业平稳发展，又要从产业长远发展的角度出发，解决制约物流产业振兴的体制、政策和设施瓶颈，促进产业升级，提高产业竞争力。

2. 市场配置资源，政府营造环境。充分发挥市场配置资源的作用，调动企业的积极性，从满足物流需求的实际出发，注重投资的经济效益。政府要为物流业的发展营造良好的政策环境，扶持重要的物流基础设施项目建设。

3. 加强规划指导，注重协调联动。统筹国内与国际、全国与区域、城市与农村物流协调发展，做好地区之间、行业之间和部门之间物流基础设施建设与发展的协调和衔接，走市场化、专业化、社会化的发展道路，合理布局重大项目。各地区要从本地区经济发展的实际出发，因地制宜，统筹规划，科学引导物流业的发展，防止盲目攀比和重复建设。

4. 打破分割封锁，整合现有资源。改革现行物流业相关行业管理体制，打破部门间和地区间的分割和封锁，创造公平的竞争环境，促进物流服务的社会化和资源利用的市场化，优先整合和利用现有物流资源，提高物流设施的利用率。

5. 建立技术标准，推进一体化运作。按照现代物流理念，加快技术标准体系建设，综合集成仓储、运输、货代、包装、装卸、搬运、流通加工、配送、信息处理等多种功能，推进物流一体化运作，提高物流效率。

6. 创新服务方式，坚持科学发展。以满足生产者和消费者不断增长的物流需求为出发点，不断创新物流服务方式，提升服务水平。积极推进物流服务的信息化、现代化、合理化和企业社会责任建设，坚持最严格的节约用地制度，注重节约能源，保护环境，减少废气污染和交通拥堵，保证交通安全，实现经济和社会可持续协调发展。

（三）规划目标

力争在 2009 年改善物流企业经营困难的状况，保持产业的稳定发展。到 2011 年，培育一批具有国际竞争力的大型综合物流企业集团，初步建立起布局合理、技术先进、节能环保、便捷高效、安全有序并具有一定国际竞争力的现代物流服务体系，物流服务能力进一步增强；物流的社会化、专业化水平明显提高，第三方物流的比重有所增加，物流业规模进一步扩大，物流业增加值年均递增 10%以上；物流整体运行效率显著提高，全社会物流总费用与 GDP的比率比目前的水平有所下降。

三、主要任务

（一）积极扩大物流市场需求

进一步推广现代物流管理，努力扩大物流市场需求。运用供应链管理与现代物流理念、技术与方法，实施采购、生产、销售和物品回收物流的一体化运作。鼓励生产企业改造物流流程，提高对市场的响应速度，降低库存，加速周转。合理布局城乡商业设施，完善流通网络，积极发展连锁经营、物流配送和电子商务等现代流通方式，促进流通企业的现代化。在农村广泛应用现代物流管理技术，发展农产品从产地到销地的直销和配送，以及农资和农村日用消费品的统一配送。

（二）大力推进物流服务的社会化和专业化

鼓励生产和商贸企业按照分工协作的原则，剥离或外包物流功能，整合物流资源，促进企业内部物流社会化。推动物流企业与生产、商贸企业互动发展，促进供应链各环节有机结合。鼓励现有运输、仓储、货代、联运、快递企业的功能整合和服务延伸，加快向现代物流企业转型。积极发展多式联运、集装箱、特种货物、厢式货车运输以及重点物资的散装运输等现代运输方式，加强各种运输方式运输企业的相互协调，建立高效、安全、低成本的运输系统。加强运输与物流服务的融合，为物流一体化运作与管理提供条件。鼓励邮政企业深化改革，做大做强快递物流业务。大力发展第三方物流，提高企业的竞争力。

（三）加快物流企业兼并重组

鼓励中小物流企业加强信息沟通，创新物流服务模式，加强资源整合，满足多样性的物流需要。加大国家对物流企业兼并重组的政策支持力度，缓解当前物流企业面临的困难，鼓励物流企业通过参股、控股、兼并、联合、合资、合作等多种形式进行资产重组，培育一批服务水平高、国际竞争力强的大型现代物流企业。

（四）推动重点领域物流发展

加强石油、煤炭、重要矿产品及相关产品物流设施建设，建立石油、煤炭、重要矿产品物流体系。加快发展粮食、棉花现代物流，推广散粮运输和棉花大包运输。加强农产品质量标准体系建设，发展农产品冷链物流。完善农资和农村日用消费品连锁经营网络，建立农村物流体系。发展城市统一配送，提高食品、食盐、烟草和出版物等的物流配送效率。实行医药集中采购和统一配送，推动医药物流发展。加强对化学危险品物流的跟踪与监控，规范化学危险品物流的安全管理。推动汽车和零配件物流发展，建立科学合理的汽车综合物流服务体系。鼓励企业加快发展产品与包装物回收物流和废弃物物流，促进资源节约与循环利用。鼓励和支持物流业节能减排，发展绿色物流。发挥邮政现有的网络优势，大力发展邮政物流，加快建立快递物流体系，方便生产生活。加强应急物流体系建设，提高应对战争、灾害、重大疫情等突发性事件的能力。

（五）加快国际物流和保税物流发展

加强主要港口、国际海运陆运集装箱中转站、多功能国际货运站、国际机场等物流节点的多式联运物流设施建设，加快发展铁海联运，提高国际货物的中转能力，加快发展适应国际中转、国际采购、国际配送、国际转口贸易业务要求的国际物流，逐步建成一批适应国际贸易发展需要的大型国际物流港，并不断增强其配套功能。在有效监管的前提下，各有关部门要简化审批手续，优化口岸通关作业流程，实行申办手续电子化和"一站式"服务，提高通关效率。充分发挥口岸联络协调机制的作用，加快"电子口岸"建设，积极推进大通关信息资源整合。统筹规划、合理布局，积极推进海关特殊监管区域整合发展和保税监管场所建设，建立既适应跨国公司全球化运作又适应加工制造业多元化发展需求的新型保税物流监管体系。积极促进口岸物流向内地物流节点城市顺畅延伸，促进内地现代物流业的发展。

（六）优化物流业发展的区域布局

根据市场需求、产业布局、商品流向、资源环境、交通条件、区域规划等因素，重点发展九大物流区域，建设十大物流通道和一批物流节点城市，优化物流业的区域布局。

九大物流区域分布为：以北京、天津为中心的华北物流区域，以沈阳、大连为中心的东北物流区域，以青岛为中心的山东半岛物流区域，以上海、南京、宁波为中心的长江三角洲物流区域，以厦门为中心的东南沿海物流区域，以广州、深圳为中心的珠江三角洲物流区域，以武汉、郑州为中心的中部物流区域，以西安、兰州、乌鲁木齐为中心的西北物流区域，以重庆、成都、南宁为中心的西南物流区域。十大物流通道为：东北地区与关内地区物流通道，东部地区南北物流通道，中部地区南北物流通道，东部沿海与西北地区物流通道，东部沿海与西南地区物流通道，西北与西南地区物流通道，西南地区出海物流通道，长江与运河物流通道，煤炭物流通道，进出口物流通道。

要打破行政区划的界限，按照经济区划和物流业发展的客观规律，促进物流区域发展。积极推进和加深不同地区之间物流领域的合作，引导物流资源的跨区域整合，逐步形成区域一体化的物流服务格局。长江三角洲、珠江三角洲物流区域和华北、山东半岛、东北、东南沿海物流区域，要加强技术自主创新，加快发展制造业物流、国际物流和商贸物流，培育一批具有国际竞争力的现代物流企业，在全国率先做强。中部物流区域要充分发挥中部地区承东启西、贯通南北的区位优势，加快培育第三方物流企业，提升物流产业发展水平，形成与东部物流区域的有机衔接。西北、西南物流区域要加快改革步伐，进一步推广现代物流管理理念和技术，按照本区域承接产业转移和发挥资源优势的需要，加快物流基础设施建设，改善区域物流环境，缩小与东中部地区差距。

物流节点城市分为全国性物流节点城市、区域性物流节点城市和地区性物流节点城市。全国性和区域性物流节点城市由国家确定，地区性物流节点城市由地方确定。全国性物流节点城市包括：北京、天津、沈阳、大连、青岛、济南、上海、南京、宁波、杭州、厦门、广州、深圳、郑州、武汉、重庆、成都、南宁、西安、兰州、乌鲁木齐共21个城市。区域性物流节点城市包括：哈尔滨、长春、包头、呼和浩特、石家庄、唐山、太原、合肥、福州、南昌、长沙、昆明、贵阳、海口、西宁、银川、拉萨共17个城市。物流节点城市要根据本地的产业特点、发展水平、设施状况、市场需求、功能定位等，完善城市物流设施，加强物流园区规划布局，有针对性地建设货运服务型、生产服务型、商业服务型、国际贸易服务型和综合服务型的物流园区，优化城市交通、生态环境，促进产业集聚，努力提高城市的物流服务水平，带动周边所辐射区域物流业的发展，形成全国性、区域性和地区性物流中心和三级物流节点城市网络，促进大中小城市物流业的协调发展。

（七）加强物流基础设施建设的衔接与协调

按照全国货物的主要流向及物流发展的需要，依据《综合交通网中长期发展规划》、《中长期铁路网规划》、《国家高速公路网规划》、《全国沿海港口布局规划》、《全国内河航道与港口布局规划》及《全国民用机场布局规划》，加强交通运输设施建设，完善综合运输网络布局，促进各种运输方式的衔接和配套，提高资源使用效率和物流运行效率。发展多式联运，加强集疏运体系建设，使铁路、港口码头、机场及公路实现"无缝对接"，着力提高物流设施的系统性、兼容性。充分发挥市场机制的作用，整合现有运输、仓储等物流基础设施，加快盘活存量资产，通过资源的整合、功能的拓展和服务的提升，满足物流组织与管理服务的需要。加强新建铁路、港口、公路和机场转运设施的统一规划和建设，合理布局物流园区，完善中转联运设施，防止产生新的分割和不衔接。加强仓储设施建设，在大中城市周边和制造业基地附近合理规划、改造和建设一批现代化的配送中心。

（八）提高物流信息化水平

积极推进企业物流管理信息化，促进信息技术的广泛应用。尽快制订物流信息技术标准和信息资源标准，建立物流信息采集、处理和服务的交换共享机制。加快行业物流公共信息平台建设，建立全国性公路运输信息网络和航空货运公共信息系统，以及其他运输与服务方式的信息网络。推动区域物流信息平台建设，鼓励城市间物流平台的信息共享。加快构建商务、金融、税务、海关、邮政、检验检疫、交通运输、铁路运输、航空运输和工商管理等政府部门的物流管理与服务公共信息平台，扶持一批物流信息服务企业成长。

（九）完善物流标准化体系

根据物流标准编制规划，加快制订、修订物流通用基础类、物流技术类、物流信息类、物流管理类、物流服务类等标准，完善物流标准化体系。密切关注国际发展趋势，加强重大基础标准研究。要对标准制订实施改革，加强物流标准工作的协调配合，充分发挥企业在制订物流标准中的主体作用。加快物流管理、技术和服务标准的推广，鼓励企业和有关方面采用标准化的物流计量、货物分类、物品标志、物流装备设施、工具器具、信息系统和作业流程等，提高物流的标准化程度。

（十）加强物流新技术的开发和应用

大力推广集装技术和单元化装载技术，推行托盘化单元装载运输方式，大力发展大吨位厢式货车和甩挂运输组织方式，推广网络化运输。完善并推广物品编码体系，广泛应用条形码、智能标签、无线射频识别（RFID）等自动识别、标志技术以及电子数据交换（EDI）技术，发展可视化技术、货物跟踪技术和货物快速分拣技术，加大对 RFID 和移动物流信息服务技术、标准的研发和应用的投入。积极开发和利用全球定位系统（GNSS）、地理信息系统（GIS）、道路交通信息通信系统（VICS）、不停车自动交费系统（ETC）、智能交通系统（ITS）等运输领域新技术，加强物流信息系统安全体系研究。加强物流技术装备的研发与生产，鼓励企业采用仓储运输、装卸搬运、分拣包装、条码印刷等专用物流技术装备。

四、重点工程

（一）多式联运、转运设施工程

依托已有的港口、铁路和公路货站、机场等交通运输设施，选择重点地区和综合交通枢纽，建设一批集装箱多式联运中转设施和连接两种以上运输方式的转运设施，提高铁路集装箱运输能力，重点解决港口与铁路、铁路与公路、民用航空与地面交通等枢纽不衔接以及各种交通枢纽相互分离带来的货物在运输过程中多次搬倒、拆装等问题，促进物流基础设施协调配套运行，实现多种运输方式"无缝衔接"，提高运输效率。

（二）物流园区工程

在重要物流节点城市、制造业基地和综合交通枢纽，在土地利用总体规划、城市总体规划确定的城镇建设用地范围内，按照符合城市发展规划、城乡规划的要求，充分利用已有运输场站、仓储基地等基础设施，统筹规划建设一批以布局集中、用地节约、产业集聚、功能集成、经营集约为特征的物流园区，完善专业化物流组织服务，实现长途运输与短途运输的合理衔接，优化城市配送，提高物流运作的规模效益，节约土地占用，缓解城市交通压力。物流园区建设要严格按规划进行，充分发挥铁路运输优势，综合利用已有、规划和在建的物流基础设施，完善配套设施，防止盲目投资和重复建设。

（三）城市配送工程

鼓励企业应用现代物流管理技术，适应电子商务和连锁经营发展的需要，在大中城市发展面向流通企业和消费者的社会化共同配送，促进流通的现代化，扩大居民消费。加快建设城市物流配送项目，鼓励专业运输企业开展城市配送，提高城市配送的专业化水平，解决城市快递、配送车辆进城通行、停靠和装卸作业问题，完善城市物流配送网络。

（四）大宗商品和农村物流工程

加快煤炭物流通道建设，以山西、内蒙古、陕西煤炭外运为重点，形成若干个煤电路港一体化工程，完善煤炭物流系统。加强油气码头和运输管网建设，提高油气物流能力。加强重要矿产品港口物流设施建设，改善大型装备物流设施条件。加快粮食现代物流设施建设，建设跨省粮食物流通道和重要物流节点。加大投资力度，加快建设"北粮南运"和"西煤东运"工程。加强城乡统筹，推进农村物流工程。进一步加强农副产品批发市场建设，完善鲜活农产品储藏、加工、运输和配送等冷链物流设施，提高鲜活农产品冷藏运输比例，支持发展农资和农村消费品物流配送中心。

（五）制造业与物流业联动发展工程

加强对制造业物流分离外包的指导和促进，支持制造企业改造现有业务流程，促进物流业务分离外包，提高核心竞争力。培育一批适应现代制造业物流需求的第三方物流企业，提升物流业为制造业服务的能力和水平。制定鼓励制造业与物流业联动发展的相关政策，组织实施一批制造业与物流业联动发展的示范工程和重点项目，促进现代制造业与物流业有机融合、联动发展。

（六）物流标准和技术推广工程

加快对现有仓储、转运设施和运输工具的标准化改造，鼓励企业采用标准化的物流设施和设备，实现物流设施、设备的标准化。推广实施托盘系列国家标准，鼓励企业采用标准化托盘，支持专业化企业在全国建设托盘共用系统，开展托盘的租赁回收业务，实现托盘标准化、社会化运作。鼓励企业采用集装单元、射频识别、货物跟踪、自动分拣、立体仓库、配送中心信息系统、冷链等物流新技术，提高物流运作管理水平。实施物流标准化服务示范工程，选择大型物流企业、物流园区开展物流标准化试点工作并逐步推广。

（七）物流公共信息平台工程

加快建设有利于信息资源共享的行业和区域物流公共信息平台项目，重点建设电子口岸、综合运输信息平台、物流资源交易平台和大宗商品交易平台。鼓励企业开展信息发布和信息系统外包等服务业务，建设面向中小企业的物流信息服务平台。

（八）物流科技攻关工程

加强物流新技术的自主研发，重点支持货物跟踪定位、智能交通、物流管理软件、移动物流信息服务等关键技术攻关，提高物流技术的自主创新能力。适应物流业与互联网融合发展的趋势，启动物联网的前瞻性研究工作。加快先进物流设备的研制，提高物流装备的现代化水平。

（九）应急物流工程

建立应急生产、流通、运输和物流企业信息系统，以便在突发事件发生时能够紧急调用。建立多层次的政府应急物资储备体系，保证应急调控的需要。加强应急物流设施设备建设，提高应急反应能力。选择和培育一批具有应急能力的物流企业，建立应急物流体系。

五、政策措施

（一）加强组织和协调

现代物流业是新型服务业，涉及面广。要加强对现代物流业发展的组织和协调，在相关部门各司其职、各负其责的基础上，发挥由发展改革委牵头、有关部门参加的全国现代物流工作部际联席会议的作用，研究协调现代物流业发展的有关重大问题和政策。各省、自治区、直辖市政府也要建立相应的协调机制，加强对地方现代物流业发展有关问题的研究和协调。

（二）改革物流管理体制

继续深化铁路、公路、水运、民航、邮政、货代等领域的体制改革，按照精简、统一、高效的原则和决策、执行、监督相协调的要求，建立政企分开、决策科学、权责对等、分工合理、执行顺畅、监督有力的物流综合管理体系，完善政府的公共服务职能，进一步规范运输、货代等行业的管理，促进物流服务的规范化、市场化和国际化。改革仓储企业经营体制，推进仓储设施和业务的社会化。打破行业垄断，消除地区封锁，依法制止和查处滥用行政权力阻碍或限制跨地区、跨行业物流服务的行为，逐步建立统一开放、竞争有序的全国物流服务市场，促进物流资源的规范、公平、有序和高效流动。加强监管，规范物流市场秩序，强化物流环节质量安全管理。进一步完善对物流企业的交通安全监管机制，督促企业定期对车辆技术状况、驾驶人资质进行检查，从源头上消除安全隐患，落实企业的安全生产主体责任。

（三）完善物流政策法规体系

在贯彻落实好现有推动现代物流业发展有关政策的基础上，进一步研究制定促进现代物流业发展的有关政策。加大政策支持力度，抓紧解决影响当前物流业发展的土地、税收、收费、融资和交通管理等方面的问题。引导和鼓励物流企业加强管理创新，完善公司治理结构，实施兼并重组，尽快做强做大。针对当前产业发展中出现的新情况和新问题，研究制定系统的物流产业政策。清理有关物流的行政法规，加强对物流领域的立法研究，完善物流的法律法规体系，促进物流业健康发展。

（四）制订落实专项规划

有关部门要制订专项规划，积极引导和推动重点领域和区域物流业的发展。发展改革委会同有关部门制订煤炭、粮食、农产品冷链、物流园区、应急物流等专项规划，商务部会同供销总社等有关部门制订商贸物流专项规划，国家标准委会同有关部门制订物流标准专项规划。物流业发展的重点地区，各级地方政府也要制订本地区物流业规划，指导本地区物流业的发展。

（五）多渠道增加对物流业的投入

物流业的发展，主要依靠企业自身的投入。要加快发展民营物流企业，扩大对外开放步伐，多渠道增加对物流业的投入。对列入国家和地方规划的物流基础设施建设项目，鼓励其通过银行贷款、股票上市、发行债券、增资扩股、企业兼并、中外合资等途径筹集建设资金。银行业金融机构要积极给予信贷支持。对涉及全国性、区域性重大物流基础设施项目，中央和地方政府可根据项目情况和财力状况适当安排中央和地方预算内建设投资，以投资补助、资本金注入或贷款贴息等方式给予支持，由企业进行市场化运作。

（六）完善物流统计指标体系

进一步完善物流业统计调查制度和信息管理制度，建立科学的物流业统计调查方法和指标体系。加强物流统计基础工作，开展物流统计理论和方法研究。认真贯彻实施社会物流统计核算与报表制度。积极推动地方物流统计工作，充分发挥行业组织的作用和力量，促进物流业统计信息交流，建立健全共享机制，提高统计数据的准确性和及时性。

（七）继续推进物流业对外开放和国际合作

充分利用世界贸易组织、自由贸易区和区域经济合作机制等平台，与有关国家和地区相互进一步开放与物流相关的分销、运输、仓储、货代等领域，特别是加强与日韩、东盟和中亚国家的双边和区域物流合作，开展物流方面的政策协调和技术合作，推动物流业"引进来"和"走出去"。加强国内物流企业同国际先进物流企业的合资、合作与交流，引进和吸收国外促进现代物流发展的先进经验和管理方法，提高物流业的全球化与区域化程度。加强国际物流"软环境"建设，包括鼓励运用国际惯例、推动与国际贸易规则及货代物流规则接轨、统一单证、加强风险控制和风险转移体系建设等。建立产业安全保障机制，完善物流业外资并购安全审查制度。

（八）加快物流人才培养

要采取多种形式，加快物流人才的培养。加强物流人才需求预测和调查，制订科学的培养目标和规划，发展多层次教育体系和在职人员培训体系。利用社会资源，鼓励企业与大学、科研机构合作，编写精品教材，提高实际操作能力，强化职业技能教育，开展物流领域的职业资质培训与认证工作。加强与国外物流教育与培训机构的联合与合作。

（九）发挥行业社团组织的作用

物流业社团组织应履行行业服务、自律、协调的职能，发挥在物流规划制订、政策建议、规范市场行为、统计与信息、技术合作、人才培训、咨询服务等方面的中介作用，成为政府与企业联系的桥梁和纽带。

六、规划实施

国务院各有关部门要按照《规划》的工作分工，加强沟通协商，密切配合，尽快制定和完善各项配套政策措施，明确政策措施的实施范围和进度，并加强指导和监督，确保实现物流业调整和振兴目标。有关部门要适时开展《规划》的后评价工作，及时提出评价意见。

各地区要按照《规划》确定的目标、任务和政策措施，结合当地实际抓紧制订具体工作方案，细化落实，确保取得实效。各省、自治区、直辖市要将具体工作方案和实施过程中出现的新情况、新问题及时报送发展改革委和交通运输、商务等有关部门。

资料来源：国务院关于印发《物流业调整和振兴规划》的通知（国发〔2009〕8号，2009年3月10日）。

附件 1－3：关于推动农村邮政物流发展的意见

随着邮政改革的不断深化和邮政物流专业化经营的加快推进，农村邮政物流已成为农村物流体系的重要组成部分，为促进农村经济发展、农业产业结构调整、增加就业和农民增收作出了重要贡献。但是，当前农村邮政基础设施仍然比较薄弱，邮政企业经营农药、种子等业务的资质不统一，业务种类和服务产品不够丰富，网络配送能力和农资储备能力不足，农村邮政物流发展受到严重制约。为进一步做大做强农村邮政物流，充分发挥邮政企业服务"三农"的作用，现提出以下意见：

一、充分认识发展农村邮政物流的重要意义

近年来，我国农村经济快速发展，农副产品生产与加工能力大幅提升，农民生活水平明显改善，但是由于农村物流体系尚未健全，农村流通渠道不畅、市场化程度低、流通方式落后、部分流通产品质量没有保证的问题日益凸显，成为影响农村经济发展的一个重要因素。进一步发挥邮政企业自有品牌、网络和服务优势，整合农资生产企业、农家店等社会资源，在农户与生产企业之间建立产品直通车，形成具有邮政特色的农资产品分销的"绿色"通道，促进农村地区商品的双向流通，是减少中间环节、降低流通成本，解决农民卖难、买难问题的有效途径，是扩大国内需求、活跃城乡市场、繁荣农村经济的迫切需要。邮政企业在农村积极发展邮政"三农"服务网点，有利于吸纳农村富余劳动力就业，促进农村地区的和谐稳定。邮政企业加强与农技部门合作，利用邮政"三农"服务网点平台宣传、普及、推广农业技术，引导农民科学种植，对于促进农业增产、农民增收，提高农民生活质量，具有重要意义。

二、推进农村邮政物流发展的指导思想和发展目标

指导思想：以邓小平理论和"三个代表"重要思想为指导，深入贯彻落实科学发展观，全面实施《中华人民共和国邮政法》，以服务"三农"为主线，以科技为支撑，以深化改革为动力，充分发挥邮政优势，合理规划，完善布局，加快提升农村邮政物流服务能力和水平，促进社会主义新农村建设。

发展目标：着力打造管理集约化、网络规模化、服务社会化的现代农村邮政物流综合服务平台，加强基础设施建设，加强市场监管，健全完善经营机制，到 2012 年，基本建成"布局合理、双向高效、种类丰富、服务便利"的农村邮政物流服务体系。

三、主要任务和政策措施

（一）推进农村邮政基础设施建设。国务院有关部门要认真贯彻《中华人民共和国邮政法》和《国务院关于印发物流业调整和振兴规划的通知》（国发〔2009〕8 号），结合邮政发展特点和农村发展需要，加快研究制订城乡邮政基础设施建设规划，完善农村邮政物流布局，切实提高农村邮政服务水平。加强邮政普遍服务的监督管理工作，建立健全邮政局所设置备案和撤并审批制度，优化邮政网络结构和网点功能。国家对农村邮政普遍服务基础设施建设项目给予支持，力争在 2012 年之前全部完成邮政基础设施空白乡镇的邮政局所补建工作。各地要进一步加大投入和支持力度，切实加强村邮站的建设。

（二）支持邮政进入农资市场。邮政企业及其所属加盟连锁邮政"三农"服务网点可以经

营化肥等农资产品。依据《农药管理条例》，邮政企业及其所属加盟连锁邮政"三农"服务网点可以开展农药经营活动，并直接向所在地工商行政管理部门申请办理登记手续，其中，经营属于危险化学品的农药的，应按照《危险化学品安全管理条例》规定，申请办理危险化学品经营许可证。邮政企业及其所属加盟连锁邮政"三农"服务网点经营不再分装的包装种子，或者受具有种子经营许可证的种子经营者书面委托，在有效区域内代销其种子的，可以不办理种子经营许可证；经营分装种子的，应按照《中华人民共和国种子法》及《农作物种子生产经营许可证管理办法》的有关规定，申请办理种子经营许可证。商务部、邮政局支持邮政"三农"服务网点拓展经营范围，并逐步建设成集农资、邮政、电信、报刊等多类产品经营为一体的综合性服务网点。

工商行政管理部门对经营农药、种子等农资按"许可经营项目"和"一般经营项目"分类登记经营范围。对经营属于危险化学品的农药的，按照《危险化学品经营许可证》许可的项目，在"许可经营项目"中登记经营范围；对经营其他农药的，在"一般经营项目"中登记。对经营分装种子的，按照《种子经营许可证》许可的项目，在"许可经营项目"中登记经营范围；对经营不再分装的包装种子或者受托代销种子的，在"一般经营项目"中登记为"不再分装的包装种子"。

（三）鼓励发展连锁经营。发展改革、财政部门要加大对邮政物流体系建设的支持力度，鼓励邮政企业利用网络优势，建立"连锁经营加配送到户加科技服务"的农村物流新体系，培育连锁经营龙头企业。工商行政管理部门简化连锁经营企业的登记注册手续，省级邮政企业直营门店及其所属的加盟连锁邮政"三农"服务网点，可持省级邮政企业的连锁经营相关文件和登记材料，直接到所在地工商行政管理部门申请办理登记手续，邮政企业所属的加盟连锁邮政"三农"服务网点也可由当地邮政企业代为办理登记注册手续。商务部门要支持邮政企业全面参与农村现代流通网络建设，在"万村千乡市场工程"建设中，对符合条件的邮政"三农"服务网点给予重点考虑；计划单列市邮政企业可直接向当地商务主管部门申报"万村千乡市场工程"承办企业。农资管理部门要加强工作协调，明确职责分工，强化对邮政物流配送中心的商品质量监管，避免对连锁经营企业进行多头和重复检查。

（四）完善政策扶持机制。支持将邮政企业纳入涉农企业范畴，对符合规定条件的可享受相关强农惠农政策。财政部门要支持农村邮政物流网络改造和提升配送能力，县、乡两级邮政局所改造扩建农资配送中心项目，凡符合农村物流服务体系发展专项资金支持条件的，可申请该项资金补助。发展改革、财政、农业等有关部门要完善相关规定，鼓励和支持符合条件的邮政企业申报农业产业化龙头企业，参与国家化肥淡季储备招投标。鼓励邮政储蓄银行积极为实力强、信誉好的"万村千乡市场工程"承办企业提供贷款，大力发展农村个人小额贷款，服务"三农"，促进农村物流发展。

（五）加强规划引导工作。农村邮政物流发展目前处于起步阶段，需要加强统筹规划，科学引导。各地区要把农村邮政基础设施和邮政"三农"服务网点建设，纳入新农村建设规划，给予政策支持，统筹协调推动。商务部门要支持邮政企业与有实力的大型超市、商贸企业合作，开展农产品进城等业务。支持邮政企业为"万村千乡市场工程"承办企业和农家店提供第三方物流服务，扩大和提高经营网点覆盖范围和农村商品配送能力。鼓励邮政企业与农技推广部门开展合作，农业部门要加强对邮政企业的培训和指导，普及农技知识，提高邮政科技服务"三农"的水平。交通运输部门要支持邮政企业依托交通运输平台发展农资仓储和配送业务。

四、有关要求

国务院各有关部门要按照工作分工，加强沟通协商，密切配合协作，尽快制定和完善各项配套政策，明确实施范围和进度，加强指导和监督，推进农村邮政物流加快发展。各地区要充分认识做好农村邮政物流工作的重要意义，切实加强组织领导，因地制宜出台政策措施，简化审批手续，积极扶持农村邮政物流龙头企业，确保取得实效。

邮政企业要抓住机遇，深化改革，抓紧制订具体工作方案，整合速递物流资源，完善公司治理结构，搞活经营机制，加强管理创新，全面提高竞争能力。要进一步夯实普遍服务基础，拓展服务领域，创新服务方式，增加销售品种，扩大市场份额，做大市场规模，提升服务水平，尽快成为服务当地经济发展、满足群众多元化需要的农村流通重要渠道。

资料来源：国务院办公厅转发交通运输部等部门《关于推动农村邮政物流发展的意见》的通知（国办发〔2009〕42号，2009年5月23日）。

附件 1 - 4：关于加快我国现代物流发展的若干意见

随着经济全球化和信息技术的迅速发展，企业生产资料的获取与产品营销范围日趋扩大，社会生产、物资流通、商品交易及其管理方式正在并将继续发生深刻的变革。与此相适应，被普遍认为企业在降低物质消耗、提高劳动生产率以外的"第三利润源"的现代物流业正在世界范围内广泛兴起。

现代物流泛指原材料、产成品从起点至终点及相关信息有效流动的全过程。它将运输、仓储、装卸、加工、整理、配送、信息等方面有机结合，形成完整的供应链，为用户提供多功能、一体化的综合性服务。

我国现代物流发展正处于起步阶段，与先进国家相比尚有很大差距，但市场潜力和发展前景十分广阔。加快我国现代物流发展，对于优化资源配置，调整经济结构，改善投资环境，增强综合国力和企业竞争能力，提高经济运行质量与效益，实现可持续发展战略，推进我国经济体制与经济增长方式的根本性转变，具有非常重要而深远的意义。

一、关于现代物流发展的指导思想与总体目标

随着全球经济一体化发展趋势的加快，现代物流将成为我国经济新世纪发展的重要产业和新的经济增长点。各地政府部门和有关企业要充分认识现代物流在经济发展中的重要作用，抓住有利时机，加快发展步伐。

发展现代物流的指导思想：以加快发展为主题，以结构调整为主线，坚持以市场为导向，以企业为主体，以信息技术为支撑，以降低物流成本和提高综合服务质量为中心，大力提高全社会对现代物流理念的认识，切实增强我国企业及其产品在国内外市场的竞争能力。

发展现代物流的总体目标：积极采用先进的物流管理技术和装备，加快建立全国、区域、城镇、企业等多种层次的，符合市场经济规律、与国际通行规则接轨的，物畅其流、快捷准时、经济合理、用户满意的社会化、专业化现代物流服务网络体系。

二、积极培育现代物流服务市场

工商企业要转变传统观念，树立现代物流意识，充分认识优化物流供应链管理是降低生产总成本，提高产品附加值，增强企业竞争力，获取新的利润源的重要手段。鼓励工商企业积极创造条件，逐步将原材料采购、运输、仓储和产成品加工、整理、配送等物流服务业务有效分离出来，按照现代物流管理模式进行调整和重组，既可自己承担部分或全部的物流业务，也可将其部分或全部业务委托给专业物流企业承担，以培育和发展物流市场。

交通运输、仓储配送、货运代理、多式联运等企业要从实际出发，根据自身比较优势，紧紧围绕用户的需求，提供优质高效的部分或全程物流服务。物流服务市场的供给能力增强和服务质量提高，不仅可以满足市场和用户的需要，还可以引导和开发各类企业及全社会对物流服务的需求。

积极发展第三方物流，推进我国工商领域由企业物流向社会专业物流的转变。社会化、专业化的第三方物流企业的出现，是社会化分工和现代物流发展的方向。第三方物流企业要

充分发挥其专业化、规模化的优势，建立信息管理系统，将物流服务与工商企业的生产和营销紧密融合，强化服务意识，完善服务功能，真正具备为用户优化物流管理提供策划设计、组织运筹和实际操作等综合服务的能力。

鼓励物流企业之间加强联合，支持工商企业与物流企业、物流企业与运输、仓储、货代、联运、集装箱运输等企业结成合作联盟，以提高我国物流企业的市场竞争能力。提倡物流企业经营主体、投资主体的多元化和物流服务形式的多样化。

三、努力营造现代物流发展的宏观环境

政府部门在现代物流发展中要从政策法规方面提供保障，推进物流发展的市场化进程，为各类企业参与市场公平竞争创造良好的外部条件，为物流企业的经营和发展提供宽松的宏观环境。

各地政府部门要抓紧研究制定促进现代物流发展的政策措施，加快引入竞争机制，简化相关程序和手续。基于我国现代物流发展刚刚起步，政策的导向应立足于加快发展。谨防政出多门，草率定规，出现新的政策性、体制性障碍。

按照现代物流发展的特点和规律，必须打破地区封锁和行业垄断经营行为，加强对不正当行政干预和不规范经营行为的制约，创造公平、公正、公开的市场环境，使各类物流企业能够平等地进入市场，在竞争中优胜劣汰。

政府有关部门要转变职能，强化服务意识，积极帮助解决物流企业在跨地区经营中遇到的工商登记、办理证照、统一纳税、城市配送交通管制、进出口货物查验通关等方面的实际困难，逐步建立起与国际接轨的物流服务及管理体系。

四、继续加强物流基础设施的规划与建设

我国的物流基础设施近年来虽有较大改善，但仍不能适应现代物流发展的需要。继续加强物流基础设施的规划与建设，尽快形成配套的综合运输网络、完善的仓储配送设施，先进的信息网络平台等，为现代物流发展提供重要的物质基础条件。

应重视对物流基础设施的规划，特别要加强对中心城市、交通枢纽、物资集散和口岸地区大型物流基础设施的统筹规划。规划工作要充分考虑物资集散通道、各种运输方式衔接及物流功能设施的综合配套。

物流基础设施的建设要充分发挥市场机制的作用。在全面规划和充分论证的基础上，鼓励国内不同所有制投资者和外商投资企业参与物流基地（物流中心）的建设。物流基地的建设，要兼顾近期需要与长远发展，注重硬件建设与软件管理相结合。政府部门对公益性物流基础设施的建设，应在土地、资金、税收等方面提供优惠政策。物流基地（物流中心）的建设，一定要遵循市场经济规则，防止出现贪大求洋和盲目重复建设。

五、广泛采用信息技术，加快科技创新和标准化建设

信息网络技术是构成现代物流体系的重要组成部分，也是提高物流服务效率的重要技术保障。物流企业积极利用 EDI、互联网等技术，通过网络平台和信息技术将企业经营网点连接起来，既可以优化企业内部资源配置，又可以通过网络与用户、制造商、供应商及相关单位联结，实现资源共享、信息共用，对物流各环节进行实时跟踪、有效控制与全程管理。要加快物流与电子商务的融合，一方面，物流要为电子商务服务，另一方面，物流也要积极运用电子商务，实现电子化物流。

加快先进适用技术的推广应用，广泛采用标准化、系列化、规范化的运输、仓储、装卸、

搬运、包装机具设施及条形码等技术。借鉴国际上比较成熟的物流技术和服务标准，加快对我国物流服务相应技术标准的研究制定工作。

六、加快对外开放步伐，学习借鉴国外先进经验

现代物流业是一个开放性、国际化的产业。认真学习发达国家在物流理论研究和市场实践方面的先进经验，消化吸收，结合实际，开拓创新，这是加快我国现代物流发展的有效途径。

我国物流领域扩大对外开放，将与我国加入世界贸易组织（WTO）的对外承诺中有关运输服务和分销领域的开放同步进行。各地政府部门要进一步加快物流领域对外开放步伐，大力提倡国内外物流企业携手合作，优势互补。积极利用国外的资金、设备、技术和智力，学习借鉴国际现代物流企业先进的经营理念和管理模式，加快建立符合国际规则的物流服务体系和企业运行机制。积极支持国外物流企业进入中国市场，同时鼓励中国物流企业走向国际市场，加速实现国内外物流市场服务一体化。

七、加强人才培养，促进产学研结合

高素质人才是现代物流发展的关键因素。针对我国目前物流专业人才匮乏、管理水平较低的突出问题，要采取多种形式，加速人力资源的开发与培养。通过长期培养与短期培训、学校培养与在职培训等多种方式，培养造就一大批熟悉物流业务，具有跨学科综合能力的物流管理人员和专业技术人员。

物流企业要与研究咨询机构、大专院校进行资本与技术的融合，发挥各自特长优势，形成利益共同体，实现物流产学研紧密结合、相互促进。物流研究咨询机构、大专院校和社会团体组织，应面向市场和企业的实际需求，切实做好有关咨询、研究、培训、服务等项工作。

八、继续深入研究探索，不断适应现代物流发展需要

现代物流作为正在兴起的产业，国内外关于这方面的理论研究和实践探索仍在发展之中。对于现代物流的认识和发展趋势的把握，还需要进一步深化。

现代物流发展进程与社会经济发展水平密切相关。各地区务必结合地方经济发展和市场供需现状，因地制宜，正确引导，更新观念，积极推进。有关部门要切实转变工作职能，调整管理方式，根据现代物流发展的客观规律，加强行业之间协调，通过体制和管理创新，适应新的生产方式和先进科学技术的发展。国家经贸委将会同有关部门，组织专门力量，深入调查研究，借鉴国外经验，抓紧研究制定具体政策及措施，进一步加快推进我国现代物流发展。

资料来源：国家经济贸易委员会、铁道部、交通部、信息产业部、对外贸易经济合作部、中国民用航空总局印发《关于加快我国现代物流发展的若干意见》的通知（国经贸运行〔2001〕189号，2001年3月2日）。

附件 1 – 5：关于我国现代物流情况的调研报告

全国政协经济委员会今年组织现代物流专题组，从 7 月中旬开始，分两个阶段，分别调查了我国长江三角洲、珠江三角洲、环渤海地区及中部地区物流的发展现状和政策环境。调查范围包括浙江、江苏、广东、山东、湖北、河南六个省及上海、北京、天津三个直辖市，调查的各类物流企业共 30 多家。现将调研报告如下：

一、发展现代物流基本情况

随着经济全球化和信息技术的发展，现代物流在经济发展中的作用日益突出。发展现代物流，能够有效地降低成本，提高流通效率和企业竞争力。由于技术的不断进步和管理的日益改善，制造成本降低的空间不大，而降低物流成本成为"第三利润源"。据测算，我国物流成本占 GDP 的比重高达 20%（超过 2 万亿元），发达国家一般只有 10% 左右。物流成本降低 1 到 2 个百分点，将产生社会效益 1 000 到 2 000 亿元。2001 年，我国国有及限额以上非国有工业企业流动资金周转率平均每年为 1.6 次，限额以上批发和零售商业企业平均为 2.8 次，而日本企业平均高达 15 次以上，一些跨国连锁企业如沃尔玛、麦德龙、家乐福等公司更是高达 20 到 30 次。浙江省是我国经济相对发达的省份，但社会存货占 GDP 的比重高达 8.2%，而发达国家一般不超过 1%，发展中国家不超过 5%。因此，发展现代物流不只是提高企业竞争力的问题，还是国民经济发展中的一个重要问题。加快发展现代物流，对于转变经济增长方式，提高经济整体运行质量和效益，走新型工业化道路，都具有重要的战略意义。

近几年，随着我国经济持续高速发展和对外开放不断扩大，现代物流发展很快。特别是我们调查的六省三市，是我国改革开放早，经济发展活力强的地区，也是我国物流发展迅速的地区。2002 年，六省三市 GDP 超过 6 万亿元，占全国的比重超过 60%；工业增加值接近 2.5 万亿元，占全国 54%，物流成为经济发展的"助推器"。六省三市物流发展主要表现在以下几个方面：

（一）各级政府重视物流的发展，把物流作为经济发展的支柱产业或新的经济增长点。浙江、江苏、广东、山东、上海、北京、天津等省市普遍加强了现代物流发展的组织、协调和指导工作，一些省市领导都亲自抓物流工作，还建立了现代物流发展领导小组，制定了物流发展纲要或规划，以及配套的扶持政策。

（二）一些制造企业开始积极引进现代物流理念，对企业物流资源进行整合，对企业内部物流流程进行改造。青岛海尔集团从 1999 年开始，将采购、仓储和配送职能统一整合，成立海尔物流推进本部，实行一体化供应链管理，每年降低采购成本 5%，仓库面积减少 88%，库存资金减少 63%，覆盖全国的配送时间不超过 4 天。不少制造企业还把物流业务从核心业务中分离出来，实行业务外包或与物流企业建立长期合作伙伴关系，以加强核心竞争力。江苏小天鹅实施主辅分离，与中远、广东科龙电器联合组建了安泰达物流公司，把物流业务外包出去，物流成本下降了 20% 以上。

（三）商贸企业以发展连锁经营和物流配送为核心，以整合商业物流为重点，努力与上下游企业建立供应链战略合作关系。山东三联商社以发展家电连锁经营为核心，与家电产业链上游的 22 家家电生产企业，如海尔、联想、西门子、伊莱克斯等，以及下游的 120 多家销售商和多家金融企业，建立了家电电子商务联盟。天津物资集团积极探索"贸易加物流"的发展模式，与 30 多家生产、流通和金融企业之间建立了互信共赢的供应链战略联盟关系，2002 年销售额达到 150 亿元，2003 年可达 250 亿元。

（四）交通、邮政企业逐渐摆脱传统业务模式，整合物流服务功能，积极发展现代物流。广东交通集团、河南豫鑫交通发展有限公司、青岛交运集团通过整合内部物流资源，成立了专业物流公司，从事商品配送、仓储服务、干线货运及货运代理等全方位现代物流服务。中国邮政 2003 年成立中邮物流有限公司，发挥邮政网络和信息技术优势，积极拓展以"一多（多批次）"、"二高（高附加值、高时效）"、"三小（体积小、重量小、批量小）"为特征的"精益物流"市场。目前，中邮物流与雅芳、戴尔、联想等多家企业结成合作伙伴。广东邮政、南京邮政为中外大型企业积极提供综合物流服务，大力拓展超市进货、配送和补货业务。外向型经济发展是港口吞吐量增长的主要动力，以进出口国际集装箱运输为主体的口岸物流发展迅猛。集装箱吞吐量香港稳居全球第一，上海、深圳超过高雄，跃升全球第四、第五位。

（五）各种所有制物流企业都得到了发展。国有物流企业经过转型，形成了一批有实力的现代物流企业，像中远物流、中外运物流、诚通中储、招商局物流集团、中海物流、天津物资集团发展都很快。一些民营第三方物流企业如广州宝供、天津大田、上海炎黄在线物流等逐渐崭露头角。外资物流企业如马士基、联邦快递等较早进入我国，这对国内物流企业既是挑战，也是机遇。

（六）区域物流一体化发展的趋势逐渐加强。长三角是世界第六大都市圈，在物流规划和发展方面，各城市强调地区之间协调发展，形成了以上海为龙头、苏浙为两翼，积极推进长江三角洲地区物流一体化的发展格局。广东与香港、澳门三地按照优势互补、协调发展的原则，在物流服务方面加强协调与合作，共同打造珠江三角洲三位一体的国际性物流中心。

二、当前发展现代物流的制约因素

我国物流发展较快，但仍处于起步阶段，整体发展水平较低，还存在不少制约因素。

（一）物流管理体制分散。物流是跨部门、跨行业的复合型产业，物流的发展涉及国家发改委、商务部及交通、铁道、民航、邮政、海关、质检、信息等相关部门，各部门都抓物流工作，各行其是，政出多门，缺乏统筹规划和整体协调。尽管不少地方制定了物流发展纲要，但全国性物流发展纲要还没有形成，以至出现一些各自为战、盲目发展的现象。这是当前我国物流发展的一个重要制约因素。

（二）现代物流观念薄弱。一些工商企业没有完全摆脱计划经济的影响，习惯"大而全"、"小而全"，没有按照现代物流理念，对企业内部物流进行整合和重组，或者实行业务外包。由于缺乏现代物流理念，物流企业普遍发展较慢，存在"小、散、乱、差"现象，大多只能提供简单的运输和仓储服务，很难提供一体化的物流服务。有的地方一个仓库、几部车都自称为物流企业。全国工商注册有几十多万家物流企业，仅天津市物流企业就达 2 万多家。

（三）物流信息化、标准化程度不高。据北京市调查，商业企业应用计算机系统的比例不到一半，服务业和运输业的比例更低，分别只有 24.3% 和 18.3%。除了 POS 和条形码技术外，其他信息技术在物流领域的应用程度普遍较低。物流技术和物流服务规范标准大多不统一。集装箱运输在整个货运量中的比例我国只有 20%，而世界平均高达 65%。我国目前托盘总数约为 7 000 万个，但规格、标准都不统一。物流信息化、标准化程度较低，导致物流资源浪费严重，效率和效益普遍不高，很难实现物流多功能、一体化运作，也难以与国际物流活动接轨。据调查，全国仓储设施资源利用率平均不到 40%。

（四）缺乏配套的支持现代物流发展的政策环境。现代物流作为一个新兴的、亟待发展的产业，需要有个良好的政策法律环境。由于物流管理存在部门分割，还缺乏配套的支持物流发展的政策措施，急需按照市场经济和现代物流发展的要求，进一步完善物流发展环境。

（五）物流人才短缺。当前尤其缺乏实用型物流人才，缺物流管理师和物流工程师。据预测，未来 5 年，我国中高级物流管理人才需求将达 15 万人左右。据北京市调查，物流企业学历在大专以上的职工只占 19%。

三、发展现代物流的几点建议

从当前实际情况看，要加快发展我国现代物流，亟须解决以下几个问题：

（一）尽快成立全国推进现代物流发展协调小组，建立协调会议制度。可考虑由综合部门国家发展与改革委员会牵头，商务部及交通、铁道、民航、邮政、海关、质检、信息、财政、税收、国土资源等相关部门共同参与，吸收中国物流与采购联合会参加，以形成全国物流发展部门协调制度，研究我国物流发展中的重大问题，制定相应的政策措施，加快我国物流的发展。

（二）抓紧制定全国物流发展纲要。发达国家都很重视物流发展规划。要从我国国情出发，借鉴国外经验，尽快制定出我国现代物流发展纲要。重大物流公共基础设施项目，必须加强统筹规划，防止盲目建设，重复建设，避免资源浪费。鼓励整合、改造和提升现有物流资源，不能都搞新的，打破部门分割和地区封锁，鼓励物流企业跨部门、跨地区、跨所有制整合现有物流资源。

（三）加快物流信息化、标准化建设。没有信息化，就没有物流现代化。建议由国务院信息办牵头，组织有关部门和机构研究电子认证、电子支付问题，尽快推动现代物流公共信息平台建设，促进物流与信息流、资金流高度融合。要把现代物流公共信息平台建设作为高新技术产业加以扶持发展，享受国家关于高新技术产业同等的优惠政策。要从我国国情出发，借鉴国外经验，采取引进消化、先易后难、分步实施的办法，加快推进托盘、集装箱、各种物流装卸设施、条形码等通用性较强的物流装备和技术标准化建设，以及物流服务规范标准的建设，形成一整套既适合我国物流发展需要，又与国际惯例接轨的全国物流标准化体系。

（四）进一步改善我国物流发展的政策环境。1. 税收政策。关于统一营业税税率问题。由于物流企业开展业务既有运输业务，又有仓储业务，但在现行的税收制度中，交通运输业按 3%税率征收营业税，仓储业按 5%征收，不利于物流企业开展一体化运作。建议国家对物流企业的营业税税率统一按 3%的税率征收。关于物流企业重复征税问题。由于现代物流企业发生大量物流业务外包，在运输环节可以抵扣外包收入后纳税，但在仓储环节（约占营业额的 15%到 20%）不能抵扣，存在重复纳税问题。建议在规范物流业市场准入的基础上，对营业税税基，比照旅游和联运业，实行扣除外包营业收入后计税的原则。关于物流企业发票抵扣问题。由于物流企业不是专业的运输企业，其对客户开出的发票，客户不能抵扣增值税进项税额。建议在规范物流业市场准入的基础上，对物流企业开具专用运输发票，准予抵扣增值税进项税额。关于物流企业所得税合并纳税问题。很多物流企业都实行跨区经营和建立物流服务网络，对凡由总机构统一核算，财务系统联网的物流企业，建议比照连锁经营企业享受经主管税务机关审批，由总机构统一合并企业所得税。2. 投融资政策。长期以来，国家对物流设施投入少，物流基础薄弱落后，难以适应现代物流发展的需要。而物流基础设施一般投入大、见效慢，物流企业普遍利润率较低，只有3%左右，仅靠企业投入显然是不够的。建议国家加大物流基础设施投入力度，给予财政贴息扶持。企业自建物流基础设施，银行应在独立审贷的基础上对符合条件的物流企业给予融资支持。3. 规范用地价格。在物流用地价格政策方面，各地做法不一样，有的按商业用地计价，有的按工业、交通或仓储用地计价，价差很大，管理混乱。浙江、上海、江苏、广东等地考虑到物流产业特殊情况，统一按工业用地计价。建议其他地方按照当地实际情况，参照这个做法，以规范物流用地价格。

（五）加强和规范物流人才教育与培训工作。要采取物流学历教育与在职培训相结合的办法，尽快培养现代物流人才。物流教育与培训要注意结合我国物流发展的具体实践，引进、消化和吸收国外先进的物流培训方法和培训教材，着力培养物流实用型人才。要进一步规范物流培训和认证工作，在政府部门的指导下，调动社会各方面力量，组织规范化的岗位培训、继续教育，特别是资质证书教育。

（六）要充分发挥物流行业协会的作用，推进物流服务的专业化、社会化。政府要通过协会加强行业管理和服务，行业协会要加强行业自律，牢固树立为政府、行业和企业服务观念，在推广物流行业标准、物流人才教育和培训、物流技术交流、物流从业人员资格认证和物流咨询服务等方面发挥积极作用。

资料来源：政协全国委员会办公厅报送《关于我国现代物流情况的调研报告》（国经政全厅〔2003〕89号，2003年12月10日）。

附件 1-6：关于加快发展国内航空货运若干政策措施的意见

各管理局、运输航空公司、机场：

近年来，航空货运已经成为我国航空运输发展新的增长点，货邮周转量"九五"期间年均增长 20%，到 2002 年世界排名已升至第六位。全行业拥有货运飞机 16 架，客货机可利用货运吨位 4 720 吨，完成运输量 202 万吨。但从总体上看，我国航空货运业仍处于成长发育期，规模小、水平低。普遍存在重客轻货、货随客走的现象，尚未形成适应货运特点的管理政策和经营策略；货运市场竞争无序，货运代理良莠不齐，运价水平偏低；地面配套与延伸服务存在诸多不足，严重影响航空货运的时效性和可靠性；从业人员队伍建设重视不够，整体素质有待提高。这些问题已经成为加快我国航空货运发展的制约因素。

我国航空货运具有极大的发展潜力。2002 年中国货物贸易进出口总值全球排名升至第五位，仅次于美国、德国、日本和法国；国内生产总值突破 10 万亿元人民币，成为全球第六大经济体。持续增长的进出口贸易量和庞大的国内市场，为航空货运的发展提供了广阔的空间。只要政策得当，航空货运发展必将进入新阶段，再上新台阶，成为民航强国建设历程中的一大亮点。因此首先要在国内航空货运领域先行一步，进行大胆的政策性探索。

加快发展国内航空货运，要以"三个代表"重要思想为指导，按照社会主义市场经济的要求，以市场化和产业化为方向，通过放松管制，市场引导，竞争推动，培育和壮大国内航空货运市场，促进航空货运持续快速健康发展，为航空货运市场的对外开放创造条件，为航空运输放松管制探索经验。国内航空货运放松管制的基本原则，一是发挥市场配置资源的基础性作用；二是放松管制与规范市场相结合；三是积极稳妥，分步推进；四是坚持依法行政，通过法规、规章的立改废，落实和保障相关政策措施的实施。

为此，现就相关政策措施提出以下意见：

一、放宽国内航空货运市场准入

（一）鼓励发展全货运航空公司。对暂停审批设立新的航空公司的现行政策进行调整，准予受理申请设立专门从事国内航空货运的航空公司。对全货运航空公司和客运航空公司实行分类管理，在符合安全规章的前提下，调整全货运航空公司审批设立的经济条件。

（二）鼓励建设货运枢纽。选择天津、上海、广州、深圳、武汉、昆明机场在货运枢纽建设方面先行一步，鼓励航空公司在上述机场设立国内货运基地。

（三）改革对国内货运航线和航班审批管理办法，发挥航空运输企业市场主体作用，为企业创造宽松的经营环境。航空公司在经营许可证规定的范围内经营国内定期和不定期货运航线和航班，实施报民航总局或地区管理局备案机制。

（四）调整购租飞机审批管理办法，对货运飞机进口放宽审批条件、简化审批程序。

二、进一步完善国内航空货运价格体系

（五）为促进国内航空货运市场的发展，在对国内航空货运价格实行政府指导价的基础上，进一步完善国内航空货运价格体系。

（六）国家有关部门依据国内航空货物运输的成本情况、市场供求状况以及社会承受能力，确定国内航空货物运价基准价及最高上浮幅度，在规定幅度内，航空运输企业可自行制定具体运价；航空运输企业制定的运价必须通过政府指定的航空价格信息系统对外公布。

（七）国家有关部门将加强国内航空货运价格的监管，重点查处低价竞销行为、暗扣销售行为、非法代单销售行为和货运乱收费行为。

三、提高航空货物运输速度和服务质量

（八）时效性和可靠性是航空货运的重要因素。要打破一切妨碍航空货运"提速"和提高服务质量的地面制约，充分发挥航空货运在多种运输方式中的比较优势，确实提高竞争能力，抢占高价值产品运输和快递运输等高端市场，改变当前普货多、运价低、收益差的状况。

（九）放宽机场地面服务市场准入。由民航总局制定有关准入规定，按照机场吞吐量大小，在一定规模以上的机场，地面服务应当引入竞争。各类地面服务项目必须至少有两家地面服务公司，并且有一家属于不受机场或航空公司控制的第三方地面服务公司。允许航空公司自营部分地面服务项目。机场如从事地面服务必须分账核算，不得以机场其他来源的收入补贴地面服务活动。机场不得对不同的地面服务公司实施价格歧视，地面服务公司不得对不同服务对象实施价格歧视。

由民航总局制定地面服务提供者应当具备的标准和条件，以及选择地面服务提供者的程序。机场依据这些条件和程序，以招投标等客观、透明、非歧视的方式选择地面服务提供者，大型机场要建立机场使用者委员会，机场在选择地面服务提供者的过程中必须征求机场使用者委员会的意见。

（十）对航空货物邮件的保安控制试点推行航空货运管制代理人制度。首先在全货机运输方面，选择规模较大、诚实信用的航空货物运输销售代理人进行试点，由航空运输企业与他们签订合同，由试点代理人自行采取保安控制措施，承诺保证其货物符合安全标准，如出问题应当承担相关责任。试点代理人必须具有符合民航总局规定的标准和条件的安全检查设施设备和人员、场地，由民航总局或地区管理局对其进行核准。

（十一）建立非赢利性质航空货物运输公共信息系统。开发具有订舱、结算、收发、进出港、跟踪查询等货物"门到门"运输全过程所需各项功能，包含吨位控制、运价及其适用条件、货物实时动态等信息，可供航空承运人、机场、货运代理人、收发货人使用的信息系统。系统开发要采用开放的体系结构，整合航空承运人、机场和代理人现有的各类货运系统，实现互联互通；要采用先进、成熟和标准化的信息技术，以信息化推动货运企业提高经营管理水平。要由政府搭台、以企业为主体、用市场手段进行系统开发与建设。民航总局制定航空货运信息系统的标准和规范、网络和数据接口标准，支持资质较好的、有国际国内航空货运经验的中立企业牵头，鼓励各航空企业自愿投资参加组建股份公司，进行系统开发建设。

四、建立航空货运市场监管机制

（十二）反对垄断，维护公平竞争。由民航总局制定规定，制止机场、空管、航空货运承运人和代理人利用自然垄断地位、市场支配地位，以排挤、损害竞争对手和其他利益方为目的的限制竞争行为，以及串通、回扣、倾销等不正当竞争行为。

（十三）建立货运市场日常调控机制和紧急保障措施机制。在判定航空公司的运力安排和定价将对某一市场造成倾销、实质损害竞争对手，或者牟取暴利、价格歧视的情况下，民航总局可以否决航空公司备案的班期时刻表和运价。监督航空公司严格遵照执行公布的班期时刻表和运价，对不执行的航空公司给予行政处罚或采取行政强制措施。

在航空货运市场出现运力急剧增减，将对行业造成实质性的重大损害的紧急情况下，民航总局可以在全国、部分地区或者某些航线采取临时管制措施，重新实行航线航班审批制度。在紧急情形消除后应当及时解除管制措施。

民航总局应当建立市场跟踪监测制度，对货运市场运力、价格变动进行监测。汇总分析航空公司上报的成本等各类财务资料，作为判定航空公司牟取暴利或价格倾销的依据。

（十四）建立强制磋商、行业自律、申诉和上诉等争端解决机制。发挥航空公司、机场等协会的作用，开展行业自律。理顺航空公司、机场及其他民航生产链上不同社会分工的各类经济主体的生产运营关系、经济关系和业务流程，处理好航空运输企业与货主的关系，除了依靠行政法规、规章等法律规定外，还应当依靠制定机场及其使用者共同遵守的机场运行管理规范，依靠各经济主体之间签订经济合同等市场手段予以调整。行业协会应当在制定机场运行管理规范的范本、经济合同的范本和航空货运服务质量标准方面发挥重要作用。

一旦磋商和自律仍不能解决矛盾和争端，有关当事人可以向民航总局及地区管理局提出申诉，由民航总局或地区管理局给予调解；有关当事人可依法向法院提起诉讼，由司法介入解决经济合同纠纷。

五、配套措施

（十五）民航总局将研究出台鼓励发展国内航空货运的优惠措施。鼓励机场对航空货运收费实施优惠政策，包括降低货运航班起降收费标准以及地面服务收费标准。对于国内航空货运发展成效显著的航空公司，在国际货运航权分配方面给予优先考虑。

（十六）航空公司要实施适应社会主义市场经济要求的货运发展战略，推行国际通行的客货分开经营模式、空地一体化的货运网络运输模式和"门到门"的物流配送模式。

要强化市场竞争意识，勇于面对新进入者的挑战。努力改进生产经营管理，降低生产经营成本，创造符合市场需求的货运产品，在市场竞争中获取合法利润。

要强化合法诚信经营意识，履行公开透明义务，保护货主的知情权。班期时刻表、运价生效前必须按照民航总局规定程序和方式对外公布。严格执行公布的班期，严格按照适用条件执行运价，接受货主和其他承运人的监督。

推行承运人服务承诺制度，对本公司所提供的货运产品的价格合理性、运输时效性和可靠性以及相关赔偿责任，向货主做出承诺。完善企业内部激励约束机制，货运从业人员收入与企业效益挂钩，坚决遏制航空货运行业不正之风。

六、加强组织领导

（十七）民航总局各部门、各地区管理局要进一步转变观念，统一思想，提高认识，把实施国内航空货运放松管制政策作为民航深化市场化改革的实验场和突破口，加强组织领导。

（十八）要依法保障各项措施的落实。逐条对照上述各项政策措施，清理现行的相关法律、法规和规章，修订不相适应的内容，制定新的法规或规章以填补空白。

（十九）要抓紧实施，分步到位。从即日起用半年时间开展各项政策法规的修订、制定工作，一年内完成法定程序并发布实施。从 2004 年 6 月 1 日起至相关法规和规章颁布生效前，各项措施试点实施。

　　（二十）民航总局要在各项政策措施实施一年之后，对政策实施效果、安全影响、推广前景等方面进行评估。航空公司、机场、其他相关企业和协会可以在这些方面提出意见和建议。

　　资料来源：中国民用航空总局《关于加快发展国内航空货运若干政策措施的意见》（民航运发〔2004〕28 号，2004 年 2 月 6 日）。

附件 1－7：关于促进我国现代物流业发展的意见

加快发展现代物流业，是我国应对经济全球化和加入世界贸易组织的迫切需要，对于提高我国经济运行质量和效益，优化资源配置，改善投资环境，增强综合国力和企业竞争力具有重要意义。为进一步推进我国现代物流业的发展，在全国范围内尽快形成物畅其流、快捷准时、经济合理、用户满意的社会化、专业化的现代物流服务体系，特提出以下意见。

一、营造有利于现代物流业发展的良好环境

（一）调整现行行政管理方式

1. 规范企业登记注册前置性审批。工商行政管理部门在为物流企业办理登记注册时，除国家法律、行政法规和国务院发布决定规定外，其他前置性审批事项一律取消。

2. 改革货运代理行政性管理。取消经营国内铁路货运代理、水路货运代理和联运代理的行政性审批，加强对货运代理经营资质和经营行为的监督检查。取消国际货运代理企业经营资格审批，加强后续监督和管理。改革民航货运销售代理审批制度，由民航总局会同有关部门制定新的民航货运代理管理办法。对危险品等特种货物的运输代理严格按照国家有关规定办理。

（二）完善物流企业税收管理

1. 合理确定物流企业营业税计征基数。物流企业将承揽的运输、仓储等业务分包给其他单位并由其统一收取价款的，应以该企业取得的全部收入减去其他项目支出后的余额，为营业税的计税的基数。具体办法由国家税务总局制定。

2. 允许符合条件的物流企业统一缴纳所得税。物流企业在省、自治区、直辖市范围内设立的跨区域分支机构，凡在总部领导下统一经营、统一核算，不设银行结算账户、不编制财务报表和账簿的，并与总部微机联网、实行统一规范管理的企业，其企业所得税由总部统一缴纳。

（三）整顿规范市场秩序，加强收费管理

1. 加快引入竞争机制，建立统一开放、公平竞争、规范有序的现代物流市场体系。废除各类不符合国家法律、法规规定的由部门或地方制定的地区封锁、行业垄断、市场分割的有关规定，为物流企业的经营和发展创造宽松的外部环境。

2. 加强收费管理，全面清理向货运车辆收取的行政事业性收费、政府性集资、政府性基金、罚款项目，取消不符合国家规定的各种收费项目。全面整顿道路收费站点。对违反国家规定设置的收费站点，要立即停止收费并限期拆除相应设施。严禁向物流企业乱检查、乱收费、乱摊派、乱罚款、乱评比。凡违规设置站点，擅立收费项目，向货运车辆及物流企业等乱收费用的，要依法予以严处。

二、采取切实有效措施，促进现代物流业发展

1. 鼓励工商企业逐步将原材料采购、运输、仓储等物流服务业务分离出来，利用专业物流企业承担。鼓励交通运输、仓储配送、货运代理、多式联运企业通过兼并、联合等形式进行资产重组，发展具有一定规模的物流企业。对被兼并、重组的国有企业，当地政府和有关部门要给予积极支持。

2. 积极拓宽融资渠道。支持物流企业利用境内外资本市场融资或募集资金发展社会化、

专业化的物流企业。对资产质量好、经营管理好、具有成长潜力的物流企业要支持鼓励上市。各类金融机构应对效益好、有市场的物流企业给予重点支持。

3. 积极推进物流市场的对外开放。按照我国加入世界贸易组织的承诺，扩大物流领域的对外开放。鼓励国外大型物流企业根据我国法律、法规的有关规定到国内设立物流企业。鼓励利用国外的资金、设备和技术，参与国内物流设施的建设或经营。

4. 支持工商企业优化物流管理。鼓励有条件的国有大中型工商企业将企业的物流资产从主业中分离出来，整合资源，优化流程，创新物流管理模式，特别是商业连锁企业要提高商品统一配送率。对实行主辅分离、辅业改制的企业，符合有关条件的，可享受国务院八部门联合下发的《国有大中型企业主辅分离、辅业改制、分流安置富余人员的实施办法》中的扶持政策。

5. 加快物流设施整合和社会化区域物流中心建设。采取必要的调控措施，推动各地区工业、商业、运输、货代、联运、物资、仓储等行业物流资源的整合，合理规划建设区域物流中心，开展社会化、专业化的公共服务。对符合条件的此类项目，各级政府要给予重点支持。

6. 简化通关程序。优化口岸通关作业流程，完善口岸快速通关改革，推行物流企业与口岸通关监管部门信息联网，对进出口货物实施"提前报检、提前报关、货到验放"的通关新模式，提高信息化应用和管理水平。边防、海关、检验检疫、税务、外汇管理等部门要在有效监管的前提下简化作业程序，实现信息共享，加快通关速度。鼓励建立集海关监管、商品检疫、地面服务一体化的货物进出境快速处理机制。

7. 优化城市配送车辆交通管理。公安交通管理部门要加强对道路交通流的科学组织，根据当地的交通状况和物流业务发展情况，研究制定配送车辆在市区通行和停靠的具体措施，提供在市区通行、停靠的便利。

三、加强基础性工作，为现代物流发展提供支撑和保障

1. 建立和完善物流技术标准化体系。加快制定和推进物流基础设施、技术装备、管理流程、信息网络的技术标准，尽快形成协调统一的现代物流技术标准化体系。广泛采用标准化、系列化、规范化的运输、仓储、装卸、包装机具设施和条形码、信息交换等技术。

2. 推广先进适用的物流专用车辆和设备。大力发展集装箱运输，广泛采用厢式货车、专用车辆和物流专用设备，积极开发推广先进适用的仓储、装卸等标准化专用设备。

3. 提高物流信息化水平。鼓励建设公共的网络信息平台，支持工商企业和物流企业采用互联网等先进技术，实现资源共享、数据共用、信息互通。推广应用智能化运输系统，加快构筑全国和区域性物流信息平台，优化供应链管理。

4. 提高从业人员素质。加强对物流企业从业人员的岗前培训、在职培训等，通过不同方式和各种渠道，培育市场急需的物流管理人才。要采取多种形式，加速人力资源的开发和培养，加快发展学历教育，鼓励高等院校开展物流专业本科、硕士、博士等多层次的专业学历教育。积极探索物流职业资格认证工作，借鉴或引进国外成熟的相应职业资格认证系统。

四、加强对现代物流工作的综合组织协调

现代物流是一个新兴的复合性产业，涉及运输、仓储、货代、联运、制造、贸易、信息等行业，政策上关联许多部门。为加强综合组织协调，建立由国家发展改革委牵头，商务部

等有关部门和协会参加的全国现代物流工作协调机制。成员由国家发展改革委、商务部、铁道部、交通部、信息产业部、民航总局、公安部、财政部、工商总局、税务总局、海关总署、质检总局、国家标准委等部门及有关协会组成。主要职能是提出现代物流发展政策、协调全国现代物流发展规划、研究解决发展中的重大问题，组织推动现代物流业发展等。

本文所称物流企业是指具备或租用必要的运输工具和仓储设施，至少具有从事运输（或运输代理）和仓储两种以上经营范围，能够提供运输、代理、仓储、装卸、加工、整理、配送等一体化服务，并具有与自身业务相适应的信息管理系统，经工商行政管理部门登记注册，实行独立核算、自负盈亏、独立承担民事责任的经济组织。

资料来源：国家发展和改革委员会等9部门印发《关于促进我国现代物流业发展的意见》的通知（发改运行〔2004〕1617号，2004年8月5日）。

附件 3 - 1：关于组织实施社会物流统计核算与报表制度的通知

各省、自治区、直辖市、计划单列市及副省级省会城市、新疆生产建设兵团现代物流工作牵头部门，各有关企业：

为贯彻落实经国务院批准，由国家发展改革委等 9 部门联合印发的《关于促进我国现代物流业发展的意见》精神，2004 年 10 月，国家发展改革委和国家统计局联合印发了《关于组织实施〈社会物流统计制度及核算表式（试行）〉的通知》（发改运行〔2004〕2409 号），建立了全国社会物流统计核算制度。该制度试行一年来，取得了良好的社会效果，相关数据被政府有关部门和行业内外广泛采用。

为全面掌握了解我国现代物流业的规模、结构，监测分析我国现代物流业的发展和运行状况，为各级政府部门制定现代物流业发展政策和战略规划、加强宏观调控提供依据，经国家统计局批准，自 2006 年起将社会物流统计核算试行制度转为正式制度，定期开展社会物流统计核算工作。

社会物流统计核算工作由国家发展改革委、中国物流与采购联合会联合组织实施，并会同国家统计局发布，具体工作委托中国物流与采购联合会承担。各省、自治区、直辖市现代物流工作牵头部门，要高度重视物流统计核算工作，督促本辖区内被调查企业，按照统计制度要求，及时报送有关资料。

现将《社会物流统计核算与报表制度》印发你们，请认真贯彻执行。各地区应结合本地区的实际情况，参照本制度开展本地区的社会物流统计核算工作，并将有关情况及时汇总上报。

国家发展和改革委员会

二〇〇六年四月十二日

社会物流统计核算与报表制度

一、总说明

（一）为了解我国物流活动的规模、结构和发展水平，及时反应我国物流运行状况，为各级政府部门制定有关物流发展政策和发展规划，加强宏观管理和决策提供依据，根据《中华人民共和国统计法》，特制定本制度。

（二）本制度为国家统计核算与调查制度，由国家发展和改革委员会、中国物流与采购联合会联合组织实施，具体工作委托中国物流与采购联合会承担。汇总的全国年度统计资料须经国家统计局进行审核和评估，有关信息的对外发布由国家发展改革委、国家统计局和中国物流与采购联合会三家联合组织进行。

（三）本制度分基层调查表和核算表两部分。

1. 基层调查表。分物流相关行业企业经营情况表和企业物流状况表两种类型。其中，物流相关行业企业经营情况表主要调查物流相关行业企业的物流经营活动情况；企业物流状况表主要调查工业、批发贸易业企业货物采购（含回收）、销售的物流与费用情况。

2. 核算表。为总量指标核算表，表中各指标采取依据现有相关指标统计分离提取与企业统计调查推算相结合的方法加工核算。核算表中涉及的铁路、公路、水上、港口、民航、管道运输及邮电业务部门的物流业务数据，由各有关职能部门提供，中国物流与采购联合会具体收集。

（四）本制度企业调查范围为在我国国境内登记注册并从事工业、批发贸易业等货物生产、流通的各种经济类型法人企业，以及物流相关行业的各种经济类型法人企业。其中：工业、批发贸易业采取重点调查的方式，每个省市区、每个行业、每类产品选择 2～3 个企业调查（报送单位名单另附）。物流相关行业企业则为年物流业务营业收入在五千万元以上的独立法人企业。

（五）本制度基层调查表为年报，规定范围内企业于年后 3 月 25 日前报送。核算表为季报，核算结果由中国物流与采购联合会于季后 28 天内提供。

（六）本制度选定单位必须将加盖企业法人章的正式报表邮寄到中国物流与采购联合会科技信息部（中国物流信息中心）。同时，为确保统计工作时效性，报送单位尽量采用网络（网上直报或电子邮件）传送报表，文件格式统一使用本制度规定的表格形式；没有链接国际互联网的单位，暂用传真报送。

本制度由中国物流与采购联合会负责解释。

二、报表目录

基层调查表

表号	表名	报告期别	调查范围	报送单位	报送日期及方式	页码
物流统调1—1表	法人单位基本情况	年报	物流相关行业企业和工业、批发贸易企业	物流相关行业企业中，年物流业务营业收入在 5 000 万元以上的独立法人企业和本制度选定的工业、批发贸易业企业	3 月 25 日前邮寄和网上直报或电子邮件、传真	
物流统调1—2表	物流相关行业企业经营情况	年报	物流相关行业企业	物流相关行业企业中，年物流业务营业收入在 5 000 万元以上的独立法人企业	同上	
物流统调1—3表	企业物流状况	年报	工业、批发贸易业企业	本制度选定的工业、批发贸易业企业	同上	

核算表

表号	表名	编制期别	综合范围	数据来源	提供日期	页码
物流统调2—1表	社会物流总费用	季报	农业、工业、交通运输仓储邮电、批发贸易、海关	用于核算的各产品物流总额资料从现行农业、工业、交通运输仓储邮电通信、批发贸易、海关统计等统计年报或年鉴中加工取得，各项费用的平均费用率资料根据企业调查资料加工取得	季后 28 日	

续表

表号	表名	编制期别	综合范围	数据来源	提供日期	页码
物流统调2—2表	物流相关行业业务收入	季报	物流相关行业	核算中涉及的铁路、公路、水上、港口、民航、管道运输及邮电业务部门的物流业务收入、货运量、货物周转量等数据，由各有关部门统一提供	同上	
物流统调2—3表	物流相关行业固定资产投资完成情况	季报	物流相关行业	同上	同上	
物流统调2—4表	社会物流基础设施情况	年报	物流相关行业	同上	3月25日前	

三、表　式

（一）基层调查表

法人单位基本情况

表　　号：物流统调1—1表

制表机关：国家发展和改革委员会　　　　　　　　　　　　　　200　　　　年
　　　　　中国物流与采购联合会

批准机关：国家统计局

文　　号：国统函〔2006〕57号

有效期至：2008年4月

《中华人民共和国统计法》第三条：国家机关、社会团体、企事业组织和个体工商户等统计调查对象，必须依照本法和国家规定，如实提供统计资料，不得虚报、瞒报、拒报、迟报，不得伪造、篡改。	01　法人单位代码：□□□□□□□□—□ 02　法人单位名称：＿＿＿＿＿＿＿ 03　法定代表人（负责人）：＿＿＿＿＿

04　单位所在地及行政区划　　　　行政区划代码（统计机构填写）□□□□□□—□□□－□□□

＿＿＿＿＿＿＿省（自治区、直辖市）＿＿＿＿＿＿＿＿＿＿＿＿＿＿地（区、市、州、盟）

＿＿＿＿＿＿＿县（区、市、旗）＿＿＿＿＿乡（镇）＿＿＿＿＿＿＿街（村）、门牌号

单位于：＿＿＿＿＿＿＿＿＿＿街道办事处＿＿＿＿＿＿＿＿社区（居委会）、村委会

05　联系方式　　　　　　　　　　　　　　　　电子信箱：

区号					
电话号码					
分机号					
传真号码					
邮政编码					

网　　址：

06　行业类别

主要业务活动（或主要产品）1＿＿＿＿＿；2＿＿＿＿＿；3＿＿＿＿＿；

4＿＿＿＿＿

行业代码□□□□
（统计机构填写）

08 登记注册类型		
内资	149 其他联营	174 私营股份有限公司
外商投资		
110 国有	151 国有独资公司	190 其他　　310 中外合资经营
120 集体	159 其他有限责任公司	
港澳台商投资		
320 中外合作经营	130 股份合作	160 股份有限公司
210 与港澳台商合资经营	330 外资企业	141 国有联营
171 私营独资	220 与港澳台商合作经营	340 外商投资股份有限公司
142 集体联营	172 私营合伙	230 港澳台商独资
143 国有与集体联营	173 私营有限责任公司	240 港澳台商投资股份有限公司

　　　　　　　　　　　　　　　　　　　□□□

09 控股情况　　1 国有绝对控股，2 国有相对控股，3 集体绝对控股，4 集体相对控股，9 其他
　　　　　　　　　　　　　　□

10 隶属关系　　10 中央，20 省（自治区、直辖市），40 地（区、市、州、盟），50 县（区、市、旗），61 街道，62 镇，63 乡，71 居委会，72 村委会，90 其他
　　　　　　　　　　　　　　　　　　□□

11 开业（成立）时间　　　□□□□年□月

17 年末从业人员数

指标名称	代码	总计							女性						
甲	乙	百万	十万	万	千	百	十	人	百万	十万	万	千	百	十	人
年末从业人员合计	01														

18 基础设施

1 自有仓储面积（平方米）＿＿＿＿＿＿	6 货运车辆（辆）＿＿＿＿＿
2 租用仓储面积（平方米）＿＿＿＿＿＿	7 其中：普通货车（辆）＿＿＿＿＿
3 装卸设备（台）＿＿＿＿＿	8 专用货车（辆）＿＿＿＿＿
4 物流计算机信息管理系统（套）＿＿＿＿	9 其中：冷藏车（辆）＿＿＿＿＿
5 铁路专用线（条）＿＿＿＿＿	10 集装箱专用车（辆）＿＿＿＿＿

单位负责人：	统计负责人：	填表人：
联系电话：	填表日期：200　年　月　日	（法人单位在此盖章）
审表人：		审表日期：200　年　月　日

说明：1. 本表由物流相关行业中年物流业务营业收入在 5 000 万元以上以及辖区内本制度选定的工业、批发贸易的独立法人企业填报；

　　　2. 本表为年报，报送时间为年后 3 月 25 日前；

　　　3. 本表报送方式为邮寄和网上直报或电子邮件、传真。

物流相关行业企业经营情况

表　　　号：物流统调 1—2 表

制表机关：国家发展和改革委员会　　　　　　　　200　　年

　　　　　　中国物流与采购联合会

批准机关：国家统计局

法人单位代码□□□□□□□□—□

文　　　号：国统函〔2006〕57 号

法人单位名称：

有效期至：2008 年 4 月

指标名称	计量单位	代码	本期	上年同期	指标名称	计量单位	代码	本期	上年同期
货运量	万吨	01			运输收入	万元	17		
周转量	万吨公里	02			装卸搬运收入	万元	18		
配送量	万吨	03			主营业务成本	万元	19		
流通加工量	万吨	04			其中：配送成本	万元	20		
包装量	万吨	05			流通加工成本	万元	21		
装卸搬运量	万吨	06			包装成本	万元	22		
吞吐量	万吨	07			信息及相关服务成本	万元	23		
期末储存量	万吨	08			代理业务成本	万元	24		
平均存储周期	天	09			仓储成本	万元	25		
主营业务收入	万元	10			运输成本	万元	26		
其中：配送收入	万元	11			装卸搬运成本	万元	27		
流通加工收入	万元	12			物流人员劳动报酬	万元	28		
包装收入	万元	13			主营业务利润额	万元	29		
信息及相关服务收入	万元	14			主营业务营业税金	万元	30		
代理收入	万元	15			资产总计	万元	31		
仓储收入	万元	16			固定资产折旧	万元	32		

单位负责人：　　　　填报人：　　　　电话：　　　　报出日期：200　　年　　月　　日

说明：1. 本表由物流相关行业中年物流业务营业收入在 5000 万元以上的独立法人企业填报；

　　　2. 本表为年报，报送时间为年后 3 月 25 日前；

　　　3. 本表报送方式为邮寄和网上直报或电子邮件、传真。

企业物流状况

表　　　号：物流统调 1—3 表

制表机关：国家发展和改革委员会　　　　　　　　　200　　　年

　　　　　中国物流与采购联合会

批准机关：国家统计局

法人单位代码 □□□□□□□□—□

文　　　号：国统函〔2006〕57 号

法人单位名称：

有效期至：2008 年 4 月

指标名称	计量单位	代码	本期	上年同期	指标名称	计量单位	代码	本期	上年同期
购进总额	万元	01			其中：运输费用	万元	12		
销售总额	万元	02			其中：运输附加费	万元	13		
货运量	吨	03			利息费用	万元	14		
其中：自运货运量	吨	04			仓储费用	万元	15		
委托代理货运量	吨	05			保险费用	万元	16		
自运周转量	吨·公里	06			货物损耗费用	万元	17		
平均货物储存量	吨	07			配送费用	万元	18		
平均货物储存周期	天	08			流通加工费用	万元	19		
自运货物平均运价	元/（吨·公里）	09			包装费用	万元	20		
委托代理货物平均运价	元/（吨·公里）	10			信息及相关服务费用	万元	21		
企业物流成本	万元	11			管理费用	万元	22		

单位负责人：　　　　填报人：　　　　电话：　　　　报出日期：200　　年　　月　　日

说明：1. 本表由本制度选定的工业、批发贸易企业填报，填报本企业因采购（含回收）、销售原材料及货物等发生的物流业务与费用情况；

　　　2. 本表为年报，报送时间为年后 3 月 25 日前；

　　　3. 本表报送方式为邮寄和网上直报或电子邮件、传真。

核算表

社会物流总费用

表　　号：物流统调 2—1 表
制表机关：国家发展和改革委员会
批准机关：中国物流与采购联合会
文　　号：国家统计局
　　　　　国统函〔2006〕57 号
有效期至：2008 年 4 月

200 年 季

计量单位：亿元

费用支出 / 社会物流的物品 甲	代码 乙	本期 社会物流总费用总计	运输费用 运输费用合计	铁路运输费用	道路运输费用	水上运输费用	航空运输费用	管道运输费用	装卸搬运及其他运输费用	保管费用 保管费用合计	利息费用	仓储费用	保险费用	货物损耗费用	信息及相关服务费用	配送费用	流通加工费用	包装费用	其他保管费用	管理费用	上年同期 社会物流总费用总计	运输费用 运输费用合计	铁路运输费用	道路运输费用	水上运输费用	航空运输费用	管道运输费用	装卸搬运及其他运输费用	保管费用 保管费用合计	利息费用	仓储费用	保险费用	货物损耗费用	信息及相关服务费用	配送费用	流通加工费用	包装费用	其他保管费用	管理费用
		1	2	3	4	5	6	7	8	9	10	11	12	13	14	15	16	17	18	19	20	21	22	23	24	25	26	27	28	29	30	31	32	33	34	35	36	37	38
社会物流的物品总额	01																																						
一、农产品	02																																						
1、农业产品	03																																						
2、林业产品	04																																						
3、畜牧业产品	05																																						
4、渔业产品	06																																						
二、工业品	07																																						
1、采掘业产品	08																																						
①煤炭开采和洗选业产品	09																																						
②石油和天然气开采业产品	10																																						
③黑色金属矿采选业产品	11																																						
④有色金属矿采选业产品	12																																						
⑤非金属矿采选业产品	13																																						
⑥其他采矿业产品	14																																						
2、制造业品	15																																						
①农副食品加工业产品	16																																						
…	…																																						
三、进口货物	47																																						
四、再生资源	48																																						
五、单位与居民物品	49																																						

说明：

1. 本表按当年价格计算，计算资料不分产额。

2. 本表产品目录按现行《国民经济行业分类》细分到大类，即代码表中的 13-43 大类，交通运输统计年报与年鉴和物流企业调查。

3. 本表平衡关系：列 1=2+9+19，其中：2=3+4+5+6+7+8；9=10+11+12+13+14+15+16+17+18
20=21+28+38，其中：21=22+23+24+25+26+27；28=29+30+31+32+33+34+35+36+37
行 01=02+07+47+48+49，其中：02=03+04+05+06；07=08+15；08=09+10+11+12+13+14；15=16+17+…+46

季度核算只计算总额。

物流相关行业业务收入（见 EXCEL 表）

表　号：物流统调 2—2 表
制表机关：国家发展和改革委员会
批准机关：中国物流与采购联合会
文　号：国家统计局
　　　　国统函〔2006〕57 号
有效期至：2008 年 4 月
计量单位：亿元

200　年　季

甲	代码 乙	本期																	上年同期																
		物流业务收入合计	运输收入								保管收入								物流业务收入合计	运输收入								保管收入							
			运输收入合计	铁路运输收入	道路运输收入	水上运输收入	航空运输收入	管道运输收入	装卸搬运和其他运输收入	运输附加收入	保管收入合计	配送收入	流通加工收入	包装收入	信息及相关服务收入	代理收入	仓储收入	其他保管收入		运输收入合计	铁路运输收入	道路运输收入	水上运输收入	航空运输收入	管道运输收入	装卸搬运和其他运输收入	运输附加收入	保管收入合计	配送收入	流通加工收入	包装收入	信息及相关服务收入	代理收入	仓储收入	其他保管收入
		1	2	3	4	5	6	7	8	9	10	11	12	13	14	15	16	17	18	19	20	21	22	23	24	25	26	27	28	29	30	31	32	33	34
社会物流业务总收入	01																																		
铁路运输业	02																																		
道路运输业	03																																		
水上运输业	04																																		
航空运输业	05																																		
管道运输业	06																																		
装卸搬运和其他运输服务业	07																																		
仓储业	08																																		
邮政业	09																																		
批发业	10																																		
零售业	11																																		
商务服务业	12																																		
包装服务	13																																		

说明：

1. 本表按当年价计算；
2. 本表平衡关系：列 1=2+10, 其中：2=3+4+5+6+7+8+9; 10=11+12+13+14+15+16+17;
18=19+27, 其中：19=20+21+22+23+24+25+26; 27=28+29+30+31+32+33+34
行 01=02++03+04+05+06+07+08+09+10+11+12, 其中：12=13

物流相关行业固定资产投资完成情况

表　　　号：物流统调 2—3 表

制表机关：国家发展和改革委员会
　　　　　中国物流与采购联合会　　　　　　　　　　　200　　年　　季

批准机关：国家统计局

文　　　号：国统函〔2006〕57 号

有效期至：2008 年 4 月　　　　　　　　　　　　　　　　　计量单位：亿元

行业	代码	投资完成额	
		本期	上年同期
甲	乙	1	2
合计	01		
铁路运输业	02		
道路运输业	03		
水上运输业	04		
航空运输业	05		
管道运输业	06		
仓储业	07		
邮政业	08		
批发和零售业	09		

社会物流基础设施情况

表　　　号：物流统调 2—4 表

制表机关：国家发展和改革委员会
中国物流与采购联合会　　　　　　　　　　　　·　　　　　　200　　年

批准机关：国家统计局

文　　　号：国统函〔2006〕57 号

有效期至：2008 年 4 月

行业	计量单位	代码	本期	上年同期
甲	乙	丙	1	2
铁路营业里程	万公里	01	说明：	
公路里程	万公里	02		
内河航道里程	万公里	03	① 铁路营业里程、公路里程、内河航道里程、民用航空	
民用航空航线里程	万公里	04	航线里程、输油（气）管道里程、民用货运汽车拥有量、民	
输油（气）管道里程	万公里	05	用运输船舶拥有量、铁路货车拥有量由铁道部、交通部、民	
民用货运汽车拥有量	万辆	06	航总局提供；	
民用运输船舶拥有量	艘	07	② 装卸设备拥有量、自有仓储面积、租用仓储面积、物	
铁路货车拥有量	辆	08	流计算机管理系统数据根据企业统计调查汇总	
装卸设备拥有量	台	09		
自有仓储面积	万平方米	10		
租用仓储面积	万平方米	11		
物流计算机管理系统	套	12		

四、指标解释及核算方法

（一）基层表指标解释

1. 法人单位基本情况（物流统调 1-1 表）

法人单位代码（01）：指根据中华人民共和国国家标准《全国组织机构代码编制规则》（GB 11714—1997），由组织机构代码登记主管部门给每个企业颁发的在全国范围内唯一的、始终不变的法定代码。

具体填写规定如下：已经领取了法定代码的法人单位必须使用法定代码，不得使用临时代码。法人单位代码由八位无属性的数字和一位校验码组成。在填写时，要按照技术监督部门颁发的《中华人民共和国组织机构代码证》上的代码填写。

法人单位名称（02）：指经有关部门批准正式使用的单位全称。

企业的详细名称按工商部门登记的名称填写，填写时要求使用规范化汉字全称，与单位公章所使用的名称完全一致。

凡经登记主管机关核准或批准，具有两个或两个以上名称的单位，要求填写一个法人单位名称，同时用括号注明其余的单位名称。

法定代表人（负责人）（03）：指依照法律或者法人组织章程规定，代表法人行使职权的负责人。

企业法定代表人按《企业法人营业执照》填写；民办非企业法定代表人按《民办非企业单位（法人）登记证书》填写。

单位所在地及行政区划（04）：指单位实际所处的详细地址及行政区划代码等。本栏分三部分填写。

第一部分：单位实际所在地的详细地址。要求写明单位所在的省、市、县（区、市）、乡（镇）以及具体街（村）的名称和详细的门牌号码，不能填写通讯号码或通讯信箱号码。

第二部分：单位归属的街道办事处、居委会或村委会。位于城市内的单位填写所在街道办事处及居委会的名称；位于农村的单位填写所在村委会的名称。

第三部分：行政区划代码，填表单位免填。

联系方式（05）：包括长途区号、电话号码、分机号、传真号码、邮政编码、电子信箱和网站地址。

在填写电话号码时，将号码以左顶齐方式从左向右填写在方框内；号码超过所列空位时，向方框外右面扩充。

行业类别（06）：根据其从事的社会经济活动性质对各类单位进行的分类。本项分二部分填写：

（1）主要业务活动（或主要产品）栏。具体填写各单位的一至三种主要业务活动（或主要产品）名称，并按其重要程度或总产值所占比重，从大到小顺序排列。

军工企业兼生产民品的只填写主要民品的名称。

筹建单位按建成投产（营业）后的活动性质填写主要业务活动（主要产品）名称。

（2）行业代码栏，基层单位免填。由所在地统计机构根据各单位填写的主要业务活动（或主要产品名称），对照《国民经济行业分类》（GB/T 4754-2002）填写行业小类代码。

筹建单位按建成投产（营业）后的活动性质填写行业小类代码。

登记注册类型（08）：

企业登记注册类型，按其在工商行政管理机关登记注册的类型填写。

工商行政管理部门对企业（单位）登记注册的类型分为以下各种：

（1）国有企业：指企业全部资产归国家所有，并按《中华人民共和国企业法人登记管理条例》规定登记注册的非公司制的经济组织。不包括有限责任公司中的国有独资公司。

（2）集体企业：指企业资产归集体所有，并按《中华人民共和国企业法人登记管理条例》规定登记注册的经济组织。

（3）股份合作企业：指以合作制为基础，由企业职工共同出资入股，吸收一定比例的社会资产投资组建，实行自主经营，自负盈亏，共同劳动，民主管理，按劳分配与按股分红相结合的一种集体经济组织。

两个及两个以上相同或不同所有制性质的企业法人或事业单位法人，按自愿、平等、互利的原则，共同投资组成的经济组织称为联营企业。联营企业包括国有联营企业、集体联营企业、国有与集体联营企业和其他联营企业。

（4）国有联营企业：指所有联营单位均为国有。

（5）集体联营企业：指所有联营单位均为集体。

（6）国有与集体联营企业：指联营单位既有国有也有集体。

（7）其他联营企业：指上述三种联营企业之外的其他联营形式的企业。

根据《中华人民共和国公司登记管理条例》规定登记注册，由两个以上，五十个以下的股东共同出资，每个股东以其所认缴的出资额对公司承担有限责任，公司以其全部资产对其债务承担责任的经济组织称为有限责任公司。有限责任公司分为国有独资公司以及其他有限责任公司。

（8）国有独资公司：指国家授权的投资机构或者国家授权的部门单独投资设立的有限责任公司。

（9）其他有限责任公司：是国有独资公司以外的其他有限责任公司。

（10）股份有限公司：指根据《中华人民共和国公司登记管理条例》规定登记注册，其全部注册资本由等额股份构成并通过发行股票筹集资本，股东以其认购的股份对公司承担有限责任，公司以其全部资产对其债务承担责任的经济组织。

由自然人投资设立或由自然人控股，以雇佣劳动为基础的营利性经济组织称为私营企业。包括按照《公司法》、《合伙企业法》、《私营企业暂行条例》以及《个人独资企业法》规定登记注册的私营独资企业、私营有限责任公司、私营股份有限公司、私营合伙企业和个人独资企业。

（11）私营独资企业：指按《私营企业暂行条例》的规定，由一名自然人投资经营，以雇佣劳动为基础，投资者对企业债务承担无限责任的企业。

个人独资企业指按《个人独资企业法》、《个人独资企业登记管理办法》的规定，由一个自然人投资，财产为投资人个人所有，投资人以其个人财产对企业债务承担无限责任的经营实体。个人独资企业填表时归入私营独资企业。

（12）私营合伙企业：指按《合伙企业法》或《私营企业暂行条例》的规定，由两个以上自然人按照协议共同投资、共同经营、共负盈亏，以雇佣劳动为基础，对债务承担无限责任的企业。

（13）私营有限责任公司：指按《公司法》、《私营企业暂行条例》的规定，由两个以上自然人投资或由单个自然人控股的有限责任公司。

（14）私营股份有限公司：指按《公司法》的规定，由五个以上自然人投资，或由单个自然人控股的股份有限公司。

（15）其他内资企业：指上述第（1）条至第（7）条之外的其他内资经济组织。

（16）与港澳台商合资经营企业：指港澳台地区投资者与内地的企业依照《中华人民共和国中外合资经营企业法》及有关法律的规定，按合同规定的比例投资设立，分享利润和分担风险的企业。

（17）与港澳台商合作经营企业：指港澳台地区投资者与内地企业依照《中华人民共和国中外合作经营企业法》及有关法律的规定，依照合作合同的约定进行投资或提供条件设立，分配利润、分担风险和亏损的企业。

（18）港澳台商独资经营企业：指依照《中华人民共和国外资企业法》及有关法律的规定，在内地设立的由港澳台地区投资者在内地全额投资设立的企业。

（19）港澳台商投资股份有限公司：指根据国家有关规定，经外经贸部批准设立，并且其中港、澳、台商的股本占公司注册资本的比例达 25%以上的股份有限公司。凡其中港、澳、台商的股本占公司注册资本的比例小于 25%的，属于内资中的股份有限公司。

（20）中外合资经营企业：指外国企业或外国人与中国内地企业依照《中华人民共和国中外合资经营企业法》及有关法律的规定，按合同规定的比例投资设立，分享利润和分担风险的企业。

（21）中外合作经营企业：指外国企业或外国人与中国内地企业依照《中华人民共和国中外合作经营企业法》及有关法律的规定，依照合作合同的约定进行投资或提供条件设立，分配利润、分担风险和亏损的企业。

（22）外资企业：指依照《中华人民共和国外资企业法》及有关法律的规定，在中国内地设立的由外国投资者全额投资设立的企业。

（23）外商投资股份有限公司：指根据国家有关规定，经外经贸部批准设立，并且其中外资的股本占公司注册资本的比例达 25%以上的股份有限公司。凡其中外资股本占公司注册资本的比例小于 25%的，属于内资中的股份有限公司。

控股情况（09）：本项限全部企业法人填写。根据企业实收资本中某种经济成分的出资人实际出资情况进行分类，并按出资人对企业的控股程度，分为国有绝对控股、国有相对控股、集体绝对控股、集体相对控股和其他。

（1）国有绝对控股：指在企业的全部实收资本中，国家资本（股本）所占的比例大于 50%的企业。

登记注册类型为"国有"、"国有联营"和"国有独资公司"的企业必须选填此项。

（2）国有相对控股（含协议控制）：指在企业的全部实收资本中，国家资本（股本）所占的比例虽未大于 50%，但相对大于企业中的其他经济成分所占比例的企业（相对控制）；或者虽不大于其他经济成分，但根据协议规定，由国家拥有实际控制权的企业（协议控制）。

（3）集体绝对控股：指在企业全部实收资本中，集体资本（股本）所占比例大于 50%的企业。

（4）集体相对控股：指在企业的全部实收资本中，集体资本（股本）所占的比例虽未大于 50%，但相对大于企业中的其他经济成分所占比例的企业（相对控制）；或者虽不大于其他经济成分，但根据协议规定，由集体拥有实际控制权的企业（协议控制）。

（5）其他：指除以上两种情况以外的企业法人。

隶属关系（10）：指本单位隶属于哪一级行政管理单位，按照国家标准《单位隶属关系代码》（GB/T 12404—1997）分为：中央、省、市（地区）、县（区、市）、街道、镇、乡、居民委员会、村民委员和其他。

在填写隶属关系时，须注意以下几点：

（1）中央与地方双重领导的单位，以领导为主的一方来划分中央属或地方属。

（2）中国人民解放军各总部、各军兵种、各大军区及集团军办的国有单位，划为中央属单位；各省（自治区、直辖市）军区办的国有单位，划为省（自治区、直辖市）属单位。

（3）乡改镇的原乡办企业（单位），如果还隶属于乡镇企业局管理，该企业（单位）的隶属关系仍应填"乡"。

（4）无主管部门的单位、本省（自治区、直辖市）在外省（自治区、直辖市）的办事机构所开办的第三产业等单位填"其他"。隶属于"中央"的单位兴办的集体企业，隶属关系也填"其他"。

开业（成立）时间（11）：除筹建单位外，所有单位均应填写本项。

（1）新中国成立前成立的单位填写最早开工或成立的年月；

（2）新中国成立后成立的单位填写领取营业执照或批准成立的时间（如开业年月早于领取营业执照的时间，填写最早开业年月）；

（3）合并或兼并的企业，按合并前主要企业领取营业执照的时间（或最早开业时间）填写；

（4）分立企业按分立后各自领取营业执照（或独立开业）的时间填写；

（5）与外方或港、澳、台合资的企业，按领取合资企业营业执照的时间填写。

年末从业人员数（17）：指在本单位工作并取得劳动报酬的年末实有人员数。除当年关闭和当年破产的企业免填外，其他单位均应填写本项指标。

从业人员包括在各单位工作的外方人员和港澳台方人员、兼职人员、再就业的离退休人员、借用的外单位人员和第二职业者，但不包括离开本单位仍保留劳动关系的职工。

基础设施（12）

自有仓储面积（平方米）：指本企业拥有并用于保管、储存物品的建筑物和场所的面积，包括库房面积和货场面积。库房面积=内墙的长×宽－障碍物面积（不能存放货物部分的面积，如：柱子）。

租用仓储面积（平方米）：指租用本企业以外的保管、储存物品的建筑物和场所的面积。包括库房面积和货场面积。

装卸设备（台）：专用于装卸搬运货物的设备。包括集装箱装卸桥、门式起重机、桥式起重机、带式输送机、叉车等。

物流计算机信息管理系统（套）：指为提高经营管理的工作效率，对相关物流过程进行全面动态监控与管理的计算机管理系统。

铁路专用线（条）：指和铁路大动脉相连，归企业所有的为加速货物的集散而铺设的专用铁路线。

货运车辆（辆）：包括普通货车和专用货车。

普通货车（辆）：指只有一般构造的栏板式及平板式货运汽车，包括自卸车、半挂车等。

专用货车（辆）：指具有特殊构造和专门用途的货运汽车，如集装箱专用车、冷藏车、罐车、活畜运输车、散装水泥车等。

冷藏车（辆）：能进行冷冻运输的货运汽车。

集装箱专用车（辆）：专用装载集装箱的货运汽车。

2. 物流相关行业企业经营情况（物流统调 1-2 表）

法人单位代码：同法人单位基本情况（物流统调 1-1 表）01 指标。

法人单位名称：同法人单位基本情况（物流统调 1-1 表）02 指标。

货运量（01）：指报告期内，企业组织完成的各种运输工具实际运送到目的地并卸完的货物数量。

周转量（02）：指报告期内，企业利用各种运输工具实际完成运送过程的货物运输量。计算公式为：

货物周转量=∑（每批货物重量×该批货物的运送距离）。

配送量（03）：指报告期内，企业根据用户要求，对物品进行拣选、加工、包装、分割、组配等作业，并按时送达指定地点的货物数量。

流通加工量（04）：指报告期内，货物从生产地到消费地过程中，经过企业施加包装、分割、计量、分拣、刷标志、栓标签、组装等流通加工过程的货物总量。配送量和流通加工量要界定清楚，不要重复计算。

包装量（05）：指报告期内，货物从生产地到消费地过程中，经过企业施加包装过程的货物数量。包装量与配送量和流通加工量要界定清楚，不要重复计算。

装卸搬运量（06）：指报告期内，经过企业装卸搬运的货物数量。

吞吐量（07）：指报告期内，仓储企业进出货物数量。货物吞吐量=入库货物重量+出库货物重量。

期末存储量（08）：指报告期末处于储存状态的货物总量。

平均存储周期（09）：指报告期内，库存物品从入库到出库的平均时间，即仓储货物平均存储时间。可参考以下公式计算：

平均存储周期=报告期天数（全年按 360 天）÷周转次数；

周转次数=报告期货物吞吐量÷报告期货物平均存储量。

主营业务收入（10）：指报告期内，企业通过物流业务活动得到的收入。包括运输、储存、装卸、搬运、包装、流通加工、配送、信息等业务取得的收入总额。根据"损益表"或"利润表"的资料填列。

配送收入（11）：指报告期内，企业完成货物配送业务，所取得的业务收入。

流通加工收入（12）：指报告期内，企业完成货物流通加工业务，所取得的业务收入。

包装收入（13）：指报告期内，企业完成货物包装业务，所取得的业务收入。

信息及相关服务收入（14）：指报告期内，企业完成信息及相关服务业务，所取得的业务收入。

代理收入（15）：指报告期内，企业完成物流代理业务，所取得的业务收入。

仓储收入（16）：指报告期内，企业完成货物仓储业务，所取得的业务收入。

运输收入（17）：指报告期内，企业完成各种运输活动取得的收入（含监管收入）。

装卸搬运收入（18）：指报告期内，企业完成装卸搬运业务，所取得的业务收入。

主营业务成本（19）：指报告期内，企业从事物流业务活动所发生的实际业务成本。根据

"损益表"或"利润表"的资料填列。

配送成本（20）：指报告期内，企业为完成货物配送业务而发生的全部费用。包括支付外部配送费和企业自身完成配送业务所发生的费用。包括业务人员的工资福利、配送设施年折旧、燃料与动力消耗、设施设备维修保养费、业务费。

流通加工成本（21）：指报告期内，企业为完成货物流通加工业务而发生的全部费用。包括支付外部流通加工费和自有设备流通加工费。包括业务人员的工资福利、加工设施年折旧、燃料与动力消耗、设施设备维修保养费、业务费。

包装成本（22）：指报告期内，企业为完成货物包装业务而发生的全部费用。包括运输包装费和集装、分装包装费。包括业务人员的工资福利、包装设施年折旧、包装材料消耗、设施设备维修保养费、业务费。

信息及相关服务成本（23）：指报告期内，企业为完成信息及相关服务业务而发生的全部费用。包括支付外部信息及相关业务费和本企业内部信息及相关服务业务费。包括信息及相关业务的业务人员工资福利、信息及相关业务设施年折旧、燃料与动力消耗、设施设备维修保养费、业务费。

代理业务成本（24）：指报告期内，企业为完成各种国内外物流代理业务所发生的全部费用。

仓储成本（25）：指报告期内，企业为完成货物储存业务而发生的全部费用。包括业务人员的工资福利、仓库设施年折旧、水电费、燃料与动力消耗、设施设备维修保养费、业务费。

运输成本（26）：指报告期内，企业为完成货物运输业务而发生的全部费用。包括支付外部运输费和自有车辆运输费。包括从事货物运输业务人员的工资福利、车辆（船舶、飞机、管道）年折旧、燃料与动力消耗、过路过桥费、维修保养费、年检费、企业货物运输业务费。

装卸搬运成本（27）：指报告期内，企业为完成货物装卸搬运业务而发生的全部费用。包括业务人员的工资福利、装卸搬运设施年折旧、燃料与动力消耗、设施设备维修保养费、业务费。

物流人员劳动报酬（28）：指报告期内，是在企业从事物流工作的劳动者从单位得到的各种形式的报酬。包括货币工资及收入、实物工资、企业为劳动者支付的社会保险。根据会计资料归纳取得。

主营业务利润额（29）：指报告期内，企业完成物流业务所取得的利润。该指标根据企业会计："损益表"中的"主营业务利润"项填列。

主营业务营业税金（30）：指报告期内，企业从事物流业务活动，按规定向财税部门交纳的各种税金。包括损益表中的主营业务（经营、营业）税金及附加、应交增值税，财务成本表中属于物流业务部分的房产税、车船税、土地使用税、印花税以及养路费、排污费、水电费附加、上交管理费等。该指标根据企业会计："损益表"中的"主营业务利润"项填列。

资产总计（31）：指报告期内，企业拥有或者控制的能以货币计量的经济资源，包括各种财产、债权和其他权利。资产按流动性质一般分为流动资产、长期投资、固定资产、无形资产、递延资产和其他资产。根据会计"资产负债表"中"资产总计"项的期末数填列。

固定资产折旧（32）：指报告期内，企业累计提取的固定资产折旧。根据会计"财务状况变动表"中"固定资产折旧"项的数值填列。

3. 企业物流状况（物流统调1—3表）

法人单位代码：同法人单位基本情况（物流统调1-1表）01指标。

法人单位名称：同法人单位基本情况（物流统调 1-1 表）02 指标。

购进总额（01）：指报告期内，企业从本单位以外的单位和个人购进，供本单位消费使用的原材料、燃料、设备等物品的价值总量。

销售总额（02）：指报告期内，企业对本单位以外的单位和个人销售的物品价值总量。

货运量（03）：指报告期内，企业购进、销售货物中，由各种运输工具实际运送到目的地并卸完的货物数量。以重量单位吨计算（以下同）。

自运货运量（04）：指报告期内，由本企业自行完成运输的货物数量。

委托代理货运量（05）：指报告期内，委托本单位以外的企业（单位）完成运输的货物数量。

自运周转量（06）：指报告期内，企业利用本单位各种运输工具实际完成运送过程的货物运输量。计算公式为：

货物周转量=$\sum$（每批货物重量×该批货物的运送距离）

平均货物存储量（07）：在一定报告期内，平均每天的货物储存量。其中：月平均存储量=（月初库存量+月末库存量）÷2；累计平均存储量=月平均存储量之和÷累计月份。

平均存储周期（08）：在一定报告期内，库存物品从入库到出库的平均时间。即仓储货物平均存储时间。可参考以下公式计算：

平均存储周期=报告期天数（全年按 360 天）÷周转次数

周转次数=报告期货物吞吐量÷报告期货物平均存储量

自运货物平均运价（09）：指报告期内，企业使用自有运输工具完成物品的社会运输业务，理应取得的运输业务收入与自运货物周转量之比。

自运货物平均运价＝应计算的自运货物业务收入额÷自运货物周转量

委托代理货物平均运价（10）：指报告期内，委托本单位以外的企业运输完成物品运输业务，所支付的运输费用与货运周转量之比。

委托代理货物平均运价＝所支付的委托代理运费额÷委托代理货运周转量

企业物流成本（11）：指企业在购进、销售货物过程中发生的全部费用。

运输费用（12）：指报告期内，企业在购进、销售货物过程中，由于物品运输而支付的全部费用。包括支付的运费、为运输发生的装卸搬运等辅助服务费、货运代理费、运输附加费等。

运输附加费（13）：指一定时期内，生产和使用企业在销售或购进物品的过程中，支付给运输管理或投资部门的各种交通建设基金、过路费、过桥费、过闸费等。

利息费用（14）：指报告期内，企业在购进、销售货物过程中，由于资金的占用而需承担的利息支出。

仓储费用（15）：指报告期内，企业在购进、销售货物过程中，为储存货物所支付的费用。

保险费用（16）：指报告期内，企业在购进、销售货物过程中，为预防和减少因物品丢失、损毁造成的损失，与社会保险部门共同承担风险，向社会保险部门支付的物品财产保险费用。

货物损耗费用（17）：指报告期内，企业在购进、销售货物过程中，因物品损耗，包括破损维修与完全损毁而发生的价值丧失。同时也包括部分时效性要求高的物品因物流时间较长而产生的折旧贬值损失。

配送费用（18）：指报告期内，企业在购进、销售货物过程中，根据自身需要，要求物流服务提供方完成对物品进行拣选、加工、分割、组配、包装等作业，并按时送达指定地点所支付的全部服务费用。

流通加工费用（19）：指报告期内，企业在购进、销售货物过程中，为满足销售或消费需要，通过流通环节对物品进行加工改制作业所支付的加工费用。

包装费用（20）：指报告期内，企业在购进、销售货物过程中，为保护产品、方便运输与储存、促进销售，采用容器、材料和辅助物对物品按一定技术方法进行分装、集装、运输包装等作业所需支付的费用。

信息及相关服务费用（21）：指报告期内，企业在购进、销售货物过程中，支付的信息处理费用，包括支付的外部信息处理费用和本单位内部的信息处理费。

管理费用（22）：指报告期内，生产和使用企业的物流管理部门，因组织和管理各项物流活动所发生的费用。主要包括管理人员报酬、办公费用、教育培训、劳动保险、车船使用等各种属于管理费用科目的费用。

（二）核算表指标解释及计算方法

物流：根据国家质量技术监督局发布的《物流术语》（GB/T 28354—2001）——物品从供应地向接受地的实体流动过程。根据实际需要，将运输、储存、装卸、搬运、包装、流通加工、配送、信息处理等基本功能实施有机结合。

社会物流的物品：指报告期内，从供应地向接受地实体流动的全部物品，是社会物流产业活动的对象。

为避免重复计算，社会物流的物品按初次来源计算，即第一次进入国内需求领域，产生从供应地向接受地实体流动的物品。从国内社会物流物品的初次来源看，主要有以下5个方面：①第一次进入国内需求领域的农林牧渔业产品，简称农产品（以下同）；②第一次进入国内需求领域的工业产品，简称工业品（以下同）；③进口货物；④进入需求领域的再生资源商品，简称再生资源（以下同）；⑤单位与居民物品。包括铁路、航空运输中的行李、邮递业务中包裹、信函、社会各界的各种捐赠物、单位与居民由于搬家迁居形成的物品装卸搬运与运输等。

社会物流的物品总额：简称社会物流总额，即报告期内，社会物流物品的价值总额。同样包括5个方面：①进入需求领域的农产品物流总额；②进入需求领域的工业品物流总额；③进口货物物流总额，也即进口总额；④进入需求领域的再生资源物流总额；⑤单位与居民物品物流额。

社会物流总额在很大程度上决定社会物流产业活动的规模，它的增长变化一定程度上反映物流需求的增长变化。

农产品物流总额：报告期内，由农业生产部门提供，进入需求领域，产生从供应地向接受地实体流动的全部农林牧渔业产品价值总额。也就是农业生产部门的农产品商品产值，但不包括不经过社会物流服务，由农业生产者直接通过集市贸易售与居民消费的部分。

计算方法：

农产品物流总额＝报告期内农产品商品产值－农业生产者直接通过集市贸易售与居民消费的部分。

数据来源：国家统计局现行农业统计、批发贸易统计资料及相关测算等。

工业品物流总额：报告期内，国内工业生产部门提供，进入需求领域，产生从供应地向接受地实体流动的全部工业产品价值总额。简单地说也就是工业生产部门的销售产值，但不包括不能以具体产品体现的工业性作业销售产值，或不能通过一般性运输、装卸、搬运等物流服务形式完成的电力、蒸汽、热水的生产与供应业销售产值、煤气生产和供应业销售产值、自来水的生产和供应业销售产值。

计算方法：

工业品物流总额＝报告期工业销售产值－（工业性作业销售产值、电力、蒸汽、热水的生产与供应业销售产值、煤气生产和供应业销售产值、自来水的生产和供应业销售产值之和）。

数据来源：国家统计局现行工业统计资料。

进口货物物流总额：报告期内，以人民币表示的，通过我国海关进口的物品总额。

计算方法：

进口货物物流总额＝以美元表示的海关进口总额×报告期人民币对美元的平均汇率

数据来源：国家现行海关及银行统计资料。

再生资源物流总额：报告期内，进入需求领域，经再生产加工后可重复利用的废旧物资总额。

计算方法：根据流通环节再生资源商品销售额计算。即：

再生资源物流总额＝流通环节的再生资源商品销售额

数据来源：国家统计局现行批发贸易统计数据资料。

单位与居民物品物流额：报告期内，进入需求领域，经社会物流服务，从提供地送达接收地的单位与居民的物品价值总额。包括铁路、航空等运输中的计费行李、邮政与快递业务中快件、包裹、信函、报纸杂志等寄递物品、形成社会物流服务的社会各界的各种捐赠物、单位与居民由于搬家迁居物品等。

数据来源：寄递物品根据国家邮政业务额中的寄递业务收入核算。其他根据相关统计调查资料核算。

社会物流总费用：是指报告期内，国民经济各方面用于社会物流活动的各项费用支出。包括：支付给运输、储存、装卸搬运、包装、流通加工、配送、信息处理等各个物流环节的费用；应承担的物品在物流期间发生的损耗；社会物流活动中因资金占用而应承担的利息支出；社会物流活动中发生的管理费用等。

社会物流总费用划分为运输费用、保管费用、管理费用三大部分核算。

（一）运输费用：是指社会物流活动中，国民经济各方面由于物品运输而支付的全部费用。包括支付给物品承运方的运费（即承运方的货运收入）；支付给装卸搬运保管代理等辅助服务提供方的费用（即辅助服务提供方的货运业务收入）；支付给运输管理与投资部门的，由货主方承担的各种交通建设基金、过路费、过桥费、过闸费等运输附加费用。

运输费用＝运费+装卸搬运等辅助费+运输附加费

具体计算时，根据铁路运输、道路运输、水上运输、航空运输和管道运输不同的运输方式及对应的业务核算办法分别计算。

① 铁路运输费用：社会物流活动中，国民经济各方面因为物品经铁路运输而发生的全部费用。包括支付给铁路运输部门的运费和为运输而发生的物品装卸、保管等延伸服务费用；由铁路运输部门按国家规定代收的铁路建设基金等。也就是铁路运输部门取得的物流业务收入，即铁路部门现行收入统计中的货运收入、行李包裹收入、邮运收入和其他收入中的货运

与行李包裹部分；铁路运输部门实际代收的铁路建设基金；铁路系统多种经营中的货运部分。

铁路运输费用的基本计算公式是：

铁路运输费用＝运费+装卸搬运、堆存保管、货运代理等延伸服务费+铁路建设基金

其中：

运费＝铁路货物周转量×铁路平均运价

延伸服务费＝延伸服务计费作业量×延伸服务平均价格

铁路建设基金＝铁路货物周转量×铁路建设基金征收率

数据来源：铁路运输费用数据由铁道部门提供。

②　道路运输费用：社会物流活动中，国民经济各方面因为物品道路运输而发生的全部费用。包括支付给物品运输承运方的运费（也即运输承运方的货运收入）；支付给物品装卸搬运、保管、代理等其他道路运输费用（也即装卸搬运和其他道路运输的货运业务收入）；由货主方承担的，支付给有关管理和投资部门按规定收取的各种管理费、通行费等。

道路运输费用，既包括支付给专业物流、运输与辅助服务企业的货运业务费用，同时也包括生产、流通、消费企业自有车辆承担完成的，属于需求领域的物品运输业务，理应获得的收入部分。不包括客运业务费用。

道路运输费用的基本计算公式是：

道路运输费用＝运费+装卸搬运和其他道路运输费用+通行附加费

其中：运费＝道路货物周转量×道路货物平均运价

装卸搬运费＝道路货运量×2×货物装卸搬运平均运价

通行附加费＝∑（每批货物计费作业量×该批货物附加费率）

其他道路运输费用是指实际发生且由货主方承担的，未包含在前述几项费用之中的，属于运输费用之中的费用，如堆存保管费、代理费等根据实际发生情况统计。

数据来源：货运量、周转量等数据由交通管理部门提供，道路货物平均运价、道路货物平均装卸搬运费率等数据根据企业调查资料计算。

③　水上运输费用：社会物流活动中，国民经济各方面因为物品水上运输而发生的全部费用。包括支付给物品运输承运方的运费（也即水上运输承运方的货运业务收入）；支付给港口、码头等的物品装卸搬运、堆存保管、货运代理等其他运输费用（也即港口、码头等的货运业务收入）；由货主方承担的，有关管理和投资部门按规定收取的各种航道维护费、港口建设费等附加费。

水上运输费用既包括支付给专业物流、运输与辅助服务企业的货运业务费用，同时也生产、流通、消费企业自有船舶承担完成的，属于需求领域的物品运输业务，理应获得的收入部分。

水上运输费用的基本计算公式是：

水上运输费用＝运费+港口（码头）装卸搬运和其他运输费+附加费

其中：

运费＝水上货物周转量×水上货物平均运价

港口（码头）装卸搬运费＝水上货运量×2×水上货物平均装卸搬运费率

港口建设费＝港口货物吞吐量吨数×港口建设费率

航道维护费＝水上货物周转量×航道维护费率

其他水上运输费用是指实际发生且由货主方承担的，未包含在前述几项费用之中的，属于运输费用之中的费用如堆存保管费、代理费等根据实际发生情况统计。

数据来源：水上货运量、周转量、港口货物吞吐量等数据由交通部门提供，水上货物平均运价，水上货物平均装卸搬运费率等数据根据企业调查资料计算。

④ 航空运输费用：社会物流活动中，国民经济各方面因为物品航空运输而发生的全部费用。包括支付给航空运输承运方的运费（也即航空运输公司的货邮运输业务收入）；支付给机场地勤服务方的进港到达货物保管提取服务费、出港货物仓管装机服务费、地面运输服务费、包装物及包装服务费、特种货物检查费等。

数据来源：航空运输费用数据由民航部门提供。

⑤ 管道运输费用：社会物流活动中，因为物品管道运输而发生的全部费用。包括支付给管道运输承运方的输送费；装车装船费；储存保管费等。也即管道运输单位的货运业务收入。目前国内主要是中国石油化工集团公司、中国石油天然气集团公司承担的石油与天然气输送业务。

数据来源：管道运输费用数据由中国石油化工集团公司、中国石油天然气集团公司提供。

（二）保管费用：是指社会物流活动中，物品从最初的资源供应方（生产环节、海关）向最终消费用户流动过程中，所发生的除运输费用和管理费用之外的全部费用。包括：物流过程中因流动资金的占用而需承担的利息费用；仓储保管方面的费用；流通中配送、加工、包装、信息及相关服务方面的费用；物流过程中发生的保险费用和物品损耗费用等。

保管费用的基本计算公式是：

保管费用＝利息费用＋仓储费用＋保险费用＋货物损耗费用＋信息及相关服务费用＋配送费用＋流通加工费用＋包装费用＋其他保管费用

① 利息费用：是指社会物流活动中，物品从最初的资源供应方（生产环节、海关等）送达最终消费用户的过程中，因为流动资金的占用而需承担的利息支出。包括占用银行的贷款所支付的利息和占用自有资金应相应计算的利息成本。

利息费用的基本计算方法是：

利息费用＝社会物流总额×社会物流流动资金平均占用率×报告期银行贷款利率

式中，流动资金占用率是指报告期内，物品最初供给部门完成全部物品从供给地流向最终需求地的社会物流活动中，所占用的流动资金的比率。即：

社会物流流动资金平均占用率＝报告期流动资金平均余额÷报告期社会物流总额

数据来源：社会物流总额根据前述测算取得，社会物流流动资金平均占用率根据企业物流调查资料加工计算，银行贷款利率来自人民银行制定公布的利率。

② 仓储费用：是指社会物流活动中，为储存货物所需支付的费用。

仓储费用的基本计算方法是：

仓储费用＝社会物流总额×社会物流平均仓储费用率

式中，社会物流平均仓储费用率，指报告期内，各物品最初供给部门完成全部物品从供给地流向最终需求地的社会物流活动中，仓储费用额占各部门物流总额比例的综合平均数。

数据来源：根据企业物流调查资料加工取得。

③ 保险费用：社会物流活动中，为预防和减少因物品丢失、损毁造成的损失，与社会保险部门共同承担风险，向社会保险部门支付的物品财产保险费。

保险费用的基本计算方法是：

保险费用＝社会物流总额×社会物流平均保险费用率

式中，社会物流平均保险费用率，指报告期内，各物品最初供给部门完成全部物品从供给地流向最终需求地的社会物流活动中，保险费用额占各部门物流总额比例的综合平均数。

数据来源：根据企业物流调查资料加工取得。

④　物品损耗费用：社会物流活动中，因物品的损耗，包括破损维修与完全损毁而发生的价值丧失。同时也包括部分时效性要求高的物品因物流时间较长而产生的折旧贬值损失。

货物损耗费用的基本计算方法是：

货物损耗费用＝社会物流总额×社会物流平均货物损耗费用率

式中，社会物流货物损耗费用率，是指报告期内，各物品最初供给部门完成全部物品从供给地流向最终需求地的社会物流活动中，货物损耗费用额占各部门物流总额比例的综合平均数。

数据来源：根据企业物流调查资料加工取得。

⑤　信息及相关服务费用：是指社会物流活动中，支付的信息处理费用，包括支付的外部信息处理费用和本单位内部的信息处理费。

信息及相关服务费用的基本计算方法是：

信息及相关服务费用＝社会物流总额×社会物流平均信息及相关服务费用率

式中，社会物流平均信息及相关服务费用率，是指报告期内，各物品最初供给部门完成全部物品从供给地流向最终需求地的社会物流活动中，信息及相关服务费用额占各部门物流总额比例的综合平均数。

数据来源：根据企业物流调查资料汇总加工取得。

⑥　配送费用：社会物流活动中，用户根据自身需要，要求物流服务提供方完成对物品进行拣选、加工、分割、组配、包装等作业，并按时送达指定地点的物流活动，所需支付的全部服务费用。

配送费用的基本计算方法是：

配送费用＝社会物流总额×社会物流平均配送费用率

式中，社会物流平均配送费用率，是指报告期内，各物品最初供给部门完成全部物品从供给地流向最终需求地的社会物流活动中，配送费用额占各部门物流总额比例的综合平均数。

数据来源：根据企业物流调查资料汇总加工取得。

⑦　流通加工费用：社会物流活动中，为满足用户的消费需要，在流通环节对物品进行加工改制作业，所需支付的加工费用。

流通加工费用的基本计算方法是：

流通加工费用＝社会物流总额×社会物流平均流通加工费用率

式中，社会物流平均流通加工费用率，是指报告期内，各物品最初供给部门完成全部物品从供给地流向最终需求地的社会物流活动中，流通加工费用额占各部门物流总额比例的综合平均数。

数据来源：根据企业物流调查资料汇总加工取得。

⑧　包装费用：社会物流活动中，为保护产品、方便运输与储存、促进销售，采用容器、材料和辅助物对物品按一定技术方法进行分装、集装、运输包装等作业，所需支付的费用。

包装费用的基本计算方法是：

包装费用＝社会物流总额×社会物流平均包装费用率

式中，社会物流平均包装费用率，是指报告期内，各物品最初供给部门完成全部物品从供给地流向最终需求地的社会物流活动中，包装费用额占各部门物流总额比例的综合平均数。

数据来源：根据企业物流调查资料汇总加工取得。

⑨ 其他保管费用：是指在社会物流活动中，实际发生且由货主方承担的，未包含在前述几项费用之中的，属于保管费用之中的费用。根据实际发生情况统计。

（三）管理费用：是指社会物流活动中，物品供需双方的管理部门，因组织和管理各项物流活动所发生的费用。主要包括管理人员报酬、办公费用、教育培训、劳动保险、车船使用等各种属于管理费用科目的费用。

管理费用的基本计算方法是：

管理费用＝社会物流总额×社会物流平均管理费用率

式中，社会物流平均管理费用率，是指报告期内，各物品最初供给部门完成全部物品从供给地流向最终需求地的社会物流活动中，管理费用额占各部门物流总额比例的综合平均数。

数据来源：根据企业物流调查资料汇总加工取得。

社会物流业务总收入：是指报告期内，物流相关行业参与社会物流活动，提供社会物流服务所取得的业务收入总额。是物流相关行业的总产出，也是国内物流市场总规模。包括：参与社会物品物流过程中运输、储存、装卸搬运、包装、流通加工、配送、信息处理等各个方面业务活动的收入。

与社会物流总费用指标体系的核算相对应，社会物流业务总收入根据参与过程，也可以简单划分为运输收入和保管收入两大部分来计算。

（一）运输收入：是指社会物流活动中，物流相关行业参与物品运输而取得的全部收入。包括物品运输承运企业的货运收入；装卸搬运保管等辅助服务企业的货运业务收入；货运代理服务企业的货运代理业务收入。运输管理与投资部门收取的各种交通建设基金、过路费、过桥费、过闸费等货物运输附加费用，虽然不能直接计入物流相关行业的业务收入之中，但属于社会物流运输活动的成果，应计入社会物流业务总收入中。

具体计算方式方法与费用的计算相同。

与运输费用计算不同的是，不包括生产、流通、消费企业拥有的，非独立核算的物流业务部门完成的业务收入。

（二）保管收入：是指社会物流活动中，物流相关行业参与物品从的配送、流通加工、包装、信息及相关服务、仓储保管和其他属于保管环节活动，所取得的业务收入。

具体计算方式方法与费用的计算相同。

物流相关行业固定资产投资完成额：报告期内，物流相关行业建设项目累计完成的全部投资。

数据来源：根据国家现行固定资产投资统计数据资料分行业项目加工取得。

铁路营业里程：又称营业长度（包括正式营业和临时营业里程），指办理客货运输业务的铁路正线总长度。

数据来源：国家现行交通运输统计数据资料。

公路里程：指在报告期内实际达到《公路工程[WTBZ]技术标准 JTJ01—88》规定的等级

公路，并经公路主管部门正式验收交付使用的公路里程数。

数据来源：国家现行交通运输统计数据资料。

内河航道里程：也称内河通航里程，指在报告期内，能通航运输船舶、排筏的天然河流、湖泊、水库、运河及通航渠道的长度。

数据来源：国家现行交通运输统计数据资料。

民用航空航线里程：指在报告期内，民用运输飞机飞行的航线长度。数据来源：国家现行交通运输统计数据资料。

输油（气）管道里程：指油（气）实际输送的距离。数据来源：国家现行交通运输统计数据资料。

民用货运汽车拥有量：指在公安交通管理部门注册登记并领有本地区民用车辆牌照，用于运送货物的汽车。一般分为重型、中型轻型和微型四种。数据来源：国家现行交通运输统计数据资料。

民用运输船舶拥有量：指报告期内全社会实际拥有的可用来进行水上运输且由航政部门和港务监督部门掌握的领有船舶牌照的民用船舶，包括具有运输、旅游双重作用的旅游船。数据来源：国家现行交通运输统计数据资料。

铁路货车拥有量：指报告期内，用于装运货物的铁路车辆。数据来源：国家现行交通运输统计数据资料。

五、从事社会物流活动涉及的相关行业

51			铁路运输业	指铁路客运、货运及相关的调度、信号、机车、车辆、检修、工务等活动。不包括铁路系统所属的机车、车辆及信号通信设备的制造厂（公司）、建筑工程公司、商店、学校、科研所、医院等
	512	5120	铁路货物运输	
	513		铁路运输辅助活动	
		5132	货运火车站	
		5139	其他铁路运输辅助活动	指铁路旅客、货物运输及为其服务的客、货运火车站以外的运输网、信号、调度及铁路设施的管理和养护
52			道路运输业	
	522	5220	道路货物运输	指所有道路的货物运输活动
	523		道路运输辅助活动	指与道路运输相关的运输辅助活动
		5239	其他道路运输辅助活动	
54			水上运输业	
	542		水上货物运输	
		5421	远洋货物运输	
		5422	沿海货物运输	
		5423	内河货物运输	指江、河、湖泊、水库的水上货物运输活动
	543		水上运输辅助活动	
		5432	货运港口	
		5439	其他水上运输辅助活动	指其他未列明的水上运输辅助活动

续表

55			航空运输业	
	551		航空客货运输	
		5512	航空货物运输	指以货物或邮件为主的航空运输活动
	552	5520	通用航空服务	指除客货运输以外的其他航空服务活动
	553		航空运输辅助活动	
		5539	其他航空运输辅助活动	指其他未列明的航空运输辅助活动
56			管道运输业	
	560	5600	管道运输业	指通过管道对气体、液体等的运输活动
57			装卸搬运和其他运输服务业	
	571	5710	装卸搬运	
	572	5720	运输代理服务	指与运输有关的代理及服务活动
58			仓储业	指专门从事货物仓储、货物运输中转仓储，以及以仓储为主的物流加工、送配活动
	581	5810	谷物、棉花等农产品仓储	
	589	5890	其他仓储	
59			邮政业	
	591	5910	国家邮政	指国家邮政系统提供的邮政货物的收集、运输、发送服务
	599	5990	其他寄递服务	指国家邮政系统以外的单位所提供的包裹、小件物品的收集、运输、发送服务
63			批发业	指批发商向批发、零售单位及其他企事业、机关单位批量销售生活用品和生产资料的活动中的配送、流通加工、包装业务服务
65			零售业（配送、流通加工、包装业务）	指百货商店、超级市场、专业零售商店、品牌专卖店、售货摊等主要面向最终消费者的销售活动中的配送、流通加工、包装业务服务
74			商务服务业	
		7492	包装服务	指有偿或按协议为客户提供的包装服务